易學典籍選刊

周易集解

〔唐〕李鼎祚 撰
王豐先 點校

中華書局

圖書在版編目(CIP)數據

周易集解/(唐)李鼎祚撰;王豐先點校. —北京:中華書局,2016.1(2024.6 重印)
(易學典籍選刊)
ISBN 978-7-101-11382-2

Ⅰ.周… Ⅱ.①李…②王… Ⅲ.《周易》-注釋
Ⅳ.B221.2

中國版本圖書館 CIP 數據核字(2015)第 271371 號

責任編輯:石 玉
責任印製:管 斌

易學典籍選刊
周易集解
〔唐〕李鼎祚 撰
王豐先 點校

*

中華書局出版發行
(北京市豐臺區太平橋西里 38 號 100073)
http://www.zhbc.com.cn
E-mail:zhbc@zhbc.com.cn
北京新華印刷有限公司印刷

*

850×1168 毫米 1/32 · 21⅜印張 · 2 插頁 · 442 千字
2016 年 1 月第 1 版 2024 年 6 月第 9 次印刷
印數:16001-17000 册 定價:88.00 元

ISBN 978-7-101-11382-2

目録

附録二　書目解題

附録三　其他雜著……六二三

點校前言

周易集解是唐代李鼎祚匯集兩漢至唐近四十家，尤其是象數易注而成的，在易學發展史上佔有極其重要地位的一部易學典籍。

李鼎祚，生卒年不詳，新、舊唐書皆無傳。據周易集解，知其爲資州人。清代漢学大昌之日，著名学者劉毓崧結合集解自序及元和郡縣志、太平寰宇記、輿地紀勝，並參考通志、能改齋漫録等書，對其生平仕宦作了詳細勾勒，世人始略見其梗概。唐玄宗幸蜀之際，李氏曾上平胡論，後召左拾遺。唐肅宗乾元元年（七五八），奏請分置昌州。他嘗充内供奉，又曾輯録梁元帝及陳樂產、唐呂才之書，推演六壬五行，成連珠明鏡式經（又名連珠集）十卷，於乾元間上之。代宗登基（七六三）後，獻周易集解一書，其時爲秘書省著作郎，後仕至殿中侍御史。在宋大觀三年，李鼎祚因以算數著名，被追贈爲贊皇子。李氏著述，除上述兩種外，宋志五行類尚著録其易髓三卷、目一卷、瓶子記三卷，兵書類還有兵鈐手曆一卷。

（一）周易集解的名目與卷數

關於周易集解的名目，從公私著録看，新唐志、鄭樵通志作「集注周易」，宋尤袤遂初堂書目作「易解」，明楊士奇文淵閣書目作「易傳集解」，何楷古周易訂補僅一處引作「易解」，其他如晁公武郡齋讀書志、陳振孫直齋書録解題、王應麟玉海藝文志、馮椅厚齋易學、吕本中紫微詩話、俞琰讀易舉要、胡一桂周易本義啓蒙翼傳、馬端臨文獻通考、宋志、明曹學佺蜀中廣記、陳第世善堂藏書目録或作「周易集解」，或作「集解」。從刊刻情況看，嘉靖聚樂堂本第一卷卷首作「易傳集解」，餘卷作「周易集解」，版心均作「周易集解」，汲古閣毛本、四庫全書本題名均作「周易集解」，秘册匯函及津逮秘書卷首作「易傳」，版心作「易解」，雅雨堂本卷首作「易傳」，版心作「李氏易傳」，喜墨齋本卷首、版心均作「周易集解」。可見，周易集解，或簡稱「集解」，或稱「易解」，或稱「易傳集解」，或稱「集注周易」，但以周易集解一名最爲流行。

考「集解」之得名，或如何晏論語集解，集諸家論語解以成書，或如杜預集春秋經、左氏傳於一體。今周易集解一書，從其體例上而言，更接近何晏論語集解，故以周易集解爲名似無不當。但周易不同於論語，周易是經，論語原是傳記，周易有十翼爲傳，而論語則無，從此角度，周易集解之編纂又頗同於杜預春秋經傳集解。故周易集解實兼具何晏論語集解與杜預春秋經傳集解兩者的特點。

至於周易集解卷數，自來有兩種説法。其一，認爲周易集解原有十七卷，今佚失七卷。此説最早出自崇文總目，之後新唐志、邯鄲書目、中興書目、通志因襲之，而晁公武郡齋讀書志雖著録李氏集解十卷，但又云：「唐録稱鼎祚書十七卷，今所有十卷，蓋亦失其七。惜哉！」其二，認爲周易集解本即十卷，無所謂十七卷之本。如陳振孫直齋書録解題著録周易集解十卷，而李燾則云：「鼎祚自序止云十卷，無亡失也。」而見之於宋元公私書志及易籍者，宋馮椅厚齋易學、王應麟玉海藝文志、馬端臨文獻通考、元脱脱等宋志、俞琰讀易舉要、胡一桂周易啓蒙翼傳、明曹學佺蜀中廣記、陳第世善堂藏書目録、焦竑國史經籍志、楊士奇文淵閣書目均著録爲十卷。但十卷本之周易集解，見之於今者，衹有宋刻嘉定大字本及明胡震亨秘册匯函本、毛氏津逮秘書初印本、剜改本，而晚清李道平作疏，雖以周氏枕經樓十七卷本爲據，但又還十卷本之舊。相反，自嘉靖聚樂堂本問世以後，十七卷本始大行於世，不僅汲古閣毛本作十七卷,雅雨堂本、四庫全書本、照曠閣學津討原本、周氏枕經樓本、古經解匯函本、叢書集成初編本均作十七卷。張金吾愛日精廬藏書志云:「自宋以來止有十卷,無十七卷,可知也。毛氏既析十卷爲十七卷,以合唐志之文,又改自序中一十卷爲一十八卷,以合附録略例一卷之數,而宋以來之卷次遂不可復識矣。」其實,最早變亂者非毛氏汲古閣重刻本,而是朱氏聚樂堂本。張氏説法來源於四庫館臣,實由於當日見聞不廣,未覩聚樂堂本之過。或僅見朱本之序而未及檢閱全書,故不免以訛傳訛。朱刻聚樂堂本序云十卷,實則十七卷,末附有王氏略例。而朱氏萬卷堂書目著録爲十卷,而授經圖則著録爲十七卷。可以肯定,改十卷爲十七卷者當爲朱氏,而非毛氏,毛本不過是踵武朱刻而已。至於翁方綱、黄以周對新唐志十七卷之説解,雖亦有理,但本書首尾俱足,似不可過分拘泥。

(二)周易集解的内容

在經傳的編排上,周易集解沿襲了王弼周易注及唐代官修周易正義的傳統,而在具體解經方式上卻取法何晏論語集解集衆説以解經的傳統。

就後者而言,所謂「集解」,即集合衆家解説成一家之言。此種注釋體式匯聚衆人之説以成書，使讀者覽一書而窺全豹，省翻檢搜討之勞，得事半功倍之效。但也由於此，往往集解體一出，原作即散佚，而集解體書往往就成爲保存先賢資料的武庫。因此，理想的集解體著作，往往也是經説創作權的保護者。其實，在易學史上，最早採用此種集解體的並非李鼎祚。隋志周易類有周易馬鄭二王四家集解、周易荀爽九家注、周易楊氏集二王注、張璠周易集解。由題名可知，此四種蓋均集解體易著。前三種早已不傳，其詳情不可得知。而張璠周易集解雖久不傳，但從隻言片語尚可見其一斑。張氏序云「蜂蜜以兼採爲味」，而釋文云其集二十二家，而七録則云二十八家，故今人稱「其扶幽闡微，繼往存絶之意，良可感人」（黄慶萱魏晉南北朝易學書考佚）。

李氏周易集解繼承了集解體經書的傳統，其在易學史上的地位與價值也由此而奠定。薈萃羣言、折衷求和爲其學術重要特點，而非如王弼周易注之戛戛獨造，樹立新幟。

李氏此書，值得稱道之處有三：

第一，所選人物多，時代跨度大。

李鼎祚編纂周易集解，以匯集各家易説爲主，其收集之富，可謂前無古人。其自序稱：「集虞翻、荀爽三十餘家。」中興書目則列舉出子夏、孟喜、京房、馬融、荀爽、鄭玄、劉表、何晏、宋衷、虞翻、陸績、干寶、王肅、王弼、姚信、王廙、張璠、向秀、王凱沖、侯果、蜀才、翟玄、韓康伯、劉瓛、何妥、崔憬、沈驎士、盧氏、崔覲、孔穎達三十家及九家易、乾鑿度兩種，郡齋讀書志與此同。明朱睦㮮序又增伏曼容、焦贛二家。清朱彝尊經義考在中興書目基礎上考出伏曼容、姚規、朱仰之、蔡景君四家，在其李氏周易集解跋中又列出張倫一家（按，全書實無此人）。今人潘雨廷考出孔安國、延叔堅（延篤）兩家，劉玉建考出易軌一種。去除重複，含李氏在内，共計三十八家，並三種易作。在李氏之前，荀爽九家易集注收九家，包括荀氏亦十家而已。張璠同名著作周易集解，或云二十二家，或云二十八家，不及李氏集解遠甚。而據隋志記載，梁有侍中朱異集注周易一百卷、周易集注三十卷，均亡逸，無從知其所收經説多寡及經生之數。故李氏之作，是現存宋代之前收録易家易説最多之作。而周易集解所收三十八家及三種易作，最早的當屬相傳爲孔子弟子的子夏，而崔憬、侯果、孔穎達都屬唐人，可見，其採择時代跨度之大，幾乎囊括了李氏之前而無遺漏。在取材上，也體現出不薄古人愛今人的兼容並蓄的學術氣度。

第二，集腋成裘，雜而不越。

李鼎祚周易集解在編纂上明顯傾向於何晏論語集解，雖集衆説爲主，但亦間下己見。全書共集易注二千七百餘節，而李氏案語僅一百零八節，約佔總數的百分之四略强。由此可見，李氏周易集解集腋成裘、薈萃羣言的特點。但是，李氏也並非盲目地收集易説，不加揀别而一概闌入，使整部著作羣言淆亂，莫衷一是。事實上，針對部分經傳解釋存在的相異説解，衹要言之成理，能够自圓其説，李氏往往兼收並蓄，不參己見。故漢晉易家之卦氣説、消息説、爻辰説、升降説、納甲説均存乎其中，其於明易則一也。而於諸説言之未盡、言之未詳、言之違忤者，則引之、伸之、辨之，務使衆説同條共貫，不相逾越。

第三，象數爲主，不廢人事。

李氏序云：「易之爲道，豈偏滯於天人者哉？」天指天象，人指人事。李氏之前，兩晉南北朝世所流行的鄭、王兩家易注，各有所偏，難以兼濟。在李氏看來，天象難明，人事易知，易學之難處正在於闡明天象，開示來者，故周易集解之編纂，就以明象爲第一要務。這也是李氏治易的途徑和策略。李氏既已確定明象的宗旨，故其選材自然就以象數易學爲主，王、韓偏於人事，自非其關注重點。李氏之前，兩晉南北朝流行的象數易學主要是鄭玄一派，所謂「鄭則多參天象」。但在李氏看來，鄭氏究非象數大宗，脱略甚多，故其周易集解「集虞翻、荀爽三十餘家，刊輔嗣之野文，補康成之逸象，各列名義，共契玄宗」，所録易注雖以虞翻、荀爽爲最多，而虞氏一家近一千三百節，幾佔一半，而荀氏三百餘節，約佔十分之一强，而所引魏晉南北朝佔主流地位的鄭玄易注不過區區五十一節，不足百分之二。兩相比較，可以看出李鼎祚周易集解編纂上以象數爲主的特點以及在象數易學中以虞氏、荀氏爲宗的取向。但是，我們應該明白，李氏編纂周易集解，是在唐代官修周易正義已然籠罩學界的背景下完成的。在王、韓、孔義理易學挾官方之力量主導學術的時代，李鼎祚堅持己見，以爲天道、人事不可偏廢，因時代需要，積極倡導以鄭玄爲代表的象數易學，振絶學於既墜，挽狂瀾於既倒，確實難能可貴。李鼎祚之所以編纂周易集解，實爲糾正官修周易正義偏重王、韓義理易學而發，故於義理易學所選甚少，這並不意味着他忽視義理易學，相反，從其有限的選擇和精當的按語中，我們可以看到其對義理易學的關注與重視。其「易之爲道，豈偏滯於天人者哉」的言論，無疑是其易學宗尚和旨趣的宣言。在此意義上，我們絶不能把李氏及其著作歸到偏於象數易學一派中去。

總之，在易學史上，李鼎祚周易集解遠承虞翻、荀爽漢晉象數易學之大宗，近演王弼、韓康伯、孔穎達義理易學之端緒，「擘肌分理，惟務折衷」，以私人著述而與官修之周易正義並駕齊驅，爲唐代易學之雙璧。其學術地位與價值無可替代。

(三)周易集解的版本流傳

周易集解成書後，流傳不廣。目前所知，其最早刊本當屬北宋慶曆年間計用章本。晁公武郡齋讀書志著録李氏集解十卷，尤袤遂初堂書目著録唐李鼎祚易解，當即此本。至南宋時，已極爲稀見。於是，乾道二年(一一六六)，鮮于侃守資州，斥學糧之餘鏤板，重刻是書。四十七年後，即嘉定五年(一二一二)，鮮于侃之子鮮于申之以爲「板復荒老，且字小，不便於覽者」，又以大字刻之漕司，故此本又稱「嘉定大字本」。宋本之傳於世者世所罕覯。嘉定大字本，原爲毛晉舊藏，後歸季振宜，然後進入内府，原藏於普魯士國家博物館，爲十卷足帙，現藏於波蘭克拉克夫雅蓋隆大學雅蓋隆圖書館，然僅存五卷。而明清疊經汲古閣、黄丕烈、陳鱣、張金吾、陸心源等收藏的影宋抄本，亦乃據嘉定大字本影寫。毛扆汲古閣珍藏秘本書目首列周易集解十卷，宋版影抄。陳鱣宋本周易集解跋云：「（影寫者）用明時户口册籍紙，上有『嘉靖五年』等字，既薄且堅，反面印格，摹寫工整絶倫，纖豪無誤。前有『毛褒字華伯號質庵』印，褒即毛晉之長子，知爲汲古閣藏書，裝潢極精，以墨箋爲而背，藏經紙作籤，殆所謂『宣綾包角藏經箋』也。凡十册，每册黏籤，迺是舊題。攷毛扆斧季汲古閣祕書目，以此居首。」「周易集解十卷，影宋寫本。……今所行十七卷本作『周易集解』，下云『唐資州李鼎祚輯』，非其舊也。前列易傳序，偁『秘書省著作郎臣李鼎祚序』。次載晁公武書，又次李燾書，又次鮮于侁書，又次侁子申之書，末附易傳略例，後載計用章序。每葉十六行，行十八字。自乾、坤二卦以外，卦爻下俱列某宫某月二世等字，作三行。凡遇貞、恒等字俱缺筆。」然此影抄宋本後亦不知所蹤。

明清兩代，是書之刊刻不斷。現見於文獻記載者，最早爲明宗室朱睦㮮。朱氏於易初主王弼，後復取鄭玄，謂鄭學莫備於唐李鼎祚，刻其集解以傳。嘉靖三十六年（一五五七）刊刻聚樂堂本（以下簡稱朱本），書名「周易集解」，前有嘉靖丁巳冬刻書序及上海潘恩序，半葉八行，行十八字，注皆低一格大書，白口，四周雙邊，版心上方有「聚樂堂」三字，中縫題作「周易集解」。今中國國家圖書館藏有此本，收入北京圖書館古籍珍本叢刊加以影印。朱本自謂出自宋嘉定大字本，其卷數與行款並不與嘉定本相同。自序言十卷，而實十七卷，後犹附王弼略例。今校殘存三卷，文字幾與朱本全同，知朱氏所言不誣。

明萬曆三十一年（一六〇三），沈士龍、胡震亨、孫百里輯刻秘册匯函，亦收有李鼎祚周易集解（以下簡稱胡本）。所據者乃趙清常傳抄本，出自焦竑藏本，輾轉傳抄，錯訛較多。後由於叢書未成而燬於火，而殘板歸毛晉，周易集解書板亦在。毛晉增秘册匯函爲津逮秘書，而秘册匯函未燒者自然由毛氏原版重刊，周易集解也在其中。但毛氏初刊津逮秘書本周易集解，雖用胡氏原版，但卻略有改動，於每卷卷首次行原題「明武原胡震亨」下增補「海虞毛晉同挍」六字，其承襲之跡宛然可見。後來，毛氏徑直抹去胡氏姓名，於版心徑題汲古閣字様，是爲毛氏再刊本。以上三種版本，卷首爲删節李鼎祚序「自卜商之後」至「以貽同好」，次爲晁公武郡齋讀書志周易集解解題，解題後附胡震亨辨正及胡氏李氏易解附鄭康成注序，卷后有計用章後序、沈士龍跋，但無略例及鮮于侃與申之兩序，均半葉九行，行十八字，版心魚尾上方空白，魚尾下作「易解卷某」，卷首首行作「易傳卷第一」，十卷。不同者，惟版心魚尾下字樣及卷首次行題字。秘册匯函本次行題「繡水沈士龍、武原胡震亨」，津逮秘書初刻本次行題「明武原胡震亨、海虞毛晉同校」，而剜改本於魚尾下「易解卷某」下方標「汲古閣」三字，次行題「唐李鼎祚撰」。另外，秘册匯函還附有補鄭康成易注一卷。陸心源以胡本校影宋本，發現錯訛之處頗多，稱胡本「雖分卷與自序合，奪誤最多」，如卷一「用九，見羣龍無首，吉也」，胡本作「用九，天德不可爲首也」，「此外，句之脱落、字之訛謬，更難枚舉」。可能是毛氏發現了秘册匯函並非善本，故又重加刊刻，行款、分卷、内容均與前三種大異（此本以下簡稱毛本），半葉九行，行十九字，版心魚尾上方作「周易集解」，魚尾下寫卷數，最下方標「汲古閣」，卷首首行題「周易集解卷第一」，次行題「唐資州李鼎祚輯」，十七卷，其後附陸德明易釋文一卷、王弼周易略例一卷。四庫館臣云：「震亨初刻所藏古笈爲祕册匯函，凡版心書名在魚尾下用宋本舊式者，皆震亨之舊。書名在魚尾上，而下刻汲古閣字者，皆晉所增也。」其實，四庫館臣所云仍不完全，忽略了毛氏剜改胡氏原版有兩種汲古閣本的事實。今細檢後出之汲古閣毛本，可以看出其與朱本係同一系統，或同出一宋本，或毛本即據朱本而來，卷首均有李鼎祚原序及朱睦㮮序，可以説明毛本與朱本的關係。但毛氏藏有嘉定大字本，尚有影抄宋嘉定大字本，爲何不徑據宋刻或影宋抄本刊刻，卻轉資於明聚樂堂朱本，匪夷所思。抑或宋刻或影宋抄本之得在刻書之後乎？

其後，毛氏津逮秘書之版又歸海鹽張海鵬。嘉慶十年（一八〇五），張氏照曠閣刊學津討原本周易集解（以下簡稱張本），跋稱：「余初就汲古本校梓，繼得蘭陵孫觀察本，又心葵吴君處假雅雨堂盧氏本，互爲參訂。」據此，張本雖以汲古閣毛本爲基礎，但又以孫氏集解及雅雨堂本校勘。以此之故，今日所見學津討原本與雅雨堂盧本相去不遠，而非復毛本之舊。而同治十二年（一八七三），粤東書局刊古經解匯函本，書名題「昭文張氏學津討原本，用德州盧氏雅雨堂本校補」，可謂屋上架屋矣。

清乾隆二十一年（一七五六），著名刻書家盧見曾邀請漢學名家惠棟董理此書，成雅雨堂本（以下簡稱盧本），作十七卷，名「李氏易傳」。「盧氏雅雨堂刻本爲惠定宇臆改百六十餘處，與宋本校對，時多乖違」（陳鱣經籍跋文宋本周易集解跋）。「而其校刊雅雨堂李鼎祚周易集解與自著周易述，其改字多有似是而非者。蓋經典相沿已久之本，無庸突爲擅易，況師説之不同，他書之引用未便據以改久沿之本也，但當録其説於考證而已」（阮元揅經室集）。雅雨堂盧本流傳頗廣，自此本出，周易集解的刊刻，如張海鵬學津討原本、木瀆周氏枕經樓本，無不受其影響。即或乾隆朝官修四庫全書本周易集解（以下簡稱四庫本），雖源出自汲古閣毛本，但據盧本改字之跡彰彰在焉。

而在明清諸刻中，最受後人推崇的當屬嘉慶二十三年（一八一八）吴縣木瀆周孝垓校刊的周氏枕經樓本（以下簡稱周本）。此本於書名頁題「嘉慶戊寅五月木瀆周氏刊行」，卷首末行題「姑蘇喜墨齋張遇堯局鐫」，書末則題「吴縣周孝垓平叔氏校刊」，故或稱木瀆周氏刻本，或稱周氏枕經樓本，或稱姑蘇喜墨齋刻本，其實一本而三名。此本雖脱胎於盧本，但又不完全遵從盧本，對其失誤多所改動，故李道平謂其「據儒先論定，多所改正，較諸本爲完善」，故其纂疏即以此爲據。但周本畢竟源自盧本，故其用字上沿襲了盧本輒改之風。周本之後，又有仁和葉氏重刻周本。

除此之外，嘉慶三年（一七八八）孫氏岱南閣刊巾箱本十卷，每條先列李氏集解，後列王弼注，又自採漢儒易説附於後，補李氏所不及，可謂李氏集解的另一種版本存在形態。

此次整理，以現存最早之足本聚樂堂朱本爲底本，以秘册匯函胡本、汲古閣毛本、雅雨堂盧本、文淵閣四庫本及枕經樓周本爲校本。朱本原序多字殘泐，今據毛本補，而潘恩序全無，今亦據補。張本雖出自毛本，又以盧本校勘過，本次亦作爲參校本。而王弼之略例，依李氏自序本附書後，朱本、毛本猶遵李氏，而清代諸刻本則多付之闕如，今一仍朱本之舊，同時用毛本及宋刻周易正義本校勘。又由於周易集解在明、清校勘研究者甚多，比較著名者有何楷、陸心源、惠棟、陳鱣、張惠言、阮元、孫星衍、李道平、李富孫、曹元弼，今儘可能吸收其校勘研究成果，並以陸校、陳校、阮校、曹校等，或古周易訂補、周易述、周易虞氏義、篡疏、孫氏集解的方式出之，以示對先賢之尊重。而李道平篡疏以周本爲據，亦間有改動，凡與周本相同者，衹標周本，而改動周本之處，則另出校。

最後，由於周易在長期流傳過程中，經文已形成固定的文本形態，而唐代問世的集解則因襲了漢唐易注的若干用字習慣，所以造成經注之間的牴牾。就古籍而言，經文無疑是第一層次的，而注僅僅是經文的附屬品，屬於第二層次。但是就古籍整理而言，正好相反，經文的文字與句讀其實都是由注文決定的，否則，表面上放之四海而皆準，實際上卻違背了古籍的時代屬性，造成對文獻歷史性的閹割與破壞。故此次整理，儘量遵從經注一致的原則，由注文來決定經文的文字與句讀。凡底本正確，校本訛誤者不出校。常見之異體字、通假字、古今字儘量不出校，但牽涉經注一致原則，則亦出校説明。無關文意的虚詞，如於乎矣焉等，概不出校。底本與校本兩通者亦出校。凡五種校本相同者，統稱諸本。其餘與底本相異而不誤者，逐一列出校本。另外，宋本自乾、坤二卦以外，卦爻下俱列某宫某月某世等字，作三行，胡本以及毛氏重印、剜改秘册彙函本亦有，今十七卷本之朱本、毛本、盧本、四庫本、周本、張本皆無，今據補入。

是書之整理，實源於三年前完成大戴禮記補注後，中華書局石玉編輯咨詢我在儒藏精華編所點校的兩種周易述補，希望能收入易學典籍選刊重新出版，並提及書局早有意於周易集解的整理，一時乏人，希望我承擔這一易學重要著作的點校任務。而由於整理江藩、李林松兩種同名著作後，我也確實想進一步提高自己在易學方面的素養，於是欣然接受了任務。非常感謝石玉編輯的信任，使我有機會承擔如此重要的易學典籍的整理工作。

乙未年仲秋於京西潛齋

補：承同濟大學谷繼明博士寄贈殘宋本電子本，據以校補。因朱本源自宋本，文字幾無不同，故僅出宋本與朱本相異之處。對谷博士高誼，謹誌謝忱。

潘恭定公序

此唐李氏鼎祚所輯易解，刻之者我明宗室西亭氏也。六經之道大矣，而易之爲原。自古庖犧氏之王天下，始畫八卦，重之爲六十四。周文王作卦辭，公旦作爻辭，孔子繫之以十翼，所以闡陰陽之秘、發天地之房者，斯其至哉。語有之，「乾坤毁則无以見易」，言易與天地相始終也。自卜商以後，傳注百家，惟王、鄭爲衆所宗，頗行於代。

李氏謂：「鄭則多參天象，王乃全釋人事。易之爲道，豈偏滯於天人哉？於是採摭遺言，歷漢迄唐，集虞翻、荀爽三十餘家，刊輔嗣之野文，補康成之逸象。」其用意勤矣。夫二氣運行，彰往察來，莫賾於天道，而八象備之。消息盈虚，其數不可略也。貞悔相因，雜物撰德，莫辨於人事，而六位窮之。乘承失得，其理不可遺也。故曰：易也者，天人之間者也。孰或合之，而孰或離之。李之宗鄭斥王，過矣。

迨及有宋，儒道彰明，若正叔程氏之易傳，晦庵朱子之本義，皆淵源王學，而二書沛然大行於時，近世因之，立於學官。凡師之所以教、弟子所肄習者，獨宗朱子。是故童幼而顓一藝，白首而或未能言。蓋安於所習，毁所不見，卒以自蔽，此學者之通患也。

儒先有言：「隋唐以前，易家諸書逸不復傳，賴李氏此書猶見其一二。」然則是編何可廢哉？西亭氏者，負陳思之軼才，慕河間之大雅，詞翰踔絶，躋古作者之塗，邇年好易，潛心韋編，遂以所得宋本募善工刻之，以廣傳佈，詎不謂知本者耶？今夫崑崙之水，其發源也漾瀁无垠，演而爲河流，滙而爲滄海，至於海，而水之觀盡矣。羲文周孔之易，辟則崑崙之源也。李氏之集解，辟則河之衆流也。程朱之傳義，辟則海之會歸也。是故由集解而溯四聖之微言，則其端倪可測矣。由集解而徵程朱之著述，則其脈絡益明矣。傳云：「先王之祭川，先河而後海。或原或委，之謂務本。」然則是編之刻，其先河之義也。

夫刻既完，授余讀之，且屬余序。余遂詮次其略，俾後之覽者有所考焉。

按：資州有李鼎祚讀書臺，見袁桷清容居士集。易集解所採，中興書目止列三十家，此外尚有伏曼容、姚規、朱仰之及彭城蔡景君説。

周易集解序

予觀唐藝文志稱李鼎祚集注周易十七卷，據鼎祚自序云十卷，而首尾俱全，初無亡失，不知唐史何所據而云「十七卷」也。崇文總目及邯鄲圖書志亦稱七篇逸，蓋承唐史之誤耳。

鼎祚解經多避唐諱，又取序卦冠於各卦之首，所引有子夏、孟喜、焦贛、京房、馬融、荀爽、鄭玄、劉表、何晏、宋衷、虞翻、陸績、干寶、王肅、王弼、姚信、王廙、張璠、向秀、王凱沖、侯果、蜀才、翟玄、韓康伯、劉巘、何妥、崔憬、沈驎士、盧氏、案：盧氏周易注，隋志已佚其名。崔憬、伏曼容、孔穎達凡三十二家，又引九家易、乾鑿度諸説，義有未詳，鼎祚乃加增削。予嘗綜其義例，蓋宗鄭學者也。

自商瞿之後，注易者百家，而鄭氏玄、王氏弼爲最顯。鄭之學主象數，王之學主名理，漢晉以來，二氏學並立。至劉宋初，顔延之爲祭酒，黜鄭置王。時陸澄、王濟輩皆以爲不可。自是河、汾諸儒多主于鄭，江左及青、齊多主于王。唐興，孔穎達受詔譔定五經正義，於易獨取王傳，而鄭學遂廢。先代專門之業，亦復不傳，可勝嘆哉！

夫易有聖人之道四焉，世之言理義之學者，以其辭耳，象、變與占其可闕乎？昔吴季札之魯，觀樂，見易象，喜曰：「周禮盡在魯矣。」是故，象者，易之原也。象成而後有辭，辭著而後有變，變見而後有占。若乃顓尚文辭，不復推原大傳，天人之道歧而爲二，可乎？康成去古未遠，其所纂述，必有所本。鼎祚恐其失墜，以廣其說，均之爲有裨于易者也。

是編刻自宋季，人間希有存者。頃歲，予得之李中麓氏，復用梓校〔一〕以傳，欲使聖人之道不致偏滯，而自漢迄唐三十家之言，亦不至埃滅弗聞也。

鼎祚，資州人，仕唐爲秘閣學士，以經學稱於時。嘗進平戎論，預察戎人叛亡日時，無毫髮爽，象數精深蓋如此。及閱唐列傳與蜀志，俱不見其人，豈遺之耶？抑別有所載耶？因附論著於此，以俟博雅者考焉。

嘉靖丁巳冬十二月望日，後學汴上睦㮮序。

〔一〕「梓校」，四庫本倒。

周易集解原序

叙曰：

元氣氤氳，三才成象；神功浹洽，八索成形。在天則日月運行，潤之以風雨；在地則山澤通氣，鼓之以雷霆。至若近取諸身，四支百體合其度；遠取諸物，森羅萬象備其工。「陰陽不測之謂神」，「一陰一陽之謂道」；「範圍天地而不過，曲成萬物而不遺」；「仁者見之以爲仁，智者見之以爲智」；「百姓日用而不知」，「君子之道鮮矣」，斯乃「顯諸仁而藏諸用」，「神無方而易無體」，巍巍蕩蕩，難可名焉。

逮乎天尊地卑，君臣位列；五運相繼，父子道彰。震巽索而男女分，咸恒設而夫婦睦，人倫之義既闡，家國之教鬱興。故繫辭云：「古者庖犧氏王天下也，始畫八卦，以通神明之德，以類萬物之情，作結繩而爲罔罟，以佃以漁，蓋取諸離。庖犧氏没，神農氏作，斲木爲耜，揉木爲耒，耒耨之利，以教天下，蓋取諸益。日中爲市，致天下之人〔一〕，聚天下之貨，交易而退，蓋取諸噬嗑。神農氏殁〔二〕，黄帝、堯、舜氏作，通其變，使人不倦；神其化，使人宜之。刳木爲舟，剡木爲檝，舟檝之利，以濟不通，蓋取諸涣。服牛乘馬，引重致遠，蓋取諸隨。古者穴居而野處，後代聖人易之以宫室，蓋取諸大壯。弦木爲弧，剡木爲矢，弧矢之利，以威天下，蓋取諸睽。上古結繩爲政，後代易之書契，百官以理，萬人以察，蓋取諸夬。」故「聖人見天下之賾，而擬諸形容，象其物宜」，而「觀其會通，以行其典禮」，觸類而長之，六十四卦，三百八十四爻，天下之能事畢矣。其旨遠，其辭文，其言曲而中，其事肆而隱。

若夫「雜物撰德，辯是與非」，「終日乾乾，夕惕若厲」，「无有師保，如臨父母」，「自天祐之，吉无不利」者也。至於「損以遠害，説以先之」，「定其交而後求，安其身而後動」，「履和而至，謙尊而光」，「能説諸心，能研諸慮」，是故「君子居則觀其象而玩其辭，動則觀其變而玩其占」，「蓍之德圓而神，卦之德方以智」，「探賾索隱，鈎深致遠」，

〔一〕曹校云：改「民」爲「人」，避唐諱。下「世」改「代」、「治」改「理」同。今按：以上三字諸本或回改或不回改，今仍底本。下同，不再出校。

〔二〕「殁」，毛本、盧本、周本作「没」。義同。下同，不再出校。

「定天下之吉凶，成天下之亹亹，莫善乎蓍龜。神以知來，智以藏往，將有爲也，問之以言，其受命也，應之如響」，「無有遠邇幽深，遂知來物」，「故能窮理盡性，利用安身」。「聖人以此洗心，退藏於密」，自然「虛室生白，吉祥至止」，坐忘遺照，精義入神。口僻焉不能言，心困焉不能知，微妙玄通，深不可識。易有聖人之道四焉，斯之謂矣。

原夫權輿三教，鈐鍵九流，實開國承家脩身之正術也。自卜商入室，親授微言，傳注百家，緜歷千古。雖競有穿鑿，猶未測淵深。唯王、鄭相沿，頗行于代。鄭則多參天象，王乃全釋人事，且易之爲道，豈偏滯於天人者哉？致使後學之徒，紛然淆亂，各脩局見，莫辯源流。天象遠而難尋，人事近而易習，則折楊黃華，嗑然而笑。方以類聚，其在兹乎？

臣少慕玄風，遊心墳籍，歷觀炎漢，迄今巨唐，採羣賢之遺言，議三聖之幽賾，集虞翻、荀爽三十餘家，刊輔嗣之野文，補康成之逸象，各列名義，共契玄宗。先儒有所未詳〔一〕，然後輒加添削，每至章句，僉例發揮。俾童蒙之流，一覽而悟；達觀之士，得

〔一〕「詳」，原作「誤」，今據毛本、盧本、四庫本、周本改。

意忘言。當仁既不讓於師，論道豈慚於前哲？至如卦爻彖象，理涉重玄；經注文言，書之不盡，别撰索隱，錯綜根萌，音義兩存，詳之明矣。其王氏略例，得失相參，「采葑采菲，无以下體」，仍附經末，式廣未聞。凡成一十〔一〕八卷，以貽同好。冀將來君子，無所疑焉。

祕書省著作郎臣李鼎祚序。

〔一〕「十」，原闕，今據毛本、盧本、四庫本、周本補。

周易集解卷第一

乾〔一〕

䷀ 乾下乾上 乾：元、亨、利、貞。

案：説卦：「乾，健也。」言天之體，以健爲用，運行不息，應化无窮。故聖人則之，欲使人法天之用，不法天之體，故名乾不名天也。子夏傳曰：「元，始也。亨，通也。利，和也。貞，正也。」言乾稟純陽之性，故能「首出庶物」，各得元始、開通、和諧、貞固，不失其宜。是以君子法乾而行四德，故曰「元、亨、利、貞」矣。

初九：潛龍勿用。

崔憬曰：「九者，老陽之數，動之所占，故陽稱焉。潛，隱也。龍下隱地，潛德不彰，是以君子韜光待

〔一〕此題原無，爲便閱讀，補。後同。

時，未成其行，故曰『勿用』。子夏傳曰：『龍，所以象陽也。』」○馬融曰：「物莫大于龍，故借龍以喻天之陽氣也。初九，建子之月，陽氣始動於黄泉，既未萌牙，猶是潛伏，故曰『潛龍』也。」○沈驎士曰：「稱龍者，假象也。天地之氣有昇降，君子之道有行藏。龍之爲物，能飛能潛，故借龍比君子之德也。初九既尚潛伏，故言『勿用』。」○干寶曰：「位始故稱初，陽重故稱九。陽在初九，十一月之時，自復來也。初九，甲子，天正之位，而乾元所始也。陽處三泉之下，聖德在愚俗之中，此文王在羑里之爻也。雖有聖明之德，未被時用，故曰『勿用』。」

九二：見龍在田，利見大人。

王弼曰：「出潛離隱，故曰『見龍』。處於地上，故曰『在田』。德施周普，居中不偏，雖非君位，君之德也。初則不彰，三則『乾乾』，四則『或躍』，上則過亢，『利見大人』，唯二、五焉。」○鄭玄曰：「二於三才爲地道，地上即田，故稱『田』也。」○干寶曰：「陽在九二，十二月之時，自臨來也。二爲地上田，在地之表而有人功者也。陽氣將施，聖人將顯，此文王免於羑里之日也。故曰『利見大人』。」

九三〔一〕：君子終日乾乾，夕惕若厲，无咎。

鄭玄曰：「三於三才爲人道，有乾德而在人道，君子之象。」○虞翻曰：「謂陽息至三，二變成離，離爲

〔一〕「三」，原闕，今據諸本及上下文補。

日，坤爲夕。」○荀爽曰：「日以喻君，謂三居下體之終，而爲之君，承乾行乾，故曰『乾乾』。『夕惕』〔一〕以喻臣，謂三臣於五，則疾脩柔順，危去陽〔二〕行，故曰『无咎』。」○干寶曰：「爻以氣表，繇以龍〔三〕興，嫌其不關人事，故著『君子』焉。陽在九三，正月之時，自泰來也。陽氣始出地上，而接動物，人爲靈，故以人事成天地之功者，在於此爻焉。故君子以之憂深思遠，朝夕匪懈，仰憂嘉會之不序，俯懼義和之不逮，〔四〕反復天道，謀始反終，故曰『終日乾乾』。此蓋文王反國，大釐其政之日也。凡『无咎』者，憂中之喜，『善補過者也』。文恨早耀文明之德，以蒙大難，增脩柔順，以懷多福，故曰『无咎』矣。」

九四：或躍在淵，无咎。

崔憬曰：「言君子進德脩業，欲及于時。猶龍自試躍天，疑而處淵，上下進退非邪，離羣，故『无咎』。」○干寶曰：「陽氣在四，二月之時，自大壯來也。四，虚中也。躍者，暫起之言。既不安於地，而未能飛於天也。四以初爲應，淵謂初九，甲子，龍之所由升也。『或之者，疑之也。』此武王舉兵孟津，觀釁而退之爻也。守柔順，則逆天人之應；通權道，則違經常之教。故聖人不得已而爲之，故其辭疑矣。」

〔一〕「惕」，曹校以爲衍字，當是。
〔二〕「陽」，胡本、毛本、張本作「惕」，義長。
〔三〕「龍」，原闕，今據諸本補。
〔四〕「義」，疑當作「羲」。

九五：飛龍在天，利見大人。

鄭玄曰：「五于三才爲天道。天者清明无形而龍在焉，飛之象也。」○虞翻曰：「謂四已變，則五體離，離爲飛，五在天，故『飛龍在天，利見大人』也。謂若庖犧觀象於天，造作八卦，備物致用，以利天下，故曰『飛龍在天』，天下之所利見也。」○干寶曰：「陽在九五，三月之時，自夬來也。五在天位，故曰『飛龍』〔一〕。此武王克紂正位之爻也。聖功既就，萬物既覩，故曰『利見大人』矣。」

上九：亢龍有悔。

王肅曰：「窮高曰亢，知進忘退，故『悔』也。」○干寶曰：「陽在上九，四月之時也。亢，過也。乾體既備，上位既終，天之鼓物，寒暑相報；聖人治世，威德相濟；武功既成，義〔二〕在止戈，盈而不反，必陷於悔。」　案：以人事明之，若桀放于南巢，湯有慚德，斯類是也。

用九：見羣龍无首，吉。

劉瓛曰：「總六爻純九〔三〕之義，故曰『用九』也。」○王弼曰：「九，天之德也。能用天德，乃見羣龍之義焉。夫以剛健而居人之首，則物之所不與也。以柔順而爲不正，則佞邪之道也。故乾吉在『无首』，

〔一〕「飛龍」，原作「龍飛」，今據諸本及曹校乙。

〔二〕「義」字，原脱，今據毛本、盧本、四庫本、周本及曹校補。

〔三〕「九」，胡本、周本作「陽」。

坤利在『永貞』矣。」

彖曰：

劉瓛曰：「彖者，斷也，斷一卦之才也。」

「大哉乾元，

九家易曰：「陽稱大，六爻純陽，故曰『大』。乾者純陽，衆卦所生，天之象也。觀乾之始，以知天德，惟天爲大，惟乾則之，故曰『大哉』。元者，氣之始也。」

萬物資始，

荀爽曰：「謂分爲六十四卦萬一千五百二十册〔一〕，皆受始於乾也。册取始於乾，猶萬物之生稟〔二〕於天。」

乃統天。

九家易曰：「乾之爲德，乃統繼天道，與天合化也。」

雲行雨施，品物流形。

〔一〕「册」，胡本作「策」，毛本作「筞」。下同，不再出校。册、策、筞異體字。

〔二〕「稟」，盧本、周本作「本」，義通。

虞翻曰：「已成既濟，上坎爲雲，下坎爲雨，故『雲行雨施』。乾以雲雨流坤之形，萬物化成，故曰『品物流形』也。」

大明終始，

荀爽曰：「乾起坎而終於離，坤起於離而終於坎，離坎者，乾坤之家，而陰陽之府，故曰『大明終始』也。」

六位時成，

荀爽曰：「六爻隨時而成乾。」

時乘六龍以御天也。

侯果曰：「大明，日也。六位，天地四時也，六爻效彼而作也。大明以晝夜爲終始，六位以相竭爲時成，言乾乘六氣而陶冶變化，運四時而統御天也〔一〕，故曰『時乘六龍以御天也』。故乾鑿度曰『日月終始萬物』，是其義也。」

乾道變化，各正性命。保合大和，乃利貞。首出庶物，萬國咸寧。

劉瓛曰：「陽氣爲萬物之所始，故曰『首出庶物』。立君而天下皆寧，故曰『萬國咸寧』也。」

〔一〕「也」，張本、周本作「地」，義遜。

象曰：

案：象者，像也，取其法象卦爻之德。

「天行健，

何妥曰：「天體不健，能行之德健也。猶如地體不順，承弱之勢順也。所以乾卦獨變名爲健者。宋衷曰：『晝夜不懈，以健詳其名，餘卦各當名，不假於詳矣。』」

君子以自强不息。

虞翻曰：「君子謂三，乾健故强。天一日一夜過周一度，故『自强不息』。老子曰：『自勝者强。』」○干寶曰：「言君子，通之於賢也。凡勉强以〔一〕德，不必須在位也。故堯舜一日萬機，文王日昃不暇食，仲尼終夜不寢，顔子欲罷不能，自此以下，莫敢淫心捨力，故曰『自强不息』矣。」

『潛龍勿用』，陽在下也。

荀爽曰：「氣微位卑，雖有陽德，潛藏在下，故曰『勿用』也。」

『見龍在田』，德施普也。

荀爽曰：「見者，見居其位。田謂坤也。二當升坤五，故曰『見龍在田』。大人謂天子，見據尊位，臨長

〔一〕「以」下，纂疏有「進」字。

羣陰，德施於下，故曰『德施普也』。」

『終日乾乾』，反復道也。

虞翻曰：「至三體復，故『反復道』，謂『否、泰反其類也』。」

『或躍在淵』，進无咎也。

荀爽曰：「乾者君卦，四者陰位，故上躍居五者，欲下居坤初，求陽之正。地下稱淵也。陽道樂進，故曰『進无咎也』。」

『飛龍在天』，大人造也。

荀爽曰：「飛者，喻無所拘。天者首事造制，大人造法，見居天位，『聖人作而萬物覩』，是其義也。」

『亢龍有悔』，盈不可久也。

九家易曰：「陽當居五，今乃居上，故曰『盈』也。亢極失位，當下之坤三，故曰『盈不可久』，若太上皇者也。下之坤三，屈爲諸侯，故曰『悔』者也。」

用九，見羣龍無首，吉〔一〕。」

宋衷曰：「用九，六位皆九，故曰『見羣龍』。純陽，則天德也。萬物之始，莫能先之，不可爲首，先之者

〔一〕「見羣龍無首，吉」，毛本、盧本、四庫本、周本、曹校及孫氏集解作「天德不可爲首也」。

凶，隨之者吉，故曰『无首，吉』。」

文言曰：

劉瓛曰：「依文而言其理，故曰『文言』。」○姚信曰：「乾、坤爲門户。文説乾、坤，六十二卦皆放焉。」

「元者，善之長也。

九家易曰：「乾者，君卦也。六爻皆當爲君，始而大通，君德會合，故元爲『善之長也』。」

亨者，嘉之會也。

九家易曰：「亨〔一〕者，謂陽合而爲乾，衆善相繼，故曰『嘉之會也』。」

利者，義之和也。

荀爽曰：「陰陽相合，各得其宜，然後利矣。」

貞者，事之幹也。

荀爽曰：「陰陽正而位當，則可以幹舉萬事。」

君子體仁足以長人，

何妥曰：「此明聖人則天，合五常也。仁爲木，木主春，故配元，爲四德之首。『君子體仁』，故有『長

〔一〕「亨」，原避唐肅宗諱作「通」，今回改。下同，不再出校。

人』之義也。」

嘉會足以合禮；

何妥曰：「禮是交接會通之道，故以配亨。五禮有吉凶賓軍嘉，故以嘉合於禮也。」

利物足以和義；

何妥曰：「利者，裁成也。君子體此利以利物，足以合于五常之義。」

貞固足以幹事。

何妥曰：「貞，信也。君子堅〔一〕貞正，可以委任於事。故論語曰『敬事而信』，故幹事而配信也。」案：此釋非也。夫「在天成象」者，「乾，元、亨、利、貞」也。言天運四時，以生成萬物。「在地成形」者，仁、義、禮、智、信也。言君法五常，以教化於人。元爲善長，故能體仁，仁主春生，東方木也；亨爲嘉會，足以合禮，禮主夏養，南方火也；利爲物宜，足以和義，義主秋成，西方金也；貞爲事幹，以配于智，智主冬藏，北方水也。故孔子曰「仁者樂山，智者樂水」，則智之明證矣。不言信者，信主土而統屬於君，故中孚云「信及豚魚」，是其義也。若「首出庶物」而「四時不忒」者，乾之象也。「厚德載物」而五行相生者，土之功也。土居中宫，分王四季，亦由人君无爲皇極，而奄有天下。水火金

〔一〕曹校云：周本無「堅」字，或下脱「固」字。

木，非土不載；仁義禮智，非君不弘。信既統屬於君，故先言乾而後不言信，明矣。

君子行此四德者，故曰：『乾，元、亨、利、貞。』

干寶曰：「夫純陽，天之精氣；四行，君之懿德。是故乾冠卦首，辭表篇目，明道義之門在於此矣，猶春秋之備五始也。故夫子留意焉。然則體仁正己，所以化物；觀運知時，所以順天；器〔一〕用隨宜，所以利民；守正一業，所以定俗也。亂〔二〕則敗禮，其教淫；逆則拂時，其功否；錯則妨用，其事廢；忘則失正，其官敗。四德者，文王所由興；四愆者，商紂所由亡。」

初九曰『潛龍勿用』，何謂也？

何妥曰：「夫子假設疑問也。後五爻皆放此也。」

子曰：『龍德而隱者也。

何妥曰：「此直答言聖人有隱顯之龍德，今居初九窮下之地，隱而不見，故云『勿用』矣。」

不易乎世，

崔憬曰：「言據當潛之時，『不易乎世』而行者，龍之德也。」

〔一〕「器」，原作「氣」，今據周本及曹校改。

〔二〕「亂」上，原衍「踰」字，今據胡本、周本及曹校刪。

不成乎名〔一〕，

鄭玄曰：「當隱之時，以從世俗，不自殊異，无所『成名』也。」

遯世无悶，

崔憬曰：「道雖不行，達理无悶也。」

不見是而无悶。

崔憬曰：「世人雖不已是，而已知不違〔二〕道，故『无悶』。」

樂則行之，憂則違之，

虞翻曰：「陽〔三〕出初震爲樂、爲行，故『樂則行之』。坤死稱憂，隱在坤中，『遯世无悶』，故『憂則違之』也。」

確乎其不可拔，潛龍也。』

虞翻曰：「確，剛貌也。乾剛潛初，坤亂於上，君子弗用，隱在下位，確乎難拔，潛龍之志也。」

〔一〕「不易乎世，不成乎名」，盧本、張本均作「不易世，不成名」。

〔二〕「違」，原作「達」，今據盧本、周本、四庫本及曹校改。

〔三〕「陽」，原作「陰」，今據盧本、周本及曹校改。

九二曰『見龍在田，利見大人』，何謂也？子曰：『龍德而正中者也。

虞翻曰：「中，下之中。二非陽位，故明言能『正中』也。」

庸言之信，

荀爽曰：「處和應坤，故曰『信』。」

庸行之謹，

九家易曰：「以陽居陰位，故曰『謹』也。庸，常也。謂言常以信，行常以謹矣。」

閑邪存其誠，

宋衷曰：「閑，防也，防其邪而存誠焉〔一〕。二在非其位，故以『閑邪』言之。能處中和，故以『存誠』言之。」

善世而不伐，

九家易曰：「陽升居五，處中居上，始以美德利天下。不言所利，即是『不伐』。故老子曰『上德不德，是以有德』，此之謂也。」

德博而化。

〔一〕「存」下，胡本、周本有「其」字。

荀爽曰：「處五據坤，故『德博』。羣陰順從，故物化也。」

易曰「見龍在田，利見大人」，君德也。』

虞翻曰：「陽始觸陰，當升五爲君，時舍於二，宜[一]利天下，直方而大，德无不利，明言『君德』。地數始二，故稱『易曰』。」

九三曰『君子終日乾乾，夕惕若厲，无咎』，何謂也？子曰：『君子進德脩業，

虞翻曰：「乾爲德，坤爲業，以乾通坤，謂爲『進德脩業』。」○宋衷曰：「業，事也。三爲三公，君子處公位，所以『進德脩業』也。」

忠信，所以進德也。

翟玄曰：「忠於五，所以脩德也。」○崔憬曰：「推忠於人，以信待物，故其德日新也。」

脩辭立其誠，所以居業也。

荀爽曰：「脩辭謂『終日乾乾』，立誠謂『夕惕若厲』，居業謂居三也。」○翟玄曰：「居三脩其教令，立其誠信，民敬而從之。」

〔一〕「宜」，原作「宣」，今據諸本、孫氏集解改。

知至至之，可與言〔一〕幾也。

翟玄曰：「知五可至而至之，故可與行幾微之事也。」

知終終之，可與存義也。

姚信曰：「知終者，可以知始。終〔二〕謂三也。義者，宜也。知存知亡，君子之宜矣。」○崔憬曰：「君子，喻文王也。言文王進德脩業，所以貽厥武王，至於九五。至於九五，可與進脩意合，故言『知至至之，可與言微也』。知天下歸周，三分有二，以服事殷，終於臣道。終於臣道，可與進脩意合，故言『知終終之，可與存義』。」

是故居上位而不驕，

虞翻曰：「天道三才，一乾而以至三乾成，故爲『上』。『夕惕若厲』，故『不驕』也。」

在下位而不憂。

虞翻曰：「下位謂初，隱于初，『憂則違之』，故『不憂』。」

故乾乾因其時而惕，雖危无咎矣。

〔一〕「言」，胡本、毛本、四庫本無此字。

〔二〕「終」，原重，今據胡本、盧本、周本删。

王弼曰：「惕，怵惕也。處事之極，失時則廢，懈怠則曠，故『乾乾因其時而惕，雖危无咎』。」

九四曰『或躍在淵，无咎』，何謂也？子曰：『上下无常，非爲邪也。

荀爽曰：「乾者君卦，四者臣位也，故欲進〔一〕躍居五。下者，當下居坤初，德〔二〕陽正位。故曰『上下无常，非爲邪也』。」

進退无恒，非離羣也。

荀爽曰：「進謂居五，退謂居初〔三〕，故『進退无恒，非離羣也』。」

進〔四〕德脩業，欲及時也，故无咎。』

崔憬曰：「至公欲及時濟人，故『无咎』也。」

九五曰『飛龍在天，利見大人』，何謂也？子曰：『同聲相應，

虞翻曰：「謂震巽也。庖犧觀變而放八卦，雷風相薄，故『相應』也。」○張璠曰：「天者陽也，君者陽也。雷風者，天之聲。號令者，君之聲。明君與天地相應，合德同化，動靜不違也。」

〔一〕「進」，盧本、周本作「上」。

〔二〕「德」，盧本、周本作「得」。

〔三〕「初」，原作「三」，今據盧本、周本及曹校改。

〔四〕「進」上，盧本、四庫本、周本有「君子」二字。

同氣相求。

虞翻曰：「謂艮兑，山澤通氣，故『相求』也。」○崔憬曰：「方諸與月，同有陰氣，相感則水生。陽燧與日，同有陽氣，相感則火出也。」

水流濕，

荀爽曰：「陽動之坤而爲坎，坤者純陰，故曰『濕』也。」

火就燥。

荀爽曰：「陰動之乾而成離，乾者純陽，故曰『燥』也。」○虞翻曰：「離上而坎下，『水火不相射』。」○崔憬曰：「決水先流濕，然火先就燥〔一〕。」

雲從龍，

荀爽曰：「龍喻王者，謂乾二之坤五爲坎也。」○虞翻曰：「乾爲龍，雲生天，故『從龍』也。」

風從虎。

荀爽曰：「虎喻國君，謂坤五之〔二〕乾二爲巽而從三也。三者，下體之君，故以喻國君。」○虞翻曰：

〔一〕此二句原作「決水先就燥」，今據盧本、四庫本、周本補。「然」字，皆闕，今據纂疏補。

〔二〕「五之」，原倒，今據諸本及曹校乙。

「坤爲虎，風生地，故『從虎』也。」

聖人作而萬物覩。

虞翻曰：「覩，見也。聖人則庖犧，合德乾五，『造作八卦，以通神明之德，以類萬物之情』。五動成離，日出照物，皆相見，故曰『聖人作而萬物覩』也。」○陸績曰：「陽氣至五，萬物茂盛，故譬以聖人在天子之位，功成制作，萬物咸見之矣。」

本乎天者親上，

荀爽曰：「謂乾九二，本出於乾，故曰『本乎天』。而居坤五，故曰『親上』。」

本乎地者親下，

荀爽曰：「謂坤六五，本出於坤，故曰『本乎地』。降居乾二，故曰『親下』也。」○崔憬曰：「謂動物親於天之動，植物親於地之静。」

則各從其類也。」

虞翻曰：「『方以類聚，物以羣分』，『乾道變化，各正性命』，『觸類而長』，故『各從其類』。」

上九曰『亢龍有悔』，何謂也？子曰：『貴而无位，

荀爽曰：「在上故『貴』，失正〔一〕故『无位』。」

高而无民，

何妥曰：「既不處九五帝王之位，故『无民』也。夫『率土之濱，莫非王臣』，既非王位，則民不隸屬也。」

賢人在下位

荀爽曰：「謂上應三，三陽德正，故曰『賢人』。別體在下，故曰『在下位』。」

而无輔，

荀爽曰：「兩〔二〕陽无應，故『无輔』。」

是以動而有悔也。』

荀爽曰：「升極當降，故『有悔』。」

『潛龍勿用』，下也。

何妥曰：「此第一章，以人事明之。當帝舜耕漁之日，卑賤處下，未爲時用，故云『下』。」

『見龍在田』，時舍也。

〔一〕「正」，毛本、盧本、四庫本作「位」。

〔二〕「兩」，原作「而」，今據盧本、四庫本、周本改。

何妥曰：「此夫子洙泗之日，開張業藝，教授門徒，自非通舍，孰能如此。」○虞翻曰：「二非王位，時暫舍也。」

『終日乾乾』，行事也。

何妥曰：「此當文王爲西伯之時，處人臣之極，必須事上接下，故言『行事』也。」

『或躍在淵』，自試也。

何妥曰：「欲進其道，猶復疑惑。此當武王觀兵之日，欲以試觀物情也。」

『飛龍在天』，上治也。

何妥曰：「此當堯舜冕旒之日，以聖德而居高位，在上而治民也。」

『亢龍有悔』，窮之災也。

案：此當桀紂失位之時，亢極驕盈，故致悔恨窮斃之災禍也。

乾元用九，天下治也。

案：此當三皇五帝禮讓之時，垂拱无爲而天下治矣。○王弼曰：「此一章全以人事明之也。九，陽也。陽，剛直之物也。夫能全用剛直，放遠善柔，非天下之至治，未之能也。故『乾元用九』，則『天下治也』。夫識物之動，則其所以然之理，皆可知也。龍之爲德，不爲妄也。潛而勿用，何乎必窮處於下也？見而在田，必以時之通舍也。以爻爲人，以位爲時，人不妄動，則時皆可知也。文王明夷，則主可知矣。仲尼旅人，則國可知矣。」

『潛龍勿用』，陽氣潛藏。

何妥曰：「此第三章，以天道明之。當十一月，陽氣雖動，猶在地中，故曰『潛龍』也。」

『見龍在田』，天下文明。

案：陽氣上達於地，故曰「見龍在田」。百草萌牙孚甲，故曰「文明」。○孔穎達曰：「先儒以爲九二當太蔟之月，陽氣見地〔一〕，則九三爲建辰之月，九四爲建午之月，九五爲建申之月，上九爲建戌之月。羣陰既盛，上九不得言『與時偕極』。先儒此説，於理稍乖。此乾之陽氣漸生，似聖人漸進〔二〕，宜據十一月之後，建巳之月已來。此九二爻當建丑、建寅之間，於時地之萌牙，物有生〔三〕者，即是『陽氣發見』之義也。但陰陽二氣，共成歲功，故陰興之時，仍有陽在；陽生之月，尚有陰存〔四〕。所以六律六吕，陰陽相間〔五〕，取象論義，與此不殊也。」

〔一〕「見地」，周易正義作「發見」。
〔二〕「進」，周易正義作「出」。
〔三〕「物有生」，周易正義作「初有出」。曹校云「物」當爲「初」，當從。
〔四〕「存」，原作「氣」，今據宋刻周易正義改。
〔五〕「間」，原作「關」，今據宋刻周易正義改。

『終日乾乾』，與時偕行。

何妥曰：「此當三月，陽氣浸長，萬物將盛，與天之運，俱行不息也。」

『或躍在淵』，乾道乃革。

何妥曰：「此當五月，微陰初起，陽將改變，故云『乃革』也。」

『飛龍在天』，乃位乎天德。

何妥曰：「此當七月，萬物盛長，天功大成，故云『天德』也。」

『亢龍有悔』，與時偕極。

何妥曰：「此當九月，陽氣大衰，向將極盡，故云『偕極』也。」

『乾元用九』，乃見天則。

何妥曰：「陽消，天氣之常。天象法則，自然可見。」案：王弼曰：「此一章全説天氣以明之也。九，剛直之物，唯乾體能用之。用純剛以觀天，『天則』可見矣。」

『乾元』者，始而亨者也。

虞翻曰：「乾始開通，以陽通陰，故始亨。」

『利貞』者，性情也。

干寶曰：「以施化利萬物之性，以純一正萬物之情。」〇王弼曰：「不爲乾元，何能通物之始？不性其情，何能久行其正？是故『始而亨』者，必『乾元』也。利而正者，必『性情』也。」

乾始而〔一〕以美利利天下，

虞翻曰：「美利，謂『雲行雨施，品物流形』，故『利天下』也。」

不言所利，大矣哉！

虞翻曰：「『天何言哉！四時行焉，百物生焉』，故利者大也。」

大哉乾乎！剛健中正，純粹精也。

崔覲曰：「不雜曰純，不變曰粹。言乾是純粹之精，故有剛、健、中、正之四德也。」

六爻發揮，旁通情也。

陸績曰：「乾六爻發揮變動，旁通於坤；坤來入乾，以成六十四卦，故曰『旁通情也』。」

時乘六龍，

九家易曰：「謂時之元氣，以王而行，履涉衆爻，是『乘六龍』也。」

以御天也。

荀爽曰：「御者，行也。陽升陰降，天道行也。」

〔一〕「而」，盧本、張本下有小字注：今本「而」爲「能」。按：毛本、四庫本正作「能」。

雲行雨施，天下平也。

荀爽曰：「乾升於坤，曰『雲行』；坤降於乾，曰『雨施』。乾坤二卦成兩〔一〕既濟，陰陽和均，而得其正，故曰『天下平』。」

君子以成德爲行，

干寶曰：「君子之行，動静可觀，進退可度，動以成德，无所苟行也。」

日可見之行也。

虞翻曰：「謂初。乾稱君子，陽出成爲上德。雲行雨施則成離，日新之謂上德，故『日〔二〕可見之行』。」

潛之爲言也，隱而未見，行而未成，是以君子弗用也。

荀爽曰：「『隱而未見』，謂居初也。『行而未成』，謂行之坤四，陽居陰位，未成爲君。乾者，君卦也。不成爲君，故不用也。」

君子學以聚之，問以辯之，

虞翻曰：「謂二。陽在二，兑在口，震爲言、爲講論，坤爲文，故『學以聚之，問以辯之』。兑象：『君子

〔一〕「兩」，原作「雨」，今據盧本、四庫本、周本及曹校改。
〔二〕「日」，原作「曰」，今據盧本、周本改。

以朋友講習。」」

寬以居之，仁以行之。

虞翻曰：「震爲寬仁、爲行，謂『居寬行仁〔一〕，德博而化』也。」

易曰：『見龍在田，利見大人，君德也。』

虞翻曰：「重言『君德』者，『大人善世不伐』，信有君德，『後天而奉天時』，故詳言之。」

九三：重剛而不中。

虞翻曰：「以乾接乾，故『重剛』。位非二五，故『不中』也。」

上不在天，下不在田。

何妥曰：「上不及五，故云『不在天』；下已過二，故云『不在田』。處此之時，實爲危厄也。」

故乾乾因其時而惕，雖危无咎矣。

何妥曰：「處危懼之地，而能乾乾懷厲，至夕猶惕，乃得『无咎』矣。」

九四：重剛而不中，

案：三居下卦之上，四處上卦之下，俱非得中，故曰「重剛而不中」也。

〔一〕「仁」，原脱，今據盧本、周本補。

上不在天，下不在田，中不在人，

侯果曰：「案：下繫『易有天道、有地道、有人道，兼三才而兩之』，謂兩爻爲一才也。初兼二，地也。三兼四，人也。五兼六，天也。四是兼才，非正，故言『不在人』也。」

故『或』之。『或』之者，疑之也，故无咎。

虞翻曰：「非其位，故疑之也。」

夫大人者，

乾鑿度曰：「聖明德備，曰大人也。」

與天地合其德，

荀爽曰：「與天合德，謂居五也。與地合德，謂居二也。」　案：謂撫育无私，同天地之覆載也。

與日月合其明，

荀爽曰：「謂坤五之乾二成離，離爲日；乾二之坤五爲坎，坎爲月。」　案：威恩遠被，若日月之照臨也。

與四時合其序，

翟玄曰：「乾坤有消息，從四時來也。」　又案：賞罰嚴明，順四時之序也。

與鬼神合其吉凶，

虞翻曰：「謂乾神合吉，坤鬼合凶，以乾之坤，故『與鬼神合其吉凶』。」　案：禍淫福善，叶鬼神之吉凶矣。

先天而天弗違，

虞翻曰：「乾爲天、爲先。大人在乾五，乾五之坤五，天象在先，故『先天而天弗違』。」○崔憬曰：「行人事，合天心也。」

後天而奉天時。

虞翻曰：「奉，承行。乾三之坤二〔一〕成震，震爲後也。震春、兑秋、坎冬、離夏，四時象具，故『後天而奉天時』。謂『承天時行』，順也。」○崔憬曰：「奉天時布政，聖政也。」

天且弗違，況於人乎？

荀爽曰：「人謂三。」

況於鬼神乎？

荀爽曰：「神謂天，鬼謂地也。」　案：大人「惟德動天，无遠不届」。鬼神饗德，夷狄來賓。人神叶

〔一〕「三」、「二」，盧本、孫氏集解作「四」、「初」，毛本、四庫本、周本「二」作「初」，纂疏作「三」、「初」。今按：纂疏是。

從，猶風偃草，豈有違忤哉？

亢之爲言也，知進而不知退，

荀爽曰：「陽位在五，今乃居上，故曰『知進而不知退』也。」

知存而不知亡，

荀爽曰：「在上當陰，今反爲陽，故曰『知存而不知亡』也。」

知得而不知喪。

荀爽曰：「得謂陽，喪謂陰。」　又案：此論人君驕盈過亢，必有喪亡。若殷紂招牧野之災，太康遘洛水之怨，即其類矣。

其唯聖人乎，知進退存亡而不失其正者，其唯聖人乎！

荀爽曰：「進謂居五，退謂居二。存謂五，爲陽位。亡謂上，爲陰位也。再稱〔一〕『聖人』者，上『聖人』謂五，下『聖人』謂二也。」　案：此則「乾元用九，天下治也」。言大寶聖君，若能用九天德者，垂拱无爲，芻狗萬物，生而不有，功成不居，百姓日用而不知，豈荷生成之德者也。此則三皇五帝，乃聖乃神，保合太和，而天下自治矣。今夫子文言再稱「聖人」者，歎美用九之君，能「知進退存亡而不失其

〔一〕「稱」，胡本、盧本、周本作「出」。

正」，故得「大明終始，萬國咸甯，時乘六龍以御天也」。斯即「有始有卒者，其唯聖人乎」，是其義也。○崔憬曰：「謂失其正者，若燕噲讓位於子之之類是也。」案：三王五伯，揖讓風頹，專恃干戈，遞相征伐，失正忘退，其徒實繁。略舉宏綱，斷可知矣。

周易集解卷第二

坤　屯　蒙　需

䷁坤下坤上　坤：元亨，利牝馬之貞。

干寶曰：「陰氣之始，婦德之常，故稱『元』。與乾合德，故稱『亨』。行天者莫若龍，行地者莫若馬，故乾以龍繇，坤以馬象也。坤，陰類，故稱『利牝馬之貞』矣。」○虞翻曰：「謂陰極陽生，乾流坤形，坤含光大，凝乾之元，終於坤亥，出乾初子，品物咸亨，故『元亨』也。坤爲牝，震爲馬，初動得正，故『利牝馬之貞』矣。」

君子有攸往，先迷，後得主，利。

盧氏曰：「坤，臣道也、妻道也。後而不先，先則迷失道矣，故曰『先迷』。陰以陽爲主，當後而順之，則利，故曰『後得主，利』。」○九家易曰：「坤爲牝，爲迷。」

西南得朋，東北喪朋，安貞，吉。

崔憬曰：「妻道也。西方坤兑，南方巽離，二方皆陰，與坤同類，故曰『西南得朋』。東方艮震，北方乾坎，二方皆陽，與坤非類，故曰『東北喪朋』。以喻在室得朋，猶迷於失道；出嫁喪朋，乃順而得常。安於承天之正，故言『安貞，吉』也。」

彖曰：「至哉坤元，

九家易曰：「謂乾氣至坤，萬物資受而以生也。坤者純陰，配乾生物，亦善之始，地之象也，故又歎言至美。」

萬物資生，

荀爽〔一〕曰：「謂萬一千五百二十策，皆受始於乾，由坤而生也。策生於坤，猶萬物成形，出乎地也。」

乃順承天。

劉瓛曰：「萬物資生於地，故地承天而生也。」

坤厚載物，

蜀才曰：「坤以廣厚之德，載含萬物，无有窮竟也。」

德合无疆。

〔一〕「荀爽」，原作「九家易」，今據盧本、周本及纂疏改。

蜀才曰：「天有无疆之德，而坤合之，故云『德合无疆』也。」

含弘光大，

荀爽曰：「乾二居坤五爲含，坤五居乾二爲弘，坤初居乾四爲光，乾四居坤初爲大也。」

品物咸亨。

荀爽曰：「天地交，萬物生，故『咸亨』。」○崔憬曰：「含育萬物爲弘，光華萬物爲大，動植各遂其性，故言『品物咸亨』也。」

牝馬地類，行地无疆。

侯果曰：「地之所以含弘物者，以其順而承天也。馬之所以行地遠者，以其柔而伏人也。而又牝馬，順之至也；誠臣子當至順，故作易者取象焉。」

柔順利貞，君子攸行。

九家易曰：「謂坤爻本在柔順陰位，則利正〔一〕之乾，則陽爻來據之，故曰『君子攸行』。」

先迷失道，後順得常。

何妥曰：「陰道惡先，故先致迷失。後順於主，則保其常慶也。」

〔一〕「則」，曹校以爲衍文。「正」，周本作「貞」。

西南得朋，乃與類行。

虞翻曰：「謂陽得其類。月朔至望，從震至乾，與〔一〕時偕行，故『乃與類行』。」

東北喪朋，乃終有慶。

虞翻曰：「陽喪滅坤，坤終復生。謂月三日震象出庚，故『乃終有慶』。此指説易道陰陽消息之大要也。謂陽月三日，變而成震出庚；至月八日，成兑見丁，庚西丁南，故『西南得朋』。謂二陽爲朋〔二〕，故兑『君子以朋友講習』〔三〕。文言曰：『敬義立而德不孤。』彖曰：『乃與類行。』二十九日，消乙入坤，滅藏於癸，乙東癸北，故『東北喪朋』。謂之以坤滅乾，坤爲喪故也。馬君云：『孟秋之月，陰氣始著，而坤之位，同類相得，故西南得朋。孟春之月，陽氣始著，陰始從陽，失其黨類，故東北喪朋。』失之甚矣。而荀君以爲陰起於午，至申三陰，得坤一體，故曰『西南得朋』；陽起於子，至寅三陽，喪坤一體，故曰『東北喪朋』。就如荀説，從午至申，得坤一體，故曰『西南得朋』。陽起於子，至寅三陽，喪坤一體，故曰『東北喪朋』。就如荀説，從午至申，經當言南西得朋；子至寅，當言北東喪朋。以乾變坤，而言喪朋，經以乾卦爲喪耶？此何異于馬也。」

〔一〕「與」，原脱，今據盧本、四庫本、周本及曹校補。

〔二〕「朋」，原作「用」，今據盧本、周本改。

〔三〕「習」下，原有「之」字，今據盧本、四庫本、周本及曹校删。

安貞之吉，

虞翻曰：「坤道至静，故『安』；復初得正，故『貞吉』。」

應地无疆。」

虞翻曰：「震爲應，陽正于初，以承坤陰；地道應，故『應地无疆』。」

象曰：「地勢坤，

王弼曰：「地形不順矣〔一〕。」○宋衷曰：「地有上下九等之差，故以形勢言其性也。」

君子以厚德載物。」

虞翻曰：「勢，力也。君子謂乾，陽爲德，動在坤下，『君子之德車』，故『厚德載物』。老子曰『勝人者有力』也。」

初六：履霜，堅冰至。

干寶曰：「重陰故稱六，剛柔相推故生變，占變故有爻。繫曰：『爻者，言乎變者也。』故易繫辭皆稱九、六也。陽數奇，陰數偶，是以乾用一也，坤用二也。陰氣在初，五月之時，自姤來也。陰氣始動乎三泉之下，言陰氣動矣，則必至於履霜，履霜則必至於堅冰，言有漸也。藏器於身，貴其俟時，故陽在

〔一〕「矣」，周本作「其勢順」。

潛龍，戒以勿用。防禍之原，欲其先幾，故陰在三泉，而顯以履霜也。」

象曰：「『履霜，堅冰』，陰始凝也。馴致其道，至堅冰也。」

九家易曰：「霜者，乾之命也。堅冰者，陰功成也。謂坤初六之乾〔一〕四，履乾命令而成堅冰也。此卦本乾，陰始消陽，起於此爻，故履霜也。馴猶順也，言陽順陰之性〔二〕，成堅冰矣。初六始姤，姤爲五月盛夏，而言堅冰，五月陰氣始生地中，言始於微霜，終至堅冰，以明漸順至也。」

六二：直方大，

荀爽曰：「大者，陽也。二應五，五下動之，則應陽出直，布陽于四方。」

不習，无不利。

荀爽曰：「物唱乃和，不敢先有所習。陽之所唱，從而和之，『无不利』也。」○干寶曰：「陰氣在二，六月之時，自遯來也。陰出地上，佐陽成物，臣道也，妻道也。臣之事君，妻之事夫，義成者也。臣貴其直，義尚其方，地體其大，故曰『直方大』。士該九德，然後可以從王事；女躬四教，然後可以配君子。道成於我，而用之於彼，不方以仕學爲政，不方以嫁學爲婦，故曰『不習，无不利』也。」

〔一〕「乾」上，原有「於」字，今據盧本、四庫本、周本删。

〔二〕「性」，原作「往」，今據毛本、盧本、四庫本、周本改。

象曰：「六二之動，直以方也。

九家易曰：「謂陽，下動應之，則直而行，布陽氣動于四方也。」

『不習，无不利』，地道光也。

干寶曰：「女德光於夫，士德光于國也。」

六三：含章可貞，

虞翻曰：「貞，正也。以陰包陽，故『含章』。三失位，發得正，故『可貞』也。」

或從王事，无成有終。

虞翻曰：「謂三已發成泰，乾爲王〔一〕，坤爲事，震爲從，故『或從王事』。『地道无成而有終』，故『无成有終』。」○干寶曰：「陰氣在三，七月之時，自否來也。陽降在四，三公位也。陰升在三，三公事也。上失其權，位在諸侯，坤體既具，陰党成羣，君弱臣强，戒在二國。唯文德之臣，然後可以遭之，運而不失其柔順之正。坤爲文，坤象既成，故曰『含章可貞』。此蓋平襄之王垂拱，以賴晉鄭之輔也。苟利社稷，專之則可，故曰『或從王事』。遷都誅親，疑於專命，故亦『或』之。失『後順』之節，故曰『无成』。終於濟國安民，故曰『有終』。」

〔一〕「王」，原作「主」，今據盧本、周本及曹校改。

象曰：「『含章可貞』，以時發也。

崔憬曰：「陽命則發，非時則含也。」

『或從王事』，知光大也。」

干寶曰：「位彌高，德彌廣也。」

六四：括囊，无咎，无譽。

虞翻曰：「括，結也。謂泰反成否，坤爲囊，艮爲手，巽爲繩，故『括囊』。在外多咎也。得位承五，『繫于包桑』，故『无咎』。陰在二多譽，而遠在四，故『无譽』。」○干寶曰：「陰氣在四，八月之時，自觀來也。天地將閉，賢人必隱，懷智苟容，以觀時釁〔一〕。此蓋甯戚、蘧瑗與時卷舒之爻也。不艱其身，則『无咎』；功業不建，故『无譽』也。」

象曰：「『括囊，无咎』，慎不害也。」

盧氏曰：「慎言則『无咎』也。」

六五：黄裳，元吉。

干寶曰：「陰氣在五，九月之時，自剥來也。剥者，反常道也。『黄，中之色。裳，下之飾。元，善之長

〔一〕「釁」，原作「亹」，胡本作「譽」，今據周本及孫氏集解改。

也。中美能黄，上美爲元，下美則裳。』陰登于五，柔居尊位，若成昭之主、周霍之臣也。百官總己，專斷萬機，雖情體信順，而貌近僭疑，周公其猶病諸。『言必忠信，行必篤敬』，然後可以取信於神明，无尤于四海也。故曰『黄裳，元吉』也。」

象曰：「『黄裳，元吉』，文在中也。」

王肅曰：「坤爲文，五在中，故曰『文在中也』。」○干寶曰：「當總己之任，處疑僭之間，而能終元吉之福者，由文德在中也。」

上六：龍戰于野，

荀爽曰：「消息之位，坤在於亥，下有伏乾，『爲其兼于陽，故稱龍也』。」

其血玄黄。

九家易曰：「實本坤體，『未離其類，故稱血焉』，血以喻陰也。『玄黄，天地之雜』，言乾坤合居也。」○侯果曰：「坤，十月卦也。乾位西北，又當十月，陰窮於亥，窮陰薄陽，所以『戰』也。故説卦云『戰乎乾』是也。六稱『龍』者，陰盛似龍，故稱『龍』也。」○干寶曰：「陰在上六，十月之時也。爻終於酉而卦成於乾，乾體純剛，不堪陰盛，故曰『龍戰』。戌亥，乾之都也，故稱『龍』焉。陰德過度，以逼乾戰。郭外曰郊，郊外曰野，坤位未申之維，而氣溢酉戌之間，故曰『于野』。未離陰類，故曰『血』。陰陽色雜，故曰『玄黄』。言陰陽離則異氣，合則同功。君臣夫妻，其義一也。故文王之忠於殷，抑參二之强，以事獨夫之紂。蓋欲彌縫其闕，而匡救其惡，以祈殷命，以濟生民也。紂遂長惡不悛，天命殛之，是以至於武王遂有牧野之事。是其義也。」

象曰：「『龍戰于野』，其道窮也。」

干寶曰：「天道窮，至於陰陽相薄也；君德窮，至於攻戰受誅也；柔順窮，至於用權變矣。」

用六：利永貞。

干寶曰：「陰體其順，臣守其柔，所以秉義之和，履貞之幹，唯有推變，終歸於正。是周公始於負扆南面，以先〔一〕王道，卒於復子明辟，以終臣節，故曰『利永貞』也矣。」

象曰：「用六『永貞』，以大終也。」

侯果曰：「用六，妻道也，臣道也，利在長正矣。不長正，則不能大終陽事也。」

文言曰：

何妥曰：「坤文言唯一章者，以一心奉順於主也。」

「坤至柔

荀爽曰：「純陰至順，故『柔』也。」

〔一〕「先」，周本作「光」。

而動也剛，

九家易曰：「坤一變而成震，陰動生陽，故『動也剛』。」

至靜而德方，

荀爽曰：「坤性至靜，得陽而動，布于四方也。」

後得主而有常，

虞翻曰：「坤陰，『先迷，後順得常』，陽出初震，爲主、爲常也。」

含萬物而化光。

干寶曰：「光，大也。謂坤含藏萬物，順〔一〕承天施，然後『化光』也。」

坤道其順乎？承天而時行。

荀爽曰：「承天之施，因四時而行之也。」

積善之家，必有餘慶；

虞翻曰：「謂初。乾爲積善，以坤牝陽，滅出復震，爲『餘慶』，謂『東北喪朋，乃終有慶也』。」

積不善之家，必有餘殃。

〔一〕「順」，影宋抄本、毛本作「須」。

虞翻曰：「坤積不善，以臣弑君，以乾通坤，極姤生巽，爲『餘殃』也。」　案：聖人設教，理貴隨宜。故夫子先論人事，則不語怪力亂神，絕四毋必。今于易象，闡揚天道，故曰「積善之家，必有餘慶；積不善之家，必有餘殃」者，欲〔一〕明陽生陰殺，天道必然；理國修身，積善爲本。故於坤爻初六陰始生時，著此微言，永爲深誡。欲使防萌杜漸，災害不生，開國承家，君臣同德者也。故繫辭云「善不積，不足以成名；惡不積，不足以滅身」，是其義也。

臣弑其君，子弑其父，

虞翻曰：「坤消至二，艮子弑父；至三成否，坤臣弑君；上下不交，天下無邦，故子弑父，臣弑君也。」

非一朝一夕之故，其所由來者漸矣，

虞翻曰：「剛爻爲朝，柔爻爲夕；乾爲寒，坤爲暑，相推而成歲焉，故『非一朝一夕』，『所由來漸矣』。」

由辯之不早辯也。

孔穎達曰：「臣子所以久包禍心，由君父不早辯明故也。此文誡君父防臣子之惡也。」

易曰『履霜，堅冰至』，蓋言順也。

荀爽曰：「霜者，乾之命令。坤下有伏乾，『履霜堅冰』，蓋言順也。乾氣加之，性而堅，象臣順君命而

〔一〕「欲」，胡本、周本作「以」。

成之。」

直，其正也；方，其義也。

虞翻曰：「謂二。陽稱直。『乾，其靜也專，其動也直』，故『直，其正』。方謂闢，陰〔一〕開爲方。『坤，其靜也翕，其動也闢』，故『方，其義也』。」

君子敬以直内，義以方外，敬義立而德不孤。

虞翻曰：「陽息在二，故『敬以直内』；坤位在外，故『義以方外』。謂陽見兑丁，『西南得朋，乃與類行』，故『德不孤』，孔子曰『必有鄰』也。」

『直方大，不習，无不利』，則不疑其所行也。

荀爽曰：「『直方大』，乾之唱也。『不習，无不利』，坤之和也。陽唱陰和，而无所不利，故『不疑其所行也』。」

陰雖有美，含之，『以從王事』，弗敢成也。

荀爽曰：「六三陽位，下有伏陽。坤，陰卦也，雖有伏陽，含藏不顯，『以從王事』，要待〔二〕乾命〔三〕，不

〔一〕「陰」，原作「陽」，今據盧本、周本及曹校改。

〔二〕「待」，胡本作「得」。

〔三〕「命」，原作「坤」，今據盧本、四庫本、周本改。

敢自成也。」

地道也，妻道也，臣道也。

翟玄曰：「坤有此三者〔一〕也。」

地道无成而代有終也。

宋衷曰：「臣子雖有才美，含藏以從其上，不敢有所成名也。地得終天功，臣得終君事，婦得終夫業，故曰『而代有終也』。」

天地變化，草木蕃。

虞翻曰：「謂陽息坤成泰，天地反。以乾變坤，坤化升乾，萬物出震，『故天地變化，草木蕃』矣。」

天地閉，賢人隱。

虞翻曰：「謂四。泰反成否，乾稱賢人，隱藏坤中，『以儉德避難，不榮〔二〕以禄』，故『賢人隱』矣。」

易曰『括囊，无咎，无譽』，蓋言謹也。

〔一〕「者」上，原有「道」字，今據諸本删。

〔二〕「榮以禄」，盧本作「營以禄」，下同，不再出校。

荀爽曰：「六〔一〕四陰位，迫近於五，雖有成德，當括而囊之，謹慎畏敬也。」○孔穎達曰：「括，結也。囊，所以貯物，以譬心藏智也。閉其智而不用，故曰『括囊』。不與物忤，故『无咎』。功名不顯，故『无譽』也。」

君子黃中通理，正位居體，

虞翻曰：「謂五。坤息體觀，地色黃；坤爲理，以乾通坤，故稱『通理』〔二〕；五正陽位，故曰『正位』；艮爲居，體謂四支也；艮爲兩肱，巽爲兩股，故曰『黃中通理，正位居體』。」

美在其中，而暢于四支，

虞翻曰：「陽稱美，在五中。四〔三〕支謂股肱。」

發於事業，

九家易曰：「天地交而萬物生也。謂陽德潛藏，變則發見。若五動爲比，乃事業之盛。」

美之至也。

侯果曰：「六五以中和通理之德，居體於正位，故能美充於中，而旁暢於萬物，形於事業，无不得宜，是

〔一〕「六」，原作「今」，今據胡本、盧本、周本及曹校改。

〔二〕「以乾通坤，故稱通理」，原作「以乾通理，故稱通坤」，今據盧本、四庫本、周本及曹校改。

〔三〕「四」，原作「而」，今據盧本、周本改。

『美之至也』。」

陰疑于陽必戰，

孟喜曰：「陰乃上薄，疑似于陽，必與陽戰也。」

爲其嫌于陽〔一〕也，故稱龍焉。

九家易曰：「陰陽合居，故曰『嫌陽』，謂上六坤行至亥，下有伏乾，陽者變化，以喻龍焉。」

猶未離其類也，故稱血焉。

荀爽曰：「實本坤卦，故曰『未離其類也』。血以喻陰順陽也。」○崔憬曰：「乾坤交會，乾爲大赤，伏陰柔之，故『稱血焉』。」

夫玄黄者，天地之雜也。

荀爽曰：「消息之卦，坤位在亥，下有伏乾，陰陽相和，故言『天地之雜也』。」

天玄而地黄。」

王凱沖曰：「陰陽交戰，故血玄黄。」○荀爽曰：「天者陽，始于東北，故色玄也。地者陰，始於西南，故色黄也。」

〔一〕「嫌」，盧本、周本作「兼」。下注同，不再出校。「陽」上，原有「无」字，今據盧本、周本及注文删。

序卦曰：「有天地，然後萬物生焉。盈天地之間者唯萬物，故受之以屯。屯者，盈也。屯者，萬物之始生也。」

崔憬曰：「此仲尼序文王次卦之意也。不序乾、坤之次者，以『一生二，二生三，三生萬物』，則天地之次第可知，而萬物之先後宜序也。萬物之始生者，言剛柔始交，故萬物資始於乾，而資生於地〔一〕。」

䷂ 坎宮二世　六月　震下坎上　屯：元、亨、利、貞。

虞翻曰：「坎二之初，剛柔交震，故『元、亨』；之初得正，故『利、貞』矣。」

勿用，有攸往，利建侯。

虞翻曰：「之外稱往。初震得正，起之欲應，動而失位，故『勿用，有攸往』。震爲侯，初剛難拔，故利以建侯。老子曰：『善建者不拔也。』」

彖曰：「屯，剛柔始交而難生。

虞翻曰：「乾剛坤柔，坎二交初，故『始交』。『確乎難拔』，故『難生』也。」○崔憬曰：「十二月，陽始浸

〔一〕「地」，胡本、盧本、四庫本、周本作「坤」。

長而交于陰，故曰『剛柔始交』。萬物萌牙，生於地中，有寒冰之難，故言『難生』。于人事，則是運季業初之際也。」

動乎險中，大亨貞。

荀爽曰：「物難在始生，此本坎卦也。」　案：初六升二，九二降初，是「剛柔始交」也。交則成震，震爲動也，上有坎，是「動乎險中」也。動則物通而得正，故曰「動乎險中，大亨貞」也。

雷雨之動滿形〔一〕，

荀爽曰：「雷震雨潤，則萬物滿形而生也。」〇虞翻曰：「震雷坎雨，坤爲形也。謂三已反正，成既濟，坎水流坤，故『滿形』。謂『雷動雨施，品物流形』也。」

天造草昧，

荀爽曰：「謂陽動在下，造物〔二〕於冥昧之中也。」

宜建侯而不寧。

荀爽曰：「天地初開，世尚屯難，震位承乾，故『宜建侯』。動而遇險，故『不寧』也。」〇虞翻曰：「造，造

〔一〕「形」，原作「盈」，今據盧本、周本及注文改。下注同，不再出校。盧本此下小字注云：今本「形」訛「盈」。

〔二〕「造物」，盧本、周本作「造生萬物」。

生也；草，草創物也；坤冥爲昧，故『天造草昧』。成既濟定，故曰『不甯』，言寧也。」○干寶曰：「水運將終，木德將始，殷周際也。百姓盈盈，匪君子不甯。天下既遭屯險之難，後王宜蕩之以雷雨之政，故封諸侯以甯之也。」

象曰：「雲雷，屯，

九家易曰：「雷雨者，興養萬物。今言屯者，十二月，雷伏藏地中，未得動出，雖有雲雨，非時長育，故言屯也。」

君子以經綸〔一〕。」

荀爽曰：「屯難之代，萬事失正。經者，常也；論者，理也。『君子以經論』，不失常道也。」○姚信曰：「經緯也。時在屯難，是天地經論之日，故君子法之，須經論艱難也。」

初九：盤桓，利居貞，利建侯。

虞翻曰：「震起艮止，『動乎險中』，故『盤桓』。得正得民，故『利居貞』。謂『君子居其室』，慎密而不出也。」

象曰：「雖盤桓，志行正也。

〔一〕「綸」，盧本、張本、周本作「論」。下注同。張本此下小字注云：今本作「綸」。

荀爽曰：「盤桓者，動而退也。謂陽從二動而退居初，雖盤桓〔一〕，得其正也。」

以貴下賤，大得民也。

荀爽曰：「陽貴而陰賤，陽從二來，是『以貴下賤』，所以『得民』也。」

六二：屯如，邅如，

荀爽曰：「陽動而止〔二〕，故『屯如』也。陰乘於陽，故『邅如』也。」

乘馬班如，

虞翻曰：「屯邅、盤桓，謂初也。震爲馬作足，二乘初，故『乘馬』。班，蹟也。馬不進，故『班如』矣。」

匪寇婚媾。女子貞不字，十年乃字。

虞翻曰：「匪，非也。寇謂五，坎爲寇盜，應在坎，故『匪寇』。陰陽得正，故『婚媾』。字，妊娠也。三失位，變復體離，離爲女子、爲大腹，故稱『字』。今失位爲坤，離象不見，故『女子貞不字』。坤數十，三動反正，離女大腹，故十年反常乃字，謂成既濟定也。」

象曰：「六二之難，乘剛也。

〔一〕「桓」，原脱，今據諸本及曹校補。

〔二〕「止」，原作「上」，今據毛本、盧本、四庫本、周本及曹校改。

崔憬曰：「下乘初九，故爲之難也。」

『十年乃字』，反常也。」

九家易曰：「陰出於坤，今還爲坤，故曰『反常也』。『陰出於坤』，謂乾再索而得坎，今變成震，中有坤體，故言『陰出於坤，今還於坤』，謂二從初即逆，應五順也。去逆就順，陰陽道正，乃能長養，故曰『十年乃字』。」

六三：即鹿无虞，惟入于林中，

虞翻曰：「即，就也。虞謂虞人，掌禽獸者。艮爲山，山足稱麓〔一〕。麓，林也。三變體坎，坎爲藂〔二〕木，山下故稱『林中』。坤爲兕虎，震爲麋鹿，又爲驚走，艮爲狐狼，三變，禽走入于林中，故曰『即鹿无虞，惟入林中』矣。」

君子幾不如舍，往吝。

虞翻曰：「君子謂陽，已正位。幾，近；舍，置；吝，疵也。三應于上，之應歷險，不可以往，動如失位，故『不如舍』之，往必吝窮矣。」

〔一〕「麓」，盧本、周本作「鹿」。下「麓，林也」之「麓」同，不再出校。按：盧本依釋文作「麓」者從王肅。

〔二〕「藂」，周本作「叢」，二字古同。

象曰：「『即鹿无虞』，以從禽也。」

案：白虎通云：「禽者何？鳥獸之總名，爲人所禽制也。」即比卦九五爻辭「王用三驅，失前禽」，是其義也。

君子舍之，往吝窮也。

崔憬曰：「君子見動之微，逆知无虞，則不如舍勿〔一〕往，往則吝〔二〕窮也。」

六四：乘馬班如，

虞翻曰：「乘三也。謂三已變，坎爲馬，故曰『乘馬』。馬在險中，故『班如』也。或説乘初，初〔三〕爲建侯，安得乘之也？」

求婚媾，往吉，无不利。

崔憬曰：「屯難之時，勿用攸往。初雖作應，班如不進。既比於五，五來求婚，男求女，『往吉，无不利』。」

象曰：「求而往，明也。」

〔一〕「勿」，原作「而」，今據盧本、周本及曹校改。
〔二〕「則」，周本作「必」。「吝」，原作「爻」，今據諸本及曹校改。
〔三〕「初」，原不重，今據盧本、周本及曹校補。

虞翻曰：「之外稱往，體離故明也。」

九五：屯其膏，

虞翻曰：「坎雨稱膏。詩云『陰雨膏之』，是其義也。」

小貞吉，大貞凶。

崔憬曰：「得屯難之宜，有膏澤之惠。謂與四爲婚媾，施雖未光，小貞之道也，故『吉』。至於遠求嘉偶，以行大正，赴二之應，冒難攸往，固宜且凶，故曰『大貞凶』也〔一〕。」

象曰：「『屯其膏』，施未光也。」

虞翻曰：「陽陷陰中，故『未光也』。」

上六：乘馬班如，

虞翻曰：「乘五也。坎爲馬，震爲行，艮爲止，馬行而止，故『班如』也。」

泣血漣如。

九家易曰：「上六乘陽，故『班如』也。下二四爻雖亦乘陽，皆更得承五，憂解難除。今上无所復承，憂

〔一〕「大貞凶也」下，毛本有「貞，凶也」三字，盧本、周本有「貞，正也」三字，而四庫本此二句作「大貞正，貞凶也」。

難〔一〕不解，故『泣血漣如』也。體坎爲血，伏離爲目，互艮爲手，掩目流血，泣之象也。」

象曰：「『泣血漣如』，何可長也。」

虞翻曰：「謂三變時，離爲目，坎爲血，震爲出，血流出目，故『泣血漣如』。柔乘於剛，故不可長也。」

序卦曰：「物生必蒙，故受之以蒙。蒙者，蒙也，物之稺也。」

崔憬曰：「萬物始生之後，漸以長稺，故言『物生必蒙』。」○鄭玄曰：「蒙，幼小之貌。齊人謂萌爲蒙也。」

䷃ 坎下艮上 離宮四世八月 蒙：亨。

虞翻曰：「艮三之上〔二〕。亨謂二。震剛柔接，故『亨』。『蒙亨以亨，行時中也。』」○干寶曰：「蒙者，離宮陰也，世在四，八月之時，降陽布德，薺麥並生，而息來在寅，故『蒙』。于世爲八月，於消息爲正月卦也。正月之時，陽氣上達，故屯爲『物之始生』，蒙爲『物之稺也』。施之于人，則童蒙也。苟得其運，雖蒙必亨，故曰『蒙亨』。此蓋以寄成王之遭周公也。」

〔一〕「難」，原作「雖」，今據毛本、盧本、四庫本、周本及曹校改。

〔二〕「上」，盧本、周本作「二」，義長。

匪我求童蒙，童蒙求我。

虞翻曰：「童蒙謂五，艮爲童蒙，我謂二也，震爲動起，嫌求之五，故曰『匪我求童蒙』。五陰求陽，故『童蒙求我，志應也』。艮爲求，二體師象，坎爲經，謂『禮有來學，无往教』。」

初筮告，再三瀆，瀆則不告，

崔憬曰：「『初筮』，謂六五求決於九二，二則告之。『再三瀆』，謂三應於上，四隔於三〔一〕，與二爲『瀆』，故二『不告』也。瀆，古『黷』字也。」

利貞。

虞翻曰：「二五失位，利變之正，故『利貞』。『蒙以養正，聖功也。』」

彖曰：「蒙，山下有險，險而止，蒙。

侯果曰：「艮爲山，坎爲險，是『山下有險』。險被山止，止則未通，蒙昧之象也。」

蒙亨以亨，行時中也。

荀爽曰：「此本艮卦也。案：二進居三，三降居二，剛柔得中，故能亨。發蒙時，令得時中矣，故曰『蒙亨以亨，行時中也』。」

〔一〕「三」，原作「二」，今據盧本、周本及曹校改。

『匪我求童蒙，

陸績曰：「六五陰爻在蒙暗，蒙[一]又體艮，少男，故曰『童蒙』。」

童蒙求我』，志應也。

荀爽曰：「二與五志相應也。」

『初筮告』，以剛中也。

崔憬曰：「以二剛中，能發于蒙也。」

『再三瀆，瀆則不告』，瀆蒙也。

荀爽曰：「再三，謂三與四也，皆乘陽不敬，故曰『瀆』。瀆不能尊陽，蒙氣不除，故曰『瀆蒙也』。」

虞翻曰：「體頤故養。『五多功』，聖謂二，二志應五，變得正而亡其蒙，故『聖功也』。」○干寶曰：「武王之崩年九十三矣，而成王八歲，言天後成王之年，將以養公正之道，而成三聖之功。」

蒙以養正，聖功也。

象曰：「山下出泉，蒙，

虞翻曰：「艮爲山，震爲出，坎泉流出，故『山下出泉』。」

〔一〕「蒙」，曹校：當爲「家」。按：如是，則從上讀。

君子以果行育德。」

虞翻曰：「君子謂〔一〕二。艮爲果，震爲行。育，養也。二至上有頤養象，故『以果行育德』也。」

初六：發蒙，利用刑人，用説桎梏，以往吝。

虞翻曰：「發蒙之正，初爲蒙始，而失其位，發蒙之正以成兑，兑爲刑人，坤爲用，故曰『利用刑人』矣。坎爲穿木，震足艮手，互與坎連，故稱『桎梏』。初發成兑，兑爲説，坎象毁壞，故曰『用説桎梏』。之應歷險，故『以往吝』。吝，小疵也。」

象曰：「『利用刑人』，以正法也。」

虞翻曰：「坎爲法，初發之正，故『正法也』。」○干寶曰：「初六戊寅，平明之時，天光始照，故曰『發蒙』。此成王始覺周公至誠之象也。坎爲法律，寅爲貞廉，以貞用刑，故『利用刑人』矣。此成王將正四國之象也。説，解也。正四國之罪，宜釋周公之黨，故曰『用説桎梏』。既感金縢之文，追恨昭德之晚，故曰『以往吝』。初、二失位，吝之由也。」

九二：包蒙，吉。納婦，吉。子克家。象曰：「『子克家』，剛柔接也。」

〔一〕「謂」，原作「爲」，今據盧本、周本及曹校改。

虞翻曰：「坤爲包，應五據初，一〔一〕與三四同體，包養四陰，故『包蒙，吉』。震剛爲夫，伏巽爲婦，二〔二〕以剛接柔，故『納婦，吉』。二稱家，震，長子主器者，納婦成初，故有『子克家』也。」

六三：勿用娶女，見金夫，不有躬，无攸利。

虞翻曰：「謂三。誡上也。金夫謂二。初發成兑，故三稱『女』。兑爲見，陽稱金，震爲夫，三逆乘二陽，所行不順，爲二所淫；上來之三，陟陰，故曰『勿用娶女，見金夫』矣。坤身稱躬，三爲二所乘，兑澤動下，不得之應，故『不有躬』。失位多凶，故『无攸利』也。」

象曰：「『勿用娶女』，行不順也。」

虞翻曰：「失位乘剛，故『行不順也』。」

六四：困蒙，吝。象曰：「困蒙之吝，獨遠實也。」

王弼曰：「陽稱實也。獨遠于陽，處兩陰之中，闇莫之發，故曰『困蒙』也。困於蒙昧，不能比賢，以發其志，亦鄙矣，故曰『吝』。」

六五：童蒙，吉。

〔一〕「二」，盧本、周本作「初」。

〔二〕「二」，原作「一」，今據盧本、四庫本、周本改。

虞翻曰：「艮爲童蒙，處貴承上，有應於二，動而成巽，故『吉』也。」

象曰：「童蒙之吉，順以巽也。」

荀爽曰：「順于上，巽於二，有似成王任用周邵也。」

上九：擊蒙，不利爲寇，利禦寇。

虞翻曰：「體艮爲手，故『擊』。謂五已變，上動成坎稱寇，而逆乘陽，故『不利爲寇』矣。禦，止也。此寇謂二，坎爲寇，巽爲高，艮爲山，登山備下，順有師象，故『利禦寇』也。」

象曰：「利用禦寇，上下順也。」

虞翻曰：「自上禦下，故『順』也。」

序卦曰：「物稺不可不養也，故受之以需。需者，飲食之道也。」

干寶曰：「需，坤之遊魂也。雲升在天而雨未降，翱翔東西，須之象也。王事未至，飲宴之日也。夫坤者，地也，婦人之職也。百穀果蓏之所生，禽獸魚鱉之所託也；而在遊魂變化之家〔一〕，即烹爨腥實，以爲和味者也，故曰『需者，飲食之道也』。」

〔一〕「家」，原作「象」，今據盧本、周本及曹校改。

䷄ 坤宮八月遊魂 乾下坎上 需：有孚，光亨，貞吉。

虞翻曰：「大壯四之五。孚謂五，離日爲光，四之五，得位正中，故『光亨，貞吉』，謂『壯於大轝之輹也』。」

利涉大川。

何妥曰：「大川者，大難也。須之待時，本欲涉難，既能以信而待，故可以『利涉大川』矣。」

彖曰：「需，須也，險在前也，

何妥曰：「此明得名由於坎也，坎爲險也，有險在前，不可妄涉，故須待時然後動也。」

剛健而不陷，其義不困窮矣。

侯果曰：「乾體剛健，遇險能通，險不能險，義不窮也。」

『需，有孚，光亨，貞吉』，位乎天位，以正中也。

蜀才曰：「此本大壯卦。」案：六五降四，「有孚，光亨，貞吉」。九四升五，「位乎天位，以正中也」。

『利涉大川』，往有功也。」

虞翻曰：「謂二〔一〕失位，變而涉坎，坎爲大川，得位應五，故『利涉大川』。『五多功』，故『往有功也』。」

象曰：「雲上于天，需，

〔一〕「二」，原作「三」，今據盧本、周本改。

宋衷曰：「雲上於天，須時而降也。」

君子以飲食宴樂。

虞翻曰：「君子謂乾。坎水兑口，水流入口爲飲；二失位，變體噬嗑爲食，故『以飲食』。陽在内稱『宴』，大壯震爲樂，故『宴樂』也。」

初九：需于郊，利用恒，无咎。

干寶曰：「郊，乾、坎之際也。既已受命，進道北郊，未可以進，故曰『需於郊』。處不避汙，出不辭難，臣之常節也。得位有應，故曰『利用恒』。雖小稽留，終於必達，故曰『无咎』。」

象曰：「『需於郊』，不犯難行也。『利用恒，无咎』，未失常也。」

王弼曰：「居需之時，最遠於險；能抑其進，不犯難行；雖不應機，可以保常，故『无咎』。」

九二：需于沙，小有言，終吉。

虞翻曰：「沙謂五，水中之陽稱沙也。二變之陰，稱小。大壯震爲言，兑爲口，四之五，震象半見，故『小有言』。二〔一〕變應之，故『終吉』。」

象曰：「『需于沙』，衍在中也。」

〔一〕「二」上，原有「五」字，今據盧本、四庫本、周本删。四庫本無下「故終吉」三字。

虞翻曰：「衍，流也。中謂五也。」○荀爽曰：「二應于五，水中之剛，故曰『沙』。知前有沙漠〔一〕而不進也。體乾處和，美德優衍，在中而不進也。」

雖『小有言』，以吉終也。」

荀爽曰：「二與四同功，而三據之，故『小有言』。乾雖在下，終當升上，二當居五，故『終吉』也。」

九三：需於泥，致寇至。

荀爽曰：「親與坎接，故稱『泥』。須止不進，不取於四，不致寇害。」

象曰：「『需於泥』，災在外也。

崔憬曰：「泥，近乎外者也。三逼於坎，坎爲險盜，故『致寇至』，是『災在外』也。」

自我致寇，敬慎不敗也。」

虞翻曰：「離爲戎，乾爲敬，陰消至五，遁，臣將弒君；四上壯坤，故『敬慎不敗』。」

六四：需於血，出自穴。

案：六四體坎，坎爲雲，又爲血卦，血以喻陰。陰體卑弱，宜順從陽，故曰「需於血」。○九家易曰：「雲從地出，上升於天。自地出者，莫不由穴，故曰『需於血，出自穴』也。」

〔一〕「漠」，原作「湨」，今據盧本、四庫本、周本改。

象曰：「『需於血』，順以聽也。」

王弼曰：「穴者，陰之路也。四處坎始，居穴者也。九三剛進，四不能距，見侵則避，順以聽命也。」○九家易曰：「雲欲升天，須時當〔一〕降，順以聽五，五爲天也。」

九五：需于酒食，貞吉。

荀爽曰：「五互離坎，水在火上，酒食之象。『需者，飲食之道』，故坎在需家爲酒食也。雲須時欲降，乾須時當升，五有剛德，處中居正，故能帥羣陰，舉坎以降陽，能正居其所，則吉，故曰『需于酒食』也。」

象曰：「『酒食，貞吉』，以中正也。」

九家易曰：「謂乾二當升五，正位者也。」○盧氏曰：「沈湎則凶，中正則吉也。」

上六：入於穴，

荀爽曰：「須〔二〕道已終，雲當下入穴也。雲上升極，則降而爲雨，故詩云『朝隮於西，崇朝其雨』，則還入地，故曰『入於穴』。雲雨入地，則下三陽動而自至者也。」

有不速之客三人來，敬之，終吉。

〔一〕「當」，原作「升」，今據盧本、周本及曹校改。
〔二〕「須」，盧本、周本作「需」。

荀爽曰：「三人，謂下三陽也。須時當升，非有召者，故曰『不速之客』焉。乾升在上，君位以定；坎降居〔一〕下，當循臣職，故『敬之，終吉』也。」

象曰：「『不速之客來，敬之，終吉』，雖不當位，未大失也。」

荀爽曰：「上降居三，雖不當位，承陽有實，故終吉无大失矣。」

〔一〕「坎」，原作「次」，今據諸本及曹校改。「居」，盧本、周本作「在」。

周易集解卷第三

訟　師　比　小畜　履

序卦曰：「飲食必有訟，故受之以訟也。」鄭玄曰：「訟猶諍〔一〕也，言飲食之會恒多諍也。」

䷅ 坎下乾上（離宮八月遊魂）訟：有孚，

干寶曰：「訟，離之遊魂也。離爲戈兵，此天氣將刑殺，聖人將用師之卦也。『訟，不親也』，兆民未識天命，不同之意。」〇荀爽曰：「陽來居二，而孚于初，故曰『訟，有孚』矣。」

窒惕，中吉，

〔一〕「諍」，張本、周本作「争」。下同，不再出校。

虞翻曰：「遁三之〔一〕二也。孚謂二。窒，塞止也。惕，懼，二也。二失位，故不言貞。遁將成否，則子弑父，臣弑君。三來之二，得中，弑不得行，故『中吉』也。」

終凶。

虞翻曰：「二失位，終止不變，則『入于淵』，故『終凶』也。」

利見大人，不利涉大川。

侯果曰：「大人謂五也，斷決必中，故『利見』也。訟是陰事，以險涉險，故『不利涉大川』。」

彖曰：「訟，上剛下險，險而健，訟。

盧氏曰：「『險而健』者，恒好争訟也。」

『訟，有孚，窒惕，中吉』，剛來而得中也。

蜀才曰：「此本遯卦。案：二進居三，三降居二，是『剛來而得中也』。」

『終凶』，訟不可成也。

王肅曰：「以訟成功者，終必凶也。」○王弼曰：「凡不和而訟，无施而可，涉難特甚焉。唯有信而見塞

〔一〕「三之」，原倒，今據毛本、盧本、四庫本、周本乙。

懼者，乃可以得吉也。猶復不可以終，中乃吉也。不閉〔一〕其源，使訟不至，雖每不枉，而訟至終竟，此亦凶矣。故雖復有信而見塞懼，猶不可以爲終，故曰『訟，有孚，窒惕，中吉，終凶』也。无善聽者，雖有其實，何由得明？而有信窒懼〔二〕者，乃得其中吉，必有善聽主焉。其在二乎？以剛而來，正夫羣小，斷不失中，應其任矣。」案：夫〔三〕爲訟善聽之主者，其在五焉。何以明之？案：爻辭九五「訟，元吉」，王氏注云「處得尊位，爲訟之主，用其中正，以斷枉直」，即象云「利見大人，尚中正」，是其義也。九二象曰：「不克訟，歸逋竄也。自下訟上，患至掇也。」九二居訟之時，自救不暇，訟既不克，懷懼逃歸，僅得免其終凶禍，豈能爲善聽之主哉？年代綿流，師資道喪，恐傳寫字誤，以五爲二，後賢當審詳之也。

『利見大人』，尚中正也。

荀爽曰：「二與四訟，利見於五，五以中正之道，解其訟也。」

『不利涉大川』，入於淵也。

荀爽曰：「陽來居二，坎在下爲淵。」

〔一〕「閉」，原作「閑」，今據諸本及曹校改。
〔二〕「而有信窒懼」，張本、周本作「而今有信塞懼者」。
〔三〕「夫」，原作「天」，今據胡本、周本改。

象曰：「天與水違行，訟，

荀爽曰：「天自西轉，水自東流，上下違行，成訟之象也。」

君子以作事謀始。」

虞翻曰：「君子謂〔一〕乾三。來變坤爲作事，坎爲謀，『乾知大始』，故『以作事謀始』。」○干寶曰：「省民之情以制作也。武王故先觀兵孟津，蓋以卜天下之心，故曰『作事謀始』也。」

初六：不永所事，小有言，終吉。

虞翻曰：「永，長也。坤爲事，初失位而爲訟始，故『不永所事』也。『小有言』，謂初、四易位成震言，三『食舊德』，震象半見，故『小有言』。初變得正，故『終吉』也。」

象曰：「『不永所事』，訟不可長也。雖『小有言』，其辯明也。」

盧氏曰：「初欲應四而二據之，蹔爭事不至永，雖有小訟，訟必辯明，故『終吉』。」

九二：不克訟，歸而逋。

虞翻曰：「謂與四訟，坎爲隱伏，故『逋』。乾位剛在上，坎濡失正，故『不克』也。」

其邑人三百户，无眚。

〔一〕「謂」，原作「謀」，今據盧本、四庫本、周本及曹校改。

虞翻曰：「眚，災也。坎爲眚。謂二變應五，乾爲百，坤爲户，三爻，故『三百户』。坎化爲坤，故『无眚』。」

象曰：「『不克訟』，歸逋竄也。

荀爽曰：「三〔一〕『不克訟』，故『逋而歸』。坤稱邑。二者，邑中之陽人。逋，逃也，謂逃失邑中之陽人。」

自下訟上，患至掇也。」

荀爽曰：「下與上争，即取患害，如拾掇小物而不失也。坤有三爻，故云『三百户，无眚』。二者，下體之君。君不争，則百姓无害也。」

六三：食舊德，貞厲，終吉。

虞翻曰：「乾爲舊德，食謂初、四。二已變之正，三動得位，體噬嗑食，四變食乾，故『食舊德』。三變在坎，正危貞厲，得位，故〔二〕『終吉』也。」

或從王事，无成。

〔一〕「三」，曹校：當爲「二」。

〔二〕「故」上，原有「二」字，今據盧本、四庫本、周本及曹校删。

虞翻曰：「乾爲王，二變否時，坤爲事，故『或從王事』。『道〔一〕无成而代有終』，故曰『无成』。坤三同義也。」

象曰：「『食舊德』，從上吉也。」

侯果曰：「雖失其位，專心應上，故能保全舊恩，『食舊德』者也。處兩剛之間，而皆近不相得，乘二負四，正之危也。剛不能侵，故『終吉』。」

九四：不克訟，復即命渝，安貞吉。

虞翻曰：「失位，故『不克訟』。渝，變也。『不克訟』，故復位，變而成巽，巽爲命令，故『復即命渝』。動而得位，故『安貞吉』。謂二已變坤，安也。」

象曰：「『復即命渝，安貞吉』，不失也。」

侯果曰：「初既辯明，四訟妄也。訟既不克，當反就前理，變其訟〔二〕命，則安靜貞吉〔三〕，而不失初也。」

九五：訟，元吉。象曰：「『訟，元吉』，以中正也。」

〔一〕「道」上，曹校云：當脱「地」字。

〔二〕「訟」，盧本、四庫本、周本作「詔」。

〔三〕「吉」，胡本作「利」。

王肅曰：「以中正之德，齊乖争之俗，『元吉』也。」○王弼曰：「處得尊，訟之主〔一〕，用其中正，以斷枉直，中則不過，正則不邪，剛則无所溺，公則无所偏，故『訟，元吉』。」

上九：或錫之鞶帶，

虞翻曰：「錫謂王之錫命。鞶帶，大帶，男子鞶革。初四已易位，三二之正，巽爲腰帶，故『鞶帶』。」

終朝三褫〔二〕之。

虞翻曰：「位終乾上，二變時，坤爲終，離爲日，乾爲甲，日出甲上，故稱『朝』。應在三，三變時，艮爲手，故『終朝三拕之』。使變應己，則去其鞶帶，體坎乘陽，故象曰『不足敬也』。」○侯果曰：「褫，解也。乾爲衣、爲言，故『以訟受服』。」○荀爽曰：「二四争三，三本下體，取之有緣。『或』者，疑之辭也。以三錫二，於義疑矣。争競之世，分理未明，故或以錫二。『終朝』者，君道明。『三』者，陽成功也。君明道盛，則奪二與四，故曰『終朝三褫之』也。鞶帶，宗廟之服。三應於上，上爲宗廟，故曰『鞶帶』也。」○翟玄曰：「上以六三錫下三陽，羣剛交争，得不以讓，故終一朝之間，各一奪之，爲『三褫』。」

象曰：「『以訟受服』，亦不足敬也。」

〔一〕「處得尊，訟之主」，張本、周本作「處得尊位，爲訟之主」。

〔二〕「褫」，盧本、周本作「拕」。下象同，不再出校。按：依釋文，作「拕」當是從鄭玄。

虞翻曰：「服謂鞶帶。終朝見褫，乾象毀壞，故『不足敬』。」○九家易曰：「初、二、三、四皆不正，以不正相訟而得其服，故『不足敬也』。」

序卦曰：「訟必有衆起，故受之以師。師者，衆也。」

崔憬曰：「因争必起衆相攻，故受之以師也。」

䷆坎宮七月歸魂 坎下坤上 師：貞丈人，吉，无咎。

何晏〔一〕曰：「師者，軍旅之名。故周禮云：二千五百人爲師也。」○王弼曰：「丈人，嚴莊之稱，有軍正者也。爲師之正，丈人乃吉。興役動衆，无功則罪，故吉乃无咎。」○陸績曰：「丈人者，聖人也。帥師未必聖人，若漢高祖、光武應此義也。」○崔憬曰：「子夏傳作『大人』，並王者之師也。」案：此彖云：「師，衆；貞，正也。能以衆正，可以王矣。」故老子曰：「域中有四大，而王居其一焉。」由是觀之，則知夫爲王者，必大人也，豈以丈人而爲王哉！故乾文言曰：「夫大人與天地合德，與日月合明，先天而天不違，後天而奉天時，天且不違，而況於人乎？而況於鬼神乎？」況于行師乎？以斯而論，子夏傳作「大人」是也。今王氏曲解大人爲丈人，臆云「嚴莊之稱」，學不師古，匪説攸聞，既誤違於經旨，輒改正作「大人」

〔一〕「晏」，曹校：疑「妟」之誤。

明矣。

彖曰：「師，衆也。貞，正也。能以衆正，可以王矣。

虞翻曰：「坤爲衆，謂二失位，變之五爲比，故『能以衆正』，乃『可以王矣』。」○荀爽曰：「謂二有中和之德，而據羣陰，上居五位，『可以王』也。」

剛中而應，行險而順，

蜀才曰：「此本剥卦。案：上九降二，六二升上，是『剛中而應，行險而順』也。」

以此毒天下，而民從之，

干寶曰：「坎爲險，坤爲順，兵革刑獄，所以險民也。毒民於險中，而得順道者，聖王之所難也。毒，荼苦也。五刑之用，斬刺肌體；六軍之鋒，殘破城邑，皆所以荼毒奸凶之人，使服王法者也。故曰『以此毒天下，而民從之』。毒以治民，明不獲已而用之，故於彖、象、六爻，皆著戒懼之辭也。」

吉又何咎矣。」

崔憬曰：「剛能進義，中能正衆，既順且應，行險戡暴，亭毒天下，人皆歸往，而以爲王，『吉又何咎矣』。」

象曰：「地中有水，師，

陸績曰：「坎在坤内，故曰『地中有水』。師，衆也。坤中衆者，莫過於水。」

君子以容民畜衆。」

虞翻曰：「君子謂二。容，寬也，坤爲民衆，又畜養也。陽在二，『寬以居之』，五變執言，時有頤養象，故『以容民畜衆』矣。」

初六：師出以律，否臧凶。象曰：「『師出以律』，失律凶也。」

案：初六以陰居陽，履失其位，位既匪正，雖令不從，以斯行師，失律者也。凡首率師，出必以律，若不以律，雖臧亦凶，故曰「師出以律，失律凶也」。○九家易曰：「坎爲法律也。」

九二：在師中，吉，无咎。王三錫命。象曰：「『在師中，吉』，承天寵也。

九家易曰：「雖當爲王，尚在師中，爲天所寵，事克功成，故『吉〔一〕，无咎』。二非其位，蓋謂武王受命而未即位也。受命爲王，定天下以師，故曰『在師中，吉』。」

『王三錫命』，懷萬邦也。」

荀爽曰：「王謂二也。三者，陽德成也。德純道盛，故能上居王位而行錫命，羣陰歸之，故曰『王三錫命，懷萬邦也』。」　案：二互體震，震木數三，「王三錫命」之象。周禮云「一命受職，再命受服，三命受位」，是其義也。

〔一〕「吉」，原作「言」，今據盧本、周本及曹校改。

六三：師或輿尸，凶。

虞翻〔一〕曰：「坎〔二〕爲尸，坎爲車多眚〔三〕，同〔四〕人離爲戈兵、爲〔五〕折首，失位，乘剛无應，尸在車上，故『輿尸，凶』矣。」

象曰：「『師或輿尸』，大无功也。」

盧氏曰：「失位乘剛，内外无應，以此帥師，必大敗，故有輿尸之凶，功業大喪也。」

六四：師左次，无咎。

荀爽曰：「左謂二也，陽稱左。次，舍也。二與四同功，四承五，五无陽，故呼二舍於五，四得承之，故『无咎』。」

象曰：「『左次，无咎』，未失常也。」

崔憬曰：「偏將軍居左。左次，常備師也。師順用柔，與險无應，進取不可，次舍无咎，得位故也。」

〔一〕「虞翻」，原作「盧氏」，今據盧本、四庫本、周本及曹校改。
〔二〕「坎」，原作「坤」，今據盧本、周本改。
〔三〕「眚」，原作「貴」，今據諸本及曹校改。
〔四〕「同」，原作「周」，今據諸本及曹校改。
〔五〕「爲」，原作「馬」，今據盧本、四庫本、周本及曹校改。

六五：田有禽，利執言，无咎。

虞翻曰：「田謂二，陽稱禽，震爲言，五失位，變之正，艮爲執，故『利執言，无咎』。」○荀爽曰：「田，獵也。謂二帥師禽五，五利度二之命，執行其言，故『无咎』也。」　案：六五居尊失位，在師之時，蓋由殷紂而被武王擒於鹿臺之類是也。以臣伐君，假言「田獵」。六五離爻，體坤，離爲戈兵，田獵行師之象也。

長子帥師，

虞翻曰：「長子謂二，震爲長子，在師中，故『帥師』也。」

弟子輿尸，貞凶。

虞翻曰：「弟子謂三，三體坎。坎，震之弟而乾之子，失位乘陽，逆，故『貞凶』。」

象曰：「『長子帥師』，以中行〔一〕也。

荀爽曰：「長子謂九二也，五處中應二，二〔二〕受任帥師，當上升五，故曰『長子帥師，以中行也』。」

『弟子輿尸』，使不當也。」

〔一〕「行」，毛本、四庫本作「正」。下注同。

〔二〕「二」，原不重，今據盧本、周本及曹校補。

宋衷曰：「弟子謂六三也，失位乘陽，處非所據，衆不聽從，師人分北，或敗績死亡，輿尸而還，故曰『弟子輿尸』。謂使不當其職也。」

上六：大君有命，

虞翻曰：「同人乾爲大君，巽爲有命。」○干寶曰：「大君，聖人也。有命，天命也。五常爲王位，至師之家而變其例者，上爲郊也，故易位以見武王親征，與師人同處于野也。離上九曰：『王用出征，有嘉折首。』上六爲宗廟，武王以文王行，故正開國之辭於宗廟之爻，明己之受命，文王之德也。故書泰誓曰：『予克紂，非予武，惟朕文考无罪。受〔一〕克予，非朕文考有罪，惟予小子无良。』開國，封諸侯也。承家，立都邑也。『小人勿用』，非所能矣。」

開國承家，

虞翻曰：「承，受也。坤爲國，二稱家，謂變乾爲坤，欲令二上居五，爲比，故『開國承家』。」○荀爽曰：「大君謂二。師旅已息，既上居五，當封賞有功，立國命家也。開國，封諸侯。承家，立大夫也。」○宋衷曰：「陽當之五，處坤之中，故曰『開國』。陰下之二，在二承五，故曰『承家』。開國，謂析土地以封諸侯，如武王封周公七百里地也。承家，立大夫爲差次。立大夫，因采地名，正其功勳，行其賞禄。」

〔一〕「受」，胡本、纂疏同，周本、孫氏集解作「紂」，受乃紂名。

小人勿用。

虞翻曰：「陰稱小人，坤虚无君，體迷復凶，坤成乾滅，以弑君，故『小人勿用』。」

象曰：「『大君有命』，以正功也。

虞翻曰：「謂『五多功』。五動正位，故『正功也』。」○干寶曰：「湯武之事。」

『小人勿用』，必亂邦也。」

虞翻曰：「坤反君道，故『亂邦也』。」○干寶曰：「楚靈、齊閔，窮兵之禍也。」

序卦曰：「衆必有所比，故受之以比〔一〕。」

崔憬曰：「『方以類聚，物以羣分』，人衆則羣類必有所比矣。上比相阿黨，下比相和親也。相黨則相親，故言『比者，比也』。」

䷇ 坤宫七月歸魂 坤下坎上 比：吉。

虞翻曰：「師二上之五，得位，衆陰順〔二〕從，比而輔之，故『吉』。與大有旁通。」○子夏傳曰：「地得水

〔一〕據胡本、張本、周本、曹校及注文，句末當有「比者，比也」四字。

〔二〕「順」，原作「頫」，今據盧本、周本及曹校改。

而柔，水得土而流，比之象也。夫凶者生乎乖争，今既親比，故云『比吉』也。」

原筮元永貞，无咎。不甯方來，後夫凶。

干寶曰：「比者，坤之歸魂也。亦世於七月，而息來在巳。去陰居陽，承乾之命，義與師同也。原，卜也。周禮三卜，一曰『原兆』。坤德變化，反歸其所，四方既同，萬國既親，故曰『比吉』。考之蓍龜，以謀王業，大相東土，卜惟洛食，遂乃『定鼎郟鄏』。卜世三十，卜年七百』。德善長於兆民，戩禄永於被業，故曰『原筮元永貞』。逆取順守，居安如危，故曰『无咎』。天下歸德，不唯一方，故曰『不甯方來』。後服之夫，違天失人，必災其身，故曰『後夫凶』也。」

象曰：「比，吉也。比，輔也，下順從也。

崔憬曰：「下比於上，是下順也。」

『原筮元永貞，无咎』，以剛中也。

蜀才曰：「此本師卦。案：六五降二，九二升五，剛往得中，爲比之主，故能原究筮道，以求長正，而『无咎』矣。」

『不甯方來』，上下應也。

虞翻曰：「水性流動，故『不寧』。坤陰爲方，上下應之，故『方來』也。」

『後夫凶』，

虞翻曰：「『後』謂上，『夫』謂五也，坎爲後，艮爲背，上位在背後，无應乘陽，故『後夫凶』也。」

其道窮也。」

荀爽曰：「『後夫』謂上六，逆禮乘陽，不比聖王，其義當誅，故『其道窮』凶也。」

象曰：「地上有水，比，

何晏〔一〕曰：「水性潤下，今在地上，更相浸潤，比之義也。」

先王以建萬國，親諸侯。」

虞翻曰：「先王謂五，初陽已復，震爲建、爲諸侯，坤爲萬國、爲腹，坎爲心，腹心親比，故『以建萬國，親諸侯』。詩曰『公侯腹心』，是其義也。」

初六：有孚比之，无咎。

虞翻曰：「孚謂五，初失位，變來得正，故『无咎』也。」○荀爽曰：「初在應外，以喻殊俗。聖王之信，光被四表，絶域殊俗，皆來親比，故『无咎』也。」

有孚盈缶，終來有它，吉。

虞翻曰：「坤器爲缶，坎水流坤，初動成屯。屯者，盈也，故『盈缶』。終變得正，故『終來有它，吉』。在

〔一〕「晏」，曹校：疑當爲「妟」。

内稱來也。」

象曰：「比之初六，有它吉也。」

荀爽曰：「缶者應内，以喻中國。孚既盈滿中國，終來及初，非應，故曰『它』也。象云『有它吉』者，謂信及非應，然後吉也。」

六二：比之自内，貞吉。

干寶曰：「二在坤中，坤，國之象也；得位應五而體寬大，君樂民人自得之象也，故曰『比之自内，貞吉』矣。」

象曰：「『比之自内』，不自失也。」

崔憬曰：「自内而比，不失己親也。」

六三：比之匪人。

虞翻曰：「匪，非也，失位无應，三又多凶，體剥傷象，弑父弑君，故曰『匪人』。」

象曰：「『比之匪人』，不亦傷乎？」

干寶曰：「六三乙卯，坤之鬼吏。在比之家，有土之君也。周爲木德，卯爲木辰，同姓之國也。爻失其位，辰體陰賊，管蔡之象也。比建萬國，唯去此人，故曰『比之匪人』，不亦傷王政也。」

六四：外比之，貞吉。

虞翻曰：「在外體，故稱外。得位比賢，故『貞吉』也。」

象曰：「外比於賢，以從上也。」

干寶曰：「四爲三公，在比之家〔一〕，而得其位，上比聖主，下御列國，方伯之象也。能外親九服，賢德之君，務宣上志，綏萬邦也，故曰『外比於賢，以從上也』。」

九五：顯比。

虞翻曰：「五貴多功，得位正中，初三以變體重明，故『顯比』，謂『顯諸仁』也。」

王用三驅，失前禽，

虞翻曰：「坎五稱王。三驅，謂驅下三陰，不及於初，故『失前禽』。謂初已變成震，震爲鹿、爲驚走，鹿斯之奔，則『失前禽』也。」

邑人不誡，吉。

虞翻曰：「坤爲邑，師震爲人。師時坤虛无君，使師二上居五中，故『不誡，吉』也。」

象曰：「顯比之吉，位正中也。

虞翻曰：「謂離象明，正上中也。」

〔一〕「家」，原作「象」，今據周本及曹校改。

舍逆取順，「失前禽」也。

虞翻曰：「背上六，故『舍逆』。據三陰，故『取順』。不及初，故『失前禽』。」

「邑人不誡」，上使中也。

虞翻曰：「謂二。師使二居五中上〔一〕。」

上六：比之无首，凶。

荀爽曰：「陽欲无首，陰以大終，陰而无首，不以大終，故『凶』也。」○虞翻曰：「首，始也。『陰道无成而代有終』，『无首，凶』。」

象曰：「比之『无首』，无所終也。」

虞翻曰：「迷失道，故『无所終』也。」

序卦曰：「比必有所畜，故受之以小畜。」

崔憬曰：「下順從而上下應之，則有所畜矣。」○韓康伯曰：「由比而畜，故曰『小畜』也。」

〔一〕「師使二居五中上」，四庫本作「使師二居五中上」，盧本、周本作「使師二上居五中」，當從盧本、周本。

䷈ 巽宮 十一月 一世 乾下巽上 小畜：亨。

侯果曰：「四爲畜主，體兑〔一〕稱小，唯九三被畜，下剛皆通，是以『小畜，亨』也。」

密雲不雨，自我西郊。

崔憬曰：「雲如不雨，積我西邑之郊，施澤未通，以明小畜之義。」　案：雲雨者，陰之氣也。今小畜五陽而一陰〔二〕，既微少，纔作密雲，故〔三〕未能爲雨。四互居兑，西郊之象也。

象曰：「小畜，柔得位而上下應之，曰小畜。

王弼曰：「謂六四也。成卦之義在此一爻者也。體无二陰以分其應，既得其位，而上下應之，三不能陵，小畜之義。」

健而巽，剛中而志行，乃亨。

〔一〕「兑」，原作「又」，今據曹校改。
〔二〕曹校：「陰」字當重。
〔三〕「故」，曹校以爲當在上句「纔」上。

虞翻曰：「需上變爲巽，與豫〔一〕旁通，豫〔二〕四之坤初爲復，復小陽潛，所畜者少，故曰〔三〕『小畜』。二失位，五剛中正，二變應之，故『志行乃亨』也。」

『密雲不雨』，尚往也。

虞翻曰：「密，小也。兑爲密。需坎升天爲雲，墜地稱雨，上變爲陽，坎象半見，故『密雲不雨，上往也』。」

『自我西郊』，施未行也。」

虞翻曰：「豫坤爲自我，兑爲西，乾爲郊，雨生於西，故『自我西郊』。九二未變，故『施未行』矣。」○荀爽曰：「體兑位秋，故曰『西郊』也。時當收斂，臣不專賞，故『施未行』，喻文王也。」

象曰：「風行天上，小畜，

九家易曰：「風者，天之命令也。今行天上，則是令未下行，畜而未下，小畜之義也。」

君子以懿文德。」

虞翻曰：「君子謂乾。懿，美也。豫坤爲文，乾爲德，離爲明，初至四體夬爲書契，乾離照坤，故『懿文

〔一〕「豫」，原作「逸」，原係避唐代宗諱改，今回改。下同，不出校。
〔二〕「豫」，原作「就」，今據盧本、四庫本、周本及曹校改。
〔三〕「曰」，原作「四」，今據諸本及曹校改。

德』也。」

初九：復自道，何其咎，吉。象曰：「『復自道』，其義吉也。」

虞翻曰：「謂從豫四之初成復卦，故『復自道』。『出入无疾，朋來无咎』，『何其咎，吉』。乾稱道也。」

九二：牽復，吉。

崔憬曰：「四柔得位，羣剛所應，二以中和，牽復自守，不失於行也。」

象曰：「牽復在中，亦不自失也。」

虞翻曰：「變應〔一〕五，故『不自失』，與比二〔二〕同義也。」

九三：輿説輻〔三〕，

虞翻曰：「豫坤爲車，爲輻，至三成乾，坤象不見，故『車説輻』。馬君及俗儒皆以乾爲車，非也。」

夫妻反目。

虞翻曰：「豫震爲夫，爲反，巽爲妻，離爲目，今夫妻共在四，離火動上，目象不正，巽多白眼，『夫妻反

〔一〕「應」，原脱，今據毛本、盧本、四庫本、周本及曹校補。毛本「應」上衍一「水」字。

〔二〕「二」，原作「三」，今據諸本及曹校改。

〔三〕「輿」，盧本、周本、纂疏作「車」。「輻」，盧本、周本作「輹」。下注同，不再出校。

目』。妻當在内，夫當在外，今妻乘夫而出在外，象曰『不能正室』。三體離需，飲食之道。飲食有訟，故争而反目也。」

象曰：「『夫妻反目』，不能正室也。」

九家易曰：「四互體離，離爲目也。離既不正，五引而上，三引而下，故『反目』也。輿以輪成車，夫以妻成室，今以妻乘夫，其道逆，故『不能正室』。」

六四：有孚，血去惕出，无咎。

虞翻曰：「孚謂五。豫坎爲血、爲惕。惕，憂也。震爲出，變成小畜，坎象不見，故『血去惕出』，得位承五，故『无咎』也。」

象曰：「『有孚，惕出』，上合志也。」

荀爽曰：「血以喻陰。四陰，臣象，有信順五。惕，疾也。四當去初，疾出從五，故曰『上合志也』。」

九五：有孚攣如，富以其鄰。

虞翻曰：「孚五謂二也。攣，引也。巽爲繩，豫艮爲手。二失位，五欲其變，故曰『攣如』。以，及也。五貴稱富，鄰謂三，兑西震東稱鄰，二變承三〔一〕，故『富以其鄰』。象曰『不獨富』，二變爲既濟，與東西

〔一〕「二變承三」，原作「三變承二」，今據盧本、周本及曹校改。胡本「三」作「上」。

鄰同義。」

象曰：「『有孚攣如』，不獨富也。」

九家易曰：「有信，下三爻也。體巽，故『攣如』。如〔一〕謂連接。其鄰，鄰〔二〕謂四也。五以四陰作財，與下三陽共之，故曰『不獨富也』。」

上九：既雨既處，尚德〔三〕載，婦貞厲。

虞翻曰：「既，已也。應在三，坎水零爲雨，巽爲處，謂二已變，三體坎雨，故『既雨既處』。坎雲復天，坎爲車，積載〔四〕在坎上，故上得積載。巽爲婦，坎成巽壞，故『婦貞厲』。」

月幾望，君子征凶。

虞翻曰：「幾，近也。坎月離日，上已正，需時成坎，與離相望，兑西震東，日月象對，故『月幾望』。上變陽消，之坎爲疑，故『君子征，有所疑』矣。與歸妹、中孚『月幾望』義同也。」

象曰：「『既雨既處』，德積載也。

〔一〕「如」，曹校：當作「攣」。

〔二〕「鄰」，曹校：衍字。

〔三〕「德」，盧本、周本作「得」。下象辭及注同，不再出校。盧本小字注云：今本「得」作「德」。

〔四〕「積載」，原倒，今據盧本、周本及曹校乙。

虞翻曰：「巽消承坎〔一〕，故『德積載』。坎習爲積也。」

『君子征凶』，有所疑也。」

虞翻曰：「變坎爲盜，故『有所疑也』。」

序卦曰：物畜然後有禮，故受之以履。

崔憬曰：「履，禮也。物畜不通，則『君子先懿文德』，然後以禮導之，故言『物畜然後有禮』也。」

䷉ 艮宮三月五世　兑下乾上　履虎尾，不咥人，亨〔二〕。

虞翻曰：「謂變訟初爲兑也，與謙旁通。以坤履乾，以柔履剛，謙坤爲虎，艮爲尾，乾爲人，乾兑乘謙，震足蹈艮，故『履虎尾』。兑悦而應，虎口與上絶，故『不咥人』。剛當位，故亨。俗儒皆以兑爲虎，乾履兑，非也。兑剛鹵，非柔也。」

彖曰：「履，柔履剛也。

虞翻曰：「坤柔乾剛，謙坤籍乾，故『柔履剛』。」〇荀爽曰：「謂三履二也。二五无應，故无『元』。以乾

〔一〕「坎」上，原有「也」字，今據盧本、四庫本、周本及曹校删。

〔二〕「亨」下，盧本、周本有「利貞」二字，並小字注云：今本脱此二字。孫氏集解小字注云：李氏本「亨」下有「利貞」。

履兑，故有亨。六三履二，非和正，故云『利貞』也。」

説而應乎乾，

虞翻曰：「説，兑也。明兑不履乾，故言應也。」○九家易曰：「動來爲兑而應上，故曰『説而應乎乾』也。以喻一國之君，應天子命以臨下，承上以巽，據下以悦，其正應天，故虎爲之『不咥人』也。」

是以『履虎尾，不咥人，亨』。

九家易曰：「虎尾謂二〔一〕也。三以説道履五之應，上順於天，故『不咥人，亨』也。能以〔二〕巽説之道，順應於五，故雖踐虎，不見咥噬也。太平之代，虎不食人，亨謂於五也。」

剛中正，履帝位而不疚，光明也。

虞翻曰：「『剛中正』，謂五。謙震爲帝；五，帝位；坎爲疾病，乾爲大明，五履帝位，坎象不見，故『履帝位而不疚，光明也』。」

象曰：「上天下澤，履，君子以辯上下，定民志。」

虞翻曰：「君子謂乾。辯，别也。乾天爲上，兑澤爲下，謙坤爲民，坎爲志，謙時坤在乾上，變而爲履，

〔一〕「二」，盧本、周本作「三」，義遜。
〔二〕「以」，原脱，今據曹校補。

故『辯上下，定民志』也。」

初九：素履，往无咎。

虞翻曰：「應在巽，爲白，故『素履』。四失位，變往得正，故『往无咎』。初已得正，使四獨變。在外稱往。象曰：『獨行願也。』」

象曰：「素履之往，獨行願也。」

荀爽曰：「初九者，潛位，隱而未見，行而未成。素履者，謂布衣之士，未得居位，獨行禮義，不失其正，故『无咎』也。」

九二：履道坦坦，幽人貞吉。

虞翻曰：「二失位，變成震，爲道、爲大塗，故『履道坦坦』。訟時，二在坎獄中，故稱『幽人』。之正得位，震出兑悦，幽人喜笑，故『貞吉』也。」

象曰：「『幽人貞吉』，中不自亂也。」

虞翻曰：「雖幽訟獄中，終辯得正，故『不自亂』。」

六三：眇能視，跛能〔一〕履，

〔一〕兩「能」字，盧本、周本作「而」，並小字注云：今本「而」作「能」。按：象辭同，不再出校。

虞翻曰：「離〔一〕目不正，兑爲小，故『眇而視』。視上應也。訟坎爲曳，變震時爲足，足曳，故『跛而履』。俗儒多以兑刑爲跛，兑折震足爲刑人見刑斷足者，非爲跛也。」

履虎尾，咥人，凶。

虞翻曰：「艮爲尾，在兑下，故『履虎尾』。位在虎口中，故『咥人，凶』。既跛又眇，視步不能，爲虎所囓，故『咥人，凶』。象曰『位不當也』。」

武人爲于大君。

虞翻曰：「乾象在上爲武人，三失位，變而得正成乾，故曰『武人爲于大君，志剛也』。」

象曰：「眇能視，不足以有明也；跛能履，不足以與行也。

侯果曰：「六三，兑也。互有離巽，離爲目，巽爲股，體俱非正，雖能視，眇目者也；雖能履，跛足者也，故曰『眇能視，不足以有明；跛能履，不足以與行』，是其義也。」

咥人之凶，位不當也。

案：六三爲履卦之主，體兑應乾，下柔上剛，尊卑合道，是以「履虎尾，不咥人，亨。」今於當爻以陰處陽，履非其位，互體離兑，水火相刑，故獨唯三被咥，凶矣。

〔一〕「離」，原作「雖」，今據諸本及曹校改。

『武人爲于大君』，志剛也。」

案：以陰居陽，武人者也。三互體離〔一〕，離爲嚮明，「爲于大君」，南面之象。與乾上應，故曰「志剛」。

九四：履虎尾，愬愬，終吉。

虞翻曰：「體與下絶，『四多懼』，故『愬愬』。變體坎，得位承五應初，故『終吉』。象曰：『志行也。』」

象曰：「『愬愬，終吉』，志行也。」

侯果曰：「愬愬，恐懼也。履乎兑主，『履虎尾』也。逼近至尊，故恐懼。以其恐懼，故『終吉』也。執乎樞密，故『志行』也。」

九五：夬履，貞厲。

虞翻曰：「謂三上已變，體夬象，故『夬履』。四變，五在坎中也，爲上所乘，故『貞厲』。象曰：『位正當也。』」

象曰：「『夬履，貞厲』，位正當也。」

干寶曰：「夬，決也。居中履正，爲履貴主，萬方所履，一決於前，恐決失正，恒懼危厲，故曰『夬履，貞厲，位正當也』。」

〔一〕「互」，胡本作「才」。「體離」，盧本、周本作「離爻」。

上九：視履考祥[一]，其旋元吉。

虞翻曰：「應在三，三先視上，故上亦視三，故曰『視履考祥』矣。考，稽；祥，善也。乾爲積善，故『考祥』。三上易位，故『其旋元吉』，象曰『大有慶也』。」

象曰：「元吉在上，大有慶也。」

盧氏曰：「王者履禮於上，則萬方有慶於下。」

〔一〕「祥」，盧本、周本作「詳」，張本小字注云：「今本『詳』作『祥』。」下同，不再出校。按：盧本本釋文。

周易集解卷第四

泰　否　同人　大有　謙　豫

序卦曰：「履而泰，然後安，故受之以泰。泰者，通也。」

崔憬曰：「以禮導之，必通。通然後安，所謂『君子以辯上下，定民志』，通而安也。」

☷☰ 坤宮二世正月 乾下坤上 泰：小往大來，吉，亨。

虞翻曰：「陽息坤，反否也。坤陰詘外爲『小往』，乾陽信内稱『大來』。『天地交，萬物通』，故『吉，亨』。」

彖曰：「『泰，小往大來，吉，亨』，

蜀才曰：「此本坤卦。小謂陰也，大謂陽也。天氣下，地氣上，陰陽交，萬物通，故『吉，亨』。」

則是天地交而萬物通也，

何妥曰：「此明天道泰也。夫泰之爲道，本以通生萬物。若天氣上騰，地氣下降，各自閉塞，不能相交，則萬物无由得生。明萬物生由天地交也。」

上下交而其志同也。

何妥曰：「此明人事泰也。上之與下，猶君之與臣，君臣相交感，乃可以濟養民也。天地以氣通，君臣以志同也。」

內陽而外陰，內健而外順；

何妥曰：「此明天道也。陰陽之名，就爻爲語；健順之稱，指卦爲言。順而陰居外，故曰『小往』。健而陽在內，故曰『大來』。」

內君子而外小人，

崔憬曰：「此明人事也。陽爲君子，在內，健於行事。陰爲小人，在外，順以聽命。」

君子道長，小人道消也。」

九家易曰：「謂陽息而升，陰消而降也。陽稱息者，長也。起復成巽，萬物盛長也。陰言消者，起姤終乾，萬物成熟，成熟則給用，給用則分散，故陰用特言消也。」

象曰：「天地交，泰，

荀爽曰：「坤氣上升，以成天道；乾氣下降，以成地道；天地二氣，若時不交，則爲閉塞。今既相交，乃通泰。」

后以財成天地之道，

虞翻曰：「后，君也。陰升乾位。坤，女主，故稱后。坤富稱財。『守位以人，聚人以財』，故曰『成天地之道』。」

輔相天地之宜，以左右民。」

虞翻曰：「相，贊。左右，助之〔一〕。震爲左，兑爲右，坤爲民，謂以陰輔陽。詩曰：『宜民宜人，受禄於天。』」〇鄭玄曰：「財，節也。輔，相。左右，助也。以者，取其順陰陽之節，爲出内之政。春崇寬仁，夏以長養，秋教收斂，冬勑蓋藏，皆可以成物助民也。」

初九：拔茅茹，以其彙，征吉。

王弼曰：「茅之爲物，拔其根而相牽引也。茹，相牽引之貌也。三陽同志，俱志在外；初爲類首，己舉則從，若茅茹也。上順而應，不爲違距，進皆得志，故『以其類，征吉』也。」

象曰：「『拔茅，征吉』，志在外也。」

虞翻曰：「『否泰反其類』，否巽爲茅。茹，茅根。艮爲手。彙，類也。初應四，故『拔茅茹以彙』。震爲

〔一〕「之」，曹校：當爲「也」。

征，得位應四，『征吉，志在外』〔一〕。外謂四也。」

九二：包荒，

翟玄曰：「荒，虚也。二五相應，五虚无陽，二上包之。」

用馮河，不遐遺。

荀爽曰：「河出於乾，行於地中，陽性欲升，陰性欲承，馮河而上，不用舟航。自地升天，道雖遼遠，三體俱上，不能止之，故曰『不遐遺』。」

朋亡，得尚於中行。

荀爽曰：「中謂五，坤爲朋〔二〕，朋亡而下，則二得上居五，而行中和矣。」

象曰：「『包荒，得尚于中行』，以光大也。」

虞翻曰：「在中稱包。荒，大川也。馮河，涉河。遐，遠；遺，亡也。失位變得正，體坎，坎爲大川，爲河，震爲足，故『用馮河』。乾爲遠，故『不遐遺』。兑爲朋〔三〕，坤虚无君，欲使二上，故『朋亡』。二與五易位，故『得上於中行』。震爲行，故『光大也』。」

〔一〕「志在外」三字，周本無。
〔二〕「中謂五坤爲朋」，原作「中謂坤一朋」，今據盧本、四庫本、周本及曹校改補。
〔三〕「朋」，原作「用」，今據盧本、四庫本、周本及曹校改。

九三：无平不陂，无往不復。

虞翻曰：「陂，傾，謂否上也。平謂三。天地分，故平。天成地平，謂『危者使平，易者使傾』〔一〕。往謂消外，復謂息内。從三至上體復象，『終日乾乾，反復道』，故『无平不陂，无往不復』也。」

艱貞，无咎，勿恤。其孚于食有福。

虞翻曰：「艱，險；貞，正；恤，憂；孚，信也。二之五，得正在坎中，故『艱貞』。坎爲憂，故『勿恤』。陽在五孚險，坎爲孚，故有『孚』。體噬嗑，食也。二上之五據四，則三乘二，故『于食有福』也。」

象曰：「无往不復〔二〕，天地際也。」

宋衷曰：「位在乾極，應在坤極，天地之際也。地平極則險陂，天行極則還復，故曰『无平不陂，无往不復』也。」

六四：翩翩，不富以其鄰，

虞翻曰：「二五變時，四體離飛，故『翩翩』。坤虚无陽，故『不富』。兑西震東，故稱『其鄰』。三陰乘陽，不得之應，象曰『皆失實也』。」

〔一〕「危者使平，易者使傾」，原作「危者使傾」，今據盧本、周本及曹校補。

〔二〕「无往不復」，盧本、周本作「無平不陂」。

不戒以孚。

虞翻曰：「謂坤『邑人不戒』，故使二升五，信來孚邑，故『不戒以孚』。二上體坎，中正，象曰：『中心願也。』與比『邑人不戒』同義也。」

象曰：「『翩翩』、『不富』，皆失實也。

宋衷曰：「四互體震，『翩翩』之象也。陰虚陽實，坤今居上，故言『失實也』。」

『不戒以孚』，中心願也。」

九家易曰：「乾升坤降，各得其正，陰得承陽，皆陰心之所願也。」

六五：帝乙歸妹，以祉元吉。

九家易曰：「五者帝位，震象稱乙，是爲『帝乙』。六五以陰處尊位，帝者之姊妹。五在震後，明其爲妹也。五應於二，當下嫁二。婦人謂嫁曰歸，故言『帝乙歸妹』。謂下居二，以中和相承，故『元吉』也。」

○虞翻曰：「震爲帝，坤爲乙。帝乙，紂父。歸，嫁也。震爲兄兑妹，故嫁妹。祉，福也，謂五。變體離，離爲大腹，則妹嫁而孕，得位正中，故『以祉元吉』也。」

象曰：「『以祉元吉』，中以行願也。」

九家易曰：「五下於二，而得中正，故言『中以行願也』。」

上六：城復於隍，

虞翻曰：「否艮爲城，故稱城。坤爲積土。隍，城下溝。无水稱隍，有水稱池。今泰反否，乾壞爲土，艮城不見，而體復象，故『城復於隍』也。」

勿用師，自邑告命，貞吝。

虞翻曰：「謂二動時體師，陰皆乘陽，行不順，故『勿用師』。坤爲自邑，震爲言，兑爲口，否巽爲命，今逆陵陽，故『自邑告命』。命逆不順，陰道先迷，失實遠應，故『貞吝』。」

象曰：「『城復於隍』，其命亂也。」

九家易曰：「乾當來上，不可用師而拒之也。『自邑』者，謂從坤性〔一〕而降也。『告命』者，謂下爲巽，宣布君之命令也。三陰自相告語，俱下〔二〕服順承乾也。『城復于隍』，國政崩也。坤爲亂，否巽爲命，交在泰上，故『其命亂也』。」

序卦曰：「物不可以終通，故受之以否。」

崔憬曰：「物極則反，故不終通而否矣，所謂『城復於隍』者也。」

〔一〕「性」，原作「往」，今據胡本、盧本、周本及曹校改。
〔二〕「下」，原作「不」，今據胡本、盧本、周本及曹校改。

䷋ 乾宮七月三世 坤下乾上 否之匪人，不利君子貞，大往小來。

虞翻曰：「陰消乾，又反泰也。謂三，比坤滅乾。以臣弑其君，子弑其父，故曰『匪人』。陰來滅陽，君子道消，故『不利君子貞』。陰信陽詘，故『大往小來，則是天地不交，而萬物不通』，與比三同義也。」

彖曰：「『否之匪人，不利君子貞，

崔憬曰：「否，不通也。於不通之時，小人道長，故云『匪人』；君子道消，故『不利君子貞』也。」

大往小來』，

蜀才曰：「此本乾卦。大往，陽往而消。小來，陰來而息也。」

則是天地不交而萬物不通也，

何妥曰：「此明天道否也。」

上下不交而天下无邦也。

何妥曰：「此明人事否也。泰中言『志同』，否中云『无邦』者，言人志不同，必致離散而亂邦國。」○崔憬曰：「君臣乖阻，取亂之道，故言『无邦』。」

內陰而外陽，內柔而外剛，

崔憬曰：「陰柔謂坤，陽剛謂乾也。」

內小人而外君子，小人道長，君子道消也。」

崔憬曰：「君子在野，小人在位之義也。」

宋衷曰：「天地不交，猶君臣不接。天氣上升而不下降，地氣沈下又不上升，二氣特隔，故云『否』也。」

象曰：「天地不交，否，

君子以儉德辟難，不可榮以祿。」

虞翻曰：「君子謂乾，坤爲營，乾爲祿，難謂坤，爲弑君，故以『儉德辟難』。巽爲入，伏乾爲遠，艮爲山，體遯象，謂辟難遠遁入山，故『不可營以祿』。營，或作『榮』。儉，或作『險』。」○孔穎達曰：「言君子於此否時，以節儉爲德，辟其危難，不可榮華其身，以居祿位。若據諸侯公卿而言，是辟時羣小之難，不可重受官爵也。若據王者言之，謂節儉爲德，辟陰陽厄運之難，不可自重榮貴而驕逸也。」

初六：拔茅茹，以其彙，貞吉，亨。

荀爽曰：「『拔茅茹』，取其相連。彙者，類也。合體同包，謂坤三爻同類相連〔一〕，欲在下也。貞者，正也。謂正居其所，則『吉』也。」

象曰：「『拔茅，貞吉』，志在君也。」

九家易曰：「陰志在下，欲承君也。」　案：初六巽爻，巽爲草木，陽爻爲木，陰爻爲草，初六陰爻，草

〔一〕「連」，原作「遭」，今據盧本、周本及曹校改。

茅之象也。

六二：包承，小人吉，大人否，亨。

荀爽曰：「二與四同功，爲四所包，故曰『包承』也。小人，二也。謂二爻獨居，間象相承，得繫于陽，故『吉』也。大人謂五，乾坤分體，天地否隔，故曰『大人否』也。二五相應，否義得通，故曰『否，亨』矣。」

象曰：「『大人否，亨』，不亂羣也。」

虞翻曰：「否，不也。物三稱羣，謂坤三陰亂弑君，大人不從，故『不亂羣也』。」

六三：包羞。象曰：「『包羞』，位不當也。」

荀爽曰：「卦性爲否，其義否隔。今以不正，與陽相承，爲四所包，違義失正，而可羞者，以『位不當』故也。」

九四：有命，无咎，疇離祉。

九家易曰：「巽爲命，謂受五之命，以據三陰，故『无咎』。无命而據，則有咎也。疇者，類也。謂四應初據三，與二同功，故陰類皆『離祉』也。離，附；祉，福也。陰皆附之，故曰有福。謂下三陰離，受五四之福也。」

象曰：「『有命无咎』，志行也。」

荀爽曰：「謂志行於羣陰也。」

九五：休否，大人吉。

九家易曰：「否者消卦，陰欲消陽，故五處和居正，以否絶之。乾坤異體，升降殊隔，卑不犯尊，故『大人吉』也。」

其亡其亡，

荀爽曰：「陰欲消陽，由四及五，故曰『其亡其亡』。謂坤性順從，不能消乾使亡也。」

繫于包桑。

荀爽曰：「包者，乾坤相包也。桑者，上玄下黄，以象乾坤也。乾職在上，坤體在下，雖欲消乾，繫其本體，不能亡也。」〇京房曰：「桑有衣食人之功，聖人亦有天覆地載之德，故以喻。」〇陸績曰：「包，本也。言其堅固不亡，如以巽繩繫也。」　案：「其亡其亡」，近死之嗟也，「其」與「幾」同。幾者，近也。九五居否之時，下包六〔一〕二，二互坤艮，艮山坤地，地上即田也。五互巽木，田上有木，莫過於桑，故曰「其亡其亡，繫于苞桑」。言五二包繫根深蒂固，若山之堅、如地之厚者也。雖遭危亂，物莫能害矣。〇鄭玄曰：「猶紂囚文王於羑里之獄，四臣獻珍異之物，而終免於難，『繫于包桑』之謂。」

象曰：「大人之吉，位正當也。」

〔一〕「六」，原作「初」，今據胡本、盧本、周本及曹校改。

崔憬曰：「得位居中也。」

上九：傾否，先否後喜。

侯果曰：「傾謂〔一〕覆也。否窮則傾矣。傾猶否，故『先否』也。傾畢則通，故『後喜』也。」

象曰：「否終則傾，何可長也？」

虞翻曰：「否終必傾，盈不可久，故『先否』。下反于初，成益體震，『民説无疆』，故『後喜』。以陰剥陽，故不可久也。」

序卦曰：「物不可以終否，故受之以同人。」

崔憬曰：「『否終則傾』，故同於人，通而利涉矣。」

䷌ 離宮歸魂正月 離下乾上 同人於野，亨。

鄭玄曰：「乾爲天，離爲火，卦體有巽，巽爲風，天在上，火炎上而從之，是其性同於天也。火得風，然後炎上益熾，是猶人君在上施政教，使天下之人和同而事之。以是爲人和同者，君之所爲也，故謂之

〔一〕「謂」，原作「爲」，今據曹校改。

『同人』。風行无所不徧，徧則會通之德大行，故曰『同人於野，亨』。」

利涉大川，利君子貞。

崔憬曰：「以離文明而合乾健，九五中正，同人於二，『爲能通天下之志』，故能『利涉大川，利君子之貞』。」

彖曰：「同人，

九家易曰：「謂乾舍於離，同而爲日。天日同明，以照于下，君子則之，上下同心，故曰『同人』。」

柔得位得中而應乎乾，曰同人。

蜀才曰：「此本夬卦。九二升上，上六降二，則『柔得位得中，而應乎乾』，下奉上之象。義同於人，故曰『同人』。」

同人曰：『同人於野，亨。利涉大川』，乾行也。

虞翻曰：「旁通師卦，巽爲同，乾爲野，師震爲人，二得中應乾，故曰『同人於野，亨』。此孔子所以明嫌表微。師震爲夫，巽爲婦，所謂『二人同心』，故不稱君臣、父子、兄弟、朋友，而故言人耳。乾四上失位，變而體坎，故曰『利涉大川，乾行也』。」〇侯果曰：「九二升上，上爲郊野，是『同人於野』。而得通者，由乾爻上行耳，故特曰『乾行也』。」

文明以健，中正而應，君子正也。

何妥曰：「離爲文明，乾爲剛健，健非尚武，乃以文明；應不以邪，乃以中正，故曰『利君子貞』也。」

唯君子爲能通天下之志。」

虞翻曰：「唯，獨也。四變成坎，坎爲通、爲志，故『能通天下之志』。謂五『以類族辯物』，『聖人作而萬物覩』。」○崔憬曰：「君子謂九五〔一〕。能捨己同人，『以通天下之志』。若九三、九四，以其人臣〔二〕，則不當矣。故爻辭不言『同人』也。」

象曰：「天與火同人，

荀爽曰：「乾舍於離，相與同居，故曰『同人』也。」

君子以類族辯物。」

虞翻曰：「君子謂乾，師坤爲類，乾爲族。辯，别也。乾，陽物；坤，陰物。體姤，『天地相遇，品物咸章』，以乾照坤，故『以類族辯物』，謂『方以類聚，物以羣分』。孔子曰：『君子和而不同。』故于同人家〔三〕見『以類族辯物』也。」

初九：同人於門，无咎。

〔一〕「五」，原作「二」，今據周本及曹校改。

〔二〕「其人臣」，曹校：三字誤，當爲「己乘人」。

〔三〕「家」，四庫本、周本作「象」。

虞翻曰：「乾爲門，謂同於四，四變應初，故『无咎』也。」

象曰：「出門同人，又誰咎也。」

崔憬曰：「剛而无應，比二以柔，近同於人，出門之象，『又誰咎』矣。」　案：初九震爻。「帝出乎震」，震爲大塗，又爲日門，出門之象也。

六二：同人于宗，吝。

荀爽曰：「宗者，衆也。三據二陰，二與四同功，五相應，初相近，上下衆陽，皆欲與二爲同，故曰『同人于宗』也。陰道貞靜，從一而終，今宗同之，故『吝』也。」

象曰：「『同人于宗，吝』，道也。」

侯果曰：「宗謂五也。二爲同人之主，和同者之所仰也。有應在五，唯同於五，過五則否。不能大同於人，則爲主之德吝狹矣。所同雖吝，亦妻臣之道也。」

九三：伏戎于莽，升其高陵，三歲不興。

虞翻曰：「巽爲伏，震爲草莽，離爲戎。謂四變時三在坎中，隱伏自藏，故『伏戎于莽』也。巽爲高，師震爲陵，以巽股『升其高陵』。爻在三，乾爲歲；興，起也；動而〔一〕失位，故『三歲不興』也。」

〔一〕「而」，原作「不」，今據張本、纂疏及曹校改。

象曰：「『伏戎于莽』，敵剛也。『三歲不興』，安行也？」

崔憬曰：「與二相比，欲同人焉。盜憎其主而忌於五，所以隱兵於野，將以襲之，故曰『伏戎于莽』。五既居上，故曰『升其高陵』。一爻爲一年，自三至五，頻遇剛敵，故『三歲不興』，安可行也？」　案：三互離巽，巽爲草木，離爲戈兵，「伏戎于莽」之象也。

九四：乘其墉，弗克攻，吉。

虞翻曰：「巽爲墉，四在巽上，故『乘其墉』。變而承五，體訟，乾剛在上，故『弗克攻』，則『吉』也。」

象曰：「『乘其墉』，義弗克也。其吉，則困而反則也。」

王弼曰：「處上攻下，力能乘墉者也。履非其位，與三爭二〔一〕，二自應五，三非犯己，攻三求二，尤而效之，違義傷禮〔二〕，衆所不與。勢雖乘墉，義終不〔三〕克，而得吉者，以困而反正則也〔四〕。」

九五：同人先號咷而後笑，大師克相遇。

〔一〕「與三爭二」，周易正義作「以與人爭」。

〔二〕「禮」，周易正義作「理」。

〔三〕「不」，毛本、盧本、周本作「弗」。

〔四〕「勢雖乘庸，義終不克，而得吉者，以困而反正則也」，周易正義作「故雖乘庸而不克也。不克則反，反則得吉也。不克則反，其所以得吉，困而反則者也」。

虞翻曰：「應在二，巽爲號咷，乾爲先，故『先號咷』。師震在下，故『後笑』。震爲後笑也。乾爲大，同人反師，故『大師』。二至五體姤，遇也，故『相遇』。」

象曰：「同人之先，以中直也。大師相遇，言相克也。」

侯果曰：「乾德中直，不私於物，欲天下大同，方始同二矣。三四失義而近據之，未獲同心，故『先號咷』也。時須同好，寇阻其途，以言相克，然後始相遇，故『笑』也。」○九家易曰：「乾爲言。」

上九：同人于郊，无悔。

虞翻曰：「乾爲郊，失位无應，與乾上九同義，當有悔。同心之家，故『无悔』。」

象曰：「『同人于郊』，志未得也。」

侯果曰：「獨處於外，『同人于郊』也。不與內争，无悔吝也。同人之時，唯同于郊，『志未得也』。」

序卦曰：「與人同者，物必歸焉，故受之以大有。」

崔憬曰：「以欲從人，人必歸己，所以成大有。」

䷍ 乾宮歸魂正月 乾下離上 大有：元亨。

虞翻曰：「與比旁通，柔得尊位，大中『應天而時行』，故『元亨』也。」○姚規曰：「互體有兑，兑爲澤，位在秋也。乾則施生，澤則流潤，離則長茂，秋則成收，大富有也。大有則元亨矣。」○鄭玄曰：「六五體離，處乾之上，猶大臣有聖明之德，代君爲政，處其位，有其事而理之也。『元亨』者，又能長羣臣以善，使嘉會禮通，若周公攝政，朝諸侯于明堂是也。」

彖曰：「大有，柔得尊位，大中而上下應之，曰大有。

王弼曰：「處尊以柔，居中以大，體无二陰，以〔一〕分其應，上下應之，靡所不納，大有之義也。」

其德剛健而文明，應乎天而時行，是以『元亨』。」

虞翻曰：「謂五，以日應乾，而行於天也。時謂四時也。大有亨比〔二〕，比初動成震爲春，至二兑爲秋，至三離爲夏，坎爲冬，故曰『時行』。以乾亨坤，是以『元亨』。」

象曰：「火在天上，大有，

荀爽曰：「謂夏，火王在天，萬物並生，故曰『大有』也。」

君子以遏惡揚善，順天休命。」

虞翻曰：「遏，絶；揚，舉也。乾爲揚善，坤爲遏惡、爲順。以乾滅坤，體夬，『揚于王庭』，故『遏惡揚

〔一〕「以」下，原有「陰而」二字，今據盧本、周本及曹校删。

〔二〕「比」，原脱，今據纂疏及周易虞氏義補。

善』。乾爲天休，二變時，巽爲命，故『順天休命』。」

初九：无交害，匪咎，艱則无咎。

虞翻曰：「害謂四。四離火爲惡人，故『无交害』。初動，震爲交，比坤爲害。匪，非也。艱，難。謂陽動比初成屯，屯，難也。變得位，『艱則无咎』。」

象曰：「大有初九，『无交害』也。」

虞翻曰：「害謂四。」

九二：大車〔一〕以載，有攸往，无咎。

虞翻曰：「比坤爲大車，乾來積上，故『大車以載』。往謂之五。二失位，變得正應五，故『有攸往，无咎』矣。」

象曰：「『大車以載』，積中不敗也。」

盧氏〔二〕曰：「乾爲大車，故曰『大車以載』。體剛履中，可以任重，有應於五，故所積皆中而不敗也。」

九三：公用亨于天子，小人弗克。

〔一〕「車」，盧本、周本作「轝」，古字通。下注及象辭同，不再出校。

〔二〕「盧氏」，原作「虞翻」，今據盧本、周本及曹校改。

虞翻曰：「天子謂五。三，公位也。小人謂四。二變得位，體鼎象，故『公用亨于天子』。四『折鼎足，覆公餗』，故『小人不克』也。」

象曰：「『公用亨于天子』，小人害也。」

虞翻曰：「小人謂四也。」

九四，匪其彭〔一〕，无咎。

虞翻曰：「匪，非也。其位尫，足尫，體行不正。四失位，折震足，故『尫』。變而得正，故『无咎』。尫，或作『彭』，作旁聲，字之誤。」

象曰：「『匪其彭，无咎』，明辯晢〔二〕也。」

虞翻曰：「晢之離，故『明辯晢也』。四在乾則尫，在坤爲鼠，在震『噬胏〔三〕得金矢』，在巽『折鼎足』，在坎爲鬼方，在離『焚死』，在艮『旅於處』，言无所容；在兑『睽孤孚厲』，三百八十四爻，獨无所容也。」

六五，厥孚交如，威如，吉。

虞翻曰：「孚，信也。發而孚二，故『交如』。乾稱威，發得位，故『威如，吉』。」

〔一〕「彭」，盧本、周本、周易虞氏義作「尫」。下象辭及注同，不再出校。按：盧本據釋文從虞翻。

〔二〕「晢」，盧本、周本作「折」。下注同。張本有小字注云：今本「折」作「晢」。按：盧本據釋文從虞翻。

〔三〕「胏」，原作「肺」，今據諸本及曹校改。

象曰：「『厥孚交如』，信以發志也。『威如』之吉，易而无備也。」

侯果曰：「其體文明，其德中順，信發乎志，以覃於物，物懷其德，以信應君〔一〕，君物交信〔二〕，『厥孚交如』也。爲卦之主，有威不用，唯行簡易，无所防備，物感其德，翻更畏威，『威如』之吉也。」

上九：自天祐之，吉，无不利。

虞翻曰：「謂乾也。祐，助也。大有通比，坤爲自，乾爲天，兑爲祐，故『自天祐之』。比坤爲順，乾爲信，『天之所助者順，人之所助者信，履信思順，又以尚賢』，故『自天祐之，吉，无不利』。」○王弼曰：「餘爻皆乘剛，己獨乘柔，順也。五爲信德，而己履焉，履信者也。居豐富之代，物不累心，高尚其志，尚賢者也。爻有三德，盡夫助道，故繫辭具焉也。」

象曰：「大有上吉，自天祐也。」

九家易曰：「上九悦五，以柔處尊而自謙損，尚賢奉己，上下應之，爲乾所祐，故吉且和〔三〕也。」

序卦曰：「有大者不可以盈，故受之以謙。」

〔一〕「君」，原作「於」，今據盧本、四庫本、周本及曹校改。

〔二〕「交信」，原倒，今據盧本、四庫本、周本及曹校乙。

〔三〕「利」，原作「和」，今據胡本、周本改。

崔憬曰：「富貴而自遺其咎，故有大者不可盈，當須謙，〔一〕天之道也。」

䷎ 兌宮九月五世 艮下坤上 謙：亨。

虞翻曰：「乾上九來之坤，與履旁通，『天道下濟』，故『亨』。彭城蔡景君說：『剥上來之三。』」

君子有終。

虞翻曰：「君子謂〔二〕三。艮終萬物，故『君子有終』。」〇鄭玄曰：「艮爲山，坤爲地，山體高，今在地下，其於人道，高能下下，謙之象。亨者，嘉會之禮以謙而爲主。謙者，自貶損以下人，唯艮之堅固，坤之厚順，乃能終之，故君子之人有終也。」

彖曰：「『謙亨』，

九家易曰：「艮山坤地，山至高，地至卑，以至高下至卑，故曰『謙』也。謙者兑世，艮爲兑合，故『亨』。」

天道下濟而光明，

荀爽曰：「乾來之坤，故『下濟』。陰去爲離，陽來成坎，日月之象，故『光明』也。」

地道卑而上行。

〔一〕「謙」下，纂疏有「退」字。

〔二〕「謂」，原作「爲」，今據盧本、周本及曹校改。

侯果曰：「此本剥卦。乾之上九來居坤三，是『天道下濟而光明』也。坤之六三上升乾位，是『地道卑而上行』者也。」

天道虧盈而益謙，

虞翻曰：「謂乾盈履上，虧之坤三，故『虧盈』；貴處賤位，故『盈謙』〔一〕。」○崔憬曰：「若『日中則昃，月滿則虧』；『損有餘以補不足，天之道也』。」

地道變盈而流謙，

虞翻曰：「謙二〔二〕以坤變乾盈，坎動而潤下，水流濕，故『流謙』也。」○崔憬曰：「『高岸爲谷，深谷爲陵』，是爲『變盈而流謙』，地之道也。」

鬼神害盈而福謙，

虞翻曰：「鬼謂四，神謂三，坤爲鬼害，乾爲神福，故『鬼神害盈而福謙』也。」○崔憬曰：「『朱門之家，鬼闞其室』，『黍稷非馨，明德惟馨』，是其義矣。」

人道惡盈而好謙。

〔一〕「盈謙」，盧本、四庫本、周本作「益謙」。

〔二〕「二」，纂疏以爲當作「三」。

虞翻曰：「乾爲好、爲人，坤爲惡也，故『人道惡盈』。從上之三，故『好謙』矣。」○崔憬曰：「『滿招損，謙受益』，人之道也。」

謙尊而光，卑而不可踰，

虞翻曰：「天道遠，故『尊光』。三位賤，故『卑』。坎水就下，險弱難勝，故『不可踰』。」

君子之終也。」

孔穎達曰：「尊者有謙而更光明盛大，卑者有謙而不踰越，是『君子之終也』。言君子能終其謙之善，而又獲謙之福，故曰『君子之〔一〕終也』。」

象曰：「地中有山，謙，

劉表曰：「地中有山，以高下下，故曰『謙』。謙之爲道，降己升人。山本地上，今居地中，亦降體之義，故爲謙象也。」

君子以裒〔二〕多益寡，稱物平施。」

虞翻曰：「君子謂三。裒，取也。艮爲多，坤爲寡，乾爲物、爲施，坎爲平，謙乾盈益謙，故『以裒多益

〔一〕「之」，毛本、盧本、四庫本、周本作「有」。

〔二〕「裒」，盧本、周本作「捊」。下注同，不再出校。按：盧本據釋文從鄭、荀、董、蜀才。

寡，稱物平施』。」○侯果曰：「裒，聚也。彖云『天道益謙』，則謙之大者，天益之以大福；謙之小者，天益之以小福。故君子則之，以大益施大德，以小益施小德，是『稱物平施』也。」

初六：謙謙君子，用涉大川，吉。

荀爽曰：「初最在下，爲謙；二陰承陽，亦爲謙，故曰『謙謙』也。二陰一陽，相與成體，故曰『君子』也。九三體坎，故『用涉大川，吉』也。」

象曰：「『謙謙君子』，卑以自牧也。」

九家易曰：「承陽卑謙，以陽自牧養也。」

六二：鳴謙，貞吉。

姚信曰：「三體震爲善鳴，二親承之，故曰『鳴謙』。得正處中，故『貞吉』。」

象曰：「『鳴謙，貞吉』，中心得也。」

崔憬曰：「言中正心與謙相得。」○虞翻曰：「中正謂二，坎爲心也。」

九三：勞謙，君子有終，吉。

荀爽曰：「體坎爲勞，終下二陰，『君子有終』，故吉也。」

象曰：「『勞謙君子』，萬民服也。」

荀爽曰：「陽當居五，自卑下衆，降居下體，君有下國之意也。衆陰皆欲撝陽，上居五位，羣陰順陽，故

『萬民服也』。」

六四：无不利，撝謙。

荀爽曰：「四得位處正，家性爲謙，故『无不利』。陰欲撝三，使上居五，故曰『撝謙』。撝，猶舉也。」

象曰：「『无不利，撝謙』，不違則也。」

九家易曰：「陰撝上陽，不違法則。」

六五：不富以其鄰，

荀爽曰：「鄰謂四與上也。自四以上乘陽，乘陽失實，故皆『不富』，五居中有體，故總言之。」

利用侵伐，无不利。

荀爽曰：「謂陽利侵伐，來上，无敢不利之者。」

象曰：「『利用侵伐』，征不服也。」

荀爽曰：「不服謂五也。」　案：六五離爻，離爲戈兵，侵伐之象也。

上六：鳴謙，利用行師，征邑國。

虞翻曰：「應在震，故曰『鳴謙』。體師象，震爲行，坤爲邑國，利五之正，已得從征，故『利用行師，征邑國』。」

象曰：「『鳴謙』，志未得也。可『用行師，征邑國』也。」

九家易曰：「陰陽相應，故『鳴謙』〔一〕也。雖應不承，故『志未得』，謂下九三可行師來上，坤爲邑國也，三應上，上呼三征，來居五位，故曰『利用行師，征邑國』也。」　案：上六兑爻，兑爲口舌，「鳴謙」之象也。

序卦曰：「有大而能謙，必豫，故受之以豫。」

鄭玄曰：「言國既大而能謙，則於政事恬豫。『雷出地，奮豫』，豫行出而喜樂之意。」

䷏ 震宮五月三世　坤下震上　豫：利建侯、行師。

鄭玄曰：「坤，順也。震，動也。順其性而動者，莫不得其所，故謂之豫。豫，喜豫悦樂之貌也。震又爲〔二〕雷，諸侯之象；坤又爲衆，師役之象，故『利建侯、行師』矣。」○虞翻曰：「復初之四，與小畜旁通。坤爲邦國，震爲諸侯，初至五體比象，四利復初，故『利建侯』。三至上體師象，故『行師』。」

彖曰：「豫，剛應而志行，

侯果曰：「四爲卦主，五陰應之，剛志大行，故曰『剛應而志行』。」

『順以動，豫』。

〔一〕「謙」，原作「善」，今據盧本、周本及象辭改。
〔二〕「爲」，毛本、盧本、四庫本作「謂」。

崔憬曰：「坤下震上，『順以動』也。」

豫『順以動』，故天地如之，

虞翻曰：「小畜乾爲天，坤爲地。如之者，謂天地亦動，以成四時，而況『建侯行師』。言其皆應而逸豫也。」

而況建侯、行師乎！

九家易曰：「震爲建侯，坤爲行師；建侯所以興利，行師所以除害。利興害除，民所逸樂也。天地有生殺，萬物有始終，王者盛衰，亦有迭更，猶武王承亂而應天地，建侯行師，奉詞除害，民得逸悦，君得安樂也。」

天地以順動，

虞翻曰：「豫變通小畜，坤爲地，動初至三成乾，故『天地以順動』也。」

故日月不過，而四時不忒。

虞翻曰：「過謂失度。忒，差迭也。謂變初至需，離爲日，坎爲月，皆得其正，故『日月不過』。動初時震爲春，至四兑爲秋，至五坎爲冬〔一〕，離爲夏，四時位正，故『四時不忒』。『通變之謂事』，蓋此之類。」

〔一〕「冬」，原脱，今據諸本補。

聖人以順動，則刑罰清而民服。

虞翻曰：「清猶明也。動初至四，兑爲刑，至坎爲罰，坎、兑體正，故『刑罰清』。坤爲民，乾爲清，以乾乘坤，故『民服』。」　案：「帝出乎〔一〕震」，聖人也。坎爲法律，「刑罰」也。坤爲衆，順而民服也。

豫之時義大矣哉。

虞翻曰：「順動天地，使日月四時皆不過差，『刑罰清而民服』，故『義大』也。」

象曰：「雷出地，奮豫，

崔憬曰：「震在坤上，故言『雷出地』。雷，陽氣，亦謂龍也。夏至後，陽氣極而一陰爻〔二〕生，陰陽相擊而成雷聲。雷聲之疾，有龍奮迅豫〔三〕躍之象，故曰『奮豫』。」

先王以作樂崇德，殷薦之上帝，以配祖考。」

鄭玄曰：「奮，動也。雷動於地上，而萬物乃豫也。以者，取其喜佚動摇，猶人至樂，則手欲鼓之，足欲舞之也。崇，充也。殷，盛也。薦，進也。上帝，天〔四〕也。王者功成作樂，以文得之者，作籥舞；以武

〔一〕「乎」，毛本、盧本、四庫本、周本皆無此字。

〔二〕「爻」，盧本、周本無此字。

〔三〕「豫」上，原有「逸」字，今據盧本、周本删。

〔四〕「天」下，周本有「帝」字。

得之者，作萬舞，各充其德而爲制。祀天帝以配祖考者，使與天同饗其功也。故孝經云『郊祀后稷以配天，宗祀文王於明堂以配上帝』也〔一〕。」

初六：鳴豫，凶。

虞翻曰：「應震善鳴，失位，故『鳴豫〔二〕，凶』也。」

象曰：「初六『鳴豫』，志窮，凶也。」

虞翻曰：「體剥蔑貞，故『志窮，凶也』。」

六二：介於石，

虞翻曰：「介，纖也。與四爲艮，艮爲石，故『介於石』。」

不終日，貞吉。

虞翻曰：「與小畜通，應在五。終變成離，離爲日，得位，欲四急復初，己得休之，故『不終日，貞吉』。」

象曰：「『不終日，貞吉』，以中正也。」

侯果曰：「得位居中，柔順正一，明豫動之可否，辯趣舍之權宜。假如堅石不可移變，應時則改，不待

〔一〕「也」上，胡本、盧本、周本有「是」字。

〔二〕「豫」上，原有「逸」字，今據盧本、四庫本、周本删。

終日，故曰：豫之正，吉。」

六三：盱豫悔，遲有悔。象曰：「『盱豫有悔』，位不當也。」

王弼曰：「履非其位，承動豫之主。若其睢盱而豫，悔亦至焉。遲而不從，豫之所疾，進退離悔，『位不當也』。」○向秀曰：「睢盱，小人喜悦、佞媚之貌也。」

九四：由豫，大有得。勿疑，朋盍簪〔一〕。

侯果曰：「爲豫之主，衆陰所宗，莫不由之，以得其豫。體剛心直，志不懷疑，故得羣物依歸，朋從大合，若以簪篸之固括也。」○虞翻曰：「由，自，從也。據有五陰，坤以衆順，故『大有得』，得羣陰也。坎爲疑，故『勿疑』。小畜兑爲朋。盍，合也。坤爲盍。戠〔二〕，聚會也。坎爲聚，坤爲衆，衆陰並應，故『朋盍簪』〔三〕。簪，舊讀作『撍』、作『宗』也。」

象曰：「『由豫，大有得』，志大行也。」

崔憬曰：「以一陽而衆陰從己，合簪交歡，故其『志大行』也。」

六五：貞疾，恒不死。

〔一〕「簪」，盧本、周本作「戠」，盧本、張本並小字注云：「戠」，鄭作「簪」，京作「撍」，荀作「宗」。

〔二〕「戠」，原作「盍」，今據盧本、四庫本、周本改。

〔三〕「簪」，盧本、四庫本、周本作「戠」。下句「簪」字同，不再出校。

虞翻曰：「恒，常也。坎爲疾，應在坤，坤爲死，震爲反生，位在震中，與坤體絶，故『貞疾，恒不死』也。」

象曰：「六五『貞疾』，乘剛也。『恒不死』，中未亡也。」

侯果曰：「六五居尊而乘於四，四以剛動，非己所乘，乘剛爲政，終亦病。若『恒不死』者，以其中也。」

上六：冥豫，成有渝，无咎。

虞翻曰：「應在三，坤爲冥。渝，變也。三失位无應多凶，變乃得正，體艮成，故『成有渝，无咎』。」

象曰：「冥豫在上，何可長也？」

荀爽曰：「陽性冥昧，居尊在上，而猶豫〔一〕悦，故不可長。」

〔一〕「豫」上，原有「逸」字，今據盧本、周本、四庫本及曹校删。

周易集解卷第五

隨　蠱　臨　觀　噬嗑　賁　剝

序卦曰：「豫必有隨也，故受之以隨。」

韓康伯曰：「『順以動』者，衆之所隨。」

䷐（震宮七月歸魂）震下兑上　隨：元、亨、利、貞，无咎。

虞翻曰：「否上之初，剛來下柔，初上得正，故『元、亨、利、貞，无咎』。」○鄭玄曰：「震，動也。兑，悦也。内動之以德，外悦之以言，則天下之人咸慕其行而隨從之，故謂之[一]隨也。既見隨從，能長之以善，通其嘉禮，和之以義，幹之以正，則功成而有福。若无此四德，則有凶咎焉。」○焦貢[二]曰：「漢高

[一]「之」，原脱，今據胡本、盧本、周本及曹校補。

[二]「貢」，毛本、盧本、四庫本、周本作「贛」。

帝與項籍，其明徵也。」

彖曰：「隨，剛來而下柔，動而説，隨，

虞翻曰：「否乾上來之坤初，故『剛來而下柔』。動，震；説，兑也。」

大亨，貞，无咎。

荀爽曰：「隨者，震之歸魂。震歸從巽，故大亨。動爻得正，故『利貞』。陽降陰升，嫌於有咎，動而得正，故『无咎』。」

而天下隨時，

虞翻曰：「乾爲天，坤爲下，震春兑秋，三四之正，坎冬離夏，四時位正，時行則行，故『天下隨時』矣。」

隨時之義大矣哉。」

蜀才曰：「此本否卦。剛自上來居初，柔自初而升上，則内動而外悦，是『動而悦，隨』也。相隨而大亨无咎，得于時也。得時，則天下隨之矣，故曰『隨時之義大矣哉』。」

象曰：「澤中有雷，隨，

九家易曰：「兑澤震雷，八月之時，雷藏於澤，則『天下隨時』之象也。」

君子以嚮晦入宴息。」

翟玄曰：「晦者，冥也。雷者，陽氣，春夏用事。今在澤中，秋冬時也。故君子象之，日出視事，其將晦冥，退入宴寢而休息也。」○侯果曰：「坤爲晦，乾之上九來入坤初，『嚮晦』者也。坤初升兑，兑爲休息，『入宴』者也。欲君民者，晦德息物，動悦黎庶，則萬方歸隨也。」

初九：官有渝，貞吉。出門交有功。

九家易曰：「渝，變也。謂陽來居初，德正爲震，震爲子，得土之位，故曰『官』也。陰陽出門，相與交通，陰往之上，亦不失正，故曰『貞吉』而『交有功』。」

象曰：「『官有渝』，從正吉也。『出門，交有功』，不失也。」

鄭玄曰：「震爲大塗，又爲日門，當春分，陰陽之所交也。是臣出君門，與四方賢人交，有成功之象也。昔舜『慎徽五典，五典克從；納於百揆，百揆時序；賓於四門，四門穆穆』，是其義也。」

六二：係小子，失丈夫。

虞翻曰：「應在巽，巽爲繩，故稱係。小子謂五，兑爲少，故曰『小子』。丈夫謂四，體大過『老夫』，故稱『丈夫』。承四隔三，故『失丈夫』。三至上，有大過象，故與『老婦』、『士夫』同義。體咸象，夫死大過，故每有欲嫁之義也。」

象曰：「『係小子』，弗兼與也。」

虞翻曰：「已係於五，不兼與四也。」

六三：「係丈夫，失小子，隨有求，得，利居貞。」

虞翻曰：「隨家陰隨陽，三之上无應，上係於四，失初小子，故『係丈夫，失小子』。艮爲居、爲求，謂求之正，得位遠應，利上承四，故『利居貞』矣。」

象曰：「『係丈夫』，志舍下也。」

王弼曰：「雖體下卦，二已據初，將何所附，故捨初係四，志在丈夫也。四俱无應，亦欲於己隨之，則得其求矣，故曰『隨有求，得』也。應非其正，以係于人，何可以妄，故『利居貞』也。初處己下，四處己上，故曰『係丈夫，失小子』。」

九四：隨有獲，貞凶。有孚在道，以明何咎？

虞翻曰：「謂獲三也，失位相據，在大過，死象，故『貞凶』，象曰『其義凶矣』。孚謂五，初震爲道，三已之正，四變應初得位，在離，故『有孚在道，以明何咎』，象曰『明功也』。」

象曰：「『隨有獲』，其義凶也。

虞翻曰：「死在大過，故『凶也』。」

『有孚在道』，明功也。」

虞翻曰：「功謂五也。三四之正，離爲明，故『明功也』。」

九五：孚于嘉，吉。

虞翻曰：「坎爲孚，陽稱嘉，位五正，故『吉』也。」

象曰：「『孚于嘉，吉』，位正中也。」

虞翻曰：「凡五言『中正』，中正皆陽得其正，以此爲例矣。」

上六：拘係之，乃從維之。

虞翻曰：「應在艮，艮手爲拘，巽爲繩，兩係稱維，故『拘係之，乃從維之』。在隨之上而無所隨，故『維之』，象曰『上窮』，是其義也〔一〕。」

王用亨於西山。

虞翻曰：「否乾爲王，謂五也；有觀象，故『亨』；兑爲西，艮爲山，故『王用亨於西山』也。」

象曰：「『拘係之』，上窮也。」

虞翻曰：「乘剛无應，故『上窮也』。」

序卦曰：「以喜隨人者，必有事，故受之以蠱。蠱者，事也。」

九家易曰：「子行父事，備物致用，而天下治也。『備物致用，立成器以爲天下利，莫大于聖人』。子脩聖道，行父之事，以臨天下，无爲而治也。」

〔一〕「是其義也」，原脱，今據毛本、盧本、四庫本、周本補。

䷑ 巽宮正月歸魂 巽下艮上 蠱：元亨。

虞翻曰：「泰初之上，而〔一〕與隨旁通，剛上柔下，乾坤交，故『元亨』也。」○伏曼容曰：「蠱，惑亂也。萬事從惑而起，故以蠱爲事也。」 案：尚書大傳云：「乃命五史，以書五帝之蠱事。」然爲訓者，正以太古之時无爲无事也。今言蠱者，是卦之惑亂也。時既漸澆，物情惑亂，故事業因之而起惑矣。故左傳云「女惑男，風落山，謂之蠱」，是其義也。

利涉大川。

虞翻曰：「謂二失位，動而之坎也，故『利涉大川』也。」

先甲三日，後甲三日。

子夏傳云：「『先甲三日』者，辛、壬、癸也。『後甲三日』者，乙、丙、丁也。」○馬融曰：「甲在東方，艮在東北，故云『先甲』。巽在東南，故云『後甲』。所以十日之中唯稱『甲』者，甲爲十日之首，蠱是〔二〕造事之端，故舉初而明事始也。言所以三日者，『不令而誅謂之暴』，故令先後各三日，欲使百姓徧習，行而不犯也。」

〔一〕「而」，盧本、周本及曹校無此字。

〔二〕「是」，毛本、盧本、四庫本、周本作「爲」。

彖曰：「蠱，剛上而柔下，巽而止，蠱。

虞翻曰：「泰初之上，故『剛上』；坤上之初，故『柔下』；上艮下巽，故『巽而止，蠱』也。」

蠱，元亨而天下治也。

荀爽曰：「蠱者，巽也。巽歸合震，故『元亨』也。蠱者，事也，『備物致用』，故『天下治』也。」

『利涉大川』，往有事也。

九家易曰：「陽往據陰，陰來承〔一〕陽，故『有事也』。此卦本〔二〕泰，乾天有河，坤地有水，二爻升降，出入乾坤，『利涉大川』也。陽往求五，陰來求二，未得正位，戎事不息，故『有事』。」

『先甲三日，後甲三日』，終則有始，天行也。」

虞翻曰：「謂初變成乾，乾爲甲；至二成離，離爲日；謂乾三爻在前，故『先甲三日』，賁時也。變三至四體離，至五成乾，乾三爻在後，故『後甲三日』，无妄時也。易出震，消息，歷乾坤象，乾爲始，坤爲終，故『終則有始』。乾爲天，震爲行，故『天行』也。」

象曰：「山下有風，蠱，

〔一〕「承」，原作「乘」，今据盧本、周本及曹校改。

〔二〕「本」，諸本無此字。

何妥曰：「山者高而静，風者宣而疾，有似君處上而安静，臣在下而行令也。」

君子以振民育德。

虞翻曰：「君子謂泰乾也。坤爲民，初上撫坤，故『振民』。乾稱德，體大畜，須養，故以『育德』也。」

初六：幹父之蠱，有子考，无咎，厲，終吉。

虞翻曰：「幹，正；蠱，事也；泰乾爲父，坤爲事，故『幹父之蠱』。初上易位，艮爲子，父死大過稱考，故『有子考』。變而得正，故『无咎，厲，終吉』也。」案：位陽令首，父之事也；爻陰柔順，子之質也。

象曰：「『幹父之蠱』，意承考也。」

王弼曰：「幹事之首，時有損益，不可盡承，故意承而已也。」

九二：幹母之蠱，不可貞。象曰：「『幹母之蠱』，得中道也。」

虞翻曰：「應在五。泰坤爲母，故『幹母之蠱』。失位，故『不可貞』。變而得正，故貞而『得中道也』。」

案：位陰居内，母之象也。

九三：幹父之蠱，小有悔，无大咎。象曰：「『幹父之蠱』，終无咎也。」

王弼曰：「以剛幹事，而无其應，故『有悔』也。履得其位，以正幹父，雖『小有悔』，終『无大咎』矣。」

案：爻位俱陽，父之事。

六四：裕父之蠱，往見吝。

虞翻曰：「裕不能争也。孔子曰：『父有争子，則身不陷於不義。』四陰體大過，本末弱，故『裕父之蠱』。兑爲見，變而失正，故『往見吝』。象曰『往未得』，是其義也。」

象曰：「『裕父之蠱』，往未得也。」

虞翻曰：「往失位，『折鼎足』，故〔一〕『未得』。」

六五：幹父之蠱，用譽。

荀爽曰：「體和應中，承陽有實，用斯幹事，榮譽之道也。」

象曰：「『幹父，用譽』，承以德也。」

虞翻曰：「譽謂二也。二五失位，變而得正，故『用譽』。變二使承五，故『承以德』。二乾爻，故稱『德』矣。」

上九：不事王侯，

虞翻曰：「泰乾爲王，坤爲事，應在於三，震爲侯，坤象不見，故『不事王侯』。」

高尚其事。

虞翻曰：「謂五已變巽爲高，艮陽升在坤上，故『高尚其事』。」

〔一〕「故」，原作「致」，今據胡本、盧本、四庫本、周本及曹校改。

象曰：「『不事王侯』，志可則也。」

荀爽曰：「年老事終，不當其位，體艮爲止，故『不事王侯』。據上臨下，重陰累實，故『志可則』。」

序卦曰：「有事而後可大，故受之以臨。臨者，大也。」

崔憬曰：「有蠱元亨，則可大之業成，故曰『有事然後可大』也。」

䷒ 坤宮二世 十二月 兑下坤上 臨：元、亨、利、貞。

虞翻曰：「陽息至二，與遯旁通，『剛浸而長』，乾來交坤，動則成乾，故『元、亨、利、貞』。」

至於八月有凶。

虞翻曰：「與遯旁通，臨消於遯，六月卦也，于周爲八月。遯弑君父，故『至於八月有凶』。荀公以兑爲八月，兑于周爲十月，言八月，失之甚矣。」○鄭玄曰：「臨，大也。陽氣自此浸而長大，陽浸長矣，而有四德，齊功于乾，盛之極也。人之情，盛則奢淫，奢淫則將亡，故戒以『凶』。臨卦斗建丑而用事，殷之正月也。當文王之時，紂爲无道，故於是卦爲殷家著興衰之戒，以見周改殷正之數。云臨自周二月用事，訖其七月，至八月而遯卦受之，此終而復始，王命然矣。」

彖曰：「臨剛浸而長。

虞翻曰：「剛謂二也。兑爲水澤，自下浸上，故『浸而長』也。」

説而順，剛中而應，大亨以正，天之道也。

虞翻曰：「説，兑；順，坤也。剛中，謂二也。四陰皆應之，故曰『而應』。『大亨以正』，謂三動成乾天，得正爲泰，天地交通，故『亨以正，天之道也』。」

『至於八月有凶』，消不久也。」

蜀才曰：「此本坤卦，剛長而柔消〔一〕，故大亨，利正也。」　案：臨，十二月卦也。自建丑之月至建申之月，凡曆八月，則成否也，否則「天地不交，萬物不通」，是「至於八月有凶」，斯之謂也。

象曰：「澤上有地，臨，

荀爽曰：「澤卑地高，高下相臨之象也。」

君子以教思无窮，容保民无疆。」

虞翻曰：「君子謂二也。震爲言，兑口講習，『學以聚之，問以辯之』；坤爲思，剛浸長，故『以教思无窮』。容，寛也。二『寛以居之，仁以行之』；坤爲容、爲民，故『保民无疆』矣。」

初九：咸臨，貞吉。

〔一〕「消」，原作「削」，今據盧本、四庫本、周本及曹校改。

虞翻曰：「咸，感也。得正應四，故『貞吉』也。」

象曰：「『咸臨，貞吉』，志行正也。」

荀爽曰：「陽始咸升，以剛臨柔，得其正位，而居是吉，故曰『志行正』。」

九二：「咸臨，吉，无不利。」

虞翻曰：「得中多譽，兼有四陰，體復初『元吉』，故『无不利』。」

象曰：「『咸臨，吉，无不利』，未順命也。」

荀爽曰：「陽感至二，當升居五，羣陰相承，故『无不利』也。陽當居五，陰當順從，今尚在二，故曰『未順命也』。」

六三：甘臨，无攸利，既憂之，无咎。象曰：「『甘臨』，位不當也。『既憂之』，咎不長也。」

虞翻曰：「兑爲口，坤爲土，『土爰稼穡作甘』，兑口銜坤，故曰『甘臨』。失位乘陽，故『无攸利』。言三失位无應，故『憂之』。動而成泰，故『咎不可長也』。」

六四：至臨，无咎。

虞翻曰：「至，下也。謂下至初應，當位有實，故『无咎』。」

象曰：「『至臨，无咎』，當位實也〔一〕。」
荀爽曰：「四與二同功，欲升二至五，己得承順之，故曰『至臨』也。陽雖未乘，處位居正，故得『无咎』，是當位實也。」
六五：知臨大君之宜，吉。象曰：「『大君之宜』，行中之謂也。」
荀爽曰：「五者，帝位。大君謂二也，宜升上居五位，吉，故曰『知臨大君之宜』也。二者處中，行升居五，五亦處中，故曰『行中之謂也』。」
上六：敦臨，吉，无咎。
荀爽曰：「上應於三，欲因三升二，過應于陽，敦厚之意，故曰『敦臨，吉，无咎』。」
象曰：「『敦臨』之吉，志在内也。」
九家易曰：「志在升〔二〕二也。陰以陽爲主，故『志在内』也。」
序卦曰：「物大然後可觀也，故受之以觀。」

〔一〕「當位實也」，盧本、周本作「位當也」。下注同，不再出校。
〔二〕「升」，原作「外」，今據胡本、盧本、四庫本、周本及曹校改。

崔憬曰：「言德業大者，可以觀政於人，故『受之以觀』也。」

䷓ 坤下巽上 乾宮四世八月 觀：盥而不薦，有孚顒若。

鄭玄曰：「坤爲地、爲衆，巽爲木、爲風。九五，天子之爻。互體有艮，艮爲鬼門，又爲宮闕。地上有木而爲鬼門宮闕者，天子宗廟之象也。」○王弼曰：「王道之可觀者，莫盛乎宗廟；宗廟之可觀者，莫盛乎盥也。至薦簡略，不足復觀，故『觀，盥而不薦』也。」○馬融曰：「盥者，進爵灌地以降神也。此是祭祀盛時。及神降薦牲，其禮簡略，不足觀也。『國之大事，唯祀與戎』，王道可觀在於祭祀，祭祀之盛莫過初盥降神。故孔子曰〔一〕：『禘自既灌而往者，吾不欲觀之矣。』此言及薦簡略則不足觀也。以下觀上，見其至盛之禮。萬民信敬，故云『有孚顒若』。孚，信；顒，敬也。」　案：鬼神害盈，禍淫福善。若人君脩德，至誠感神，則「黍稷非馨，明德惟馨」，故「觀盥而不觀薦」，饗其誠信者也。斯即「東鄰煞牛，不如西鄰之禴祭，實受其福」，是其義也。

彖曰：「大觀在上，

蜀才曰：「此本乾卦。案：柔小浸長，剛大在上，其德可觀，故曰『大觀在上』也。」

順而巽，中正以觀天下。

〔一〕「曰」，原脱，今據盧本、周本補。

虞翻曰：「謂陽息臨二，『直方大』。『臨者，大也』。在觀上，故稱『大觀』。順，坤也。中正謂五。五以天神道觀示天下，咸服其化，『賓于王庭』。」

『觀盥而不薦，有孚顒若』，下觀而化也。

虞翻曰：「觀，反臨也。以五陽觀示坤民，故稱『觀』。盥，沃盥。薦，羞牲也。孚，信，謂五。顒顒，君德有威容貌。若，順也。坎爲水，坤爲器，艮手臨坤，坎水沃之，盥之象也，故『觀盥而不薦』。孔子曰：『禘自既灌，吾不欲觀之矣。』巽爲進退，『容止可觀，進退可度』，則下觀其德而順其化。上之三，五在坎中，故『有孚顒若，下觀而化』。詩曰『顒顒卬卬，如珪如璋』，君德之義也。」

觀天之神道，而四時不忒。

虞翻曰：「忒，差也。神道謂五。臨震兑爲春秋，三上易位，坎冬離夏，日月象正，故『四時不忒』。」

聖人以〔一〕神道設教，而天下服矣。

虞翻曰：「聖人謂乾，『退藏於密』而『齊于巽』，『以神明其德教』，故『聖人設教』，坤民順從，而天下服矣。」

象曰：「風行地上，觀，先王以省方觀民設教。」

〔一〕「以」，盧本、周本無此字，盧本小字注云：今本「聖人」下有「以」字。

九家易曰：「先王謂五。應天順民，受命之王也。風行地上，草木必偃，枯槁朽腐，獨不從風。謂應外之爻，天地氣絶，陰陽所去，象不化之民，五刑所加，故以省察四方，觀視民俗，而設其教也。言先王德化，光被四表，有不賓之民，不從法令，以五刑加之，以齊德教也。」

初六：童觀，小人无咎，君子吝。

虞翻曰：「艮爲童。陰，小人；陽，君子。初位賤，以小人乘〔一〕君子，故『无咎』。陽伏陰下，故『君子吝』矣。」

象曰：「初六『童觀』，小人道也。」

王弼曰：「失位處下，最遠朝美，无所鑒見，故曰『童觀』。處大觀之時而童觀，趣順而已。小人爲之，无可咎責。君子爲之，鄙吝之道。」〔二〕

六二：闚觀，利女貞。

虞翻曰：「臨兑爲女。竊觀稱闚。兑女反〔三〕成巽，巽四五得正，故『利女貞』。艮爲宫室，坤爲闔户，

〔一〕「乘」，盧本、四庫本、周本作「承」，義長。

〔二〕此注，周易正義作「處於觀時，而最遠朝美，體於陰柔，不能自進，无所鑒見，故曰『童觀』，趣順而已。无所能，爲小人之道也，故曰『小人无咎』。君子處大觀之時而爲童觀，不亦鄙乎」。

〔三〕「反」，原作「及」，今據盧本、四庫本、周本改。

小人而應五，故『闚觀，女貞』，利，不淫視也。」

象曰：「闚觀，女貞，亦可醜也。」

侯果曰：「得位居中，上應於五，闚觀〔一〕朝美，不能大觀。處大觀之時而爲闚觀，女正則利，君子則醜也。」　案：六二離爻，離爲目，又爲中女，外互體艮，艮爲門闕，女目近門，闚觀之象也。

六三：觀我生進退。

虞翻曰：「坤爲我，臨震爲生，生謂坤生民也，巽爲進退，故『觀我生進退』。臨震進之五，得正居中，故象曰『未失道』。」

象曰：「『觀我生進退』，未失道也。」

荀爽曰：「我謂五也。生者，教化生也。三欲進觀於五，四既在前，而三故退〔二〕，『未失道也』。」

六四：觀國之光，利用賓于王。

虞翻曰：「坤爲國，臨陽至二，天下文明，反上成觀，進顯天位，故『觀國之光』。王謂五陽，陽尊賓坤，坤爲用，爲臣，四在王庭，賓事於五，故『利用賓于王』矣。詩曰『莫敢不來賓，莫敢不來王』，是其

〔一〕「觀」，原作「視」，今據毛本、盧本、四庫本、周本及曹校改。

〔二〕「故退」，纂疏倒。

義也。」

象曰：「『觀國之光』，尚賓也。」

崔憬曰：「得位比尊，承于王者，職在搜揚國俊，賓薦王庭，故以進賢爲尚賓也。」

九五：觀我生，君子无咎。

虞翻曰：「我，身也，謂我生〔一〕。生謂生民。震生象反，坤爲死喪，嫌非生民，故明而不言民也〔二〕。陽爲君子，在臨二，失位之五，得道處中，故『君子无咎』矣。」

象曰：「『觀我生』，觀民也。」

王弼曰：「『觀我生』，自觀其道也。爲衆觀之主，當宣文化，光於四表。上之化下，猶風之靡草。『百姓有過，在予一人』。君子風著，己乃无咎。欲察己道，當『觀民』也。」○虞翻曰：「坤爲民，謂三也。坤體成，故『觀民』也。」

上九：觀其生，君子无咎。

虞翻曰：「應在三，三體臨震，故『觀其生』。君子謂三，之三得正，故『无咎』矣。」

〔一〕曹校：「我」當爲「五」，「生」當爲衍文。

〔二〕「故明而不言民也」，毛本無「也」字，盧本、四庫本、周本作「故不言民」。

象曰：「『觀其生』，志未平也。」

王弼曰：「『觀其生』，爲人所觀也。最處上極，天下所觀者也。處天下所觀之地，其志未爲平易，不可不愼。故君子德見，乃得无咎。生，猶動出也。」○虞翻曰：「坎爲志、爲平，上來之三，故『志未平』矣。」

序卦曰：「可觀而後有所合，故受之以噬嗑。嗑者，合也。」

崔憬曰：「言可觀政於人，則有所合于刑矣，故曰『可觀而有所合』。」

䷔ 巽宮九月五世　震下離上　噬嗑：亨，利用獄。

虞翻曰：「否五之坤初，坤初之五，剛柔交，故『亨』也。坎爲獄，艮爲手，離爲明，四以不正而係於獄，上當之三，蔽四成豐，『折獄致刑』，故『利用獄』，坤爲用也。」案：「頤中有物曰噬嗑」，謂九四也。四互體坎〔一〕，坎爲法律，又爲刑獄，四在頤中，齧而後亨，故「利用獄」也。

彖曰：「頤中有物曰噬嗑。」

虞翻曰：「物謂四，則所噬乾脯也。頤中无物，則口不噬。故先舉『頤中有物曰噬嗑』也。」

〔一〕「體坎」，盧本、周本倒。

噬嗑而亨，

崔憬曰：「物在頤中，隔其上下，因齧而合，『乃得其亨焉』。以喻人於上下之間，有亂羣者，當用刑去之，故言『利用獄』。」

剛柔分，動而明，雷電合而章。

盧氏曰：「此本否卦。乾之九五分降坤初，坤之初六分升乾五，是『剛柔分』也。分則雷動於下，電照於上，合成天威，故曰雷電合而成章也。」

柔得中而上行，雖不當位，『利用獄』也。」

侯果曰：「坤之初六，上升乾五，是『柔得中而上行』。雖則失位，文明以中，斷制枉直，不失情理，故『利用獄』。」

象曰：「雷電，噬嗑，

宋衷曰：「雷動而威，電動而明，二者合而其道彰也。用刑之道，威明相兼。若威而不明，恐致淫濫；明而无威，不能伏物，故須雷電並合，而噬嗑備。」

先王以明罰勑法。」

侯果曰：「雷所以動物，電所以照物，雷電震照，則萬物不能懷邪。故先王則之，明罰勑法，以示萬物，欲萬方一心也。」

初九：屨校滅趾，无咎。

虞翻〔一〕曰：「屨，貫。趾，足也。震爲足，坎爲校，震没坎下，故『屨校滅趾』。初位得正，故『无咎』。」〇干寶曰：「趾，足也。屨校，貫械也。初居剛躁之家，體貪狼〔二〕之性，以震掩巽，强暴之男也，行侵陵之罪，以陷『屨校』之刑，故曰『屨校滅趾』。得位於初，顧震知懼，小懲大戒，以免刑戮，故曰『无咎』矣。」

象曰：「『屨校滅趾』，不行也。」

虞翻曰：「否坤小人，以陰消陽，『其亡其亡』，故〔三〕五變滅初，否〔四〕殺不行也。」〇干寶曰：「不敢遂行强也。」

六二：噬膚滅鼻，无咎。

虞翻〔五〕曰：「噬，食也。艮爲膚、爲鼻，鼻没水坎〔六〕中，隱藏不見，故『噬膚滅鼻』。乘剛，又得正多

〔一〕「虞翻」，原作「侯果」，今據盧本、周本及曹校改。
〔二〕「狼」，胡本、張本、周本作「狠」。
〔三〕「故」，盧本、周本作「今」。
〔四〕「否」上，盧本、張本有「故」字。「否」，盧本、張本作「坤」。「否」下，纂疏補「坤」字，當從。
〔五〕「虞翻」，原作「或」，今據盧本、四庫本、周本及曹校改。
〔六〕「水坎」，張本、周本、孫氏集解倒。「没」，孫氏集解作「吸滅」，胡本作「吸」。

譽，故『无咎』。」

象曰：「『噬膚滅鼻』，乘剛也。」

侯果曰：「居中履正，用刑者也。二互體艮，艮爲鼻，又爲黔喙，『噬膚滅鼻』之象也。乘剛，噬必深，噬過其分，故『滅鼻也』。刑刻雖峻，得所疾也。雖則『滅鼻』，而『无咎』矣。」

六三：噬腊〔一〕肉，遇毒，小吝，无咎。

虞翻曰：「三在膚裏，故稱肉；離日熯之爲腊；坎爲毒，故『噬腊肉，遇毒』，毒謂矢毒也。失位承四，故『小吝』。與上易位，『利用獄』，成豐，故『无咎』也。」

象曰：「『遇毒』，位不當也。」

荀爽曰：「腊肉謂四也。三以不正，噬取異家，法當遇罪，故曰『遇毒』。爲艮所止，所欲不得，故『小吝』也。所欲不得，則免於罪，故『无咎』矣。」

九四：噬乾胏，得金矢，利艱貞，吉。象曰：「『利艱貞，吉』，未光也。」

陸績曰：「肉有骨謂之胏。離爲乾肉，又爲兵矢，失位用刑，物亦不服，若噬有骨之乾胏也。金矢者，取其剛直也。噬胏雖復艱難，終得申其剛直，雖獲正吉，未爲光大也。」

〔一〕「腊」，盧本、周本作「昔」。下注及象辭注同，不再出校。

六五：噬乾肉，得黄金，貞厲，无咎。

虞翻曰：「陰稱肉，位當離日中烈，故『乾肉』也。乾金黄，故『得黄金』。貞，正；厲，危也。變而得正，故『无咎』。」○王弼曰：「乾肉，堅也。黄，中；金，剛也。以陰處陽，以柔乘〔一〕剛，以噬於物，物亦不服，故曰『噬乾肉』也。然處得尊位，而居於中，能行其戮也。履不正而能行其戮，剛勝者也。噬雖〔二〕不服，得中而勝，故曰『噬乾肉，得黄金』也。已雖不正，而刑戮得當，故雖厲而无咎也。」

象曰：「『貞厲，无咎』，得當也。」

荀爽曰：「謂陰來正居是而厲陽也。以陰厲陽，正居其處而无咎者，以從下升〔三〕上，不失其中，所〔四〕言得當。」

上九：何校滅耳，凶。

荀爽曰：「爲五所何，故曰『何校』。據五應三，欲盡滅坎上〔五〕體，坎爲耳，故曰『滅耳，凶』。上以不

〔一〕「乘」，原作「承」，今據曹校及周易正義改。
〔二〕「雖」，原脱，今據盧本、四庫本、周本補。
〔三〕「升」，原作「明」，今據周本及曹校改。
〔四〕「所」，曹校云：當作「故」。
〔五〕「上」，盧本、周本作「三」。若然，「三體」當從下讀。

正，侵欲无已，奪取異家，惡積而不可掩〔一〕，罪大而不可解，故宜『凶』矣。」○鄭玄曰：「離爲槁木，坎爲耳，木在耳上，『何校滅耳』之象也。」

象曰：「『何校滅耳』，聰不明也。」

九家易曰：「當據離坎，以爲聰明。坎既不正，今欲滅之，故曰『聰不明也』。」

序卦曰：「物不可以苟〔二〕合而已，故受之以賁。賁者，飾也。」

崔憬曰：「言物不可苟合于刑，當須以文飾之，『故受之以賁』。」

䷕ 艮宫一世十一月 離下艮上 賁：亨。

虞翻曰：「泰上之乾二，乾二之坤上，柔來文剛，陰陽交，故『亨』也。」

小利，有攸往。

虞翻曰：「小謂五，五失正，動得位，體離，以剛文柔，故『小利，有攸往』。」○鄭玄曰：「賁，文飾也。離爲日，天文也。艮爲石，地文也。天文在下，地文在上，天地二文相飾，成賁者也。猶人君以剛柔仁義

〔一〕「掩」，盧本、周本作「弇」。下同，不再出校。
〔二〕「苟」，原脱，今據胡本、盧本、四庫本、周本補。

之道，飾成其德也。剛柔雜，仁義合，然後『嘉會禮通』，故『亨』也。卦互體坎艮，艮止於上，坎險於下，夾震在中，故不利大行。小有所之則可矣。」

彖曰：「賁亨，柔來而文剛，故『亨』。分剛上而文柔，故『小利，有攸往』。

荀爽曰：「此本泰卦。謂陰從上來，居乾之中，文飾剛道，交于中和，故『亨』也。分乾之二，居坤之上，上飾柔道，兼據二陰，故『小利，有攸往』矣。」

天文也。

虞翻曰：「謂五，利變之正，成巽體離，艮爲星，離日坎月，巽爲高，五天位，離爲文明，日月星辰高麗於上，故稱天之文也。」

文明以止，人文也。

虞翻曰：「人謂三，乾爲人。文明，離；止，艮也。震動離明，五變據四，二五分，則止文三，故以三爲人文也。」

觀乎天文，以察時變。

虞翻曰：「日月星辰爲天文也。泰震春兑秋，賁坎冬離夏，巽爲進退。日月星辰進退盈縮，謂朓側朒也。曆象在天成變，故『以察時變』矣。」

觀乎人文，以化成天下。」

虞翻曰：「泰乾爲人。五、上〔一〕動，體既濟，賁離象，『重明』、『麗正』，故『以化成天下』也。」○干寶曰：「四時之變，懸乎日月；聖人之化，成乎文章。觀日月而要其會通，觀文明而化成天下。」

象曰：「山下有火，賁，

王廙曰：「山下有火，文相照也。夫山之爲體，層峰峻嶺，峭嶮參差，直置其形，已如彫飾，復加火照，彌見文章，賁之象也。」

君子以明庶政，无敢折獄。」

虞翻曰：「君子謂乾，離爲明，坤爲庶政，故『明庶政』。坎爲獄，三在獄得正，故『无敢折獄』。噬嗑四不正，故『利用獄』也。」

初九：賁其趾，

虞翻曰：「應在震，震爲足，故『賁其趾』也。」

舍車而徒。

虞翻曰：「應在艮，艮爲舍，坎爲車；徒，步行也。位在下，故『舍車而徒』。」

象曰：「『舍車而徒』，義弗乘也。」

〔一〕「上」，原作「二」，今據盧本、周本及曹校改。

崔憬曰：「剛柔相交，以成飾義者也。今近四，棄於二比，故曰『舍車』。車，士大夫所乘，謂二也。四乘於剛，艮止其應，初全其義，故曰『而徒』。徒，塵賤之事也。自飾其行，故曰『賁其趾』。趾謂初也。」○王肅曰：「在下故稱趾。既舍其車，又飾其趾，是徒步也。」

六二：賁其須。象曰：「『賁其須』，與上興也。」

侯果曰：「自三至上，有頤之象也。二在頤下，須之象也。上〔一〕无其應，三亦无應，若能上承於三，與之同德，雖俱无應，可相與而興起也。」

九三：賁如，濡如，永貞吉。象曰：「『永貞』之吉，終莫之陵也。」

盧氏〔二〕曰：「有離之文以自飾，故曰『賁如』也。有坎之水以自潤，故曰『濡如』也。體剛履正，故『永貞吉』。與二同德，故『終莫之陵』也。」

六四：賁如，皤如，白馬翰如，匪寇，婚媾。

王弼曰：「有應在初，三爲寇難，二志相感，不獲交通，欲静則失初之應，欲進則懼三之難，故或飾或素，内懷疑懼，鮮絜其馬，翰如以待，雖〔三〕履正位，未果其志，匪緣寇隔，乃爲婚媾，則終无尤也。」○陸

〔一〕「上」，周本作「二」，義長。

〔二〕「盧氏」，原作「虞翻」，今據毛本、四庫本、周本及曹校改。

〔三〕「雖」，原脱，今據盧本、周本、四庫本及曹校補。

績曰：「震爲馬、爲白，故曰『白馬翰如』。」　案：皤，亦白素之貌也。

象曰：「六四，當位疑也。

案：坎爲盜，故疑。當位乘三，悖禮難飾，應初遠陽，故曰「當位疑也」。

『匪寇，婚媾』，終无尤也。」

崔憬曰：「以其守正待應，故『終无尤也』。」

六五：賁于丘園，束帛戔戔，吝，終吉。

虞翻曰：「艮爲山，五半山，故稱丘；木果曰園，故『賁于邱園』也。六五失正，動之成巽，巽爲帛、爲繩，艮手持，故『束帛』。以艮斷巽，故『戔戔』。失位无應，故『吝』。變而得正，故『終吉』矣。」

象曰：「六五之吉，有喜也。」

荀爽曰：「艮山震林，失其正位，在山林之間，賁飾丘陵，以爲園圃，隱士之象也。五爲王位，體中履和，勤賢之主，尊道之君也。故曰『賁于丘園，束帛戔戔』。君臣失正，故『吝』。能以中和飾上成功，故『終吉』而『有喜也』。」○虞翻曰：「五變之陽，故『有喜』。凡言喜慶皆陽爻。『束帛戔戔』，委積之貌。」　案：六五離爻，離爲中女，午爲蠶絲，束帛之象。

上九：白賁，无咎。

虞翻曰：「在巽上，故曰『白賁』。乘五陰，變而得位，故『无咎』矣。」

象曰：「『白賁，无咎』，上得志也。」

干寶曰：「白，素也。延山林之人，采素士之言，以飾其政，故『上得志也』。」○虞翻曰：「上之五得位，體成既濟，故曰『得志』。坎爲志也。」

序卦曰：「致飾，然後亨則盡矣，故受之以剥。剥者，剥也。」

崔憬曰：「以文致飾，則上下情通，故曰『致飾然後亨』也。文者致理極而无救，則盡矣。盡，猶剥也。」

䷖ 乾宮九月五世　坤下艮上　剥：不利有攸往。

虞翻曰：「陰消乾也，與夬旁通。以柔變剛，小人道長；子弒其父，臣弒其君，故『不利有攸往』也。」

象曰：『剝，剝也』，

盧氏曰：「此本乾卦。羣陰剥陽，故曰〔一〕爲剥也。」

彖曰：「『剥，剥也』，柔變剛也。

荀爽曰：「謂陰外變五，五者至尊，爲陰所變，故曰『剥也』。」

〔一〕「曰」，胡本、張本、周本作「名」。

『不利有攸往』，小人長也。

鄭玄曰：「陰氣侵陽，上至於五，萬物零落，故謂之剥也。五陰一陽，小人極盛，君子不可有所之，故『不利有攸往』也。」

順而止之，觀象也。

虞翻曰：「坤順艮止，謂五消觀成剥，故『觀象』也。」

君子尚消息盈虚，天行也。

虞翻曰：「乾爲君子，乾息爲盈，坤消〔一〕爲虚，故『君子尚消息盈虚，天行也』。則『出入无疾，反復其道』，易虧巽消艮，出震息兑，盈乾虚坤，故於是見之耳。」

象曰：「山附於地，剥，

陸績曰：「艮爲山，坤爲地，山附於地，謂高附於卑，貴附於賤，君不能制臣也。」

上以厚下安宅。」

盧氏〔二〕曰：「上，君也。宅，居也。山高絶於地，今附地者，明被剥矣。屬地時也，君當厚錫於下，賢

〔一〕「消」，原作「息」，今據盧本、周本、四庫本及曹校改。

〔二〕「盧氏」，原作「虞翻」，今據盧本、周本及曹校改。下初六象辭注同，不再出校。

當卑降於愚，然後得安其居。」

初六：剥牀以足，蔑貞，凶。

虞翻曰：「此卦坤變乾也。動初成巽，巽木爲牀，復震在下爲足，故『剥牀以足』。蔑，无；貞，正也。失位无應，故『蔑貞凶』。震在陰下，象曰『以滅下也』。」

象曰：「『剥牀以足』，以滅下也。」

盧氏曰：「蔑，滅也。坤所以載物，牀所以安人。在下故稱足。先從下剥，漸及於上，則君政崩滅，故曰『以滅下也』。」

六二：剥牀以辯，蔑貞，凶。

虞翻曰：「指間稱辯。剥，剥二成艮，艮爲指，二在指間，故『剥牀以辯』。无應，在剥，故『蔑貞，凶』也。」

象曰：「『剥牀以辯』，未有與也。」

鄭玄曰：「足上稱辯，謂近膝之下，屈則相近，申則相遠，故謂之辯。辯，分也。」○崔憬曰：「今以牀言之，則辯當在第足之間，是牀梐也。『未有與』者，言至三則應，故二『未有與』也。」

六三：剥之〔一〕，无咎。象曰：「剥之无咎，失上下也。」

〔一〕「之」，盧本、周本無此字。

荀爽曰：「衆皆剥陽，三獨應上，无剥害意，是以『无咎』，故〔一〕曰『失上下也』。」

六四：剥牀以膚，凶。

虞翻曰：「辯上稱膚，艮爲膚，以陰變陽，至四乾毁，故『剥牀以膚』。臣弑君，子弑父，故『凶』矣。」○王肅曰：「在下而安人者，牀也。在上而處牀者，人也。坤以象牀，艮以象人，牀剥盡以及人身，爲敗滋深，害莫甚焉，故曰『剥牀以膚，凶』也。」

象曰：「『剥牀以膚』，切近災也。」

崔憬曰：「牀之膚謂薦席，若獸之有皮毛也。牀以剥盡，次及其膚，剥以〔二〕大臣之象，言近身與君也。」

六五：貫魚，以宫人寵，无不利。

虞翻曰：「剥消觀五，巽爲魚、爲繩，艮手持繩貫巽，故『貫魚』也。艮爲宫室，人謂乾五，以陰代陽，五貫乾爲寵人，陰得麗之，故『以宫人寵』。動得正，成觀，故『无不利』也。」○何妥曰：「夫剥之爲卦，下比五陰，駢頭相次，似貫魚也。魚爲陰物，以喻衆陰也。夫宫人者，后夫人嬪妾，各有次序，不相瀆亂。此則貴賤有章，寵御有序。六五既爲衆陰之主，能有貫魚之次第，故得『无不利』矣。」

〔一〕「故」，盧本、周本作「象」。
〔二〕「以」，張本、周本作「于」。

象曰：「『以宮人寵』，終无尤也。」

崔憬曰：「魚與宮人皆陰類，以比小人焉。魚大小一貫，若后夫人嬪婦御女〔一〕，小大雖殊，寵御則一，故『終无尤也』。」

上九：碩果不食，君子得輿〔二〕，小人剥廬。

虞翻曰：「艮爲碩果。謂三已〔三〕復位，有頤象，頤中无物，故『不食』也。夬乾爲君子、爲德，坤爲車、爲民，乾在坤，故以德爲車。小人謂坤，艮爲廬，上變滅艮，坤陰迷亂，故『小人剥廬』也。」

象曰：「『君子得輿』，民所載也。『小人剥廬』，終不可用也。」

侯果曰：「艮爲果、爲廬，坤爲輿。處剥之上，有剛直之德，羣小人不能傷害也。故果至碩大，不被剥食矣。君子居此，萬姓賴安，若得乘其車輿也。小人處之，則庶方无控，被剥其廬舍，故曰『小人〔四〕剥廬，終不可用』矣。」

〔一〕「御女」，曹校：當爲「女御」。
〔二〕「得輿」，盧本、周本作「德車」。下象辭同，不再出校。按：盧本據釋文從董遇。
〔三〕「已」，原爲墨丁，今據諸本補。
〔四〕「小人」，毛本、盧本、四庫本、周本皆無。

周易集解卷第六

復　无妄　大畜　頤　大過　坎　離

序卦曰：「物不可以終盡，剥窮上反下，故受之以復也。」

崔憬曰：「夫易窮則有變，物極則反於初。故剥之爲道，不可終盡，而受之於〔一〕復也。」

䷗ 坤宮十一月一世 震下坤上 復：亨。

何妥曰：「復者，歸本之名。羣陰剥陽，至於幾盡，一陽來下，故稱反復。陽氣復反，而得交通，故云『復亨』也。」

出入无疾，朋來无咎。

〔一〕「於」，曹校作「以」。

虞翻曰：「謂出震成乾，入巽成坤，坎〔一〕爲疾，十二消息不見坎象，故『出入无疾』。兑爲朋，在内稱來，五陰從初，初陽正，息而成兑，故『朋來无咎』矣。」

反復其道，七日來復。

案：易軌：「一歲十二月三百六十五日四分日之一，以坎、震、離、兑四方正卦，卦别六爻，爻生一氣；其餘六十卦三百六十爻，爻主一日，當周天之數；餘五日四分日之一，以通閏餘者也。」剥卦陽氣盡於九月之終，至十月末，純坤用事，坤卦將盡，則復陽來。隔坤之一卦六爻爲六日，復來成震，一陽爻生，爲七日，故言「反復其道，七日來復」，是其義也。天道玄邈，理絶希慕，先儒已論，雖各指於日月；後學尋討〔二〕，猶未測其端倪。今舉約文，略陳梗概，以候來哲，如積薪者也。

利有攸往。

虞翻曰：「陽息臨成乾，『小人道消〔三〕，君子道長』，故『利有攸往』矣。」

彖曰：「復亨，

虞翻曰：「陽息坤，與姤旁通。剛反交初，故『亨』。」

〔一〕「坎」，原脱，今據盧本、四庫本、周本及曹校補。
〔二〕「討」，原作「計」，今據纂疏及曹校改。
〔三〕「道消」，原作「消坤」，今據胡本、盧本、四庫本、周本改。

剛反動而以順行，

虞翻曰：「剛從艮坤，入從反震，故曰『反動』。坤順震行，故『而以順行』。陽不從上來反初，故不言『剛自外來』，是以明『不遠之復』，入坤出震義也。」

是以『出入无疾，朋來无咎』。

侯果曰：「陽上出，『君子道長』也。陰下入，『小人道消』也。動而以〔一〕行，故『出入无疾，朋來无咎』矣。」

『反復其道，七日來復』，天行也。

虞翻曰：「謂乾成坤，反出於震而來復〔二〕，陽爲道，故『復其道』〔三〕。剛爲晝日，消乾六爻爲六日，剛來反初，故『七日來復，天行也』。」○侯果曰：「五月天行至午，陽復而陰升也；十一月天行至子，陰復而陽升也。天地運往〔四〕，陰陽升復，凡歷七月，故曰『七日來復』。此天之運行也。豳詩曰：『一之日觱發，二之日栗烈。』『一之日』，周之正月也；『二之日』，周之二月。古人呼月爲日，明矣。」

〔一〕「以」下，曹校：脱「順」字。

〔二〕「復」，原作「攻」，今據盧本、四庫本、周本改。

〔三〕「陽爲道，故復其道」，原作「陽其道」，今據盧本、四庫本、周本及曹校改補。

〔四〕「往」，曹校：當爲「行」。

『利有攸往』，剛長也。

荀爽曰：「利往居五，剛道浸長也。」

復，其見天地之心乎？

虞翻曰：「坤爲復〔一〕。謂三復位時，離爲見，坎爲心，陽息臨成泰，乾天坤地，故『見天地之心』也。」○荀爽曰：「復者，冬至之卦。陽起初九爲天地心，萬物所始，吉凶之先，故曰『見天地之心』矣。」

象曰：「雷在地中，復，先王以至日閉關，商旅不行，后不省方。」

虞翻曰：「先王謂乾初。至日，冬至之日。坤闔爲閉關，巽爲商旅，爲近利市三倍。姤巽伏初，故『商旅不行』。姤象曰：『后以施命誥四方。』今隱復下，故『后不省方』。復爲陽始，姤則陰始，天地之始，陰陽之首，已言『先王』，又更言『后』，后，君也。六十四卦，唯此重耳。」○宋衷曰：「『商旅不行』，自天子至公侯不省四方之事，將以輔遂陽體，成致君道也。制之者，王者之事。奉之者，爲君之業也。故上言『先王』而下言『后』也。」

初九：不遠復，无祇悔，元吉。

崔憬曰：「從坤反震而變此爻，『不遠復』也。復而有應，故獲『元吉』也。」

〔一〕「復」，原作「腹」，今據盧本、周本改。

象曰：「不遠之復，以脩身也。」

侯果曰：「祇，大也。往被陰剥，所以有悔。覺非遠〔一〕復，故无大咎。以此脩身，顔子之分矣。」

六二：休復，吉。象曰：「休復之吉，以下仁也。」

王弼曰：「得位居中，比初之上，而附順之，『下仁』之謂也。既處中位，親仁善鄰，復之休也。」

六三：頻復，厲，无咎。

虞翻曰：「頻，蹙也。三失位，故『頻復，厲』。動而之正，故『无咎』也。」

象曰：「頻復之厲，義无咎也。」

侯果曰：「處震之極，以陰居陽，懼其將危，頻蹙而復，履危反道，義亦无咎也。」

六四：中行獨復。象曰：「『中行獨復』，以從道也。」

虞翻曰：「中謂初，震爲行，初一陽爻，故稱『獨』。四得正應初，故曰『中行獨復，以從道也』。俗説以四位在五陰之中，而獨應復，非也。四在外體，又非内象，不在二五，何得稱『中行』耳？」

六五：敦復，无悔。象曰：「『敦復，无悔』，中以自考也。」

〔一〕「遠」，曹校：當爲「速」。

侯果曰：「坤爲〔一〕厚載，故曰『敦復』。體柔居剛，无應失位，所以有悔。能自考省，動不失中，故曰『无悔』矣。」

上六：迷復，凶，有災眚。

虞翻曰：「坤冥爲迷，高而无應，故『凶』。五變正時，坎爲災眚，故『有災眚』也。」

用行師，終有大敗，以其國君凶，

虞翻曰：「三復位時，而體師象，故『用行師』。陰逆不順，坤爲死喪，坎流血，故『終有大敗』。姤乾爲君，滅藏於坤，坤爲異邦，故『國君凶』矣。」○荀爽曰：「坤爲衆，故曰〔二〕『行師』也。謂上行師而距于初，陽息上升，必消羣陰，故『終有大敗』。國君謂初也，受命復道，當從下升。今上六行師，王誅必加，故『以其國君凶』也。」

至於十年，不克征。

虞翻曰：「坤爲至、爲十年，陰逆坎臨〔三〕，故『不克征』。謂五變設險，故帥師敗，喪君而无征也。」○何妥曰：「理國之道，須進善納諫。迷而不復，安可牧民？以此行師，必敗績矣。敗乃思復，失道已遠，

〔一〕「爲」，原作「謂」，今據盧本、四庫本、周本及曹校改。

〔二〕「曰」，盧本、周本作「用」。

〔三〕「臨」，曹校：當爲「險」。

雖復，十年乃征，无所克矣。」　案：坤爲先迷，故曰「迷復」。坤又爲師象〔一〕，故曰「行師」。坤數〔二〕十，十年之象也。

象曰：「『迷復』之凶，反君道也。」

虞翻曰：「姤乾爲君，坤陰滅之，『以國君凶』，故曰『反君道』也。」

序卦曰：「復則不妄矣，故受之以无妄。」

崔憬曰：「物復其本，則爲誠實〔三〕，故言『復則无妄』矣。」

䷘ 巽宮七月四世　震下乾上　无妄：

何妥曰：「乾上震下，天威下行，物皆絜齊，不敢虛妄也。」

元，亨，利，貞。

〔一〕「象」，曹校：當爲「衆」。
〔二〕「數」上，原有「主」字，今據盧本、四庫本、周本及曹校删。
〔三〕「誠」，原作「成」，今據張本、周本及曹校改。

虞翻曰〔一〕：「遁上之初，此所謂四陽二陰，非大壯則遁來也。剛來交〔二〕初，體乾，故『元亨』。三四失位，故『利貞』也。」

其匪正有眚，不利有攸往。

虞翻曰：「非正謂上也。四已之正，上動成坎，故『有眚』。變而逆乘，天命不祐，故『不利有攸往』矣。」

彖曰：「无妄，剛自外來而爲主於内，

蜀才曰：「此本遯卦。案：剛自上降，爲主于初，故『動而健，剛中而應』也。於是乎邪妄之道消，大亨以正矣。无妄大亨，乃天道恒命也。」

動而健，剛中而應，大亨以正，天之命也。『其匪正有眚，不利有攸往』，

虞翻曰：「動，震也。健，大亨謂乾。剛中謂五，而應二，『大亨以正』。變四承五，乾爲天，巽爲命，故曰『大亨以正，天之命也』。」

无妄之往，何之矣。

虞翻曰：「謂四已變，上動體屯坎，爲『泣血漣如』，故『何之矣』。」

〔一〕「虞翻曰」三字，原闕，今據盧本、周本及曹校補。

〔二〕「交」，原作「爻」，今據盧本、四庫本、周本及曹校改。

天命不祐，行矣哉。」

虞翻曰：「天，五也。巽爲命。祐，助也。四已變成坤，天道助順，上動逆乘〔一〕巽命，故『天命不祐，行矣哉』，言不可行也。馬君云『天命不祐行』，非矣。」

象曰：「天下雷行，物與无妄，

九家易曰：「天下雷行，陽氣普遍，无物不與，故曰『物與』也。物受之以生，无有災妄，故曰『物與无妄』也。」○虞翻曰：「與謂舉。妄，亡也。謂雷以動之，震爲反生，萬物出震，无妄者也，故曰『物與无妄』。序卦曰：『復則不妄矣，故受之以无妄。』而京氏及俗儒以爲大旱之卦，萬物皆死，无所復望〔二〕，失之遠矣。『有无妄然後可畜』，不死明矣。若物皆死，將何畜聚？以此疑也。」

先王以茂對時育萬物。」

虞翻曰：「先王謂乾。乾盈爲茂，艮爲對時，體頤養象，萬物出震，故『以茂對時育萬物』。言物皆死，違此甚矣。」○侯果曰：「雷震天下，物不敢妄；威震驚洽，无物不與，故先王以茂養萬物，乃對時而育矣。時泰，則威之以无妄；時否，則利之以嘉遯，是對時而化育也。」

〔一〕「乘」，原作「服」，今據盧本、四庫本、周本及曹校改。
〔二〕「望」，原作「妄」，今據盧本、周本及曹校改。

初九：无妄，往吉。

虞翻曰：「謂應四也。四失位，故命變之正。四變得位，承五應初，故『往吉』矣。在外稱往也。」

象曰：「无妄之往，得志也。」

虞翻曰：「四變應初，夫妻體正，故『往得志』矣。」

六二：不耕穫，不菑畬，則利有攸往。

虞翻曰：「有益，耕象；无坤田，故不耨〔一〕。震爲禾稼，艮爲手，禾在手中，故稱『穫』。田在初，一歲曰『菑』；在二，三〔二〕歲曰『畬』。初爻非坤，故不菑而畬也。得位應五，利四變之益，則坤體成，有耒耨之利，故『利有攸往』，往應五也。」

象曰：「『不耕穫』，未富也。」

虞翻曰：「四動坤虚，故『未富也』。」

六三：无妄之災，或繫之牛。行人之得，邑人之災。

象曰：「行人得牛，邑人災也。」

〔一〕「耨」，曹校：當爲「耕」。

〔二〕「三」，盧本、周本作「二」。依釋文馬、鄭，上「二」字當作「三」。

虞翻曰：「上動體坎〔一〕，故稱『災也』。四動之正，坤爲牛，艮爲鼻、爲止，巽爲桑、爲繩，係牛鼻而止桑下，故『或繫之牛』也。乾爲行人，坤爲邑人，乾四據三，故『行人之得』。三係於四，故『邑人之災』。或説：以四變則牛應初震，坤爲死喪，故曰『行人得牛，邑人災也』。」

九四：可貞，无咎。

虞翻曰：「動則〔二〕正，故『可貞』。承五應初，故『无咎』也。」

象曰：「『可貞，无咎』，固有之也。」

虞翻曰：「動陰承陽，故『固有之也』。」

九五：无妄之疾，勿藥有喜。

虞翻曰：「謂四以之正，上動體坎，坎爲疾病，故曰『无妄之疾』也。巽爲木，艮爲石，故稱『藥』矣。坎爲多眚，藥不可試，故『勿藥有喜』。康子饋藥，丘未達，故不嘗，此之謂也。」

象曰：「无妄之藥，不可試也。」

侯果曰：「位正居尊，爲无妄貴主，『百姓有過，在予一人』。三四妄處，五乃憂疾，非乖攝，則藥不可

〔一〕「上動體坎」，原作「體道終坎」，今據盧本、四庫本、周本改。
〔二〕「則」，盧本、周本作「得」。

試。若下皆不妄，則不治自愈，故曰『勿藥有喜』也。」

上九：无妄，行有眚，无攸利。

虞翻曰：「動而成坎，故『行有眚』。乘剛逆命，故『无攸利』、『天命不祐，行矣哉』。」

象曰：「无妄之行，窮之災也。」

崔憬曰：「居无妄之中〔一〕，有妄者也。妄而應三，上下非正，窮而反妄，故爲災也。」

序卦曰：「有无妄然後可畜，故受之以大畜。」

崔憬曰：「有誠實，則可以中心藏之，故言『有无妄然後可畜』也。」

䷙ 艮宮十二月二世　乾下艮上　大畜：利貞。

虞翻曰：「大壯初之上，其德剛上也。與萃旁通。二五失位，故『利貞』。此萃五之復二成臨，『臨者，大也』；至上有頤養之象，故名『大畜』也。」

不家食，吉。利涉大川。

〔一〕「中」，曹校：或當爲「終」。

虞翻曰：「二稱家。謂二五易位成家人，家人體噬嗑食，故『利涉大川，應乎天也』。」

彖曰：「大畜，剛健篤實，輝光日新。

虞翻曰：「剛健謂乾，篤實謂艮。二已之五，『利涉大川』，互體離坎，離爲日，故『輝光日新』也。」

其德剛上而尚賢。

蜀才曰：「此本大壯卦。案：剛自初升，爲主於外，剛陽居上，尊『尚賢』也。」

能健止〔一〕，大正也。

虞翻曰：「健，乾；止，艮也。二五易位，故『大正』。舊讀言『能止健』，誤也。」

『不家食，吉』，養賢也。

虞翻曰：「二、五易位成家人，今體頤養象，故『不家食，吉，養賢也』。」案：乾爲賢人也，艮爲宫闕也，令賢人居於闕下，「不家食」之象。

『利涉大川』，應乎天也。」

京房曰：「謂二變五體坎，故『利涉大川』。五天位，故曰『應乎天』。」

象曰：「天在山中，大畜，

〔一〕「健止」，原倒，今據盧本、周本及曹校乙。

向秀曰：「止莫若山，大莫若天，天在山中，大畜之象。天爲大器，山則極止，能止大器，故名大畜也。」

君子以多識〔一〕前言往行，以畜其德。

虞翻曰：「君子謂乾，乾爲言，震爲行，坎爲識〔二〕，『乾知大始』，震在乾前，故『識前言往行』。有頤養象，故『以畜其德』矣。」

初九：有厲，利已。

王弼曰：「四乃畜已，未可犯也。進則災危，有厲則止，故能『利已』。」

象曰：「『有厲，利已』，不犯災也。」

虞翻曰：「謂二變正，四體坎，故稱災也。」

九二：輿説輹〔三〕。

虞翻曰：「萃坤爲車、爲輹，坤消乾成，故『車説腹』。腹，或作『輹』也。」

象曰：「『輿説輹』，中无尤也。」

〔一〕「識」，盧本、周本作「志」，古字通。下注同，不再出校。按：盧本據釋文從劉説。

〔二〕「識」上，原有「志」字，今據盧本、周本、曹校及經文删。

〔三〕「輹」，盧本、周本作「腹」。下「爲輹」之「輹」及象辭同，不再出校。

盧氏曰：「乾爲輿。案：輹，車之鉤心，夾軸之物。處失其正，上應於五，五居畜盛，止不我升，故且『脱〔一〕輹』。停留待時，而進〔二〕退得正，故『无尤』也。」

九三：良馬逐，利艱貞，吉〔三〕。日閑輿衛，

虞翻曰：「乾爲良馬，震爲驚走，故稱『逐』也。謂二已變，三在坎中，故『利艱貞，吉』。離爲日，二至五體師象，坎爲閑習，坤爲車輿，乾人在上，震爲驚衛，講武閑兵，故曰『日閑輿衛』也。」

利有攸往。象曰：「『利有攸往』，上合志也。」

虞翻曰：「謂上應也。五已變正，上動成坎，坎爲志，故『利有攸往，與上合志也』。」

六四：童牛之牿〔四〕，元吉。

虞翻曰：「艮爲童。五已之正，萃坤爲牛。牿謂以木楅其角。大畜，畜物之家惡其觸害。艮爲手、爲小木，巽爲繩，繩縛小木，横著牛角，故曰『童牛之牿』。得位承五，故『元吉』而喜。喜謂五也。」

象曰：「六四『元吉』，有喜也。」

〔一〕「脱」，毛本、盧本、四庫本、周本作「説」，二字古通。

〔二〕「進」，曹校：當重。按：若如曹校，「而進」則從上讀。

〔三〕「吉」，原脱，今據盧本、周本及下注補。

〔四〕「牿」，盧本、周本作「告」，古字通。下注同，不再出校。按：盧本據釋文從九家説。

侯果曰：「坤爲輿，故有牛矣。牿，楅也，以木爲之，横施於角，止其觝之威也。初欲上進而四牿之，角既被牿，則不能觸四，是四，童初之角也。四能牿初，與无角同，所以『元吉』而『有喜』矣。童牛，无角之牛也。封人職曰：『設其楅衡。』注云：『楅設於角，衡設於鼻，止其觝觸也。』」

六五：豶豕之牙，吉。

虞翻曰：「二變時，坎爲豕，劇豕稱豶〔一〕，令不害物；三至上體頤象，五變之剛，巽爲白，震爲出，剛白從頤中出，牙之象也。動而得位，『豶豕之牙，吉』。」

象曰：「六五之吉，有慶也。」

虞翻曰：「五變得正，故『有慶也』。」○崔憬曰：「説文：『豶，劇豕。』今俗猶呼『劇豬』是也。然以豕本剛突，劇乃性和，雖有其牙，不足害物，是制於人也。以喻九二之剛健失位，若豕之劇不足畏也；而六五應止之易，故『吉有慶矣』。」案：九二坎爻，坎爲豕也。以陽居陰，而失其位，若豕被劇之象也。

上九：何天之衢，亨。

虞翻曰：「何，當也。衢，四交道。乾爲天，震艮爲道，以震交艮，故『何天之衢，亨』。上變坎爲亨也。」

〔一〕「豶」，原作「亦」，今據毛本、盧本、四庫本、周本及曹校改。

○王弼曰：「處畜之極，畜極則亨。何，辭也。猶可畜也〔一〕，乃『天之衢，亨』，『道大行也』。」

象曰：「『何天之衢』，道大行也。」

虞翻曰：「謂上據二陰，乾爲天道，震爲行，故『道大行矣』。」

序卦曰：「物畜然後可養也，故受之以頤。頤者，養也。」

崔憬曰：「大畜剛健，輝光日新，可以觀其所養，故言『物畜然後可養』。」

䷚ 巽宮八月遊魂 震下艮上 頤：貞吉。

虞翻曰：「晉四之初，與大過旁通，『養正則吉』。謂三爻之正，五上易位，故『頤，貞吉』。『反復不衰』，與乾、坤、坎、離、大過、小過、中孚同義，故不從臨、觀四陰二陽之例。或以臨二之上，兑爲口，故有『口實』也。」

觀頤，

虞翻曰：「離爲目，故『觀頤』，觀其所養也。」

〔一〕「猶可蓄也」，盧本、四庫本、周本及正義作「猶云何蓄」，義長。

自求口實。

虞翻曰：「或〔一〕以大過兑爲口，或以臨兑爲口，坤爲自〔二〕，艮爲求。口實，頤中物，謂其自養。」○鄭玄曰：「頤者，口車輔〔三〕之名也。震動于下，艮止於上，口車動而上〔四〕，因輔嚼物以養人，故謂之頤。頤，養也。能行養則其幹事，故吉矣。二五離爻皆得中，離爲目，觀象也。觀頤，觀其養賢與不肖也。頤中有物曰口實。自二至五有二坤，坤載養物，而人所食之物皆存焉。觀其求可食之物，則貪廉之情可別也。」

彖曰：「『頤貞吉』，養正則吉也。

姚信曰：「以陽養陰，動於下，止於上，各得其正，則吉也。」○宋衷曰：「頤者，所由飲食自養也。君子割不正不食，況非其食乎？是故所養必得賢明，自求口實必得體宜，是謂『養正』也。」

『觀頤』，觀其所養也。

侯果曰：「王者所養，養賢則吉也。」

〔一〕「或」上，原有「則口」二字，今據盧本、周本、四庫本刪。
〔二〕「自」，原作「目」，今據盧本、周本改。
〔三〕「輔」字，原脱，今據胡本、盧本、四庫本、周本補。
〔四〕「上」，曹校：漢上易傳引作「止」。

『自求口實』，觀其自養也。

侯果曰：「此本觀卦，初六升五，九五降初，則成頤也，是『自求口實，觀其自養』。」　案：口實，謂頤口中〔一〕也。實事可言，震聲也；實物可食，艮其成也。

天地養萬物，

翟玄曰：「天，上；地，初也。萬物，衆陰也。天地以元氣養萬物，聖人以正道養賢及萬民，此其聖〔二〕也。」

聖人養賢，以及萬民。

虞翻曰：「乾爲聖人，艮爲賢人，頤下養上，故『聖人養賢』。坤陰爲民，皆在震上，以貴下賤，大得民，故『以及萬民』。」

頤之時大矣哉。

天地養物，「聖人養賢以及萬民」，人非頤不生，故「大矣」。

象曰：「山下有雷，頤，

〔一〕「中」下，曹校：疑脱「實」字。

〔二〕「聖」，曹校：當爲「理」。

劉表曰：「山止于上，雷動于下，頤之象也。」

君子以慎言語，節飲食。

荀爽曰：「雷爲號令，今在山中〔一〕閉藏，故『慎言語』。雷動于上，以陽食陰，艮以止之，故『節飲食』也。『言出乎身，加乎民』，故『慎言語』，所以養人也。飲食不節，殘賊羣生，故『節飲食』以養物。」

初九：舍爾靈龜，觀我朵頤，凶。

虞翻曰：「晉離爲龜，四之初，故『舍爾靈龜』。坤〔二〕爲我，震爲動，謂四失離入坤，遠應多懼，故『凶』矣。」

象曰：「『觀我朵頤』，亦不足貴也。」

侯果曰：「初本五也。五互體艮，艮爲山龜，自五降初，則爲頤矣，是『舍爾靈龜』之德，來『觀朵頤』之饌，貪禄致凶，故『不足貴』。」　案：朵頤垂下，動之貌也。

六二：顛頤，拂經於丘頤，征凶。

王肅曰：「養下曰顛。拂，違也。經，常也。丘，小山，謂六五也。二宜應五，反下養初，豈非『顛頤』？

〔一〕「中」，胡本、周本作「下」。

〔二〕「坤」，原作「艮」，今據盧本、周本及曹校改。

違常於五也，故曰『拂經於丘』矣。拂丘雖阻常理，養下故謂養賢。上既无應，征必凶矣，故曰『征凶』。」

象曰：「六二『征凶』，行失類也。」

侯果曰：「征〔一〕則失養之類。」

六三：拂頤，貞凶。十年勿用，无攸利。

虞翻曰：「三失位體剥，不正相應，弑父弑君，故『貞凶』。坤爲十年，動无所應，故『十年勿用，无攸利』也。」

象曰：「『十年勿用』，道大悖也。」

虞翻曰：「弑父弑君，故『大悖』也。」

六四：顛頤，吉。虎視眈眈，其欲逐逐，无咎。

王弼曰：「履得其位，而應于初，以上養下，得頤之義，故曰『顛頤，吉』。下交近瀆，則咎矣〔二〕，故『虎

〔一〕「征」，原作「正」，今據周本、纂疏及曹校改。

〔二〕「下交近瀆，則咎矣」，周易正義作「下交不可以瀆」。

視眈眈」，威而不猛〔一〕；『其〔二〕欲逐逐』，而尚敦實。脩此二者，乃得全其吉而无咎矣。觀其自養則養〔三〕正，察其所養則養賢〔四〕，頤爻之貴，斯爲盛矣。」

象曰：「『顛頤』之吉，上施光也。」

虞翻曰：「晉四之初，謂三已變，故『顛〔五〕頤』。與屯四乘坎馬同義。坤爲虎，離爲目。眈眈，下視〔六〕貌。逐逐，心煩貌〔七〕。坤爲吝嗇，坎水爲欲，故『其欲逐逐』。得位應初，故『无咎』。謂上已反，三成離，故『上施光也』。」

六五：拂經，居貞吉，不可涉大川。

虞翻曰：「失位，故『拂經』。无應順上，故『居貞吉』，艮爲居也。涉上成坎，乘〔八〕陽无應，故『不可涉

〔一〕「猛」下，周易正義有「不惡而嚴，養德施賢，何可有利」十二字。
〔二〕「其」上，盧本、周本有「故」字。
〔三〕「養」字，周易正義作「履」。
〔四〕「賢」，原作「陽」，今據諸本及周易正義改。
〔五〕「顛」，原脱，今據盧本、四庫本、周本及曹校補。
〔六〕「視」，原作「眩」，今據盧本、周本及曹校改，胡本作「眂」。
〔七〕「貌」，原作「類」，今據盧本、周本及曹校改。
〔八〕「乘」，原作「承」，今據盧本、周本及曹校改。

大川』矣。」

象曰：「居貞之吉，順以從上也。」

王弼曰：「以陰居陽，『拂頤』之義也。无應於下而比於上，故宜『居貞』，順而從上，則吉。」

上九：由頤，厲，吉。

虞翻曰：「由，自，從也。體剥居上，衆陰順承，故『由頤』。失位，故『厲』。以坤艮自輔，故『吉』也。」

利涉大川。象曰：「『由頤，厲，吉』，大有慶也。」

虞翻曰：「失位故厲〔一〕，之五得正成坎，坎爲大川，故『利涉大川』。變陽得位，故『大有慶也』。」

序卦曰：「不養則不可動，故受之以大過。」

崔憬曰：「養則可動，動則過厚，故受之以大過也。」

䷛ 震宮二月遊魂 巽下兑上 大過：棟橈。

虞翻曰：「大壯五之三，或説三之五〔二〕，棟橈謂三。巽爲長木稱棟，初上陰柔本末弱，故『棟橈』也。」

〔一〕「故厲」，原作「厲危」，今據盧本、周本改。

〔二〕「大壯五之三，或説三之五」，四庫本「説」作「兑」，盧本、周本作「大壯五之初，或兑三之初」，胡本上「三」字作「初」。

利有攸往，亨。

虞翻曰：「謂二也。剛過而中，失位无應，利變應五，之外稱往，故『利有攸往，乃亨』也。」

彖曰：「大過，大者過也。

虞翻曰：「陽稱大，謂二也。二失位，故『大者過也』。」

棟橈，本末弱也。

向秀曰：「棟橈則屋壞，主弱則國荒，所以橈由於初上兩陰爻也。初爲善始，末是令終，始終皆弱，所以『棟橈』。」〇王弼曰：「初爲本而上爲末也。」〇侯果曰：「本，君也；末，臣也；君臣俱弱，『棟橈』者也。」

剛過而中，巽而説行，利有攸往，乃亨。

虞翻曰：「『剛過而中』，謂二。説，兑也，故『利有攸往』。大壯震五之初，故『亨』。與遯而同義。」

大過之時大矣哉。」

虞翻曰：「『國之大事，在祀與戎』，『藉用白茅』，女妻有子，繼世承祀，故『大矣哉』。」

象曰：「澤滅木，大過，

案：兑，澤也。巽，木。滅〔一〕，漫也。凡木生近水者，楊也，遇澤太過，木則漫滅焉。二五「枯楊」，是其義。

君子以獨立不懼，遯世无悶。

虞翻曰：「君子謂乾初，陽伏巽中，體復一爻，潛龍之德，故稱『獨立不懼』。『憂則違之』，乾初同〔二〕義，故『遯世无悶』也。」

初六：藉用白茅，无咎。

虞翻曰：「位在下稱藉，巽柔白爲茅，故『藉用白茅』。失位，咎也。承二過四，應五『士夫』，故『无咎』矣。」

象曰：「『藉用白茅』，柔在下也。」

侯果曰：「以柔處下，履非其正，咎也。苟能絜誠，肅恭不怠，雖置羞於地，可以薦奉，况『藉用白茅』，重慎之至，何咎之有矣？」

九二：枯楊生稊，老夫得其女妻，无不利。

〔一〕「滅」原脱，今據周本補。

〔二〕「同」，原作「因」，今據盧本、四庫本、周本改。

虞翻曰：「稊，穉也。楊葉未舒稱稊。巽爲楊，乾爲老，老楊故枯，陽在二也。十二月時，周之二月。兑爲雨澤，枯楊得澤復生稊。二體乾老，故稱『老夫』。女妻謂上兑，兑爲少女，故曰『女妻』。大過之家，『過以相與』，『老夫得其女妻』，故『无不利』。」

象曰：「老夫女妻，過以相與也。」

虞翻曰：「謂二過初與五，五過上與二，獨大過之爻得過其應，故『過以相與也』。」

九三：棟橈，凶。象曰：「『棟橈』之凶，不可以有輔也。」

虞翻曰：「本末弱，故橈。輔之益橈，故『不可以有輔』。陽以陰爲輔也。」

九四：棟隆，吉，有他吝。

虞翻曰：「隆，上也。應在於初。已與五意在於上，故『棟隆，吉』。失位，動入險而陷於井，故『有他吝』。」

象曰：「『棟隆』之吉，不橈乎下也。」

虞翻曰：「乾爲動直，遠初近上，故『不橈下也』。」

九五：枯楊生華，老婦得其士夫，无咎无譽。

虞翻曰：「陽在五也。夬三月時，周之五月。枯楊得澤，故『生華』矣。老婦謂初，巽爲婦，乾爲老，故稱『老婦』也。士夫謂五，大壯震爲夫，兑爲少，故稱『士夫』。五過二，使應上；二過五，使取初；五得位，故『无咎』；陰在二多譽，今退伏初，故『无譽』。體姤淫女，故『過以相與』，使應少夫。象曰：『亦可醜也。』舊説以初爲女妻，上爲老婦，誤矣。馬君亦然。荀公以初陰失正，當變數六爲女妻；二陽失正，數九爲老夫；以五陽得正位不變，數七爲士夫；上陰得正，數八爲老婦。此何異俗説也？悲夫！學之難。而以初本爲小，反以上末爲老，後之達者，詳其義焉。」

象曰：「『枯楊生華』，何可久也。『老婦士夫』，亦可醜也。」

虞翻曰：「乾爲久，枯而生華，故不可久也。婦體遘〔一〕淫，故『可醜也』。」

上六：過涉滅頂，凶，无咎。

虞翻曰：「大壯震爲足，兑爲水澤。震足没水，故『過涉』也。頂，首也。乾爲頂，頂没兑水中，故『滅頂凶』。乘剛，咎也，得位故『无咎』。與『滅耳』同義也。」

象曰：「『過涉』之凶，不可咎也。」

九家易曰：「君子以禮義爲法，小人以畏慎爲宜。至於大過之世，不復遵常，故君子犯義，小人犯刑，而家家有誅絶之罪，不可咎也。大過之世，君子遜遯，不行禮義，謂當不義則争之，若比干諫而死是也。桀紂之民，可比屋而誅，上化致然，亦不可咎。曾子曰『上失其道，民散久矣。如得其情，則哀矜

〔一〕「遘」，諸本作「姤」。下同，不再出校。

而勿喜』，是其義也。」

序卦曰：「物不可以終過，故受之以坎。坎者，陷也。」

崔憬曰：「大過不可以極，極則『過涉滅頂』，故曰『物不可以終過，故受之以坎』也。」

䷜ 離宮十月六世 坎下坎上 習坎，有孚。

虞翻曰：「乾二五之坤，與離旁通。於爻觀上之二。習，常也；孚，信，謂二五。水行往來，朝宗於海，不失其時，如月行天，故習坎爲孚也。」

維心亨，

虞翻曰：「坎爲心。乾二五旁行流坤，陰陽會合，故『亨』也。」

行有尚。

虞翻曰：「行謂二，尚謂五也。二體〔一〕震爲行，動得正應五，故『行有尚，往有功也』。」

彖曰：「習坎，重險也。

〔一〕「體」，原作「位」，今據盧本、周本改。

虞翻曰：「兩象也，天險地險，故曰『重險也』。」

水流而不盈，

荀爽曰：「陽動陰中，故『流』。陽陷陰中，故『不盈』也。」○陸績曰：「水性趨下，不盈溢崖岸也。月者水精，月在天，滿則虧，不盈溢之義也。」

行險而不失其信。

荀爽曰：「謂陽來爲險而不失中。中稱信也。」○虞翻曰：「信謂二也，震爲行，水性有常，消息與月相應，故『不失其信』矣。」

『維心亨』，乃以剛中也。

侯果曰：「二五剛而居中，則『心亨』也。」

『行有尚』，往有功也。

虞翻曰：「功謂五。二動應五，故『往有功也』。」

天險不可升也，

虞翻曰：「謂五在天位，五從乾來體屯難，故『天險不可升也』。」

地險，山川丘陵也。

虞翻曰：「坤爲地，乾二之坤，故曰『地險』。艮爲山，坎爲川，半山稱丘，丘下稱陵，故曰『地險，山川丘陵也』。」

王公設險，以守其國，

虞翻曰：「王公，大人，謂乾五。坤爲邦。乾二之坤成坎險，震爲守，有屯難象，故『王公設險，以守其國』。離言『王用出征以正邦』是也。」　案：九五，王也；六三，三公也。艮爲山城，坎爲水也，王公設險之象也。

險之時用大矣哉。」

王肅曰：「守險以德，據險以時，成功大矣。」

象曰：「水洊至，習坎，君子以常德行習教事。」

陸績曰：「洊，再。習，重也〔一〕。水再至而益〔二〕通流，不捨晝夜，重重習相隨以爲常，有似于習，故君子象之，以常習教事，如水不息也。」○虞翻曰：「君子謂乾五，在乾稱大人，在坎爲君子。坎爲習、爲常，乾爲德，震爲行，巽爲教令，坤爲事，故『以常德行習教事』也。」

初六：習坎，入於坎窞，凶。

〔一〕「習，重也」，原作「重，習也」，今據胡本、盧本、周本乙。

〔二〕「益」，盧本、周本作「溢」，二字通。

干寶曰：「窞，坎之深者也〔一〕。江河淮濟，百川之流行乎地中，水之正也；及其爲災，則泛溢平地，而入於坎窞，是水失其道也。刑獄之用，必當于理，刑之正也；及其不平，則枉濫无辜，是法失其道也，故曰『入於坎窞，凶』矣。」

象曰：「習坎入坎，失道凶也。」

虞翻曰：「習，積也。位下故習。坎爲入，坎中小穴稱窞。上无其應，初二失正，故曰『失道凶』矣。」

九二：坎有險，求小得。

虞翻曰：「陽陷陰中，故『有險』。據陰有實，故『求小得』也。」

象曰：「『求小得』，未出中也。」

荀爽曰：「處中而比初，三未足爲援，雖『求小得』，未出於險中。」

六三：來之坎坎，險且枕，入于坎窞，勿用。

虞翻曰：「坎在内稱來，在坎終坎，故『來之坎坎』。枕，止也。艮爲止。三失位，乘二則險；承五隔四，故『險且枕，入于坎窞』。體師三『輿尸』〔二〕，故『勿用』。」

〔一〕「窞，坎之深者也」，原作「坎，窞之深者也」，今據盧本、四庫本、周本乙。

〔二〕「尸」，原脱，今據周本補。

象曰：「『來之坎坎』，終无功也。」

干寶曰：「坎，十一月卦也。又失其位。喻殷之執法者，失中之象也。『來之坎』者，斥周人觀釁于殷也。枕，安也。『險且枕』者，言安忍以暴政加民而无哀矜之心，淫刑濫罰，百姓无所措手足，故曰『來之坎坎，終无功也』。」

六四：樽〔一〕酒簋，貳用缶。

虞翻曰：「震主祭器，故有『樽簋』。坎爲酒。簋，黍稷器。三至五，有頤口象。震獻在中，故爲『簋』。坎爲木，震爲足，坎酒在上，樽酒之象。貳，副也。坤爲缶，禮有副樽，故『貳用缶』耳。」

納〔二〕約自牖，終无咎。

虞翻曰：「坎爲納也。四陰小，故『約』。艮爲牖，坤爲户，艮小，光照户牖之象。『貳用缶』，故『納約自牖』。得位承五，故『无咎』。」○崔憬曰：「於重險之時，居多懼之地，近三而得位，比五而承陽，脩其絜誠，進其忠信，則雖祭祀省薄，明德惟馨，故曰『樽酒簋貳，貳用缶，納約』。文王於紂時行此道，從羑里納約，卒免於難，故曰『自牖，終无咎』也。」

〔一〕「樽」，盧本、周本作「尊」。下注同，不再出校。
〔二〕「納」，盧本、周本作「内」。下注同，不再出校。

象曰：「『樽酒簋貳』，剛柔際也。」

虞翻曰：「乾剛坤柔，震爲交，故曰『剛柔際也』。」

九五：坎不盈，祇[一]既平，无咎。

虞翻曰：「盈，溢也。艮爲止，謂『水流而不盈』。坎爲平。祇，安也。艮止坤安，故『祇既平』。得位正中，故『无咎』。」

象曰：「『坎不盈』，中未光[二]大也。」

虞翻曰：「體屯五中，故『未光大也』。」

上六：係用徽纆，寘于叢棘，三歲不得，凶。

虞翻曰：「徽纆，黑索也。觀巽爲繩，艮爲手，上變入坎，故『係用徽纆』。寘，置也。坎多心，故『叢棘』。獄外種九棘，故稱『叢棘』。二變則五體剥，剥傷坤殺，故『寘于叢棘』也。不得，謂不得出獄。艮止坎獄，乾爲歲，五從乾來，三非其應，故曰『三歲不得，凶』矣。」

象曰：「上六失道，凶三歲也。」

[一]「祇」，盧本、周本作「禔」。下注同，不再出校。

[二]「光」，原脱，今據諸本及注文補。

九家易曰：「坎爲叢棘，又爲法律。案：周禮：王之外朝，左九棘，右九棘，面三槐，司寇公卿議獄於其下。害人者，加明刑，任之以事。上罪三年舍，中罪二年而舍，下罪一年而舍也。」案：坎於木堅而多心，叢棘之象也。坎下巽爻，巽爲繩直，「係用徽纆」也。馬融云：「徽纆，索也。」劉表云：「三股爲徽，兩股爲纆，皆索名，以繫縛其罪人矣。」

序卦曰：「陷必有所麗，故受之以離。離者，麗也。」

崔憬曰：「物極則反，坎雖陷於地，必有所麗於天，而『受之以離』也。」

䷝ 坎宮四月六世 離下離上 離：利貞，亨。

虞翻曰：「坤二五之乾，與坎旁通。於爻遯初之五，柔麗中正，故『利貞，亨』。」

畜牝牛，吉。

虞翻曰：「畜，養也；坤爲牝牛；乾二五之坤成坎，體頤養象，故『畜牝牛，吉』。俗説皆以離爲牝牛，失之矣。」

彖曰：「離，麗也。

荀爽曰：「陰麗於陽，相附麗也。亦爲別離，以陰隔陽也。離者，火也。託於木，是其附麗也。煙燄飛升，炭灰降滯，是其别離也。」

日月麗乎天，

虞翻曰：「乾五之坤成坎爲月，離爲日，『日月麗天』也。」

百穀草木麗乎土。

虞翻曰：「震爲百穀，巽爲草木，坤爲地〔一〕，乾二五之坤成坎震體屯，『屯者，盈也，盈天地之間者唯萬物』，萬物出震，故『百穀草木麗乎土』。」

重明以麗乎正，乃化成天下。

虞翻曰：「兩象故重明，正謂五陽，陽變之坤來化乾，以成萬物，謂離日『化成天下』也。」

柔麗乎中正，故亨。

虞翻曰：「柔謂五陰，中正謂五伏陽，出在坤中，『畜牝牛』，故『中正』而『亨』也。」

是以『畜牝牛，吉』也。」

荀爽曰：「牛者，土也。生土於火。離者，陰卦；牝者，陰性，故曰『畜牝牛，吉』矣。」

象曰：「明兩作，離，

〔一〕「地」，原作「二」，今據盧本、四庫本、周本改。按：「二」當是「土」之脱文，胡本、孫氏集解作「土」。

虞翻曰：「兩謂日與月也。乾五之坤成坎，坤二之乾成離，離、坎，日月之象，故『明兩作，離』。作，成也。日月在天，動成萬物，故稱『作』矣。或以日與火爲『明兩作』也。」

大人以繼明照于四方。

虞翻曰：「陽氣稱大人，則乾五大人也。乾二五之光，繼日之明；坤爲方，二五之坤，震東兑西，離南坎北，故曰『照于四方』。」

初九：履錯然，敬之，无咎。

荀爽曰：「火性炎上，故初欲履錯於二〔一〕，二爲三所據，故『敬之』則『无咎』矣。」

象曰：「『履錯』之敬，以辟咎也。」

王弼曰：「錯然，敬慎之貌也。處離之始，將進其盛，故宜慎所履，以敬爲務，辟其咎也。」

六二：黄離，元吉。象曰：「『黄離，元吉』，得中道也。」

侯果曰：「此本坤爻，故云『黄離』。來得中道，所以『元吉』也。」

九三：日昃之離，

荀爽曰：「初爲日出，二爲日中，三爲日昃，以喻君道衰也。」

〔一〕「二」，原作「三」，今據盧本、周本改。

不鼓缶而歌，則大耋之嗟，凶。

九家易曰：「鼓缶者以目下視，離爲大腹，瓦缶之象。謂不取二也。歌者口仰向上，謂兑爲口，而向上取五也。日昃者，向下也，今不取二而上取五，則上九耋之。陽稱大也。嗟者，謂上被三奪五，憂嗟窮凶也。火性炎上，故三欲取五也。」

象曰：「『日昃之離』，何可久也。」

九家易曰：「日昃當降，何可久長。三當據二，以爲鼓缶，而今與四同取於五，故曰『不鼓缶而歌』也。」

九四：突如，其來如，焚如，死如，棄如。

荀爽曰：「陽升居五，光炎宣揚，故『突如』也。陰退居四，灰炭降墜，故『其來如』也。陰以不正，居尊乘陽，歷盡數終，天命所誅，位喪民畔，下離所害，故『焚如』也。以離入坎，故『死如』也。火息灰損，故『棄如』也。」

象曰：「『突如，其來如』，无所容也。」

九家易曰：「在五見奪，在四見棄，故『无所容也』。」

六五：出涕沱若，

荀爽曰：「六五陰柔，退居於四，出離爲坎，故『出涕沱若〔一〕』而下，以順陰陽也。」

戚嗟若，吉。

虞翻曰：「坎爲心，震爲聲，兑爲口，故『戚嗟若』。動而得正，尊麗陽，故『吉』也。」

象曰：「六五之吉，離王公也。」

九家易曰：「戚嗟順陽，附麗於五，故曰『離王公也』。陽當居五，陰退還四，五當爲王，三則公〔二〕也，四處其中，附上下矣。」

上九：王用出征，有嘉折首，獲匪其醜，无咎。

虞翻曰：「王謂乾。乾二五之坤成坎，體師象，震爲出，故『王用出征』。首謂上〔三〕，坤二五來折乾，故『有嘉折首』。醜，類也。乾征得坤陰類，乾陽物，故『獲非其醜，无咎』矣。」

象曰：「『王用出征』，以正邦也。」

虞翻曰：「乾五出征坤，故『正邦也』。」

〔一〕「若」，原作「嗟」，今據胡本、毛本、四庫本、周本改。

〔二〕「公」上，毛本、盧本、四庫本、周本有「三」字。

〔三〕「上」，原脱，今據文義補。

周易集解卷第七

咸　恒　遯　大壯　晉　明夷

序卦曰：「有天地然後有萬物，有萬物然後有男女，有男女然後有夫婦，有夫婦然後有父子，有父子然後有君臣，有君臣然後有上下，有上下然後禮義有所錯。」

韓康伯曰：「言咸卦之義也。咸柔上而剛下，感應以相與，夫婦之象，莫美乎斯；人倫之道，莫大〔一〕夫婦，故夫子殷懃深述其義，以崇人倫之始，而不係之離也。先儒以乾至離爲上經，天道也；咸至未濟爲下經，人事也。夫易六畫成卦，三材必備，錯綜天人，以效變化，豈有天道、人事偏於上下哉？斯蓋守文而不求義，失之遠矣。」

〔一〕「大」下，宋本周易注及周易正義均有「乎」字。

䷞ 兑宫三世 正月 艮下兑上 **咸：亨，利貞，取女吉。**

虞翻曰：「咸，感也。坤三之上成女，乾上之三成男，乾坤氣交以相與，『止而説，男下女』，故『亨，利貞，取女吉』。」○鄭玄曰：「咸，感也。艮爲山，兑爲澤，山氣下，澤氣上，二氣通而相應，以生萬物，故曰『咸』也。其於人也，『嘉會禮通』，『和順于義』，幹事能正，三十之男有此三德，以下二十之女，正而相親説，娶之則吉也。」

彖曰：「咸，感也。柔上而剛下，二氣感應以相與，

蜀才曰：「此本否卦。案：六三升上，上九降三，是『柔上而剛下，二氣交感以相與』也。」

止而説，男下女，是以『亨，利貞，娶女吉』也。

王肅曰：「山澤以氣通，男女以禮感，男而下女，初婚之所以爲禮也。通義正，娶女之所以爲吉也。」

天地感而萬物化生，

荀爽曰：「乾下感坤，故萬物化生於山澤。」○陸績曰：「天地因山澤孔竅以通其氣，化生萬物也。」

聖人感人心而天下和平。

虞翻曰：「乾爲聖人，初四易位成既濟，坎爲心、爲平，故『聖人感人心而天下和平』。此『保合太和』，『品物流形』也。」

觀其所感，而天地萬物之情可見矣。」

虞翻曰：「謂四之初，以離日見天，坎月見地，縣象著明，萬物見離，故『天地萬物之情可見』也。」

象曰：「山上有澤，咸，

崔憬曰：「山高而降，澤下而升，『山澤通氣』，咸之象也。」

君子以虛受人。」

虞翻曰：「君子謂否乾，乾爲人，坤爲虛，謂坤虛三受上，故『以虛受人』。艮山在地下爲謙，在澤下爲虛。」

初六：咸其拇。象曰：「『咸其拇』，志在外也。」

虞翻曰：「拇，足大指也。艮爲指，坤爲拇，故『咸其拇』。失位遠應，之四得正，故『志在外』，謂四也。」

六二：咸其腓，凶。居吉。象曰：「雖『凶，居吉』，順不害也。」

崔憬曰：「腓，脚膊，次於拇，上二之象也。得位居中，於五有應，若感應相與。失艮止之禮，故『凶』。居而承比於三，順止而隨於禮當〔一〕，故『吉』也。」

九三：咸其股，執其隨，往吝。

〔一〕「禮當」，原倒，今據纂疏乙正。

崔憬曰：「股，脛而次於腓上，三之象也。剛而得位〔一〕，雖欲感上，以居艮極，止而不前，二隨於己，志在所隨，故『執其隨』。下比二也，而遂感上，則失其正〔二〕義，故『往吝』窮也。」

象曰：「『咸其股』，亦不處也。志在隨人，所執下也。」

虞翻曰：「巽爲股，謂二也。巽爲隨，艮爲手，故稱『執』。三應於上，初四已變歷險，故『往吝』。巽爲處女也，男已下女，以艮陽入兑陰，故『不處也』。凡士與女未用，皆稱『處』矣。志在於二，故『所執下也』。」

九四：貞吉，悔亡。憧憧往來，朋從爾思。

虞翻曰：「失位，悔也。應初，動得正，故『貞吉』而『悔亡』矣。憧憧，懷思慮也。之内爲來，之外爲往。欲感上隔五，感初隔三，故『憧憧往來』矣。兑爲朋〔三〕，少女也。艮初變之四，坎心爲思，故曰『朋從爾思』也。」

象曰：「『貞吉，悔亡』，未感害也。

虞翻曰：「坤爲害也。今未感坤初，體遯弒父，故曰『未感害也』。」

〔一〕「位」，毛本、盧本、四庫本作「中」。
〔二〕「正」，原作「止」，今據諸本改。
〔三〕「朋」，原作「明」，今據諸本改。

『憧憧往來』，未光大也。」

虞翻曰：「未動之離，故『未光大也』。」

九五：咸其脢，无悔。

虞翻曰：「脢，夾脊肉也。謂四已變，坎爲脊，故『咸其脢』。得正，故『无悔』。」

象曰：「『咸其脢』，志末也。」

案：末猶〔一〕上也。四感于初，三隨其二，五比於上，故「咸其脢」。「志末」者，謂五志感於上也。

上六：咸其輔頰舌。

虞翻曰：「耳目之間稱輔頰。四變爲目，坎爲耳，兑爲口舌，故曰『咸其輔頰舌』。」

象曰：「『咸其輔頰舌』，騰〔二〕口説也。」

虞翻曰：「騰，送也。不得之三，『山澤通氣』，故『騰口説也』。」

序卦曰：「夫婦之道不可不久也，故受之以恒。恒者，久也。」

〔一〕「猶」，焦竑易荃引作「謂」。

〔二〕「騰」，胡本、盧本、四庫本、周本作「媵」。下注同，不再出校。盧本據釋文從虞翻。

鄭玄曰：「言夫婦當有終身之義。夫婦之道謂咸者〔一〕也。」

䷟ 震宮正月三世 巽下震上 恒：亨，无咎，利貞。

虞翻曰：「恒，久也，與益旁通。乾初之坤四，剛柔皆應，故『亨，无咎，利貞』矣。」○鄭玄曰：「恒，久也。巽爲風，震爲雷，雷風相須而養物，猶長女承長男，夫婦同心而成家，久長之道也。夫婦以嘉會禮通，故『无咎』。其能和順幹事，所行而善矣。」

利有攸往。

虞翻曰：「初利往之四，終變成益，則初四、二五皆得其正，終則有始，故『利有攸往』也。」

彖曰：「恒，久也。剛上而柔下，

王弼曰：「剛尊柔卑，得其序也。」

雷風相與，巽而動，

蜀才曰：「此本泰卦。案：六四降初，初九升四，是『剛上而柔下』也。分乾與坤，雷也；分坤與乾，風也，是『雷風相與，巽而動』也。」

〔一〕「者」，纂疏作「恒」，義長。

剛柔皆應，恒。

九家易曰：「初四、二五雖不正，而剛柔皆應，故『亨，无咎』矣。」

『恒亨，无咎，利貞』，久於其道也。

荀爽曰：「恒，震世也。巽來乘之，陰陽合會，故『亨，无咎』。長男在上，長女在下，夫婦道正，故『利貞，久於其道也』。」

天地之道，恒久而不已也。

虞翻曰：「泰乾、坤爲天地。謂『終則復始』，『有親則可久』也。」

『利有攸往』，終則有始也。

荀爽曰：「謂乾氣下終，始復升上居四也。坤氣上終，始復降下居初者也。」

日月得天而能久照，

虞翻曰：「動初成乾爲天，至二離爲日，至三坎爲月，故『日月得天而能久照』也。」

四時變化而能久成。

虞翻曰：「春夏爲變，秋冬爲化，變至二離夏，至三兑秋，至四震春，至五坎冬〔一〕，故『四時變化而能久

〔一〕「冬」下，原有「至」字，今據張本、周本删。

成』，謂『乾坤〔一〕成物』也。」

聖人久於其道，而天下化成。

虞翻曰：「聖人謂乾。乾爲道，初二已正，四五復位，成既濟定，『乾道變化，各正性命』，有兩離象，『重明麗正』，故『化成天下』矣。」

觀其所恒，而天地萬物之情可見矣。

虞翻曰：「以離日照乾，坎月照坤，萬物出震，故『天地萬物之情可見矣』。與咸同義也。」

象曰：「雷風，恒，

宋衷曰：「『雷以動之，風以散之』，二者常相薄而爲萬物用，故君子象之，以立身守節而不易道也。」

君子以立不易方。」

虞翻曰：「君子謂乾三也。乾爲易、爲立，坤爲方，乾初之坤四，三正不動，故『立不易方』也。」

初六：浚恒，貞凶，无攸利。

侯果曰：「浚，深。恒，久也。初本六四，自四居初，始求深厚之位者也。位既非正，求乃涉邪，以此爲正，凶之道也，故曰『浚恒，貞凶，无攸利』矣。」

〔一〕「坤」下，原有「化」字，今據諸本及曹校删。

象曰：「『浚恒』之凶，始求深也。」

虞翻曰：「浚，深也。初下稱浚，故曰『浚恒』。乾初爲淵，故『深』矣。失位，變之正，乾爲始，故曰『始求深也』。」

九二：悔亡。

虞翻曰：「失位，悔也，動而得正，處中多譽，故『悔亡』也。」

象曰：「九二『悔亡』，能久中也。」

荀爽曰：「乾爲久也，能久行中和，以陽據陰，故曰『能久中也』。」

九三：不恒其德，或承之羞，貞吝。

荀爽曰：「與初同象，欲據初隔二；與五爲兑，欲悦之隔四，意无所定，故『不恒其德』。與上相應，欲往承之，爲陰所乘，故『或承之羞』也。『貞吝』者，謂正居其所，不與陰通也，无居自容，故『貞吝』矣。」

象曰：「『不恒其德』，无所容也。」

九家易曰：「言三取初隔二，應上見乘，是『无所容』。无居自容，故『貞吝』。」

九四：田无禽。象曰：「久非其位，安得禽也？」

虞翻曰：「田謂二也，地上稱田。无禽，謂五也。九四失位，利二〔一〕上之五，己變承之，故曰『田无

〔一〕「二」，原作「也」，今據盧本、周本及曹校改，胡本無此字。

禽』。言二五皆非其位，故象曰『久非其位，安得禽也』。」

六五：恒其德，貞，婦人吉，夫子凶。

虞翻曰：「動正成乾，故『恒其德』。婦人謂初，巽爲婦，終變成益，震四復初，婦得歸陽，從一而終，故『貞，婦人吉』也。震，乾之子而爲巽夫，故曰『夫子』。終變成益，震四從巽，死於坤中，故『夫子凶』也。」

象曰：「婦人貞吉，從一而終也。

虞翻曰：「一謂初，終變成益，以巽應初震，故『從一而終也』。」

夫子制義，從婦凶也。」

虞翻曰：「震没，從巽入坤，故『從婦凶』矣。」

上六：震〔一〕恒，凶。象曰：「『震恒』在上，大无功也。」

虞翻曰：「在震上，故『震恒』。五動乘陽，故『凶』。終在益上，五遠應，故『无功也』。」

序卦曰：「物不可以久居其所，故受之以遯。」

〔一〕「震」，原作「振」，今據盧本、四庫本、周本及曹校改。下象辭同，不再出校。

韓康伯曰：「夫婦之道，以恒爲貴，而物之所居不可以恒，宜與世升降，有時而遯者也。」

䷠ 乾宮六月三世 艮下乾上 遯：亨〔一〕。

虞翻曰：「陰消姤二也。艮爲山，巽爲人，乾爲遠，遠山入藏，故『遯』。以陰消陽，『子弑其父』，『小人道長』，避之乃通，故遯而亨，則『當位而應，與時行之』〔二〕也。」

小利貞。

虞翻曰：「小，陰，謂二。得位浸長，以柔變剛，故『小利貞』。」○鄭玄曰：「遯，逃去之名也。艮爲門闕，乾有健德，互體有巽，巽爲進退，君子出門，行有進退，逃去之象。二〔三〕五得位而有應，是用正道得禮見召聘，始仕〔四〕他國，當尚謙謙，小其和順之道，居小官，幹小事，其進以漸，則遠妬忌之害，昔陳敬仲奔齊辭卿是也。」

彖曰：「『遯亨』，遯而亨也。

侯果曰：「此本乾卦。陰長剛殞，君子遯避，遯則亨也。」

〔一〕此條，胡本與下「小利貞」合爲一，無下條注文。

〔二〕「之」，盧本、周本無此字，曹校以爲衍字。

〔三〕「二」，原作「曰」，今據盧本、周本及曹校改。

〔四〕「仕」，原作「任」，今據胡本、盧本、周本及曹校改。

剛當位而應，與時行也。

虞翻曰：「剛謂五，而應二，艮爲時，故『與時行』矣。」

『小利貞』，浸而長也。

荀爽曰：「陰稱小，浸而長，則將消陽，故利正居二〔一〕，與五相應也。」

遯之時義大矣哉。

陸績曰：「謂陽氣退，陰氣將害，隨時遯避，其義大矣哉。」○宋衷曰：「太公遯殷、四皓遯秦之時也。」

象曰：「天下有山，遯，

崔憬曰：「天喻君子，山比小人，小人浸長，若山之侵天；君子遯避，若天之遠山，故言『天下有山，遯』也。」

君子以遠小人，不惡而嚴。」

虞翻曰：「君子謂乾，乾爲遠、爲嚴；小人謂陰，坤爲惡、爲小人，故『以遠小人，不惡而嚴』也。」○侯果曰：「羣小浸盛，剛德殞削，故君子避之，高尚林野，但矜嚴於外，亦不憎惡於內，所謂『吾家耄遜於荒』也。」

初六：遯尾，厲，勿用有攸往。

〔一〕「二」，原作「是」，今據盧本、周本及曹校改。

陸績曰：「陰氣已至於二，而初在其後，故曰『遯尾』也。避難當在前而在後，故『厲』。往則與災難會，故『勿用有攸往』。」

象曰：「『遯尾』之厲，不往何災也？」

虞翻曰：「艮爲尾也。初失位，動而得正，故『遯尾，厲』。之應成坎爲災，在艮宜靜，若不往於四，則无災矣。」

六二：執之用黄牛之革，莫之勝説。

虞翻曰：「艮爲手稱執，否坤爲黄牛，艮爲皮，四變之初，則坎水濡皮；離日乾之，故『執之用黄牛之革』。莫，无也。勝，能。説，解也。乾爲堅剛，巽爲繩，艮爲手，持革縛三在坎中，故『莫之勝説』也。」

象曰：「『執用黄牛』，固志也。」

侯果曰：「六二離爻，離爲黄牛，體艮履正，上應貴主，志在輔時，不隨物遯，獨守中直，堅如革束。執此之志，莫之勝説。殷之父師，當此爻矣。」

九三：係遯，有疾，厲。畜臣妾，吉。

虞翻曰：「厲，危也。巽爲繩稱係，四變時，九三體坎〔一〕，坎爲疾，故『有疾，厲』。遯陰剥陽，三消成

〔一〕「巽爲」至「體坎」，盧本、張本、四庫本作「巽繩爲係，四變三體坎」。周易虞氏義作「遯爲繩子，四變時，九三體坎」，義同。曹校以爲「爲」下脱「繩稱係」三字，今據補。

坤，與上易位，坤爲臣，兑爲妾，上來之三，據坤應兑，故『畜臣妾吉』也。」

象曰：「係遯之厲，有疾憊也。

王肅曰：「三下〔一〕係於二而獲遯，故曰『係遯』。病此係執而獲危懼，故曰『有疾憊〔二〕也』。比〔三〕於六二，畜臣妾之象，足以畜其臣妾，不可施爲大事也。」

『畜臣妾，吉』，不可大事也。」

虞翻曰：「三動入坤，坤爲事，故『不可大事也』。」○荀爽曰：「大事謂與五同任天下之政。潛遯之世，但可居家，畜養臣妾，不可治國之大事。」

九四，好遯，君子吉，小人否。

虞翻曰：「否乾爲好、爲君子，陰稱小人，動之初，故『君子吉』。陰在四多懼，故『小人否』。得位承五，故无凶咎矣。」

象曰：「君子好遯，小人否也。」

侯果曰：「不處其位而遯於外，『好遯』者也。然有應在初，情未能棄，君子剛斷，故能舍之；小人係

〔一〕「下」，原作「上」，今據周本及曹校改。

〔二〕「憊」，曹校：當本作「⿱𤰇毛」，李依經改。

〔三〕「比」，原作「此」，今據胡本、曹校改。

戀，必不能矣，故『君子吉，小人否』〔一〕矣。」

九五：嘉遯，貞吉。

虞翻曰：「乾爲嘉，剛當位應二，故『貞吉』。謂三已變，上來之三，成坎，象曰『以正志也』。」

象曰：「『嘉遯，貞吉』，以正志也。」

侯果曰：「時否德剛，雖遯中正，『嘉遯』者也，故曰『貞吉』。遯而得正，則羣小應命，所謂『紐已紊之綱〔二〕，正羣小之志』，則殷之高宗當此爻矣。」

上九：肥遯，无不利。

虞翻曰：「乾盈爲肥，二不及上，故『肥遯，无不利』，故〔三〕象曰『无所疑也』。」

象曰：「『肥遯，无不利』，无所疑也。」

侯果曰：「最處外極，无應於内，心无疑戀，超然〔四〕高舉，『果行育德』，安時无悶，遯之肥也，故曰『肥遯，无不利』，則潁濱巢、許當此爻矣。」

〔一〕「否」，毛本、盧本、周本、四庫本作「凶」。

〔二〕「已」、「綱」，原作「以」、「剛」，今據周本及曹校改。

〔三〕「故」，盧本、周本無此字。

〔四〕「然」，毛本、盧本、四庫本、周本作「世」。

序卦曰：「物不可以〔一〕終遯，故受之以大壯。」

韓康伯曰：「遯，君子以遠小人。遯而後通，何可終耶？陽盛陰消，君子道勝也。」

䷡ 坤宮二月四世 乾下震上 大壯：利貞。

虞翻曰：「陽息泰也。壯，傷也。大謂四，失位，爲陰所乘，兑爲毁折，傷〔二〕。與五易位乃得正，故『利貞』也。」

彖曰：「大壯，大者壯也。

侯果曰：「此卦本坤，陰柔消弱，剛大長壯，故曰『大壯』也。」

剛以動，故壯。

荀爽曰：「乾剛震動，陽從下升，陽氣大動，故『壯』也。」

『大壯利貞』，大者正也。

虞翻曰：「謂四進之五乃得正，故『大者正也』。」

〔一〕「以」，原脱，今據毛本、盧本、四庫本、周本及曹校補。

〔二〕「傷」上，曹校：疑脱「故」字。按：曹校義勝。

正大而天地之情可見矣。」

虞翻曰：「正大謂四，之五成需，以離日見天，坎月見地，故『天地之情可見』也矣。」

象曰：「雷在天上，大壯，

崔憬曰：「乾下震上〔一〕，故曰『雷在天上』。一曰：雷，陽氣也。陽至於上卦，能助於天威，大壯之象也。」

君子以非禮弗履。」

陸績曰：「天尊雷卑，君子見卑乘尊，終必消除，故象以爲戒，非禮不履。」

初九：壯于趾，征凶，有孚。

虞翻曰：「趾謂四。征，行也。震足爲趾，爲征。初得位，四不征之五，故『凶』。坎爲孚，謂四上之五成坎，已得應四，故『有孚』。」

象曰：「『壯于趾』，其孚窮也。」

虞翻曰：「應在乾終，故『其孚窮也』。」

九二：貞吉。象曰：「九二『貞吉』，以中也。」

〔一〕「乾下震上」，原作「震下乾上」，今據諸本及曹校改。

虞翻曰：「變得位，故『貞吉』。動體離，故『以中也』。」

九三：小人用壯，君子用罔，貞厲。

虞翻曰：「應在震也。三，陽，君子。小人謂上。上逆，故『用壯』。謂二已變離，離爲罔，三乘二，故『君子用罔』。體乾『夕惕』，故『貞厲』也。」

羝羊觸藩，羸其角。

荀爽曰：「三與五同功，爲兑，故曰羊。終始陽位，故曰羝。藩謂四也。三欲觸四而危之，四反『羸其角』，角謂五也。」

象曰：「小人用壯，君子罔也。」

侯果曰：「藩謂四也。九四體震爲竹葦，故稱藩也。三互乾兑，乾壯〔一〕兑羊，故曰『羝羊』。四藩未決，三宜勿往，用壯觸藩，求應於上，故角被拘羸矣。」案：自三至五體兑爲羊，四既是藩，五爲羊角，即「羝羊觸藩，羸其角」之象也。

九四：貞吉，悔亡。藩決不羸，壯於大輿〔二〕之輹。象曰：「『藩決不羸』，尚往也。」

〔一〕「壯」，曹校：疑當作「牡」。
〔二〕「輿」，盧本、周本作「轝」。

虞翻曰：「失位悔也，之五〔一〕得中，故『貞吉』而『悔亡』矣。體夬象，故『藩決』。震四上處五，則藩毁壞，故『藩決不羸』。坤爲大車〔二〕、爲腹，四之五折坤，故『壯于大車之輹』。而象曰『尚往』者，謂上之五。」

六五：喪羊于易，无悔。

虞翻曰：「四動成泰，坤爲喪也，乾爲易，四上之五，兑還屬乾，故『喪羊于易』。動各得正，而處中和，故『无悔』矣。」

象曰：「『喪羊于易』，位不當也。」

案：謂四、五陰陽失正。陰陽失正，故曰「位不當」。

上六：羝羊觸藩，不能退，不能遂，无攸利，艱則吉。

虞翻曰：「應在三，故『羝羊觸藩』。遂，進也。謂四已之五，體坎；上能變之巽，巽爲進退，故『不能退，不能遂』。進則失位，上〔三〕則乘剛，故『无攸利』。坎爲艱，得位應三利上〔四〕，故『艱則吉』。」

〔一〕「五」，盧本、四庫本、周本作「正」。

〔二〕「車」，盧本、周本作「轝」。下同，不再出校。

〔三〕曹校：「上」字上有脱文，當云「退在坎上」。

〔四〕「應三利上」，曹校：當作「利三應上」。

象曰：「『不能退，不能遂』，不祥也。

虞翻曰：「乾善爲祥，不得三應，故『不祥也』。」

『艱則吉』，咎不長也。」

虞翻曰：「巽爲長，動失位爲咎，不變之巽，故『咎不長也』。」

序卦曰：「物不可以終壯，故受之以晉。晉者，進也。」

崔憬曰：「不可以終壯于陽盛，自取觸藩，當宜柔進而上行，受茲錫馬。」

䷢ 坎宮二月遊魂　坤下離上　晉：康侯用錫馬蕃庶，晝日三接。

虞翻曰：「觀四之五。晉，進也。坤爲康，康，安也；初動體屯〔一〕，震爲侯，故曰『康侯』。震爲馬，坤爲用，故『用錫馬』。艮爲多，坤爲衆，故『繁庶』。離日在上，故『晝日』。三陰在下，故『三接』矣。」

彖曰：「晉，進也。明出地上，順而麗乎大明。

崔憬曰：「渾天之義，日從地出而升於天，故曰『明出地上』。坤，臣道也；日，君德也；臣以功進，君以

〔一〕「屯」，原作「也」，今據毛本、盧本、四庫本、周本及曹校改。

恩接，是以『順而麗乎大明』。雖一〔一〕卦名晉而五爻爲主，故言『柔進而上行』也。」

柔進而上行，

蜀才曰：「此本觀卦。案：九五降四，六四〔二〕進五，是『柔進而上行』也〔三〕。」

是以『康侯用錫馬蕃庶，

荀爽曰：「陰進居五，處用事之位，陽中之陰，侯之象也；陰性安静，故曰『康侯』。馬謂四也。五以下羣陰錫四也。坤爲衆，故曰『蕃庶』矣。」

晝日三接』也。」

侯果曰：「康，美也。四爲諸侯，五爲天子，坤爲衆，坎爲馬，天子至明於上，公侯謙順於下，美其治物有功，故蕃錫車馬，一晝三覿也。采菽刺幽王侮諸侯，詩曰：『雖无與之，路車乘馬。』大行人職曰：『諸公：三饗，三問，三勞；諸侯：三饗，再問，再勞；子男：三饗，一問，一勞。』即天子三接諸侯之禮也。」

象曰：「明出地上，晉，君子以自昭〔四〕明德。」

〔一〕「一」，周本作「以」。

〔二〕「四」，原脱，今據毛本、盧本、四庫本、周本及曹校補。

〔三〕「是柔進而上行也」，毛本、盧本、四庫本作「是柔進」。

〔四〕「昭」，盧本、張本、周本作「照」，義同。下鄭注同，不再出校。

鄭玄曰：「地雖生萬物，日出於上，其功乃著，故君子法之，而以明自昭其德。」○虞翻曰：「君子謂觀乾，乾爲德，坤爲自〔一〕，離爲明，乾五動，以離日自照，故『以自昭明德』也。」

初六：晉如，摧如，貞吉。罔孚，裕无咎。

虞翻曰：「晉，進；摧，憂愁也。應在四，故『晉如』。失位，故『摧如』。動得位，故『貞吉』。應離爲罔，四坎稱孚，坤弱爲裕，欲四之五成巽，初受其命，故『无咎』矣。」

象曰：「『晉如，摧如』，獨行正也。

虞翻曰：「初動震爲行，初一稱獨也。」

『裕无咎』，未受命也。」

虞翻曰：「五未之巽，故『未受命也』。」

六二：晉如，愁如，貞吉。

虞翻曰：「坎爲加憂，應在坎上〔二〕，故『愁如』。得位處中，故『貞吉』也。」

受茲介福于其王母。

〔一〕「自」，原脱，今據毛本、盧本、四庫本、周本及曹校補。

〔二〕上八字，原作「坎爲應，在坎上」，盧本、張本作「謂二應在坎上」。周本上「坎」字作「震」。今據曹校補「加憂」二字。周易虞氏義則以爲「坎爲」當爲「震爲」，下脱「行故晉如」四字，李氏道平從之，亦通。

虞翻曰：「乾爲介福，艮爲手，坤爲虚，故稱『受』。介，大也。謂五已正中，乾爲王，坤爲母，故『受茲介福于其王母』。」

象曰：「『受茲介福』，以中正也。」

九家易曰：「五動得正中，故二受大福矣。大福，謂馬與蕃庶之物是也。」

六三：衆允，悔亡。

虞翻曰：「坤爲衆。允，信也。土性信，故『衆允』。三失正，與上易位，則『悔亡』，故象曰『上行也』。此則成小過，小過故有飛鳥之象焉。臼杵之利，見鼫鼠〔一〕出入坎穴，蓋取諸此也。」

象曰：「衆允之志，上行也。」

虞翻曰：「坎爲志，三之上成震，故曰『上行也』。」

九四：晉如，鼫鼠，貞厲〔二〕。

九家易曰：「鼫鼠喻貪，謂四也。體離欲升，體坎欲降，游不度瀆，不出坎也；飛不上屋，不至上也；緣不極木，不出離也；穴不掩身，五坤薄也；走不先足，外震在下也：五伎皆劣，四爻當之，故曰『晉如，

〔一〕「鼫鼠」，胡本、盧本、張本、周本作「碩鼠」。下同，不再出校。
〔二〕此下，張本有小字注：「碩」，今本作「鼫」。

鼫鼠』也。」

象曰：「『鼫鼠，貞厲』，位不當也。」

翟玄曰：「鼫鼠晝伏夜行，貪猥无已。謂雖進承五，然潛據下陰，久居不正之位〔一〕，故有危厲也。」

六五：悔亡，矢得，勿恤，往吉，无不利。

荀爽曰：「五從坤動而來爲離，離者，聅也〔二〕，故曰『矢得』。陰居尊位，故有悔也。以中盛明，光照四海，故『悔亡，勿恤，吉，无不利』也。」

象曰：「『矢得，勿恤』，往有慶也。」

虞翻曰：「動之乾，乾爲慶也。矢，古『誓』字，誓，信也。勿，无；卹，憂也。五變得正，坎象不見，故『誓得，勿卹，往有慶也』。」

上九：晉其角，

虞翻曰：「五以變，之乾爲首，位在首上，故稱『角』，故『晉其角』也。」

維用伐邑，厲，吉，无咎，貞吝。

〔一〕「位」，盧本、周本作「地」。

〔二〕「也」，原作「出」，今據周本改。

虞翻曰：「坤爲邑，動成震而體師象，坎爲心，故『維用伐邑』。得位乘〔一〕五，故『厲，吉，无咎』而『貞吝』矣。」

象曰：「『維用伐邑』，道未光也。」

荀爽曰：「陽雖在上，動入冥豫，故『道未光也』。」

序卦曰：「進必有所傷，故受之以明夷。夷者，傷也。」

九家易曰：「日在坤下，其明傷也。言進極當降，復入於地，故曰『明夷』也。」

䷣ 坎宮八月遊魂 離下坤上 明夷：

虞翻曰：「夷，傷也。臨二之三而反晉也。明入地中，故傷矣。」

利艱貞。

虞翻曰：「謂五也，五失位，變出成坎爲艱，故『利艱貞』矣。」○鄭玄曰：「夷，傷也。『日出〔二〕地上，其

〔一〕「乘」，原作「承」，今據盧本、四庫本、周本及曹校改。

〔二〕「出」，曹校：漢上易引作「在」。

明乃光』；至其入也〔一〕，明則傷矣，故謂之『明夷』。日之明傷，猶聖人君子有明德而遭亂世，抑在下位，則宜自艱，无幹事政，以避小人之害也。」

象曰：「明入地中，明夷。

蜀才曰：「此本臨卦也。案：夷，滅也。九二升三，六三降二，『明入地中』也。『明入地中』，則明滅也。」

內文明而外柔順，以蒙大難，

荀爽曰：「明在地下，爲坤所蔽，大難之象。大難，文王君臣相事，故言『大難』也。」

文王以之。

虞翻曰：「以，用也。三喻文王，大難謂坤，坤爲弑父，迷亂荒淫若紂，殺比干。三幽坎中，象文王之拘羑里。震爲諸侯，喻從文王者。紂懼出之，故『以蒙大難』，得身全矣。」

利艱貞，晦其明也。內難而能正其志，箕子以之。」

虞翻曰：「箕子，紂諸父，故稱『內難』。五乾天位，今化爲坤，箕子之象。坤爲晦，箕子正之，出五成坎體離，『重明麗正』，坎爲志，故『正其志，箕子以之』，而紂奴之矣。」

〔一〕「也」，諸本作「地」。

象曰：「明入地中，明夷，君子以莅衆，用晦而明。」

虞翻曰：「而，如也。君子謂三，體師象。以坎莅坤，坤爲衆、爲晦，離爲明，故『用晦如明』也。」

初九：明夷于飛，垂其翼。君子于行，三日不食。

荀爽曰：「火性炎上，離爲飛鳥，故曰『于飛』。爲坤〔一〕所抑，故曰『垂其翼』。陽爲君子。三者，陽德成也。日以喻君。『不食』者，不得君禄食〔二〕也。陽未居五，陰暗在上，陽〔三〕有明德，恥食其禄，故曰『君子于行，三日不食』也。」

有攸往，主人有言。

九家易曰：「四者初應，衆陰在上，爲主人也。初欲上居五〔四〕，則衆陰有言，言謂震也；四五體震爲雷聲，故曰『有攸往，主人有言』也。」

象曰：「『君子于行』，義不食也。」

荀爽曰：「暗昧在上，有明德者，義不食禄也。」

〔一〕「坤」，原作「坎」，今據周本及曹校改。
〔二〕「君禄食」，盧本、周本作「食君禄」。
〔三〕「陽」，盧本、四庫本、周本作「初」。
〔四〕「五」，曹校：當爲「四」。

六二：明夷于〔一〕左股，用拯馬壯，吉。

九家易曰：「左股謂初，爲二〔二〕所夷也。離爲飛鳥，蓋取小過之義，鳥飛舒翼而行。夷者，傷也。今初傷，垂翼在下，故曰『明〔三〕夷于左股』矣。九三體坎，坎爲馬也；二應與〔四〕五，『三與五同功』，二以中和應天，應天合衆，欲升上三，以壯於五，故曰『用拯馬壯，吉』。」　案：初爲足，二居足上，股也。二互體坎，坎主左方，左股之象也。

象曰：「六二之吉，順以則也。」

九家易曰：「二欲上三居五爲天子，坎爲法律，君有法，則衆陰當順從之矣。」

九三：明夷于南狩，得其大首，不可疾，貞。

九家易曰：「歲終田獵名曰狩也。南者，九五大陽之位，故稱南也。暗昧道終，三可升上而獵於五，得據大陽首位，故曰『明夷于南狩，得其大首』。自暗復明，當以漸次，不可卒正，故曰『不可疾，貞』也。」

象曰：「『南狩』之志，乃大得也。」

〔一〕「于」上，曹校：疑脱一「夷」字。按：曹校義長。
〔二〕「二」，曹校：當爲「四」。
〔三〕「明」，曹校：疑衍。
〔四〕「與」，原作「於」，今據毛本、盧本、四庫本、周本改。

案：冬獵曰狩也。三五離坎，離南坎北，北主於冬，故曰「南狩」。五居暗主，三處明終，履正順時，拯難興衰者也。以臣伐君，故假言「狩」。既獲五上〔一〕之大首，而三志「乃大得也」。

六四：入于左腹，獲明夷之心，于出門庭。

荀爽曰：「陽稱左，謂九三也。腹者謂五，居坤，坤爲腹也。四得位比三，處〔二〕於順首，欲三上〔三〕居五，以陽爲腹心也，故曰『入于左腹，獲明夷之心』。言三〔四〕當出門庭，升五君位。」○干寶曰：「一爲室，二爲户，三爲庭，四爲門，故曰『于出門庭』矣。」

象曰：「『入于左腹』，獲心意也。」

九家易曰：「四欲上〔五〕三居五爲坎，坎爲心；四以坤爻爲腹，故曰『入于左腹，獲心意也』。」

六五：箕子之明夷，利貞。

馬融曰：「箕子，紂之諸父，明於天道洪範之九疇，德可以王，故以當五。知紂之惡，无可奈何，同姓恩

〔一〕「上」，原作「三」，今據諸本及曹校改。

〔二〕「處」，盧本、周本作「應」。潘氏整理本纂疏改作「處」。

〔三〕「三上」，胡本、盧本、周本作「上三」。

〔四〕「三」下，原有「明」字，今據盧本、周本及曹校改。

〔五〕「上」，原作「外」，今據盧本、四庫本、周本及曹校改。

深，不忍棄去，被髪佯狂，以明爲暗，故曰『箕子之明夷』。卒以全身，爲武王師，名傳无窮，故曰『利貞』矣。」

象曰：「箕子之貞，明不可息也。」

侯果曰：「體柔履中，内明外暗，羣陰共掩，以夷其明。然以正爲明而不可息，以爻取象，箕子當之，故曰『箕子之貞，明不可息也』。」

上六：不明晦，初登于天，後入于地。

虞翻曰：「應在三，離滅坤下，故『不明晦』。晉時在上麗乾，故『登于天，照四國』。今反在下，故『後入于地，失其則』。」

象曰：「『初登于天』，照四國也。『後入于地』，失則也。」

侯果曰：「最遠于陽，故曰『不明晦』也。『初登于天』，謂明出地上。下照於坤，坤爲衆國，故曰『照于四國也』。喻陽〔一〕之初興也。『後入于地』，謂『明入地中』，晝變爲夜，暗晦之甚，故曰『失則也』。況紂之亂世也。此之二象，言晉與明夷，往復不已。故見暗則伐〔二〕取之，亂則治取之，聖人因象設誡〔三〕也。」

〔一〕「陽」，曹校：疑當爲「湯」。按：曹校義勝。
〔二〕「伐」，曹校：當爲「明」。
〔三〕「誡」，原作「試」，今據周本改。

周易集解卷第八

家人　睽　蹇　解　損　益

序卦曰：「傷於外〔一〕，必反於家，故受之以家人。」

韓康伯曰：「傷於外，必反諸内也。」

☲☴ 離下巽上　巽宫二世六月 家人：利女貞。

虞翻曰：「遯初之四也。女謂離巽，二四得正，故『利女貞』也。」○馬融曰：「家人以女爲奥主，長女、中女各得其正，故特曰『利女貞』矣。」

彖曰：「家人，女正位乎内，男正位乎外。

〔一〕「外」下，盧本、四庫本、周本有「者」字。下注同，不再出校。

王弼曰：「謂二五也。家人之義，以内爲本者也，故先説女矣。」

男女正，天地之大義也。

虞翻曰：「遯乾爲天，三動坤爲地，男得天，正於五；女得地，正於二，故『天地之大義也』。」

家人有嚴君焉，父母之謂也。

荀爽曰：「離巽之中有乾坤，故曰『父母之謂也』。」○王肅曰：「凡男女所以能各得其正者，由家人有嚴君也。家人有嚴君，故父子夫婦各得其正。家家咸正，而天下之治大定矣。」　案：二五相應，爲卦之主。五陽在外，二陰在内，「父母之謂」也。

父父子子，兄兄弟弟，

虞翻曰：「遯乾爲父，艮爲子，三五位正，故『父父子子』。三動時，震爲兄，艮爲弟，初位正，故『兄兄弟弟』。」

夫夫婦婦，

虞翻曰：「三動時，震爲夫，巽四爲婦，初四位正，故『夫夫婦婦』也。」

而家道正，正家而天下定矣。

荀爽曰：「父謂五，子謂四，兄謂三，弟謂初，夫謂五，婦謂二也。各得其正，故『天下定矣』。」○陸績曰：「聖人教先從家始，家正則〔一〕天下化之，『脩己以安百姓』者也。」

象曰：「風自火出，家人，

馬融曰：「木生火，火以木爲家，故曰『家人』。火生於木，得風而盛，猶夫婦之道，相須而成。」

君子以言有物而行有恒。」

荀爽曰：「風火相與，必附於物，物大火大，物小火小。君子之言，必因其位，位大言大，位小言小。不在其位，不謀其政，故『言有物』也。大暑爍金，火不增其烈；大寒凝冰，火不損其熱，故曰『行有恒』矣。」

初九：閑有家，悔亡。象曰：「『閑有家』，志未變也。」

荀爽曰：「初在潛位，未干國政，閑習家事而已。未得治官，故『悔』。居家理治，可移於官，守之以正，故『悔亡』。而〔二〕未變從國之事，故曰『志未變也』。」

六二：无攸遂，在中饋，貞吉。

荀爽曰：「六二處和得正，得正有應，有應有實，陰道之至美者也。坤道順從，故无所得遂。供餚中

〔一〕「則」，毛本、盧本、四庫本、周本作「而」。

〔二〕「而」，曹校：疑衍。

饋，酒食是議，故曰〔一〕『中饋』。居中守正，永貞其志，則吉，故曰『貞吉』也。」

象曰：「六二之吉，順以巽也。」

九家易曰：「謂二居貞，巽順於五，則吉矣。」

九三：家人嗃嗃，悔厲，吉。婦子嘻嘻，終吝。

王弼曰：「以陽居陽，剛嚴者也。處下體之極，爲一家之長，行與其慢也，寧過乎恭；家與其瀆也，寧過乎嚴。是以家雖『嗃嗃，悔厲』，猶得吉也。『婦子嘻嘻，失家節也』。」○侯果曰：「嗃嗃，嚴也。嘻嘻，笑也。」

象曰：「『家人嗃嗃』，未失也。『婦子嘻嘻』，失家節也。」

九家易曰：「別體異家，陰陽相據，喜樂過節也。別體異家謂三五也。陰陽相據，三五各相據陰，故言婦子也。」

六四：富家大吉。象曰：「『富家大吉』，順在位也。」

虞翻曰：「三變體艮，艮爲篤實，坤爲大業，得位應初，順五乘三，比據三陽，故曰『富家大吉，順在位也』，謂順於五矣。」

〔一〕「曰」下，曹校：似脱「在」字。

九五：王假有家，勿恤，吉。

陸績曰：「假，大也。五得尊位，據四應二，以天下爲家，故曰王大有家。天下正之，故无所憂，則吉。」

象曰：「『王假有家』，交相愛也。」

虞翻曰：「乾爲愛也，二稱家，三動成震，五得交二，初得交四，故『交相愛』。震爲交〔一〕也。」

上九：有孚威如，終吉。

虞翻曰：「謂三已變，與上易位成坎，坎爲孚，故『有孚』。乾爲威如，自上之坤，故『威如』。易則得位，故『終吉』也。」

象曰：「『威如』之吉，反身之謂也。」

虞翻曰：「謂三動坤爲身，上之三，成既濟定，故『反身之謂』。此『家道正，正家而天下定矣』。」

序卦曰：「家道窮必乖，故受之以睽。睽者，乖也。」

崔憬曰：「『婦子嘻嘻』，過在失節，失節則窮，窮則乖，故曰『家道窮必乖』。」

〔一〕「交」下，原有「之」字，今據盧本、四庫本、周本及曹校删。

䷥ 艮宮二月四世　兑下離上　睽：小事吉。

虞翻曰：「大壯上之三，在繫蓋取无妄二之五也。小謂五，陰稱小，得中應剛，故『吉』。」○鄭玄曰：「睽，乖也。火欲上，澤欲下，猶人同居而志異〔一〕也，故謂之『睽』。二五相應，君陰臣陽，君而應臣，故『小事吉』。」

彖曰：「睽，火動而上，澤動而下，

虞翻曰：「離火炎上，澤水潤下也。」

二女同居，其志不同行。

虞翻曰：「二女，離、兑也。坎爲志，離上兑下；无妄震爲行，巽爲同，艮爲居；二五易位，震巽象壞，故『二女同居，其志不同行』也。」

説而麗乎明，柔進而上行，得中而應乎剛，

虞翻曰：「説，兑；麗，離也。明謂乾。當言大明以麗於晉。柔謂五，无妄巽爲〔二〕進，從二之五，故『上行』。剛謂應乾五伏陽，非應二也。與鼎五同義也。」

〔一〕「志異」，盧本倒。

〔二〕「巽爲」，原倒，今據毛本、盧本、四庫本、周本及曹校乙。

是以『小事吉』。

荀爽曰：「小事者，臣事也。百官異體，四民殊業，故睽而不同。剛者，君也。柔得其中而進〔一〕於君，故言『小事吉』也。」

天地睽而其事同也，

王肅曰：「高卑雖異，同育萬物。」○虞翻曰：「五動乾爲天，四動坤爲地，故『天地睽』。坤爲事也，五動體同人，故事〔二〕同矣。」

男女睽而其志通也，

侯果曰：「出處雖殊，情通志合。」○虞翻曰：「四動艮爲男，兑爲女，故『男女睽』。坎爲志、爲通，故『其志通也』。」

萬物睽而其事類也。

崔憬曰：「萬物雖睽於形色，而生性事類言〔三〕亦同也。」○虞翻曰：「四動，『萬物出乎震』，區以别矣，故『萬物睽』。坤爲事、爲類，故『其事類也』。」

〔一〕「進」，胡本、張本作「應」。

〔二〕「故事」，原倒，今據盧本、四庫本、周本及曹校乙。

〔三〕曹校：「『事類』，當作『行事相類』，句有脱字。『言』，當爲『類』。」

睽之時用大矣哉。」

九家易曰：「乖離之卦，於義不大，而天地事同，共生萬物，故曰『用大』〔一〕。」○盧氏曰：「不言義而言用者，明用睽之義至大矣。」

象曰：「上火下澤，睽，

荀爽曰：「火性炎上，澤性潤下，故曰『睽』也。」

君子以同而異。」

荀爽曰：「大歸雖同，小事當異，百官殊職，四民異業，文武並用，威德相反，共歸於治，故曰『君子以同而異』也。」

初九：悔亡，喪馬勿逐，自復。見惡人，无咎。象曰：「『見惡人』，以避咎也。」

虞翻曰：「无應，悔也。四動得位，故『悔亡』。應在於坎，坎爲馬，四而失位，之正入坤，坤爲喪，坎象不見，故『喪馬』。震爲逐，艮爲止，故『勿逐』。坤爲自，二〔二〕至五體復象，故『自復』。四動震馬來，故『勿逐，自復』也。離爲見，惡人謂四，動入坤初，四復正，故『見惡人，以避咎』矣。」

〔一〕「大」，原作「矣」，今據諸本改。

〔二〕「二」，原作「一」，今據盧本、四庫本、周本改。

九二：遇主于巷，无咎。

虞翻曰：「二動體震，震爲主、爲大塗，艮爲徑路，大道而有徑路，故稱『巷』。變而得正，故『无咎』而『未失道也』。」

象曰：「『遇主于巷』，未失道也。」

虞翻曰：「動得正，故『未失道』。」○崔憬曰：「處睽之時，與五有應，男女雖隔，其志終通。而三比焉，近不相得。遇者不期而會。主者，三爲下卦者〔一〕主。巷者，出門近遇之象。言二遇三，明非背五，未爲失道也。」

六〔二〕三：見輿曳，其牛掣〔三〕。

虞翻曰：「離爲見，坎爲車、爲曳，故『見輿曳』。四動坤爲牛、爲類，牛角一低一仰，故稱『掣』。離上而坎下，故『其牛掣也』。」

其人天且劓，无初有終。

虞翻曰：「其人謂四，惡人也。黥額爲天，割鼻爲劓。无妄乾爲天，震二之乾五，以陰墨其天；乾五之

〔一〕「者」，盧本、四庫本、周本作「之」。

〔二〕「六」，原作「九」，今據胡本、盧本、周本及曹校改。

〔三〕「掣」，張本、周本作「觢」，盧本作「觭」。下注同，不再出校。

震二，毁艮，割其劓也。兑爲刑人，故『其人天且劓』。失位，動得正成乾，故『无初有終』。象曰『遇剛』，是其義也。」

象曰：「『見輿曳』，位不當也。『无初有終』，遇剛也。」

虞翻曰：「動正成乾，故『遇剛』。」

九四：睽孤，遇元夫，交孚，厲，无咎。

虞翻曰：「孤，顧也。在兩陰間，睽五顧三，故曰『睽孤』。震爲元夫，謂二已變，動而應震，故『遇元夫』也。震爲交，坎爲孚，動而得正，故『交孚，厲，无咎』矣。」

象曰：「『交孚，无咎』，志行也。」

虞翻曰：「坎動成震，故『志行也』。」

六五：悔亡，厥宗噬膚，往何咎？

虞翻曰：「往得位，『悔亡』也。動而之乾，乾爲宗，二〔一〕體噬嗑，故曰『噬』。四變時，艮爲膚，故曰『厥宗噬膚』也。變得正成乾，乾爲慶，故往无咎而『有慶』矣。」

象曰：「『厥宗噬膚』，往有慶也。」

〔一〕「二」下，惠棟周易述有「動」字。

王弼曰：「非位，悔也；有應，故『悔亡』。厥宗謂二也。噬膚者，齧柔也。三雖比二，二之所噬，非妨己應者也。以斯而往，何咎之有？往必見合，故『有慶也』。」案：二兑爲口，五爻陰柔，噬膚之象也。

上九：睽孤，見豕負塗，載鬼一車。

虞翻曰：「睽三顧五，故曰〔一〕『睽孤』也。離爲見，坎爲豕、爲雨，四變時坤爲土，土得雨爲泥塗，四動艮爲背，豕背有泥，故『見豕負塗』矣。坤爲鬼，坎爲車，變在坎上，故『載鬼一車』也。」

先張之弧，後説之壺，

虞翻曰：「謂五已變，乾爲先，應在三；坎爲弧〔二〕，離爲矢〔三〕，張弓〔四〕之象也，故『先張之弧』。四動震爲後。説猶置也；兑爲口，離爲大腹，坤爲器，大腹有口，坎酒在中，壺之象也。之應歷險以與兑，故『後説之壺』矣。」

匪寇婚媾，往遇雨則吉。

虞翻曰：「匪，非；坎爲寇，之三歷坎，故『匪寇』。陰陽相應，故『婚媾』。三在坎下，故『遇雨』。與上

〔一〕「曰」，原作「也」，今據胡本、盧本、四庫本、周本及曹校改。

〔二〕「弧」，周易述作「弓」。

〔三〕「矢」，原作「大腹」，今據盧本、周本及曹校改。

〔四〕「弓」，周易述作「弧」。

易位，坎象不見，各得其正，故『則吉』也。」

象曰：「『遇雨』之吉，羣疑亡也。」

虞翻曰：「物三稱羣，坎爲疑，三變坎敗，故『羣疑亡』矣。」

序卦曰：「乖必有難，故受之以蹇。蹇者，難也。」

崔憬曰：「二女同居，其志乖而難生，故曰『乖必有難』也。」

䷦ 兌宮八月四世　艮下坎上 蹇：利西南，

虞翻曰：「觀上反三也。坤，西南卦。五在坤中，坎爲月，月生西南，故『利西南』。『往得中』，謂『西南得朋』也。」

不利東北。

虞翻曰：「謂三也。艮，東北之卦，月消於艮，喪乙滅癸，故『不利東北，其道窮也』，則『東北喪朋』矣。」

利見大人。

虞翻曰：「離爲見，大人謂五，二得位應五，故『利見大人，往有功也』。」

貞吉。

虞翻曰：「謂五當位正邦，故『貞吉』也。」

彖曰：「蹇，難也，險在前也。見險而能止，知矣哉！

虞翻曰：「離見坎險，艮爲止，觀乾爲智，故『知矣哉』。

『蹇，利西南』，往得中也。

荀爽曰：「西南謂坤，乾動〔一〕往居坤五，故『得中也』。」

『不利東北』，其道窮也。

荀爽曰：「東北，艮也。艮在坎下，『見險而止』，故『其道窮也』。」

『利見大人』，往有功也。

虞翻曰：「大人謂五，二往應五，『五多功』，故『往有功也』。」

『當位貞吉』，以正邦也。

荀爽曰：「謂五當尊位，正居是，羣陰順從，故能正邦國。」

蹇之時用大矣哉。」

〔一〕「乾動」，盧本、四庫本作「升二」。

虞翻曰：「謂坎月生西南而終東北，震象出庚，兑象見丁〔一〕，乾象盈甲，巽象退辛，艮象消丙，坤象窮乙，喪滅於癸，終則復始，以生萬物，故『用大矣』。」

象曰：「山上有水，蹇，

崔憬曰：「山上至險，加之以水，蹇之象也。」

君子以反身脩德。」

虞翻曰：「君子謂觀乾。坤爲身，觀上反三，故『反身』。陽在三，進德脩業，故『以反身脩德』。孔子曰：『德之不脩，是吾憂也。』」

初六：往蹇，來譽。

虞翻曰：「譽謂二，二多譽也。失位應陰，往歷坎險，故『往蹇』。變而得位，以陽承二，故來而譽矣。」

象曰：「『往蹇，來譽』，宜待〔二〕也。」

虞翻曰：「艮爲時〔三〕，謂變之正，以待四也。」

六二：王臣蹇蹇，匪躬之故。

〔一〕「丁」，原作「下」，今據毛本、盧本、四庫本、周本及曹校改。
〔二〕「待」下，盧本、周本有「時」字。張本小字注云：今本衍「時」字。
〔三〕「時」，原作「大」，今據盧本、四庫本、周本及曹校改。

虞翻曰：「觀乾爲王，坤爲臣、爲躬，坎爲蹇也。之應涉坤〔一〕，二五俱坎〔二〕，故『王臣蹇蹇』。觀上之三，折坤之體，臣道得正，故『匪躬之故』，象曰『終无尤也』。」

象曰：「『王臣蹇蹇』，終无尤也。」

侯果曰：「處艮之二，上應於五，五在坎中，險而又險，志在匡弼，匪惜其躬，故曰『王臣蹇蹇，匪躬之故』。輔君〔三〕以此，『終无尤也』。」

九三：往蹇，來反。

虞翻曰：「應正〔四〕歷險，故『往蹇』。反身據二，故『來反』也。」

象曰：「『往蹇來反』，内喜之也。」

虞翻曰：「内喜〔五〕謂二陰也。」

六四：往蹇，來連。

〔一〕「坤」，曹校：當爲「坎」。
〔二〕「坎」，曹校：當爲「蹇」。
〔三〕「君」，盧本、周本作「臣」。
〔四〕「正」，曹校：疑當爲「上」。
〔五〕「喜」，胡本、盧本、周本無此字。

虞翻曰：「連，輦；蹇，難也。在兩坎間，進則无應，故『往蹇』。退初介三，故『來連』也。」

象曰：「『往蹇，來連』，當位實也。」

荀爽曰：「蹇難之世，不安其所，欲往之三，不得承陽，故曰『往蹇』也。來還承五，則與至尊相連，故曰『來連』也。處正承陽，故曰『當位實也』。」

九五：大蹇，朋來。

虞翻曰：「當位正邦，故『大蹇』。睽兑爲朋，故『朋來』也。」

象曰：「『大蹇，朋來』，以中節也。」

干寶曰：「在險之中而當王位，故曰『大蹇』。此蓋以託文王爲紂所囚也。承上據四應二〔一〕，衆陰並至。此蓋以託四臣能以權智相救也。故曰『以中節也』。」

上六：往蹇，來碩，吉，利見大人。

虞翻曰：「陰在險上，變失位，故『往蹇』。碩謂三，艮爲碩，退來之三，故『來碩』。得位有應，故『吉』也。離爲見，大人謂五，故『利見大人』矣。」

象曰：「『往蹇，來碩』，志在内也。『利見大人』，以從貴也。」

〔一〕「二」，原作「三」，今據盧本、周本及曹校改。

侯果曰：「處蹇之極，體猶在坎，水无所之，故曰『往蹇』。來而復位，下應於三，三德碩大，故曰『來碩』。三爲内主，五爲大人，若志在内，心附〔一〕於五，則『利見大人』也。」　案：三互體離，離爲明目，五爲大人，「利見大人」之象也。

序卦曰：「物不可以終難，故受之以解。解者，緩也。」

崔憬曰：「蹇終，則『來碩，吉，利見大人』，故言『物不可以終難，故受之以解』。」

䷧ 坎下震上　震宮二世　十二月　解：利西南，

虞翻曰：「臨初之四。坤，西南卦。初之四，得坤衆，故『利西南，往得衆也』。」

无所往，其來復，吉。

虞翻曰：「謂四本從初之四，失位於外而无所應，故『无所往』。宜來反初〔二〕，復得正位，故『其來復，吉』也。二往之五，四來之初，成屯，體復象，故稱『來復，吉』矣。」

有攸往，夙吉。

〔一〕「附」，原作「竭」，今據盧本、四庫本、周本改。曹校：「心附」，或當作「以附」。

〔二〕「故无所往，宜來反初」，原倒作「宜來反初，故无所往」，今據盧本、周本乙。

虞翻曰：「謂二也。夙，早也。離爲日，爲甲。日出甲上，故早也。九二失正，早往之五，則吉。故『有攸往，夙吉，往有功也』。」

彖曰〔一〕：「解，險以動，動而免乎險，解。

虞翻曰：「險，坎；動，震；解，二月；『雷以動之，雨以潤之』，物咸孚甲，萬物生震，震出險上，故『免乎險』也。」

『解利西南』，往得衆也。

荀爽曰：「乾動之坤而得衆，西南，衆之象也。」

『无所往，

荀爽曰：「陰處尊位，陽无所往也。」

其來復，吉』，乃得中也。

荀爽曰：「來復居二，處中成險，故曰『復吉』也。」

『有攸往，夙吉』，往有功也。

荀爽曰：「五位无君，二陽又卑，往居之者則吉。據五解難，故『有功也』。」

〔一〕「彖」，原作「象」，今據胡本、盧本、四庫本、周本改。

天地解而雷雨作，

荀爽曰：「謂乾坤交通，動而成解卦，坎下震上，故『雷雨作』也。」

雷雨作而百果草木皆甲坼[一]。

荀爽曰：「解者，震世也。仲春之月，草木萌牙，『雷以動之，雨以潤之，日以烜之』，故『甲坼』也。」

解之時大矣哉。

王弼曰：「无所而不釋也。難解之時，非治難時也，故不言用也。體盡於解之名，无有幽隱，故不曰義也。」

象曰：「雷雨作，解，君子以赦過宥罪。」

虞翻曰：「君子謂三伏陽，出成大過。坎爲罪，入則大過象壞，故『以赦過』。二四失位，皆在坎獄中，三出體乾，兩坎[二]不見，震喜兑悦，罪人皆出，故以『宥罪』。謂三入則『赦過』，出則『宥罪』。『公用躲隼以解悖』，是其義也。」

初六：无咎。

〔一〕「坼」，胡本、毛本作「柝」，盧本、周本作「宅」。盧本、張本並小字注云：今本「宅」作「坼」。按：下注同，不再出校。

〔二〕「兩」，原作「雨」，今據盧本、四庫本、周本及曹校改。按：「雨坎」或當爲倒文。

虞翻曰：「與四易位，體震得正，故『无咎』也。」

象曰：「剛柔之際，義无咎也。」

虞翻曰：「體屯，初震剛柔始交，故『无咎』也。」

九二：田獲三狐，得黄矢，貞吉。

虞翻曰：「二稱田，田，獵也。變之正，艮爲狐，坎爲弓，離爲黄矢，矢貫狐體，二之五歷三爻，故『田獲三狐，得〔一〕黄矢』。之正得中，故『貞吉』。」

象曰：「九二『貞吉』，得中道也。」

虞翻曰：「動得正，故『得中道』。」

六三：負且乘，

虞翻曰：「負，倍也。二變時艮爲背，謂三以四艮倍五也。五來寇三時，坤爲車，三在坤上，故『負且乘』。小人而乘君子之器，故象曰『亦可醜也』。」

致寇至，貞吝。

〔一〕「得」，原脱，今據盧本、四庫本、周本及曹校補。

虞翻曰：「五之二成〔一〕坎，坎爲寇盜。上倍〔二〕慢五，下暴於二，『慢藏誨盜』，故『致寇至，貞吝』。象曰：『自我致戎，又誰咎也？』」

象曰：「『負且乘』，亦可醜也。自我致戎，又誰咎也？」

虞翻曰：「臨坤爲醜也，坤爲自我，以離兵伐三，故轉寇爲戎。艮手招盜，故『誰咎也』。」

九四：解而拇，朋至斯孚。

虞翻曰：「二動時，艮爲指，四變之坤爲母，故『解而拇』。臨兑爲朋，坎爲孚，四陽從初，故『朋至斯孚』矣。」

象曰：「『解而拇』，未當位也。」

王弼曰：「失位不正，而比於三，故三得附之，爲其拇也。三爲之拇，則失初之應，故『解其拇』，然後『朋至斯孚』而信矣。」　案：九四體震，震爲足，三在足下，拇之象。

六五：君子維有解，吉。有孚于小人。

虞翻曰：「君子謂二，之五得正成坎，坎爲心，故『君子維有解，吉』。小人謂五，陰爲小人，君子升位，

〔一〕「二成」，原作「三滅」，今據盧本、四庫本、周本及曹校改。胡本、毛本「三」作「二」。

〔二〕「倍」，原作「位」，今據曹校改。胡本無此字。

則小人退在二，故『有孚於小人』。坎爲孚〔一〕也。」

象曰：「君子有解，小人退也。」

虞翻曰：「二陽上之五，五陰小人退之二也。」

上六：公用䠶隼于高墉〔二〕之上，獲之，无不利。

虞翻曰：「上應在三。公謂三伏陽也。離爲隼，三失位，變體大過死象〔三〕。故『公用聅隼于高墉之上，獲之，无不利』也。」　案：二變時體艮，艮爲山、爲宫闕，三在山半，高墉之象也。

象曰：「『公用䠶隼』，以解悖也。」

虞翻曰：「坎爲悖，三出成乾，而坎象壞，故『解悖也』。」○九家易曰：「隼，鷙鳥也。今捕食雀者，其性疾害，喻暴君也。陰盜陽位，萬事悖亂，今䠶去之，故曰『以解悖也』。」

序卦曰：「緩必有所失，故受之以損。」

〔一〕「孚」，原作「小人」，今據盧本、四庫本、周本改。

〔二〕「墉」，盧本、周本作「庸」。下注「高墉之上」同。

〔三〕「變體大過死象」，盧本、周本作「動出成乾，貫隼，入大過死象」。

崔憬曰：「宥罪緩死，失之於僥倖，有損于政刑，故言『緩必有所失，故受之以損』者也。」

䷨ 艮宮七月三世 兑下艮上 損：

鄭玄曰：「艮爲山，兑爲澤，互體坤，坤爲地，山在地上，澤在地下，澤以自損增山之高也。猶諸侯損其國之富以貢獻于天子，故謂之損矣。」

有孚，元吉，无咎。可貞，利有攸往。

虞翻曰：「泰初之上，損下益上，以據二陰，故『有孚，元吉，无咎』。艮男居上，兑女在下，男女位正，故『可貞，利有攸往』矣。」

曷之用？二簋可用享。

崔憬曰：「曷，何也。言『其道上行』，將何所用？可用二簋而享也。以喻損下益上，惟在乎心，何必竭於不足而補有餘者也？」

彖曰：「損，損下益上，其道上行。

蜀才曰：「此本泰卦。案：坤之上六〔一〕下處乾三，乾之九三上升坤六，損下益上者也。陽德上行，故曰『其道上行』矣。」

〔一〕「六」，原作「九」，今據周本及曹校改。

損而有孚，

荀爽曰：「謂損乾之三居上，孚二陰也。」

『元吉，无咎』。

荀爽曰：「居上據陰，故『元吉，无咎』。以未得位，嫌於咎也。」

可貞，

荀爽曰：「少男在上〔一〕，少女雖年尚幼，必當相承，故曰『可貞』。」

利有攸往。

荀爽曰：「謂陽利往居上。損者損下益上，故利往居上。」

『曷之用？二簋可用享。』

荀爽曰：「二簋，謂上體二陰也。上爲宗廟，簋者，宗廟之器，故可享獻也。」

二簋應有時，

虞翻曰：「時謂春秋也。損二之五，震二月，益正月，春也；損七月，兑八月，秋也。謂春秋祭祀，以時思之。艮爲時，震爲應，故『應有時』也。」

〔一〕「上」，原作「下」，今據周本及曹校改。

損剛益柔有時。

虞翻曰：「謂冬夏也。二五已易成益，坤爲柔。謂損益上之三成既濟，坎冬離夏，故『損剛益柔有時』。」

損益盈虚，與時偕行。

虞翻曰：「乾爲盈，坤爲虚，損剛益柔，故『損益盈虚』。謂泰初之上，損二之五，益上之三〔一〕，『變通趨時』，故『與時偕行』。」

象曰：「山下有澤，損，君子以懲忿窒欲。」

虞翻曰：「君子，泰乾。乾陽剛武爲忿，坤陰吝嗇爲欲，損乾之初成兑説，故『懲忿』。初上據坤，艮爲止，故『窒欲』也。」

初九：祀事遄往，无咎，酌損之〔二〕。

虞翻曰：「祀，祭祀。坤爲事，謂二也。遄，速；酌，取也。二失正，初利二速往，合志於五，得正无咎，己得之應，故『遄往，无咎，酌損之』。象曰：『上合志也。』祀，舊作『巳』也。」

〔一〕「三」，原作「時」，今據胡本、盧本、周本及曹校改。

〔二〕張本下有小字注：今本「祀」作「巳」。

象曰：「『祀事遄往』，尚合志也。」

虞翻曰：「終成既濟，謂二上，合志於五也。」

九二：利貞，征凶，弗損益之。

虞翻曰：「失位當之正，故『利貞』。征，行也。震爲征，失正毁折，故不征之五則凶〔一〕。二之五成益，小損大益，故『弗損益之』矣。」

象曰：「九二『利貞』，中以爲志也。」

虞翻曰：「動體離中，故〔二〕『爲志也』。」

六三：三人行，則損一人。

虞翻曰：「泰乾三爻爲三人，震爲行，故『三人行』。損初之上，故『則損一人』。」

一人行，則得其友。

虞翻曰：「一人謂泰初，之上損剛益柔，故『一人行』。兑爲友，初之上，據坤應兑，故『則得其友』，言致一也。」

〔一〕曹校：當爲「不之五則征凶」。

〔二〕「故」下，曹校：似脱「中以」二字，或「故」當爲「坎」。

象曰：「『一人行』，三則疑也。」

虞翻曰：「坎爲疑，上益三成坎，故『三則疑』。」○荀爽曰：「一陽在上，則教令行；三陽在下，則民衆疑也。」

六四：損其疾，使遄有喜，无咎。

虞翻曰：「四謂二也。四得位，遠應初，二疾上五，已得承之。謂二之五，三上復坎[一]爲疾也。陽在五稱喜，故『損其疾，使遄有喜』。二上體觀，得正承五，故『无咎』矣。」

象曰：「『損其疾』，亦可喜也。」

蜀才曰：「四當承上而有初應，必上之所疑矣。初，四之疾也。宜損去其初，使上遄喜。」○虞翻曰：「二上之五，體大觀象，故『可喜也』。」

六五：或益之十朋之龜，弗克違，元吉。

虞翻曰：「謂二五已變成益，故『或益之』。坤數十[二]，兑爲朋，三上失位，三動離爲龜，十謂神、靈、攝、寶、文、筮、山、澤、水、火之龜也，故『十朋之龜』。三上易位，成既濟，故『弗克違，元吉』矣。」

〔一〕「坎」，原作「欲」，今據盧本、四庫本、周本及曹校改。

〔二〕「數十」，原作「爲正」，今據諸本及曹校改。

象曰：「六五『元吉』，自上祐也。」

侯果曰：「内柔外剛，龜之象也。又體兑艮，互有坤震，兑爲澤龜，艮爲山龜，坤爲地龜，震爲木龜，坤數又十，故曰『十朋』。朋，類也。六五處尊，損己奉上，人謀允叶，龜墨不違，故能延上九之祐，而來『十朋』之益，所以大吉也。」○崔憬曰：「『或之者，疑之也』。故用元龜，價直二十大貝，龜之最神貴者以決之，不能違其益之義，故獲『元吉』。雙貝曰朋也。」

上九：弗損益之，无咎，貞吉。

虞翻曰：「損上益三也。上失正，之三得位，故『弗損益之，无咎，貞吉』。動成既濟，故『大得志』。」

利有攸往，得臣无家。

虞翻曰：「謂三往之上，故『利有攸往』。二五已動成益，坤爲臣，三變據坤成家人，故曰『得臣』。動而應三，成既濟，則家人壞，故曰『无家』。」○王肅曰：「處損之極，損極則益，故曰『不損益之』。非位〔一〕，咎也。爲下所益，故『无咎』。據五應三，三陰上附，外内相應，上下交接，正之吉也。故『利有攸往』矣。剛陽居上，羣下共臣，故曰『得臣』矣。得臣則萬方一軌，故『无家』也。」

象曰：「『弗損益之』，大得志也。」

〔一〕「位」，盧本、四庫本、周本作「无」。

虞翻曰：「謂二五已變，上下益三，成既濟定，離坎體正，故『大得志』。」

序卦曰：「損而不已必益，故受之以益。」

崔憬曰：「損終則弗損益之，故言『損而不已必益』也。」

䷩ 巽宮七月三世 震下巽上 益：利有攸往。

虞翻曰：「否上之初也。『損上益下，其道大光』。二利往坎應五，故『利有攸往，中正有慶』也。」

利涉大川。

虞翻曰：「謂三失正，動成坎體渙，坎爲大川，故『利涉大川』。渙，舟檝象，木道乃行也。」○鄭玄曰：「陰陽之義，陽稱爲君，陰稱爲臣。今震一陽二陰，臣多於君矣；而四體巽，之下〔一〕應初，是天子損其所有以下諸侯也。人君之道，以益下爲德，故謂之益也。震爲雷，巽爲風，雷動風行，二者相成，猶人君出教令，臣奉行之，故『利有攸往』。坎爲大川，故〔二〕『利涉大川』矣。」

彖曰：「益，損上益下，

〔一〕「下」，原作「不」，今據周本及曹校改。

〔二〕「坎爲大川，故」五字，原脱，今據盧本、四庫本、周本補。毛本無「故」字。

蜀才曰：「此本否卦。案〔一〕：乾之上九下處坤初，坤之初六上升乾四，『損上益下』者也。」

民説无疆〔二〕。

虞翻曰：「四之初，坤爲无疆，震爲喜笑，以貴下賤，大得民，故『説无疆』矣。」

自上下下，其道大光。

虞翻曰：「乾爲大明，以乾照坤，故『其道大光』。或以上之三，離爲大光矣。」

利有攸往，中正有慶。

虞翻曰：「中正謂五，而二應之，乾爲慶也。」

利涉大川，木道乃行。

虞翻曰：「謂三動成涣，涣，舟楫象。巽木得水，故『木道乃行』也。」

益動而巽，日進无疆。

虞翻曰：「震三動爲離，離爲日，巽爲進，坤爲疆，日與巽俱進，故『日〔三〕進无疆』也。」

〔一〕「案」，原脱，今據盧本、四庫本及曹校補。

〔二〕「損上益下，民説无疆」，盧本、四庫本、周本分作兩句，句下分别爲蜀才與虞翻注，此本合爲蜀才注，今據盧本、四庫本、周本改。原蜀才注作「此本否卦。乾上之初，坤爲无疆，震爲喜笑，以貴下賤，大得民，故説无疆矣」。

〔三〕「日」，原作「曰」，今據盧本、四庫本、周本及曹校改。

天施地生，其益无方。

虞翻曰：「乾下之坤，震爲出生，萬物出震，故『天施地生』。陽在坤初爲无方〔一〕，『日進无疆』，故『其益无方』也。」

凡益之道，與時偕行。

虞翻曰：「上來益三，四時象正，艮爲時，震爲行，與損同義，故『與時偕行』也。」

象曰：「風雷〔二〕，益，君子以見善則遷，有過則改。」

虞翻曰：「君子謂乾也。上之三，離爲見，乾爲善，坤爲過，坤三進之乾四，故『見善則遷』。乾上之坤初，改坤之過，體復象，『復以自知』，故『有過則改』也。」

初九：利用爲大作，元吉，无咎。

虞翻曰：「大作謂耕播。耒耨之利，蓋取諸此也。坤爲用，乾爲大，震爲作，故『利用爲大作』。體復，初得正，『朋來无咎』，故『元吉，无咎』。震，二〔三〕月卦，『日中星鳥，敬授民時』，故以耕播也。」

象曰：「『元吉，无咎』，下不厚事也。」

〔一〕「陽在坤初爲无方」，原作「陽在初，坤爲无方」，今據盧本、周本改。
〔二〕「風雷」，原倒，今據諸本及曹校乙。
〔三〕「二」，原作「三」，今據周本及曹校改。

侯果曰：「大作謂耕植也。處益之始，居震之初，震爲稼穡，又爲大作，益之大者，莫大耕植。故初九之利，『利爲大作』。若能不厚勞於下民，不奪時于農畯，則『大吉，无咎』矣。」

六二：或益之十朋之龜，弗克違，永貞吉。

虞翻曰：「謂上從外來益也〔一〕，故『或益之』。二得正遠應，利三之正，己得承之。坤數十，損兑爲朋，謂三變離爲龜，故『十朋之龜』。坤爲永，上之三得正，故『永貞吉』。」

王用享于帝，吉。

虞翻曰：「震稱帝，王謂五，否乾爲王，體觀象，艮爲宗廟；三變〔二〕折坤牛，體噬嗑食，故『王用享於帝』。得位，故『吉』。」〇干寶曰：「聖王先成其民而後致力於神，故『王用享於帝』。在巽之宫，處震之象，是則倉精之帝同始祖矣。」

象曰：「或益之，自外來也。」

虞翻曰：「乾上稱外，來益三〔三〕也。」

六三：益之用凶事，无咎。

〔一〕「也」，盧本、四庫本、周本作「三」，周易述作「初」。
〔二〕「變」，原作「乾」，今據盧本、周本及曹校改。
〔三〕「三」，周易述作「初」。

虞翻曰：「坤爲事，『三多凶』，上來益三得正，故『益用凶事，无咎』。」

有孚中行，告公用圭。

虞翻曰：「公謂三伏陽也。三動體坎，故『有孚』。震爲中行、爲告，位在中，故曰〔一〕『中行』。三，公位，乾爲圭，乾之三〔二〕，故『告公用圭』。圭，桓圭也。」○九家易曰：「天子以尺二寸玄圭事天，以九寸事地也。上公執桓圭九寸，諸侯執信圭七寸，諸伯執躬圭七寸，諸子執穀璧五寸，諸男執蒲璧五寸。五等諸侯各執之，以朝見天子也。」

象曰：「『益用凶事』，固有之矣。」

虞翻曰：「三上失正當變，是『固有之』。」○干寶曰：「固有如桓文之徒，罪近篡弑，功實濟世。六三失位而體奸邪，處震之動，懷巽之權，是矯命之士，争奪之臣，桓文之爻也。故曰『益之用凶事』。在益之家而居坤中，能保社稷，愛撫人民，故曰『无咎』。既乃中行近仁，故曰『有孚中行』。然後俯列盟會，仰致錫命，故曰『告公用圭』。」

六四：中行，告公從，

〔一〕「曰」，原作「告」，今據盧本、四庫本、周本及曹校改。

〔二〕「三」，原作「二」，今據盧本、四庫本、周本及曹校改。胡本作「上」。

虞翻曰：「中行謂震位在中，震爲行、爲從，故曰『中行』。公謂三，三上失位，四利三之正，己得以爲實，故曰『告公從』矣。」

利用爲依遷國。

虞翻曰：「坤爲邦〔一〕。遷，徙〔二〕也。三動坤從，故『利用爲依遷國』也。」

象曰：「『告公從』，以益志也。」

虞翻曰：「坎爲志，三之上，有兩坎象，故『以益志也』。」○崔憬曰：「益其勤王之志也。居益之時，履當其位，與五近比，而四上公，得藩屏之寄，爲依從之國。若周平王之東遷，晉鄭是從也。五爲天子，益其忠志以勑之，故言『中行告公從，利用爲依遷國』矣。」

九五：有孚惠心，勿問，元吉。

虞翻曰：「謂三上也。震爲問，三上易位，三五體坎，已成既濟，坎爲心，故『有孚惠心，勿問，元吉』，故象曰『勿問之矣』。」

有孚惠我德。

〔一〕「邦」，四庫本作「國」。
〔二〕「徙」，原作「從」，今據盧本、四庫本、周本改。下「坤從」，盧本、周本作「坤徙」。

虞翻曰：「坤爲我，乾爲德，三之上體坎爲孚，故『惠我德』，象曰『大得志』。」

象曰：「『有孚惠心』，勿問之矣。『惠我德』，大得志也。」

崔憬曰：「居中履尊，當位有應，而損上之時，自一以損己爲念。雖有孚于國，惠心及下，終不言以彰己功，故曰『有孚惠心，勿問』。問猶言也。如是，則獲元吉，且爲下所信而懷己德，故曰『有孚惠我德』。君雖不言，人惠其德，則我『大得志也』。」

上九：莫益之，

虞翻曰：「莫，无也。自非上无益初〔一〕者，唯上當无應，故『莫益之』矣。」

或擊之，

虞翻曰：「謂上不益初〔二〕，則以剥滅乾。艮爲手，故『或擊之』。」

立心勿恒，凶。

虞翻曰：「上體巽爲進退，故『勿恒』。動成坎心，以陰乘陽，故『立心勿恒，凶』矣。」

象曰：「『莫益之』，偏辭也。

〔一〕「初」，原作「三」，今據盧本、周本改。

〔二〕「初」，原作「三」，今據盧本、四庫本、周本及周易盧氏義改。

虞翻曰：「徧，周匝也。三體剛，凶，故至上應乃益之矣。」

『或擊之』，自外來也。」

虞翻曰：「外謂上，上來之三，故曰『自外來也』。」

周易集解卷第九

夬 姤 萃 升 困

序卦曰：「益而不已必決，故受之以夬。夬者，決也。」

韓康伯曰：「益而不已則盈，故『必決』矣。」

☱☰ 坤宮五月五世 乾下兑上 夬：揚于王庭。

虞翻曰：「陽決陰，息卦也。剛決柔，與剥旁通。乾爲揚〔一〕、爲王，剥艮爲庭，故『揚于王庭』矣。」○鄭玄曰：「夬，決也。陽氣浸長至於五，五尊位也，而陰先之，是猶聖人積德悦天下，以漸消去小人，至於受命爲天子，故謂之『決』〔二〕。揚，越也。五互體乾，乾爲君，又居尊位，『王庭』之象也。陰爻越其上，

〔一〕「揚」，原作「陽」，今據胡本、盧本、周本及曹校改。

〔二〕「決」，周本、纂疏作「夬」。

小人乘君子，罪惡上聞于聖人之朝，故曰『夬[一]，揚于王庭』也。」

孚號有厲，

虞翻曰：「陽在二、五稱孚，孚謂五也。二失位，動體巽，巽爲號，離爲光，不變則危，故『孚號有厲，其危乃光也』。」

告自邑，不利即戎，

虞翻曰：「陽息動復，剛長成夬，震爲告，坤爲自邑；夬從復升[二]，坤逆在上，民衆消滅；二變時，離爲戎，故『不利即戎，所尚乃窮也』。」

利有攸往。

虞翻曰：「陽息陰消，君子道長，故『利有攸往，剛長乃終』。」

彖曰：「夬，決也，剛決柔也。

虞翻曰：「乾決坤也。」

健而說，決而和。

〔一〕「夬」，原作「決」，今據諸本及曹校改。

〔二〕「升」，原作「外」，今據盧本、四庫本、周本及曹校改。

虞翻曰：「健，乾；說，兑也。以乾陽獲陰之和，故『決而和』也。」

『揚于王庭』，柔乘五剛也。

王弼曰：「剛德浸〔一〕長，一柔爲逆，衆所同誅而无忌者也，故可『揚于王庭』。」

『孚號有厲』，其危乃光也。

荀爽曰：「信其號令於下，衆陽危去上六，陽乃光明也。」〇干寶曰：「夬九五則『飛龍在天』之爻也，應天順民，以發號令，故曰『孚號』。以柔決剛〔二〕，以臣伐君，君子危之，故曰『有厲』。德大即〔三〕心小，功高而意下，故曰『其危乃光也』。」

『告自邑，

翟玄曰：「坤稱邑也。」〇干寶曰：「殷民告周以紂无道。」

不利即戎』，所尚乃窮也。

荀爽曰：「不利即尚兵戎，而與陽争，必困窮。」

『利有攸往』，剛長乃終也。」

〔一〕「浸」，周本作「齊」。

〔二〕「以柔決剛」，原作「以剛決柔」，今據胡本、毛本、盧本、張本及曹校改。

〔三〕「即」，周本作「而」。胡本「即」下有「以」字。

虞翻曰：「乾體大成，以決小人，終乾之剛，故乃以終也。」

象曰：「澤上於天，夬，

陸績曰：「水氣上天，決降成雨，故曰『夬』。」

君子以施禄及下，居德則忌。」

虞翻曰：「君子謂乾，乾爲施禄，下爲剥坤，坤爲衆臣，以乾應坤，故『施禄及下』。乾爲德，艮爲居，故『居德則忌』。陽極陰生，謂陽忌陰。」

初九：壯于前趾，往不勝爲咎。

虞翻曰：「夬變大壯，大壯震爲趾，位在前，故『壯于前』。剛以應剛，不能克之，往如失位，故『往不勝爲咎』。」

象曰：「不勝而往，咎也。」

虞翻曰：「往失位應陽，故咎矣。」

九二：惕號，莫夜有戎，勿恤。

虞翻曰：「惕，懼也。二失位，故『惕』。變成巽，故『號』。剥坤爲『莫夜』。二動成離，離爲戎，變而得正，故『有戎』。四變成坎，坎爲憂，坎又得正，故『勿恤』，謂成既濟定也。」

象曰：「『有戎勿恤』，得中道也。」

虞翻曰：「動得正應五，故『得中道』。」

九三：壯于頄，有凶。

翟玄曰：「頄，面也。謂上處乾首之前稱頄。頄，頰間骨。三往壯上，故『有凶』也。」

君子夬夬，獨行遇雨。

荀爽曰：「九三體乾，乾爲君子。三五同功，二爻俱欲決上，故曰『君子夬夬』也。『獨行』謂一爻獨上，與陰相應，爲陰所施，故『遇雨』也。」

若濡有愠，无咎。

荀爽曰：「雖爲陰所濡，能愠不悦，得无咎也。」

象曰：「『君子夬夬』，終无咎也。」

王弼曰：「頄，面顴也。謂上六矣，最處體上，故曰『頄』也。剥之六三，以應陽爲善。夫剛長則君子道興，陰盛則小人道長，然則處陰長而助陽則善，處剛長而助柔則凶矣。而三獨應上，助小人，是以凶也。君子處之，必能棄夫情累，決之不疑，故曰『夬夬』也。若不與陽爲羣，而獨行殊志，應於小人，則受其困焉。『遇雨，若濡有愠』，而終无所咎也。」

九四：臀无膚，其行趦趄〔一〕。

〔一〕「趦趄」，胡本、四庫本、周本作「次且」。下注及象辭注同。盧本經傳作「次且」，注作「趑趄」。

虞翻曰：「二四已變，坎爲臀，剥艮爲膚，毁滅不見，故『臀无膚』。大壯震爲行，坎爲破、爲曳，故『其行趦趄』也。」

牽羊悔亡，聞言不信。

虞翻曰：「兑爲羊，二變巽爲繩，剥艮手持繩，故『牽羊』。謂四之正，得位承五，故『悔亡』。震爲言，坎爲耳，震坎象不正，故『聞言不信』也。」

象曰：「『其行趑趄』，位不當也。『聞言不信』，聰不明也。」

虞翻曰：「坎耳離目，折入於兑，故『聰不明』矣。」案：兑爲羊，四五體兑故也。凡卦，初爲足，二爲腓，三爲股，四爲臀，當陰柔，今反剛陽，故曰「臀无膚」。九四震爻，震爲足，足既不正，故「行趑趄」矣。

九五〔一〕：莧陸夬夬，

荀爽曰：「莧謂五，陸謂三。兩爻決上，故曰『夬夬』也。莧者，葉柔而根堅且赤，以言陰在上六也。陸亦取〔二〕葉柔根堅也。去陰遠，故曰陸，言差堅於莧。莧根小，陸根大。五體兑，柔居上，莧也。三體

〔一〕「九五」，原作「初九」，今據諸本及曹校改。
〔二〕「取」下，原有「上」，今據毛本、盧本、四庫本、周本删。

乾，剛在下，根深，故謂之陸也。」

中行无咎。

虞翻曰：「莧，説也。莧，讀『夫子莧〔一〕爾而笑』之『莧』。睦〔二〕，和睦也。震爲笑言。五得正位，兑爲説，故『莧陸夬夬』。大壯震爲行，五在上中，動而得正，故『中行无咎』。舊讀言『莧陸』，字之誤也。馬君、荀氏皆從俗言『莧陸』，非也。」

象曰：「『中行无咎』，中未光也。」

虞翻曰：「在坎陰中，故『未光』也。」○王弼曰：「莧，草之柔脆者也。夬之至易，故曰『夬夬』也。夬之爲義，以剛決柔，以君子除小人也。而五處尊位，最比小人，躬自決者也。夫以至尊而敵於至賤，雖其克勝，未足多也。處中而行，足以免咎而已，未爲光益也。」

上六：无號，終有凶。

虞翻曰：「應在於三，三〔三〕動時體巽，巽爲號令，四已變坎，之應歷險，巽象不見，故『无號』。位極乘陽，故『終有凶』矣。」

〔一〕「莧」，原作「莞」，今據盧本、張本、周本及曹校改。

〔二〕「睦」，胡本、盧本、四庫本、周本作「陸」。

〔三〕「三」，曹校：當爲「二」。

象曰：「『无號』之凶，終不可長也。」

虞翻曰：「陰道消滅，故『不可長也』。」

序卦曰：「決必有遇，故受之以姤。姤者，遇也。」

崔憬曰：「『君子夬夬，獨行遇雨』，故言『決必有遇』也。」

䷫ 巽下乾上 乾宮一世五月 姤：女壯，

虞翻曰：「消卦也，與復旁通。巽，長女；女壯，傷也。陰傷陽，柔消剛，故『女壯』也。」

勿用取女。

虞翻曰：「陰息剥陽，以柔變剛，故『勿用娶女，不可與長也』。」

彖曰：「姤，遇也。柔遇剛也。『勿用娶女』，

鄭玄曰：「姤，遇也。一陰承五陽，一女當五男，苟相遇耳，非禮之正，故謂之『姤』。女壯如是，壯健以淫，故不可娶。婦人以婉娩爲其德也。」

不可與長也。

王肅曰：「女不可娶，以其不正，不可與長久也。」

天地相遇，品物咸章也。

荀爽曰：「謂乾成於巽，而舍於離；坤出於離，與乾相遇，南方夏位，萬物章明也。」○九家易曰：「謂陽起子，運行至四月，六爻成乾，巽位在巳，故言『乾成於巽』。既成，轉舍於離，萬物皆盛大，坤〔一〕從離出，與乾相遇，故言『天地遇』也。」

剛遇中正，天下大行也。

翟玄曰：「剛謂九五，遇中處正，教化大行於天下也。」

姤之時義大矣哉。

陸績曰：「天地相遇，萬物亦然，故其義大也。」

象曰：「天下有風，姤，

翟玄曰：「天下有風，風无不周布，故君以施令告化四方之民矣。」

后以施命誥四方。」

虞翻曰：「后，繼體之君。姤陰在下，故稱『后』。與泰稱『后』同義也。乾爲施，巽爲命、爲誥，復震二月，東方；姤五月，南方；巽八月，西方；復十一月，北方；皆總在初，故『以誥四方』也。孔子行夏之

〔一〕「坤」，原奪在「萬物」上，今據盧本、四庫本、周本及曹校乙正。

時，經用周家之月，夫子傳彖、象以下，皆用夏家月。是故復爲十一月，姤爲五月矣。」

初六：繫于金柅，貞吉。

虞翻曰：「柅謂二也。巽爲繩，故『繫柅』。乾爲金，巽木入金，柅之象也。初四失正，易位乃吉，故『貞吉』矣。」

有攸往，見凶。

九家易曰：「絲繫於柅，猶女繫男，故以喻初宜繫二也。若能專心順二，則吉，故曰『貞吉』。今既爲二所據，不可往應四，往則有凶，故曰『有攸往，見凶』也。」

羸豕孚蹢躅〔一〕。

虞翻曰：「以陰消陽，往謂成坤。遯子弒父，否臣弒君，夬時三動，離爲見，故『有攸往，見凶』矣。三夬之四，在夬動而體坎，坎爲豕，爲孚，巽繩操之，故稱『羸』也。巽爲舞，爲進退，操而舞，故『羸豕孚蹢躅』。以喻姤女望于五陽，如豕蹢躅也。」○宋衷曰：「羸，大索，所以繫豕者也。巽爲股，又爲進退，股而進退，則『蹢躅』也。初應於四，爲二所據，不得從應，故不安矣。體巽爲風，動搖之貌也。」

象曰：「『繫于金柅』，柔道牽也。」

〔一〕「蹢躅」，盧本、周本作「蹢躅」，下注同，不再出校。

虞翻曰：「陰道柔，巽爲繩，牽於二也。」

九二：包有魚，无咎，不利賓。

虞翻曰：「巽爲白茅，在中稱包。詩曰：『白茅包之。』魚謂初陰，巽爲魚。二雖失位，陰陽相承，故『包有魚，无咎』。賓謂四，乾尊稱賓，二據四應，故『不利賓』。或以包爲庖廚也。」

象曰：「『包有魚』，義不及賓也。」

王弼曰：「初陰而窮下，故稱魚也。不正之陰，處遇之始，不能逆近者也。初自樂來，應己之廚，非爲犯奪〔一〕，故『无咎』也。擅人之物，以爲己惠，義所不爲，故『不及賓』。」

九三：臀无膚，其行趦趄〔二〕，厲，无大咎。

虞翻曰：「夬時動之坎爲臀，艮爲膚，二折艮體，故『臀无膚』。復震爲行，其象不正，故『其行趦趄』。三得正位，雖則危厲，故『无大咎』矣。」　案：巽爲股，三居上，臀也。爻非柔，无膚，行趑趄也。

象曰：「『其行趦趄』，行未牽也。」

虞翻曰：「在夬失位，故牽羊。在姤得正，故『未牽也』。」

〔一〕「奪」，原作「應」，今據胡本、宋本周易正義改。

〔二〕「趦趄」，胡本、盧本、四庫本、周本作「次且」。下注及象辭、象辭注同。

九四：包无魚，起凶。

王弼曰：「二有其魚，四故失之也。无民而動，失應而作，是以凶矣。」

象曰：「『无魚』之凶，遠民也。」

崔憬曰：「雖與初應而失其位，二有其魚而賓不及，若起于競，涉遠行難，終不遂心，故曰『无魚之凶，遠民也』，謂初六矣。」

九五：以杞包瓜，含章，

虞翻曰：「杞，杞柳，木名也。巽爲杞、爲包，乾圓稱瓜，故『以杞包瓜』矣。『含章』謂五也，五欲使初四易位，以陰含陽，己得乘之，故曰『含章』。初之四體兑口，故稱『含』也。」○干寶曰：「初二體巽爲草木，二又爲田，田中之果，柔而蔓者，瓜之象也。」

有隕自天。

虞翻曰：「隕，落也。乾爲天，謂四隕之初，初上承五，故『有隕自天』矣。」

象曰：「九五『含章』，中正也。『有隕自天』，志不舍命也。」

虞翻曰：「巽爲命也，欲初之四承己，故『不舍命』矣。」

上九：姤其角，吝，无咎。

虞翻曰：「乾爲首，位在首上，故稱角。動而得正，故『无咎』。」

象曰：「『姤其角』，上窮吝也。」

王弼曰：「進之於極，无所復遇，遇角而已，故曰『姤其角』也。進而无遇，獨恨而已，不與物牽，故曰『上窮吝也』。」

序卦曰：「物相遇而後聚，故受之以萃。萃者，聚也。」

崔憬曰：「天地相遇，品物咸章，故言『物相遇而後聚』。」

䷬ 兌宮二世六月 坤下兌上 萃：亨〔一〕，王假有廟。

虞翻曰：「觀上之四也。觀乾爲王。假，至也。艮爲廟，體觀享祀，故亨〔二〕。上之四，故『假有廟，致孝享』矣。」

利見大人，亨，利貞，

虞翻曰：「大人謂五。三四失位，利之正，變成離，離爲見，故『利見大人，亨，利貞』，聚以正也。」

用大牲，吉，利有攸往。

〔一〕「亨」，盧本、周本無此字。

〔二〕「故亨」，「亨」原作「通」，盧本、四庫本、周本無此二字。

虞翻曰：「坤爲牛，故曰『大牲』。四之三，折坤得正，故『用大牲，吉』。三往之四，故『利有攸往，順天命也』。」○鄭玄曰：「萃，聚也。坤爲順，兑爲悦，臣下以順道承事其君，悦德居上待之，上下相應，有事而和通，故曰『萃亨』也。假，至也。互有艮巽，巽爲木，艮爲闕，木在闕上，宫室之象也。四本震爻，震爲長子；五本坎爻，坎爲隱伏；居尊而隱伏，鬼神之象。長子入闕升堂，祭祖禰之禮也，故曰『王假有廟』。二本離爻也，離爲目，居正應五，故『利見大人』矣。大牲，牛也。言大人有嘉會時，可幹事，必殺牛而盟。既盟，則可以往〔一〕，故曰『利往』。」　案：坤爲牛，巽木下剋坤土，煞〔二〕牛之象也。

彖曰：「萃，聚也。順以説，剛中而應，故聚也。

荀爽曰：「謂五以剛居中，羣陰順悦而從之，故能聚衆也。」

『王假有廟』，

陸績曰：「王，五；廟，上也。王者聚百物，以祭其先，諸侯助祭于廟中。假，大也。言五親奉上矣。」

致孝享也。

虞翻曰：「享，享祀也。五至初有觀象，謂享坤牛，故『致孝享』矣。」

〔一〕「往」，原脱，今據諸本補。
〔二〕「煞」，毛本、盧本、四庫本、周本作「殺」。

『利見大人，亨』，聚以正也。

虞翻曰：「坤爲聚，坤三之〔一〕四，故『聚以正』也。」

『利貞，

九家易曰：「五以正聚陽，故曰『利貞』。」

用大牲，吉，利有攸往』，順天命也。

虞翻曰：「坤爲順，巽爲命，三往之四，故『順天命也』。」

觀其所聚，而天地萬物之情可見矣。」

虞翻曰：「三四易位成離坎，坎月離日，日以見天，月以見地，故『天地之情可見矣』。與大壯、咸、恒同義也。」

象曰：「澤上於地，萃，

荀爽曰：「澤者卑下，流潦歸之，萬物生焉，故謂之萃也。」

君子以除戎器，戒不虞。」

虞翻曰：「君子謂五。除，修；戎，兵也。詩曰：『脩爾車馬，弓矢戎兵。』陽在三四爲脩，坤爲器；三四

〔一〕「三之」，原倒，今據盧本、四庫本、周本及曹校乙。

之正，離爲戎兵、甲胄、飛矢，坎爲弓弧，巽爲繩，艮爲石，謂敹[一]甲胄，鍛厲矛矢，故『除戎器』也。坎爲寇，坤爲亂，故『戒不虞』也。」

初六：有孚不終，乃亂乃萃。

虞翻曰：「孚謂五也。初四易位，五坎中，故『有孚』。失正當變，坤爲終，故『不終』。萃，聚也。坤爲亂[二]、爲聚，故『乃亂乃萃』。失位不變，則相聚爲亂，故象曰『其志亂也』。」

若號，一握爲笑，勿恤，往无咎。

虞翻曰：「巽爲號。艮爲手，初稱一，故『一握』。初動成震，震爲笑；四動成坎，坎爲恤，故『若號，一握爲笑，勿恤』。初之四得正，故『往无咎』矣。」

象曰：『乃亂乃萃』，其志亂也。

虞翻曰：「坎爲志，初不[三]之四，『其志亂也』。」

六二：引吉，无咎。

虞翻曰：「應巽爲繩，艮爲手，故『引吉』。得正應五，故『无咎』。利引四之初，使避己，己得之五也。」

[一]「敹」，原作「類」，今據胡本、盧本、四庫本、周本及曹校改。
[二]「爲亂」二字，原脱，今據盧本、四庫本、周本及曹校補。
[三]「不」，原脱，今據盧本、四庫本及纂疏補。

孚乃利用禴。

虞翻曰：「孚謂五。禴，夏祭也。體觀象，故『利用禴』。四之三，故『用大牲』。離爲夏，故『禴祭』。詩曰『禴祠烝嘗』，是其義。」

象曰：「『引吉，无咎』，中未變也。」

虞翻曰：「二得正，故不變也。」○王弼曰：「居萃之時，體柔當位；處坤之中，己獨履正，與〔一〕衆相殊，異操而聚，民之多僻，獨正者危，未能變體，以遠於害，故必待五引，然後乃吉而无咎。禴，殷春祭名，四時之祭省者也。居聚之時，處於中正，而行以忠信，可以省薄薦〔二〕於鬼神矣。」

六三：萃如嗟如，无攸利，往无咎，小吝。

虞翻曰：「坤爲萃，故『萃如』。巽爲號，故『嗟如』。失正，故『无攸利』。動得位，故『往无咎，小吝』，謂往之四。」

象曰：「往无咎，上巽也。」

虞翻曰：「動之四，故『上巽』。」

〔一〕「與」，原脱，今據諸本及曹校補。

〔二〕「薦」，原脱，今據周易正義及曹校補。

九四：大吉，无咎。象曰：「『大吉，无咎』，位不當也。」

虞翻曰：「以陽居陰，故『位不當』。動而得正，承五應初，故『大吉』而『无咎』矣。」

九五：萃有位，无咎，匪孚，元永貞，悔亡。

虞翻曰：「得位居中，故『有位』。『无咎』。『匪孚』，謂四也。四變之正，則五體皆〔一〕正，故『元永貞』。與比象同義。四動之初，故『悔亡』。」

象曰：「『萃有位』，志未光也。」

虞翻曰：「陽在坎中，故『志未光』。與屯五同義。」

上六：齎資〔二〕涕洟，无咎。

虞翻曰：「齎，持；資，賻也。貨財喪稱賻。自目曰涕，自鼻稱洟。坤爲財，巽爲進，故『齎資』也。三之四，體離坎，艮爲鼻，涕淚流鼻目，故『涕洟』。得位應三，故『无咎』。上體大過死象，故有『齎資涕洟』之哀。」

象曰：「『齎資涕洟』，未安上也。」

〔一〕「皆」，原作「比」，今據諸本及曹校改。

〔二〕「資」，毛本、四庫本作「咨」。下象辭及注同，不再出校。曹校：下注「資」當爲「咨」。

虞翻曰：「乘剛遠應，故『未安上也』。」○荀爽曰：「此本〔一〕否卦。上九陽爻，見滅遷移，以喻夏桀、殷紂。以上六陰爻代之，若夏之後封東樓公于杞，殷之後封微子于宋，去其骨肉，臣服異姓，受人封土，未安居位，故曰『齎資涕洟，未安上也』。」

序卦曰：「聚而上者謂之升，故受之以升也。」

崔憬曰：「用大牲而致孝享，故順天命〔二〕而升爲王矣，故言『聚而上者謂之升』也。」

䷭ 震宮八月四世 巽下坤上 升：

鄭玄曰：「升，上也。坤地巽木，木生地中，日〔三〕長而上，猶聖人在諸侯之中，明德日益高大也，故謂之升。升，進益之象矣。」

元亨。

〔一〕「本」，原脱，今據諸本及曹校補。
〔二〕「命」，原作「子」，今據曹校及纂疏改。
〔三〕「日」，原作「曰」，今據諸本及曹校改。

虞翻曰：「臨初之三，又有臨〔一〕象，剛中而應，故『元亨』也。」

用見大人，勿恤。

虞翻曰：「謂二當之五，爲大人，離爲見，坎爲恤，二之五得正，故『用見大人，勿恤，有慶也』。」

南征吉。

虞翻曰：「離，南方卦，二之五成離，故『南征吉，志行也』。」

彖曰：「柔以時升，

虞翻曰：「柔謂五，坤也。升謂二。坤邑无君，二當升五虛，震兑爲春秋；二升，坎離爲冬夏；四時象正，故『柔以時升』也。」

巽而順，剛中而應，是以大亨。

荀爽曰：「謂二以剛居中，而來應五，故能『大亨』，上居尊位也。」

『用見大人，勿恤』，有慶也。

荀爽曰：「大人，天子，謂升居五，見爲大人，羣陰有主，无所復憂，而有慶也。」

『南征吉』，志行也。」

〔一〕「臨」，原作「巽」，今據胡本、盧本、周本及曹校改。

虞翻曰：「二之五，坎爲志，震爲行。」

象曰：「地中生木，升，

荀爽曰：「地謂坤，木謂巽，地中生木，以微至著，升之象也。」

君子以順〔一〕德，積小以成高大。」

虞翻曰：「君子謂三。小謂陽息復時，復小爲德之本；至二成臨，臨者，大也；臨初之三，巽爲高；二之五，艮爲順，坤爲積，故『順德，積小成高大』。」

初六：允升，大吉。

荀爽曰：「謂一體相隨，允然俱升。初欲與巽一體，升居坤上，位尊得正，故『大吉』也。」

象曰：「『允升，大吉』，上合志也。」

九家易曰：「謂初失正，乃與二陽允然合志，俱升五位，故曰〔二〕『上合志也』。」

九二：孚乃利用禴，无咎。

虞翻曰：「禴，夏祭也。孚謂二，之五成坎爲孚，離爲夏，故『乃利用禴，无咎』矣。」

〔一〕「順」，盧本、周本作「慎」。下「艮爲順」之「順」同，武億羣經義證云古通，不再出校。

〔二〕「故曰」二字，毛本、盧本、四庫本、周本無。

象曰：「九二之孚，有喜也。」

虞翻曰：「升五得位，故『有喜』。」〇干寶曰：「剛中而應，故『孚』也。又言『乃利用禴』，于春時也。非時而祭曰『禴』。然則文王儉以恤民，四時之祭皆以禴禮，神享德與信，不求備也。故既濟九五曰：『東鄰殺牛，不如西鄰之禴祭實受其福。』九五坎，坎爲豕，然則禴祭以豕而已，不奢盈於禮，故曰『有喜』矣。」

九三：升虛邑。

荀爽曰：「坤稱邑也。五虛无君，利二上居之，故曰『升虛邑，无所疑也』。」

象曰：「『升虛邑』，无所疑也。」

虞翻曰：「坎爲疑，上得中，故『无所疑也』。」

六四：王用享〔一〕於岐山，吉，无咎。

荀爽曰：「此本升卦也。巽升坤上，據三成艮，巽爲岐，艮爲山，王謂五也。亨有兩體，位正、衆服，故『吉』也。四能與衆陰退避當升者，故『无咎』也。」

象曰：「『王用享於岐山』，順事也。」

〔一〕「享」，周本作「亨」，下象辭及注同。

崔憬曰：「爲順之初，在升當位，近比於五，乘剛於三，宜以進德，不可修守。此象太王爲狄所逼，徙〔一〕居岐山之下，一年成邑，二年成都，三年五倍其初，亨而王矣，故曰『王用亨於岐山』。以其用亨，避于狄難，順於時事，故『吉无咎』。」

六五：貞吉，升階。

虞翻曰：「二之五，故『貞吉』。巽爲高，坤爲土，震升高，故『升階』也。」

象曰：「『貞吉，升階』，大得志也。」

荀爽曰：「陰正居中，爲陽作階，使升居五，己下降二，與陽相應，故吉而『得志』。」

上六：冥升，利于不息之貞。

荀爽曰：「坤性暗昧，今升在上，故曰『冥升』也。陰用事爲消，陽用事爲息，陰正〔二〕在上，陽道不息，陰之所利，故曰『利于不息之貞』。」

象曰：「冥升在上，消不富也。」

荀爽曰：「陰升失實，故『消不富也』。」

〔一〕「徙」，原作「從」，今據諸本改。

〔二〕「正」，原作「五」，今據諸本及曹校改。

序卦曰：「升而不已必困，故受之以困。」

崔憬曰：「『冥升在上，以消不富』，則窮，故言『升而不已必困』也。」

䷮ 坎下兑上　兑宮一世五月　困：亨，

鄭玄曰：「坎爲月，互體離，離爲日，兑爲暗昧，日所入也。今上掩〔一〕日月之明，猶君子處亂代，爲小人所不容，故謂之『困』也。君子雖困，居險能悦，是以亨而无咎也。」○虞翻曰：「否二之上，乾坤交，故亨也。」

貞大人吉，无咎。

虞翻曰：「『貞大人吉』，謂五也。在困无應，宜静則『无咎』，故『貞大人吉，无咎』。」

有言不信。

虞翻曰：「震爲言，折入兑，故『有言不信，尚口乃窮』。」

彖曰：「困，剛揜〔二〕也。

荀爽曰：「謂二五爲陰所揜也。」

〔一〕「掩」，盧本、周本作「弇」，下同，不再出校。
〔二〕「揜」，盧本、周本作「弇」。下同，不再出校。

險以説，

荀爽曰：「此本否卦。陽降爲險，陰升爲悦也。」

困而不失其所，亨，其唯君子乎？

荀爽曰：「謂二雖揜陰陷險，猶不失中，與正陰合，故亨也。喻君子雖陷險中，不失中和之行也。」

『貞大人吉』，以剛中也。

荀爽曰：「謂五雖揜于陰，近无所據，遠无所應，體剛得中，正居五位，則『吉无咎』也。」

『有言不信』，尚口乃窮也。」

虞翻曰：「兑爲口，上變口滅，故『尚口乃窮』。」○荀爽曰：「陰從二升上六，成兑爲『有言』，失中爲『不信』，動而乘陽，故曰『尚口乃窮也』。」

象曰：「澤无水，困，

王弼曰：「『澤无水』，則水在澤下也。水在澤下，困之象也。處困而屈其志者，小人也。君子固窮，道可忘乎？」

君子以致命遂志。」

虞翻曰：「君子謂三伏陽也。否坤爲致，巽爲命，坎爲志，三入陰中，故『致命遂志』也。」

初六：臀困于株木。

九家易曰：「臀謂四。株木，三也。三體爲木，澤中无水，兑金傷木，故枯爲株也。初者四應，欲進之四，四困於三，故曰『臀困於株木』。」○干寶曰：「兑爲孔穴，坎爲隱伏，隱伏在下而漏孔穴，臀之象也。」

入于幽谷，三歲不覿。

九家易曰：「幽谷，二也。此本否卦。謂陽來入坎，與初同體，故曰『入幽谷』。三者陽數，謂陽陷險中，爲陰所揜，終不得見，故曰『三歲不覿』也。」

象曰：「『入于幽谷』，幽不明也。」

荀爽曰：「爲陰所揜，故『不明』。」

九二：困于酒食，朱紱方來，

案：二本陰位，中饋之職。坎爲酒食，上爲宗廟，今二陰升上，則酒食入廟，故「困於酒食」也。上九降二，故「朱紱方來」。朱紱，宗廟之服。乾爲大赤，朱紱之象也。

利用享祀，征凶，无咎。

荀爽曰：「二升在廟，五親奉之，故〔一〕『利用享祀』。陰動而上，失中乘陽；陽下而陷，爲陰所掩，故曰

〔一〕「故」下，原衍「奉」字，今據諸本及曹校删。

『征凶』。陽降來〔一〕二，雖位不正，得中有實；陰雖去中，上得居正，而皆免咎，故曰『无咎』也。」

象曰：「『困于酒食』，中有慶也。」

翟玄曰：「陽從上來，居中得〔二〕位，富有二陰，故『中有慶也』。」

六三：困于石，據于蒺蔾，

虞翻曰：「二變正時，三在艮山下，故『困于石』。蒺蔾，木名。坎爲蒺蔾，二變艮手據坎，故『據蒺蔾』者也。」

入于其宮，不見其妻，凶。

虞翻曰：「巽爲入，二動艮爲宮，兑爲妻，謂上无應也。三在陰下，離象毀壞，隱在坤中，死期〔三〕將至，故『不見其妻，凶』也。」

象曰：「『據于蒺蔾』，乘剛也。

案：三居坎上，坎爲藂棘而木多心，蒺蔾之象。

『入于其宮，不見其妻』，不祥也。」

〔一〕「降來」，周本倒。

〔二〕「中得」，原倒，今據諸本乙。

〔三〕「期」，胡本、盧本、周本作「其」。

九家易曰：「此本否卦，二四同功爲艮，艮爲門闕，宮之象也。六三居困而位不正，上困於民，内无仁恩，親戚叛逆，誅將加身；入宮无妻，非常之困，故曰『不祥也』。」

九四：來徐徐〔一〕，困于金車〔二〕，吝，有終。

虞翻曰：「來欲之初。徐徐，舒遲也。見險，故『來徐徐』。否乾爲金，坤爲轝〔三〕，之應歷坎〔四〕，『困于金車』。各〔五〕易位得正，故『吝，有終』矣。」

象曰：「『來徐徐』，志在下也。

王弼曰：「下謂初。」

雖不當位，有與也。」

崔憬曰：「位雖〔六〕不當，故吝也。有與於〔七〕援，故『有終』也。」

〔一〕「徐徐」，盧本、周本作「荼荼」。下「徐徐」同，不再出校。
〔二〕「車」，盧本、周本作「轝」。下同，不再出校。
〔三〕「乾爲金，坤爲車」，原作「乾爲車」，今據盧本、四庫本、周本及曹校改補。
〔四〕「坎」，盧本、四庫本、周本作「險故」。
〔五〕「各」，盧本、四庫本、周本無此字。
〔六〕「雖」，曹校：衍字。
〔七〕「於」，曹校：當爲「相」。

九五：劓刖，困于赤紱，

虞翻曰：「割鼻曰劓，斷足曰刖。四動時，震爲足，艮爲鼻，離爲兵，兑爲刑，故『劓刖』也。赤紱謂二。否乾爲朱，故『赤』。坤爲紱。二未變應五，故『困於赤紱』也。」

乃徐有説，

虞翻曰：「兑爲説，坤爲徐，二動應己，故『乃徐有説』也。」

利用祭祀。

崔憬曰：「劓刖，刑之小者也。於困之時，不崇柔德，以剛遇剛，雖行其小刑，而失其大柄，故言『劓刖』也。赤紱，天子祭服之飾。所以稱困者，被奪其政，唯得祭祀。若春秋傳曰：『政由寧氏，祭則寡人。』故曰『困於赤紱』。居中以直，在困思通，初雖蹔窮，終則必喜，故曰『乃徐有説』。所以『險而能悦，窮而能通』者，在『困於赤紱』乎？故曰『利用祭祀』也。」　案：五應在二，二互體離，離爲文明，赤紱之象也。

象曰：「『劓刖』，志未得也。

陸績曰：「无據无應，故『志未得也』。二言朱紱，此言赤紱；二言享祀，此言祭祀，傳互言耳，无他義也。謂二困五，三困四，五初困上，斯乃迭困之義。」

『乃徐有説』，以中直也。

崔憬曰：「以其居中當位，故有悦。」

『利用祭祀』，受福也。」

荀爽曰：「謂五爻合同，據國當位而主祭祀，故『受福也』。」

上六：困于葛藟于臲卼，

虞翻曰：「巽爲草莽，稱葛藟，謂三也。兑爲刑人，故『困于葛藟于臲卼』也。」

曰動悔有悔，征吉。

虞翻曰：「乘陽，故『動悔』。變而失正，故『有悔』。三已變正，己得應之，故『征吉』也。」

象曰：「『困于葛藟』，未當也。

虞翻曰：「謂三未變，當位應上故也。」

『動悔有悔』，吉行也。」

虞翻曰：「行謂三，變乃得當位之應，故『吉行』者也。」

周易集解卷第十

井　革　鼎　震　艮

序卦曰：「困于上，必反下，故受之以井。」

崔憬曰：「困極於臲卼〔一〕，則反下以求安，故言『困乎上必反下』也。」

䷯ 震宮三月五世 巽下坎上 井：

鄭玄曰：「坎，水也。巽，木，桔槔也。互體離兑，離外堅中虚，瓶也；兑爲暗澤，泉口也。言桔槔引瓶，下入泉口，汲水而出，井之象也。井以汲〔二〕人水无空竭，猶人君以政教養天下，惠澤无窮也。」

改邑不改井，

〔一〕「臲卼」，原作「劓刖」，今據張本、纂疏及序卦改。

〔二〕「汲」，曹校：當爲「養」。

虞翻曰：「泰初之五也。坤爲邑，乾初之五折坤，故『改邑』。初爲舊井，四應甃之，故『不改井』。」

无喪无得，往來井井。

虞翻曰：「『无喪』，泰初之五，坤〔一〕象毁壞，故『无喪』。五來之初，失位无應，故『无得』。坎爲通，故『往來井井』。往謂之五，來謂之初也。」

汔至，亦未繘井，

虞翻曰：「巽繩爲繘。汔，幾也，謂二也。幾至初改〔二〕，『未繘井』，未有功也。」

羸其瓶，凶。

虞翻曰：「羸，鉤羅也。艮爲手，巽爲繘，離爲瓶，手繘折其中，故『羸其瓶』。體兑毁缺，瓶缺漏，故『凶』矣。」○干寶曰：「水，殷德也。木，周德也。夫井，德之地也，所以養民性命，而〔三〕清潔之主者也。自震化行至于五世，改殷紂比屋之亂俗，而不易成湯昭假之法度也，故曰『改邑不改井』。二代之制，各因時宜，損益雖異，括囊則同，故曰『无喪无得，往來井井』也。當殷之末，井道之窮，故曰『汔

〔一〕「坤」，原作「坎」，今據盧本、周本及曹校改。

〔二〕「改」，曹校：當爲「故」。按：如曹校是，當從下讀。

〔三〕「而」下，曹校：當有「爲」字。

至』。周德雖興，未及革正，故曰『亦未繘井』。井泥爲穢，百姓无聊，比者〔一〕之間，交受塗炭，故曰『羸其瓶，凶』矣。」

象曰：「巽乎水而上水，井。

荀爽曰：「『巽乎水』，謂陰下爲巽也。『而上水』，謂陽上爲坎也。木入水出，井之象也。」

井養而不窮也。

虞翻曰：「兑口飲水，坎爲通，『往來井井』，故『養不窮也』。」

『改邑不改井』，乃以剛中也。

荀爽曰：「剛得中，故爲『改邑』。柔不得中，故爲『不改井』也。」

『无喪无得』。

荀爽曰：「陰來居初，有實爲『无喪』，失中爲『无得』也。」

往來井井，

荀爽曰：「此本泰卦。陽往居五，得坎爲井；陰來在下，亦爲井，故『往來井井』也。」

汔至，亦未繘井』，

〔一〕「者」，周本作「屋」。

荀爽曰：「汔至者，陰來居初，下至汔竟也。繘者，所以出水，通井道也。今乃在初，未〔一〕得應五，故〔二〕『未繘』也。繘者，綆汲之具也。」

未有功也。

虞翻曰：「謂二未變應五，故『未有功也』。」

『井〔三〕羸其瓶』，是以凶也。

荀爽曰：「井謂二，瓶謂初，初欲應五，今爲二所拘羸，故『凶』也。」○孔穎達曰：「計覆一瓶之水，何足言凶？但此〔四〕喻人德行不恒，不能善始令終，故就人言之凶也。」

象曰：「木上有水，井，

王弼曰：「木上有水，上水之象也。水以養而不窮也。」

君子以勞民勸相。」

虞翻曰：「君子謂泰乾也，坤爲民，初上成坎爲勸，故『勞民勸相』。相，助也，謂以陽助坤矣。」

〔一〕「未」，原作「下」，今據盧本、四庫本、周本及曹校改。
〔二〕「故」，原作「欲」，今據盧本、四庫本、周本及曹校改。
〔三〕「井」，四庫本、周本無此字。
〔四〕「此」，周本作「取」。

初六：井泥不食，舊井无禽。

干寶曰：「在井之下，體本土爻，故曰『泥』也。井而爲泥，則不可食，故曰『不食』。此託紂之穢政不可以養民也。舊井，謂殷之未喪師也，亦皆清潔，无水禽之穢，又況泥土乎？故『舊井无禽』矣。」

象曰：「『井泥不食』，下也。『舊井无禽』，時舍也。」

虞翻曰：「食，用也。初下稱泥，巽爲木果，无噬嗑食象，下而多泥，故『不食』也。乾爲舊，位在陰下，故『舊井无禽』。『時舍也』，謂時舍于初，非其位也。與乾二同義。」○崔憬曰：「處井之下，无應於上，則是所用之井不汲，以其多塗；久廢之井不獲，以其時舍，故曰『井泥不食，舊井无禽』。禽，古『擒』字，禽猶獲也。」

九二：井谷射鮒，甕敝漏。

虞翻曰：「巽爲谷、爲鮒。鮒，小鮮也。離爲甕，甕瓶毁鼓，『羸其瓶，凶』，故『甕敝漏』也。」

象曰：「『井谷射鮒』，无與也。」

崔憬曰：「唯得於鮒，无與於人也。井之爲道，上汲者也。今與五非應，與初比則是，若谷水不〔一〕注，唯及於魚，故曰『井谷射鮒』也。『甕敝漏』者，取其水下注，不汲之義也。」 案：魚，陰蟲也。初處

〔一〕「不」，曹校：當爲「下」。

井下體，又陰爻，魚之象也。

九三：井渫不食，爲我心惻。

荀爽曰：「渫去穢濁，清潔之意也。三者得正，故曰『井渫』。不得據陰，喻不得用，故曰『不食』。道既不行，故『我心惻』。」

可用汲，王明並受其福。

荀爽曰：「謂五可用汲三，則王道明而天下並受其福。」

象曰：「『井渫不食』，行惻也。求王明，受福也。」

干寶曰：「此託殷之公侯時有賢者，獨守成湯之法度，而不見任，謂微箕之倫也，故曰『井渫不食，爲我心惻』。惻，傷悼也。民乃外附，故曰『可用汲』。周德來被，故曰『王明』。王得其民，民得其主〔一〕，故曰『求王明受福也』。」

六四：井甃，无咎。

荀爽曰：「坎性下降，嫌於從三，能自脩正，以甃輔五，故『无咎』也。」

象曰：「『井甃，无咎』，脩井也。」

〔一〕「主」，胡本、盧本、周本作「王」。

虞翻曰：「脩，治也。以瓦甓壘井稱甃。坤爲土，初之五成離，離火燒土爲瓦治象，故曰『井甃，无咎，脩井也』。」

九五：井洌，寒泉食。

虞翻曰：「泉自下出稱井。周七月，夏之五月，陰氣在下，二已變坎十一月爲寒泉，初二已變，體噬嗑食，故『洌，寒泉食』矣。」

象曰：「寒泉之食，中正也。」

崔憬曰：「洌，清潔也。居中得正而比於上，則是井渫水清。既寒且潔，汲上可食於人者也。」

上六：井收勿幕〔一〕，有孚元吉。

虞翻曰：「幕，蓋也。收，謂以轆轤收繘也。坎爲車，應巽繩爲繘，故『井收勿幕』。『有孚』謂五坎，坎爲孚，故『元吉』也。」

象曰：「『元吉』在上，大成也。」

虞翻曰：「謂初二已變，成既濟定，故『大成也』。」〇干寶曰：「處井上位，在瓶之水也，故曰『井收幕

〔一〕此下，盧本、張本小字注云：干本「勿」作「网」。

覆』也。井以養生，政以養德，无覆水泉而不惠民，无藴典禮而不興教，故曰『井收勿〔一〕幕』。勿幕，則教信於民，民服教則大化成也。」

序卦曰：「井道不可不革也，故受之以革。」

韓康伯曰：「井久則濁穢，宜革易其故也。」

䷰ 坎宫二月四世 離下兑上 革：

鄭玄曰：「革，改也。水火相息而更用事，猶王者受命，改正朔，易服色，故謂之革也。」

已日乃孚，元亨利貞，悔亡。

虞翻曰：「遯上之初，與蒙旁通。悔亡，謂四也。四失正，動得位，故『悔亡』。離爲日，孚謂坎，四動體離，五在坎中，故『已日乃孚』。以成既濟，『乾道變化，各正性命，保合大和，乃利貞』，故『元亨，利貞，悔亡』矣。與乾彖同義也。」

彖曰：「革，水火相息，

〔一〕「勿」，周本作「网」。下「勿幕」同，不再出校。

虞翻曰：「息，長也。離爲火，兑爲水。繫曰：『潤之以風雨。』風，巽；雨，兑也。四革之正，坎見，故獨于此稱水也。」

二女同居，其志不相得，曰革。

虞翻曰：「二女離兑，體同人象。蒙艮爲居，故『二女同居』。四變體兩坎象，二女有志，離火志上，兑水志下，故『其志不相得』，坎爲志也。」

已日乃孚，革而信之。

干寶〔一〕曰：「天命已至之日也。乃孚，大信著也。武王陳兵孟津之上，諸侯不期而會者八百國，皆曰紂可伐矣。武王曰：『爾未知天命，未可也。』還歸。二年，紂殺比干，囚箕子，爾〔二〕乃伐之，所謂『已日乃孚，革而信』也。」

文明以説，大亨以正，革而當，其悔乃亡。

虞翻曰：「文明謂離。説，兑也。大亨謂乾。四動成既濟定，故『大亨以正，革而當位，故悔乃亡』也。」

天地革而四時成，

〔一〕「干寶」，原作「虞翻」，今據胡本、毛本、盧本、周本及曹校改。

〔二〕「爾」，周本作「周」。

虞翻曰：「謂五位成，乾爲天，蒙坤爲地，震春兑秋，四之正，坎冬離夏，則四時具。坤革而成乾，故『天地革而四時成』也。」

湯武革命，順乎天而應乎人。

虞翻曰：「湯武謂乾，乾爲聖人。天謂五，人謂三，四動，順五應三，故『順天應人』，巽爲命也。」

革之時大矣哉。

干寶[一]曰：「革天地，成四時；誅二叔，除民害；天下定，武功成，故『大矣哉』也。」

象曰：澤中有火，革，

崔憬曰：「火就燥，澤資濕，二物不相得，終宜易之，故曰『澤中有火，革』也。」

君子以治曆明時。

虞翻曰：「君子，遯乾也。曆象，謂日月星辰也。離爲明，坎爲月，離爲日，蒙艮爲星，四動成坎離，日月得正，『天地革，四時成』，故『君子以治曆明時』也。」

初九：鞏用黄牛之革。

干寶曰：「鞏，固也。離爲牝牛，離爻本坤，黄牛之象也。在革之初而无應據，未可以動，故曰『鞏用黄

〔一〕「干寶」，原作「虞翻」，今據盧本、周本改。

牛之革』。此喻文王雖有聖德，天下歸周三分有二，而服事殷，其義也。」

象曰：「『鞏用黄牛』，不可以有爲也。」

虞翻曰：「得位无應，動而必凶，故『不可以有爲也』。」

六二：已日乃革之，征吉，无咎。

荀爽曰：「日以喻君也。謂五已居位爲君，二乃革意，去三應五，故曰『已日乃革之』。上行應五，去卑事尊，故曰『征吉，无咎』也。」

象曰：「『已日革之』，行有嘉也。」

崔憬曰：「得位以正，居中有應，則是湯武行善，桀紂行惡，各終其日，然後革之，故曰『已日乃革之』，行此有嘉。」○虞翻曰：「嘉謂五，乾爲嘉。四動承五，故『行有嘉』矣。」

九三，征凶，貞厲。

荀爽曰：「三應於上，欲往應之，爲陰所乘，故曰『征凶』。若正居三而據二陰，則五來危之，故曰『貞厲』也。」

革言三就，有孚。

翟玄曰：「言三就上二陽，乾得共有信據于二陰，故曰『革言三就』，『有孚』於二矣。」

象曰：「『革言三就』，又何之矣。」

崔憬曰：「雖得位以正，而未可頓革，故以言就之。夫安者有其危也，故受命之君，雖誅元惡，未改其命者，以即行改命，習俗不安，故曰『征凶』。猶以正自危，故曰『貞厲』。是以武王剋紂，不即行周命，乃反商政，一就也；釋箕子囚，封比干墓，式商容閭，二就也；散鹿臺之財，發巨橋之粟，大賚于四海，三就也，故曰『革言三就』。」〇虞翻曰：「四動成既濟定，故『又何之矣』。」

九四：悔亡，有孚，改命吉。

虞翻曰：「『革而當，其悔乃亡』。孚謂五也，巽爲命，四動五坎改巽，故『改命吉』。四乾爲君，進退无恒，在離焚棄，體大過死，傳以比桀紂。『湯武革命，順天應人』，故『改命吉』也。」

象曰：「『改命』之吉，信志也。」

虞翻曰：「四動成坎，故『信志也』。」〇干寶曰：「爻入上象，喻紂之郊也。以逆取而四海順之，動凶器而前歌後舞，故曰『悔亡』也。中流而白魚入舟，天命信矣，故曰『有孚』。甲子夜，陣雨甚至，水德賓服之祥也，故曰『改命之吉，信志也』。」

九五：大人虎變，未占有孚。

虞翻曰：「乾爲大人，謂五也。蒙坤爲虎變。傳論湯武以坤臣爲君。占，視也。離爲占，四未之正，五未在坎，故『未占有孚』也。」〇馬融曰：「大人虎變，虎變威德，折衝萬里，望風而信，以喻舜干羽，而有苗自服；周公修文德，越裳獻雉，故曰『未占有孚』矣。」

象曰：「『大人虎變』，其文炳也。」

宋衷曰：「陽稱大，五以陽居中，故曰『大人』。兑爲白虎，九者變爻，故曰『大人虎變，其文炳也』。」○虞翻曰：「乾爲大明，四動成離〔一〕，故『其文炳也』。」

上六：君子豹變，

虞翻曰：「蒙艮爲君子、爲豹，從乾而更，故『君子豹變』也。」

小人革面，征凶，居〔二〕貞吉。

虞翻曰：「陰稱小人也，面謂四，革爲離，以順承五，故『小人革面』。乘陽失正，故『征凶』。得位，故『居貞吉』，蒙艮爲居也。」

象曰：「『君子豹變』，其文蔚也。

陸績曰：「兑之陽爻稱虎，陰爻稱豹。豹，虎類而小者也。君子小於大人，故曰『豹變，其文蔚也』。」○虞翻曰：「蔚，蔚也。兑小，故『其文蔚也』。」

『小人革面』，順以從君也。」

〔一〕「四」，原脱，今據盧本、周本及曹校補。

〔二〕「居」，原脱，今據胡本、盧本、四庫本、周本及曹校補。

虞翻曰：「乾，君，謂五也。四變順五，故『順以從君也』。」○干寶曰：「君子，大賢，次聖之人。謂若太公、周、邵之徒也。豹，虎之屬。蔚，炳之次也。君聖臣賢，殷之頑民皆改志從化，故曰『小人革面』。天下既定，必倒載干戈，包之以虎皮；將率〔一〕之士使爲諸侯，故曰『征凶，居貞吉』。得正有應，君子之象也。」　案：兑爲口，乾爲首，今口在首上，面之象也。乾爲大人，「虎變」也。兑爲小人，「革面」也。

序卦曰：「革物者莫若鼎，故受之以鼎。」

韓康伯曰：「革去故，鼎取新，以去故則宜制器立法，以治新也。鼎，所和齊生物，成新之器也，故取象焉。」

䷱離宮二世　十二月　巽下離上　鼎：

鄭玄曰：「鼎，象也。卦有木火之用，互體乾兑，乾爲金，兑爲澤，澤鍾金而含水，爨以木火，鼎亯熟物之象〔二〕。鼎亯熟以養人，猶聖君興仁義之道，以教天下也，故謂之鼎矣。」

〔一〕「率」，原作「卒」，今據周本及曹校改。

〔二〕「鼎亯熟物之象」，此句原脱，今據胡本、盧本、四庫本、周本補。「亯」，毛本、盧本作「烹」，周本作「亨」，古字通。下同，不再出校。

元吉，亨。

虞翻曰：「大壯上之初，與屯旁通，天地交，柔進上行，得中應乾五剛，故『元吉，亨〔一〕』也。」

彖曰：「鼎，象也。以木巽火，亨飪也。

荀爽曰：「巽〔二〕入離下，中有乾象，木火在外，金在其内，鼎鑊亨飪之象也。」○虞翻曰：「六十四卦皆『觀象〔三〕繫辭』，而獨於鼎言象，何也？『象事知器』，故獨言象也。」○九家易曰：「鼎言象者，卦也，木〔四〕火互有乾兑，乾金兑澤，澤者，水也。爨以木火，是鼎鑊亰飪之象。亦象〔五〕三公之位，上則調和陰陽，下而撫毓百姓。鼎能熟物養人，故云『象也』。牛鼎受一斛，天子飾以黄金，諸侯白金；三足以象三台，足上皆作鼻目爲飾也。羊鼎五斗，天子飾以黄金，諸侯白金，大夫以銅。豕鼎三斗，天子飾以黄金，諸侯白金，大夫銅，士鐵。三鼎形同。亰〔六〕飪，煑肉。上離陰爻爲肉也。」

聖人亨以享上帝，而大亨以養聖賢。

〔一〕「亨」上，原衍「是」字，今據毛本、盧本、四庫本、周本及曹校删。
〔二〕「巽」，原作「震」，今據胡本、周本及曹校改。
〔三〕「象」，原脱，今據周本及曹校補。
〔四〕「木」，原作「水」，今據諸本及曹校改。
〔五〕「象」，張本作「明」。
〔六〕「亰」，原脱，今據諸本及曹校補。

虞翻曰：「聖人謂乾。初四易位，體大畜，震爲帝，在乾天上，故曰『上帝』。體頤象，三動噬嗑食，故『以享上帝』也。大亨謂『天地養萬物』、『聖人養賢以及萬民』。賢之能者，稱聖人矣。」

巽而耳目聰明，

虞翻曰：「謂三也，三在巽上，動成坎離，有兩坎兩離象，乃稱『聰明』。『日月相推而明生焉』，故『巽而耳目聰明』。『眇能視，不足以有明』，『聞言不信，聰不明』，皆有一離一坎象故也。」

柔進而上行，得中而應乎剛，是以元亨。

虞翻曰：「柔謂五，得上中，應乾五剛；巽爲進，震爲行，非謂應二剛，與睽五同義也。」

象曰：「木上有火，鼎，

荀爽曰：「木火相因，金在其間，調和五味，所以養人，鼎之象也。」

君子以正位凝命。」

虞翻曰：「君子謂三也。鼎五爻失正，獨三得位，故『以正位』。凝，成也。體姤，謂『陰始凝』初，巽爲命，故『君子以正位凝命』也。」

初六：鼎顛趾，

虞翻曰：「趾，足也。應在四，大壯震爲足，折入大過，大過，顛也，故『鼎顛趾』也。」

利出否，得妾以其子，无咎。

虞翻曰：「初陰在下，故否。利出之四，故曰『利出』。兑爲妾〔一〕，四變得正成震，震爲長子，繼世守宗廟而爲祭主，故『得妾以其子，无咎』矣。」

象曰：「『鼎顛趾』，未悖也。

荀爽曰：「以陰承陽，故『未悖也』。」

『利出否』，以從貴也。」

虞翻曰：「出初之四，承乾五，故『以從貴也』。」

九二：鼎有實，我仇有疾，不我能即，吉。

虞翻曰：「二爲實，故『鼎有實』也。坤爲我，謂四也。二據四婦，故相與爲仇。謂三變時，四體坎，坎爲疾，故『我仇有疾』。四之二歷險，二動得正，故『不我能即，吉』。」

象曰：「『鼎有實』，慎所之也。

虞翻曰：「二變之正，艮爲順〔二〕。」

『我仇有疾』，終无尤也。」

〔一〕「妾」上，原有「妻」字，今據盧本、四庫本、周本及曹校删。

〔二〕「順」，盧本、四庫本、周本作「慎」，古通。

虞翻曰：「『不我能即，吉』，故『終无尤也』。」

九三：鼎耳革，其行塞，雉膏不食。

虞翻曰：「動成兩坎，坎爲耳，而革在乾，故『鼎耳革』。初四變時，震爲行，鼎以耳行，伏坎，震折而入乾，故『其行塞』。離爲雉，坎爲膏，初四已變，三動體頤，頤中无物，離象不見，故『雉膏不食』。」

方雨，虧悔，終吉。

虞翻曰：「謂四已變，三動成坤，坤爲方，坎爲雨，故曰『方雨』。三動虧乾而失位，悔也。終復之正，故『方雨，虧悔，終吉』也。」

象曰：「『鼎耳革』，失其義也。」

虞翻曰：「鼎以耳行，耳革行塞，故『失其義也』。」

九四：鼎折足，覆公餗，其形〔一〕渥，凶。

虞翻曰：「謂四變時震爲足，足折入兑，故『鼎足折』。兑爲形。渥，大形也。鼎足折，則公餗覆，言不勝任。象入大過死，凶，故『鼎足折，覆公餗，其形渥，凶』。」〇九家易曰：「鼎者，三足一體，猶三公承天子也。三公謂調陰陽，鼎謂調五味，足折餗覆，猶三公不勝其任，傾敗天子之美，故曰『覆餗』也。」

〔一〕「形」，盧本、周本作「刑」，盧本、張本並小字注云：今本「刑」作「形」。按：下注同，不再出校。

案：餗者，雉膏之屬。公者四，爲諸侯、上公之位，故曰「公餗」。

象曰：「『覆公餗』，信如何也。」

九家易曰：「渥者，厚大，言辠重也。既『覆公餗』，信有大辠，刑罰當加，无可如何也。」

六五：鼎黄耳金鉉，利貞。

虞翻曰：「離爲黄，三變坎爲耳，故『鼎黄耳』。鉉謂三，貫鼎兩耳，乾爲金，故『金鉉』。動而得正，故『利貞』。」○干寶曰：「凡舉鼎者鉉也，尚三公者王也，金喻可貴，中之美也，故曰『金鉉』。鉉鼎得其物，施令得其道，故曰『利貞』也。」

象曰：「『鼎黄耳』，中以爲實也。」

陸績曰：「得中承陽，故曰『中以爲實』。」○宋衷曰：「五當耳，中色黄，故曰『鼎黄耳』。兑爲金，又正秋，故曰『金鉉』。公侯謂五也。上尊故玉，下卑故金。金和良，可柔屈，喻諸侯順天子〔一〕。」

上九：鼎玉鉉，大吉，无不利。

虞翻曰：「鉉謂三，乾爲玉鉉，體大有上九『自天祐之』，位貴據五，三動承上，故『大吉，无不利』。謂三虧悔，應上成未濟，雖不當位，六位相應，故『剛柔節』。象曰『巽耳目聰明』，爲此九三發也。」○干寶

〔一〕「子」，原脱，今據諸本及曹校補。

曰：「玉又貴于金者，凡亯飪之事，自鑊升於鼎，載於俎，自俎入於口，馨香上達，動而彌貴，故鼎之義，上爻愈吉也。鼎主亯飪，不失其和；金玉鉉之，不失其所；公卿仁賢，天王聖明之象也。君臣相臨，剛柔得節，故曰『吉无不利』也。」

象曰：「玉鉉在上，剛柔節也。」

宋衷曰：「以金承玉，君臣之節。上體乾爲玉，故曰『玉鉉』。雖非其位，陰陽相承，剛柔之節也。」

序卦曰：「主器者莫若長子，故受之以震。震者，動也。」

崔憬曰：「鼎所以亯飪，享于上帝。主此器者，莫若冢嫡，以爲其祭主也，故言『主器者莫若長子』也。」

䷲ 震下震上　消息十月　二世　震：亨。

鄭玄曰：「震爲雷。雷，動物之氣也。雷之發聲，猶人君出政教，以動中國之人也，故謂之震。人君有善聲教，則『嘉會之禮通』矣。」

震來虩虩，

虞翻曰：「臨二之四，天地交，故通。虩虩謂四也，來應初，初〔一〕命四變而來應己，四失位多懼，故『虩

〔一〕「初」，原不重，今據盧本、周本及曹校補。

虩』。之内曰來也。」

笑言啞啞，

虞翻曰：「啞啞，笑且言，謂初也。得正有則，故『笑言啞啞，後有則也』。」

震驚百里，不喪匕鬯。

虞翻曰：「謂陽。從臨二，陰爲百二十，舉其大數，故當震百里也。坎爲棘匕，上震爲鬯，坤爲喪，二上之坤，成震體坎，得其匕鬯，故『不喪匕鬯』也。」○鄭玄曰：「雷發聲聞于百里，古者諸侯之象。諸侯出教令，能警戒其國，内則守其宗廟社稷，爲之祭主，不亡匕與鬯也。人君於祭之禮，匕牲體、薦鬯而已，其餘不親也。升牢於俎，君匕之，臣載之。鬯，秬酒，芬芳條〔一〕鬯，因名焉。」

彖曰：「『震亨，震來虩虩』，恐致福也。

虞翻曰：「懼變承五應初，故『恐致福也』。」

『笑言啞啞』，後有則也。

虞翻曰：「則，法也。坎爲則也。」

『震驚百里』，驚遠而懼邇也。

〔一〕「條」，原作「修」，今據周本改。

虞翻曰：「遠謂四，近謂初，震爲百，謂四出驚遠，初應〔一〕懼近也。」

出可以守宗廟社稷，以爲祭主也。」

虞翻曰：「謂〔二〕五出之正，震爲守，艮爲宗廟社稷，長子主祭器〔三〕，故『以爲祭主也』。」○干寶曰：「周木德，震之正象也，爲殷諸侯。殷諸侯之制，其地百里。是以文王『小心翼翼，昭事上帝，聿懷多福，厥德不回，以受方國』，故以百里而臣諸侯也。爲諸侯，故『主社稷』；爲長子，而『爲祭主』也。祭禮薦陳甚多，而經獨言『不喪匕鬯』者，匕〔四〕牲體，薦鬯酒，人君所自親也。」

象曰：「洊雷，震，君子以恐懼脩省。」

虞翻曰：「君子謂臨二，二出之坤四，體以脩身，坤爲身；二之四，以陽照坤，故『以恐懼脩省』。老子曰『脩之身，德乃真』也。」

初九：震來虩虩，後笑言啞啞，吉。

〔一〕「應」，原作「動」，今據盧本、四庫本、周本及曹校改。「近」上，原衍「之」字，今據盧本、四庫本、周本及曹校删。
〔二〕「謂」，原作「爲」，今據胡本、張本、周本改。
〔三〕「子」，原脱，今據盧本、四庫本、周本補。「祭器」下，原衍「故以祭主器」，今據盧本、四庫本、周本及曹校删。
〔四〕「匕」，原作「上」，今據諸本改。

虞翻曰：「虩虩謂四也。初位在下，故『後笑言〔一〕啞啞』。得位，故『吉』〔二〕也。」○干寶曰：「得震之正，首震之象者。『震來虩虩』，羑里之厄也。『笑言啞啞』，後『受方國』也。」

象曰：「『震來虩虩』，恐致福也。

虞翻曰：「陽稱福。」

『笑言啞啞』，後有則也。」

虞翻曰：「得正，故『有則也』。」

六二：震來厲，億喪貝，躋于九陵，勿逐，七日得。

虞翻曰：「厲，危也。乘剛故厲。億，惜辭也。坤爲喪。三動離爲蠃蚌，故稱貝。在艮山下，故稱陵。震爲足，足乘初九，故『躋于九陵』。震爲逐，謂四已體復象，故『喪貝，勿逐』。三動時，離爲日，震數七，故『七日得』者也。」

象曰：「『震來厲』，乘剛也。」

干寶曰：「六二木爻，震之身也，得位無應，而以乘剛爲危。此託文王積德累功，以被囚爲禍也，故曰

〔一〕「後笑言」，原作「言後笑」，今據盧本、周本及曹校改。

〔二〕「故吉」，原倒，今據盧本、周本及曹校乙。

『震來厲』。億，歎辭也。貝，寶貨也。産乎東方，行乎大塗也。此以喻紂拘文王，閎夭之徒乃于江淮之浦求盈箱之貝，而以賂紂也，故曰『億喪貝』。貝，水物，而方升于九陵。今雖喪之，猶外府也，故曰『勿逐，七日得』。『七日得』者，七年之日也，故書曰『誕保文武受命惟七年』是也。」

六三：震蘇蘇，震行无眚。象曰：「『震蘇蘇』，位不當也。」

虞翻曰：「死而復生稱蘇。三死坤中，動出得正，震爲生，故『蘇蘇』。坎爲眚，三出得正，坎象不見，故『无眚』。春秋傳曰：『晉獲秦諜，六日而蘇也。』」

九四：震遂泥。

虞翻曰：「坤土得雨爲泥，位在坎中，故『遂泥』也。」

象曰：「『震遂泥』，未光也。」

虞翻曰：「在坎陰中，與屯五同義，故『未光也』。」

六五：震往來，厲，

虞翻曰：「往謂乘陽，來謂應陰，失位乘剛，故『往來厲』也。」

億无喪有事。

虞翻曰：「坤爲喪也。事謂祭祀之事。出而體隨，『王享於西山』，則『可以守宗廟社稷爲祭主』，故『无喪有事』也。」

象曰：「『震往來厲』，危行也。

虞翻曰：「乘剛山頂，故『危行也』。」

其事在中，大无喪也。

虞翻曰：「動出得正，故『无喪』。」

上六：震索索，視矍矍，

翻虞曰：「上謂四也。欲之三隔坎，故『震索索』。三已動，應在離，故『矍矍』者也。」

征凶。震不于其躬，于其鄰，无咎。婚媾有言。

虞翻曰：「上得位，震爲征，故『征凶』。四變時，坤爲躬，鄰謂五也；四上之五，震東兑西，故稱鄰。之五得正，故『不于其躬，于其鄰，无咎』。謂三已變，上應三，震爲言，故『婚媾有言』。」

象曰：「『震索索』，中未得也。

虞翻曰：「四未之五，故『中未得也』。」

雖凶无咎，畏鄰戒也。」

虞翻曰：「謂五正位，已乘之逆，『畏鄰戒也』。」

序卦曰：「物不可以終動，止〔一〕之，故受之以艮。艮者，止也。」

崔憬曰：「震極則『征凶，婚媾有言』，當須止之，故言『物不可以終動，止之』矣。」

䷳ 艮下艮上 消息十月 四世 艮其背，

鄭玄曰：「艮爲山，山立峙各於其所，无相順之時。猶君在上，臣在下，恩敬不相與通，故謂之艮也。」

不獲其身；行其庭，不見其人，无咎。

虞翻曰：「觀五之三也。艮爲多節，故稱背。觀坤爲身，觀五之三，折坤爲背，故『艮其背』。坤象不見，故『不獲其身』。震爲行人，艮爲庭，坎爲隱伏，故『行其庭，不見其人』。三得正，故『无咎』。」

案：艮爲門闕，今純艮，重其門闕，兩門之間，庭中之象也。

彖曰：「『艮，止也』。

虞翻曰：「位窮於上，故『止也』。」

時止則止，時行則行，

虞翻曰：「時止，謂上陽窮止〔二〕，故止。時行，謂三體處震爲行也。」

〔一〕「止」上，原衍「動必」二字，今據盧本、四庫本、周本及曹校刪。

〔二〕「止」，周本作「上」。

動静不失其時，其道光明。

虞翻曰：「動謂三，静謂上，艮止則止，震行則行，故不失時。五動成離，故『其道光明』。」

『艮其止』，止其所也。

虞翻曰：「謂兩象各止其所。」

上下敵應，不相與也。

虞翻曰：「『艮其背』，背也。兩象相背，故『不相與也』。」

是以『不獲其身，行其庭，不見其人，无咎』也。」

案：其義已見繇辭也。

象曰：「兼山，艮，君子以思不出其位。」

虞翻曰：「君子謂三也。三，君子位，震爲出，坎爲隱伏、爲思，故『以思不出其位』也。」

初六：艮其趾，无咎，利永貞。

虞翻曰：「震爲趾，故『艮其趾』矣。失位變得正，故『无咎，永貞』也。」

象曰：「『艮其趾』，未失正也。」

虞翻曰：「動而得正，故『未失正也』。」

六二：艮其腓，不拯其隨，其心不快。

虞翻曰：「巽長爲股，艮小爲腓。拯，取也。隨謂下二陰，艮爲止，震爲動，故『不拯其隨』。坎爲心，故『其心不快』。」

象曰：「『不拯其隨』，未違聽也。」

虞翻曰：「坎爲耳，故『未違聽也』。」

九三：艮其限，裂其夤，厲閽心。

虞翻曰：「限，腰帶處也。坎爲腰。五來之三，故『艮其限』。夤，脊肉。艮爲背，坎爲脊，艮爲手，震起艮止，故『裂其夤』。坎爲心。厲，危也。艮爲閽。閽，守門人。坎盜動門，故『厲閽心』。古『閽』作『熏』字。馬因言『熏灼其心』，未聞易道以坎水熏灼人也。荀氏以『熏』爲『動』，讀〔一〕作『動』，皆非也。」

象曰：「『艮其限』，危閽心也。」

虞翻曰：「坎爲心，坎盜動門，故『危閽心也』。」

六四：艮其身，无咎。

虞翻曰：「身，腹也。觀坤爲身，故『艮其身』。得位承五，故『无咎』。或謂妊身也。五動則四體離婦，

〔一〕「讀」，原作「或誤」，今據盧本、周本改。

離爲大腹，孕之象也，故『艮其身』。得正承五，而受陽施，故『无咎』。詩曰『大任有身，生此文王』也。」

象曰：「『艮其身』，止諸躳也。」

虞翻曰：「艮爲止，五動乘四，則任身，故『止諸躳也』。」

六五：艮其輔，言有孚，悔亡[一]。

虞翻曰：「輔，面頰骨上頰車者也。三至上體頤象，艮爲止，在坎車上，故『艮其輔』。謂輔車相依。震爲言，五失位，悔也；動得正，故『言有孚，悔亡』也。」

象曰：「『艮其輔』，以中正也。」

虞翻曰：「五動之中，故『以正中也』。」

上九：敦艮，吉。

虞翻曰：「无應静止，下據二陰，故『敦艮，吉』也。」

象曰：「『敦艮』之吉，以厚終也。」

虞翻曰：「坤爲厚，陽上據坤，故『以厚終也』。」

[一] 此句下，張本小字注云：孚，今本作「序」。

周易集解卷第十一

漸　歸妹　豐　旅　巽　兑

序卦曰：「物不可以終止，故受之以漸。漸者，進也。」

崔憬曰：「終止雖獲敦艮，時行須漸進行，故曰『物不可終止，故受之以漸。漸者，進也』。」

䷴ 艮宮正月歸魂　艮下巽上　漸：女歸吉，利貞。

虞翻曰：「否三之四。女謂四。歸，嫁也。坤三之四承五，『進得位，往有功』。反成歸妹兑，『女歸吉』。初上失位，故『利貞』，『可以正邦也』。」

彖曰：「漸之進也，『女歸吉也』。

虞翻曰：「三進四得位，陰陽體正，故吉也。」

進得位，往有功也。

虞翻曰：「功謂五，四進承五，故『往有功』，巽爲進也。」

進以正，可以正邦也，其位剛得中也。

虞翻曰：「謂初已變爲家人，四進已正而上不正，三動成坤爲邦，上來反三，故『進以正，可以正邦，其位剛得中』，與家人道正同義。三在外體之中，故稱『得中』。乾文言曰『中不在人』，謂三也。此可謂〔一〕『既濟定』者也。」

止而巽，動不窮也。

虞翻曰：「止，艮也。三變震爲動，上之三〔二〕據坤，動震成坎，坎爲通，故『動不窮』。往來不窮謂之通。」

象曰：「山上有木，漸，君子以居賢德善俗。」

虞翻曰：「君子謂否乾，乾爲賢德，坤陰小人，柔弱爲俗。乾四之坤，艮〔三〕爲居，以陽善陰，故『以居賢德善俗也』。」

初六：鴻漸于干，小子厲，有言，无咎。

〔一〕「謂」下，盧本、四庫本、周本有「上變」二字。

〔二〕「之三」，原倒，今據盧本、四庫本、周本及曹校乙。

〔三〕「艮」上，原有「爲」字，今據曹校删。

虞翻曰：「鴻，大鴈也。離五，鴻。漸，進也。小水從山流下稱干。艮〔一〕爲山、爲小徑，坎水流下山，故『鴻漸于干』也。艮爲小子，初失位，故『厲』。變得正，三動受上〔二〕成震，震爲言，故『小子厲，有言，无咎』也。」

象曰：「小子之厲，義无咎也。」

虞翻曰：「動而得正，故『義无咎也』。」

六二：鴻漸于磐，飲食衎衎，吉。

虞翻曰：「艮爲山石，坎爲聚，聚石稱磐。初已之正，體噬嗑食，坎水、陽物，並在頤中，故『飲食衎衎』。得正應五，故吉。」

象曰：「『飲食衎衎』，不素飽也。」

虞翻曰：「素，空也。承三應五，故『不素飽』。」

九三：鴻漸于陸，

虞翻曰：「高平稱陸。謂初已變，坎水爲平，三動之坤，故『鴻漸于陸』。」

〔一〕「艮」，原脱，今據胡本、盧本、四庫本、周本及曹校補。

〔二〕「受上」，曹校：二字疑衍。

夫征不復，

虞翻曰：「謂初已之正，三動成震，震爲征、爲夫，而體復象，坎陽死坤中，坎象不見，故『夫征不復』也。」

婦孕不育，凶。

虞翻曰：「孕，姙娠也。育，生也。巽爲婦，離爲孕，三動成坤，離毁失〔一〕位，故『婦孕不育，凶』。」

利〔二〕禦寇。

虞翻曰：「禦，當也。坤爲用，巽爲高，艮爲山，離爲戈兵甲冑，坎爲寇〔三〕，自上禦下，三動坤順，坎象不見，故『利用禦寇，順相保』。保，大也。」

象曰：「『夫征不復』，離羣醜也。

虞翻曰：「坤三爻爲醜，『物三稱羣』也。」

『婦孕不育』，失其道也。

〔一〕「失」，原作「夫」，今據盧本、周本及曹校改。

〔二〕「利」下，盧本、四庫本、周本有「用」字。

〔三〕「寇」上，原有「震」字，今據盧本、四庫本、周本删。

虞翻曰：「三動〔一〕離毁，陽隕坤中，故『失其道也』。」

『利用禦寇』，順相保也。

虞翻曰：「三動坤順，坎象不見，故以『順相保也』。」

六四：鴻漸于木，或得其桷，无咎。

虞翻曰：「巽爲木。桷，椽也。方者謂之桷。巽爲交、爲長木，艮爲小木，坎爲脊，離爲麗，小木麗長木，巽繩束之，象脊之形，椽桷象也，故『或得其桷』。得位順五，故『无咎』。四已承五，又顧得三，故『或得其桷』也矣。」

象曰：「『或得其桷』，順以巽也。」

虞翻曰：「坤爲順，以巽順五。」　案：四居巽木，爻陰位正，直桷〔二〕之象也。自二至五，體有離坎，離爲飛鳥而居坎水，鴻之象也。鴻隨陽鳥，喻女從夫。卦明漸義，爻皆稱焉。

九五：鴻漸于陵，婦三歲不孕，

〔一〕「動」，原重，今據諸本及曹校删。

〔二〕「直桷」，原作「角直」，今據盧本、四庫本、周本及曹校改。

虞翻曰：「陵，丘。婦謂四也。三動受上〔一〕時，而〔二〕四體半艮山，故稱『陵』。巽爲婦，離爲孕，坎爲歲，三動離壞，故『婦三歲不孕』。」

終莫之勝，吉。

虞翻曰：「莫，无。勝，陵也。得正居中，故『莫之勝，吉』。上終變之三，成既濟定，坎爲心，故象曰『得所願也』。」

象曰：「『終莫之勝，吉』，得所願也。」

虞翻曰：「上之三，既濟定，故『得所願也』。」

上九：鴻漸于陸，

虞翻曰：「陸謂三也。三坎爲平，變而成坤，故稱陸也。」

其羽可用爲儀，吉。

虞翻曰：「謂三變受〔三〕成既濟，與家人象同義。上之三〔四〕得正，離爲鳥，故『其羽可用爲儀，吉』。三

〔一〕「受上」，曹校：二字疑衍。
〔二〕「而」，曹校：此字亦疑衍。
〔三〕「受」下，曹校：下脱「上」字。曹校是，當據補。
〔四〕「三」，原作「二」，今據盧本、周本改。

動失位，坤〔一〕爲亂，乾四止坤，象曰『不可亂』，象曰『進以正邦』，爲此爻發也。三已得位，又變受上，權也。孔子曰『可與適道，未可與權』，宜无〔二〕怪焉。」

象曰：「『其羽可用爲儀，吉』，不可亂也。」

虞翻曰：「坤爲亂，上來正坤，六爻得位，成既濟定，故『不可亂也』。」○干寶曰：「處漸高位，斷漸之進，順艮之言，謹巽之全，履坎之通，據離之耀，婦德既終，母教又明，有德而可受，有儀而可象，故曰『其羽可以爲儀，不可亂也』。」

序卦曰：「進必有所歸，故受之以歸妹。」

崔憬曰：「『鴻漸于磐，飲食衎衎』，言六二〔三〕比三，女漸歸夫之象也，故云『進必有所〔四〕歸』也。」

䷵ 兌宮七月歸魂　兌下震上　歸妹：

〔一〕「坤」，原作「坎」，今據胡本、盧本、周本、曹校及下句象辭注改。

〔二〕「无」，張本作「可」。

〔三〕「二」，原脱，今據周本補。

〔四〕「所」，原作「歸」，今據胡本、盧本、四庫本、周本及曹校改。

虞翻曰：「歸，嫁也。兑爲妹，泰三之四，坎月離日，俱歸妹象。『陰陽之義配日月』，則『天地交而萬物通』，故以嫁娶也。」

征凶，

虞翻曰：「謂四也。震爲征，三之四，不當位，故『征凶』也。」

无攸利。

虞翻曰：「謂三也。四之三，失正无應，以柔乘剛，故『无攸利』也。」

彖曰：「歸妹，天地之大義也。

虞翻曰：「乾天坤地，三之四，天地交。以離日坎月戰陰陽，『陰陽之義配日月』，則萬物興，故『天地之大義』。乾主壬，坤主癸，日月會北；震爲玄黄，天地之雜；震東兑西，離南坎北，六十四卦，此象最備四時正卦，故『天地之大義也』。」

天地不交而萬物不興。

虞翻曰：「乾三之坤四，震爲興，天地以離坎交陰陽，故『天地不交，則萬物不興』矣。」○王肅曰：「男女交而後人民蕃，天地交然後萬物興，故歸妹以及天地交之義也。」

歸妹，人之終始也。

虞翻曰：「人始生乾而終於坤，故『人之終始』，雜卦曰：『歸妹，女之終。』謂陰終坤癸，則乾始震庚也。」○干寶曰：「歸妹者，衰落之女也。父既没矣，兄主其禮，子續父業，人道所以相終始也。」

說以動，所歸妹也。

虞翻曰：「說，兑；動，震也。謂震嫁兑，所歸必妹也。」

「征凶」，位不當也。

崔憬曰：「中四爻皆失位，以象歸妹非正嫡，故『征凶』也。」

「无攸利」，柔乘剛也。

王肅曰：「以征〔一〕則有不正之凶，以處則有乘剛之逆〔二〕也，故『无所利』矣。」

象曰：「澤上有雷，歸妹，

干寶曰：「雷薄於澤，八月、九月將藏之時也，君子象之，故不敢恃當今之虞而慮將來禍也。」

君子以永終知敝。」

虞翻曰：「君子謂乾也。坤爲永終、爲敝，乾爲知，三之四爲永終，四之三兑爲毁折，故『以永終知敝』。」○崔憬曰：「『歸妹，人之始終也』。始則『征凶』，終則『无攸利』，故『君子以永終知敝』爲戒

〔一〕「征」，原作「正」，今據盧本、四庫本、周本及曹校改。

〔二〕「逆」，原作「進」，今據胡本、張本、周本改。

者也。」

初九：歸妹以娣，跛能[一]履，征吉。

虞翻曰：「震爲兄，故『嫁妹』，謂三也。初在三下，動而應四，故稱『娣』。履，禮也。初九[二]應變成坎[三]，坎爲曳，故『跛而履』。應在震爲征，初爲娣，變爲陰，故『征吉』也。」

象曰：「『歸妹以娣』，以恒也。『跛能履』，吉相承也。」

虞翻曰：「陽得位[四]，故『以恒』。恒動初承二，故『吉相承也』。」

九二：眇能視，利幽人之貞。

虞翻曰：「視，應五也。震上兑下，離目不正，故『眇能視』。幽人謂二，初[五]動，二在坎中，故稱『幽人』。變得正，震喜兑説，故『利幽人之貞』。與履二同義也。」

象曰：「『利幽人之貞』，未變常也。」

〔一〕「能」，盧本、周本作「而」。下象辭及「眇能視」句同，古字通，不再出校。

〔二〕「九」，胡本作「無」。

〔三〕「坎」，原作「二」，今據盧本、四庫本、周本及曹校改。

〔四〕「位」，胡本、盧本、周本作「正」。

〔五〕「初」上，原有「之」字，今據盧本、周本及曹校删。

虞翻曰：「常，恒也。乘初未之五，故『未變常矣』。」

六三：歸妹以須，反歸以娣。

虞翻曰：「須，需也。初至五體需象，故『歸妹以須』。娣謂初也。震爲反，反馬歸也。三失位，四反得正，兑進在四，見初進之，初在兑後，故『反歸以娣』。」

象曰：「『歸妹以須』，位〔一〕未當也。」

虞翻曰：「三未變之陽，故『位未當』。」

九四：歸妹愆期，遲歸有時。

虞翻曰：「愆，過也。謂二變，三動之正，體大過象，坎月離日，爲期；三變，日月不見，故『愆期』。坎爲曳，震爲行，行曳故遲也。歸謂反三。震春兑秋，坎冬離夏，四時體正，故『歸有時』也。」

象曰：「『愆期』之志，有待而行也。」

虞翻曰：「待男行矣。」

六五：帝乙歸妹，其君之袂，不如其娣之袂良。

〔一〕「位」，原闕，今據盧本、周本補。張本此句下小字注云：今本衍「位」字。

虞翻曰：「三四已正，震爲帝，坤爲乙，故曰『帝乙』。泰乾爲良、爲君，乾在下爲小君，則妹也。袂〔一〕口，袂〔二〕之飾也。兑爲口，乾爲衣，故稱袂。謂三失位无應。娣袂謂二，得中應五，三動成乾爲良，故『其君之袂，不如其娣之袂良』。故象曰『以貴行也』矣。」

月幾望，吉。

虞翻曰：「幾，其也。坎月離日，兑西震東，日月象對，故曰『幾望』。二之五，四復三，得正，故『吉』也。與小畜、中孚『月幾望』同義也。」

象曰：「『帝乙歸妹』，『不如其娣之袂良』也。

虞翻曰：「三四復正，乾爲良。」

其位在中，以貴行也。」

虞翻曰：「三四復，二之五，成既濟，五貴，故『以貴行也』。」

上六：女承筐无實，

虞翻曰：「女謂應三兑也。自下受上稱承。震爲筐，以陰應陰，三四復位，坤〔三〕爲虛，故『无實』，象曰

〔一〕「袂」，原作「被」，今據諸本及曹校改。
〔二〕「袂」，曹校：當爲「衣」。
〔三〕「坤」，原作「坎」，今據盧本、周本及曹校删。

『承虛筐也』。」

士刲羊，无血，无攸利。

虞翻曰：「刲，刺也。震爲士，兑爲羊，離爲刀，故『士刲羊』。三四復位成泰，坎象不見，故『无血』。三柔承剛，故『无攸利』也。」

象曰：「上六『无實』，承虛筐也。」

虞翻曰：「泰坤爲虛，故『承虛筐也』。」

序卦曰：「得其所歸者必大，故受之以豐。豐者，大也。」

崔憬曰：「歸妹者，姪娣媵，國三人，凡九女爲大援，故言『得其所歸者必大』也。」

䷶ 坎宮九月五世　離下震上　豐：亨，

虞翻曰：「此卦三陰三陽之例，當從泰二之四，而豐三從噬嗑上來之三，折四於坎〔一〕獄中而成豐，故『君子以折獄致刑』。陰陽交，故『亨』。噬嗑所謂『利用獄』者，此卦之謂也。」

〔一〕「坎」，原作「五」，今據盧本、周本及曹校删。

王假之，

虞翻曰：「乾爲王。假，至也。謂四宜上至五，動之正成乾，故『王假之，尚大也』。」

勿憂，宜日中。

虞翻曰：「五動之正，則四變成離，離日中，當五，在坎中，坎爲憂，故『勿憂，宜日中』。體兩離象，『照天下』也。『日中則昃，月盈則蝕，天地盈虚，與時消息。』」○干寶曰：「豐，坎宫陰，世在五。以其宜中而憂其側〔一〕也。坎爲夜，離爲晝，以離變坎，至於天位，日中之象也。殷水德，坎象，晝〔二〕敗而離居之，周伐殷，居王位之象也。聖人德大而心小，既居天位，而戒懼不怠。『勿憂』者，勸勉之言也。猶詩曰：『上帝臨爾〔三〕，无貳爾心。』言周德當天人之心，宜居王位，故『宜日中』。」

彖曰：「豐，大也。明以動，故豐。

崔憬曰：「離下震上，明以動之象。明則見微，動則成務，故能大矣。」

『王假之』，尚大也。

〔一〕「側」，周本作「昃」。
〔二〕「晝」，胡本、曹校改作「盡」。
〔三〕「爾」，周本作「女」，四庫本作「汝」。

姚信曰：「四體震王。假，大也。四宜〔一〕之五，得其盛位，謂之大。」

『勿憂，宜日中』，

九家易曰：「震動而上，故『勿憂』也。日者君，中者五，君宜居五也。謂陰處五，日中之位，當傾昃矣。」

宜照天下也。

虞翻曰：「五動成乾，乾爲天。四動成兩離，『重明麗正』，故『宜照天下』，謂『化成天下』也。」

日中則昃，

荀爽曰：「豐者至盛，故『日〔二〕中』。下居四，日昃之象也。」

月盈則蝕，

虞翻曰：「月之行，生震見兑，盈於乾甲。五動成乾，故『月盈』。四變體噬嗑食，故『則食』。此『豐其屋，蔀其家』也。」

天地盈虛，與時消息，而況於人乎？況於鬼神乎？」

〔一〕「宜」，毛本、盧本、四庫本、周本作「上」。

〔二〕「日」，原作「曰」，今據胡本、盧本、四庫本、周本及曹校改。

虞翻曰：「五息成乾爲盈，四消入坤爲虚，故『天地盈虚』也。豐之既濟，四時象具，乾爲神人，坤爲鬼，鬼神與人，亦隨時消息。謂『人謀鬼謀，百姓與能』，『與時消息』。」

象曰：「雷電皆至，豐，

荀爽曰：「豐者，陰據不正，奪陽之位，而行以豐，故『折獄致刑』，以討除之也。」

君子以折獄致刑。」

虞翻曰：「君子謂三。噬嗑四失正，係在坎獄中，故上之三，折四入大過死象，故『以折獄致刑』。兑〔一〕折爲刑，賁三得正，故『无敢折獄』也。」

初九：遇〔二〕其配主，

虞翻曰：「妃嬪，謂四也。四失位，在震爲主；五動體姤遇，故『遇其配主』也。」

雖旬无咎，往有尚。

虞翻曰：「謂四失位，變成坤應初，坤數十。四上而之五成離，離爲日。」

象曰：「『雖旬无咎』，過旬災也。」

〔一〕「兑」下，曹校：下似脱「爲」字。

〔二〕「配」，周本作「妃」。下注同，不再出校。

虞翻曰：「體大過〔一〕，故『過旬災』。四上之五，坎爲災也。」

六二：豐其蔀，日中見斗，往得疑疾。

虞翻曰：「日蔽雲中稱蔀。蔀，小，謂四也〔二〕。二利四之五，故『豐其蔀』。噬嗑離爲見，象在上爲日中；艮爲斗，斗，七〔三〕星也；噬嗑艮爲星、爲止，坎爲北中，巽爲高舞。星止〔四〕於中而舞者，北斗之象也。離上之三，隱坎雲下，故『日中見斗』。四往之五，得正成坎，坎爲疑疾，故『往得疑疾』也。」

有孚發若，吉。

虞翻曰：「坎爲孚，四發之五成坎孚，動而得位，故『有孚發若，吉』也。」

象曰：「『有孚發若』，信以發志也。」

虞翻曰：「四發之五，坎爲志也。」○九家易曰：「信著於五，然後乃可發其順志。」

九三：豐其沛，日中見沬，

〔一〕「過」，原脱，今據盧本、四庫本、周本及曹校補。

〔二〕「蔀，小，謂四也」，毛本、四庫本作「蔀，小也，謂四」。

〔三〕「七」，曹校：或當爲「大」。

〔四〕「止」，原作「上」，今據盧本、周本及曹校改。

虞翻曰：「日在雲下稱沛。沛，不明也。沬，小星也。噬嗑離爲日，艮爲沬，故『日中見沬』。上之三，日入坎雲下，故『見沬』也。」○九家易曰：「大暗謂之沛。沬，斗杓後小星也。」

折其右肱，无咎。

虞翻曰：「兑爲折、爲右，噬嗑艮爲肱，上來之三，折艮入兑，故『折其右肱』。之三得正，故『无咎』也。」

象曰：「『豐其沛』，不可大事也。

虞翻曰：「利四之陰，故『不可大事』。」

『折其右肱』，終不可用也。」

虞翻曰：「四死大過，故『終不可用』。」

九四：豐其蔀，

虞翻曰：「蔀，蔽也。噬嗑離日之坎雲中，故『豐其蔀』。象曰：『位不當也。』」

日中見斗，

虞翻曰：「噬嗑日在上爲中，上之三爲巽，巽爲入，日入坎雲下，幽伏不明，故『日中見斗』。象曰『幽不明』，是其義也。」

遇其夷主，吉。

虞翻曰：「震爲主。四行之正成明夷，則三體震爲夷主，故『遇其夷主，吉』也。」案：四處上卦之下，以陽居陰，履非其位，而比於五，故曰「遇」也。夷者，傷也。主者，五也。謂四不期相遇，而能上行，傷五則吉，故曰「遇其夷主，吉行也」。

象曰：「『豐其蔀』，位不當也。『日中見斗』，幽不明也。

虞翻曰：「離上變入坎雲下，故『幽不明』。坎，幽也。」

『遇其夷主』，吉行也。」

虞翻曰：「動體明夷，震爲行，故曰『吉行』。」

六五：來章，有慶譽，吉。

虞翻曰：「在内稱來。章，顯也。慶謂五。陽出稱慶也。譽謂二，『二多譽』，五發得正，則來應二，故『來章，有慶譽，吉』也。」

象曰：「六五之吉，有慶也。」

虞翻曰：「動而成乾，乾爲慶。」

上六：豐其屋，蔀其家。

虞翻曰：「豐，大；蔀，小也。三至上，體大壯屋象，故『豐其屋』。謂四五已變，上動成家人，大屋見則家人壞〔一〕，故『蔀其家』。與泰二同義。故象曰『天際〔二〕祥』，明以大壯爲屋象故也。」

闚其户，閴〔三〕其无人，三歲不覿，凶。

虞翻曰：「謂從外闚三應。閴，空也。四動時，坤爲闔，户闔，故『闚其户』。坤爲空虚，三隱伏坎中，故『閴其无人』，象曰『自藏也』。四五易位，噬嗑離目爲闚。闚人者，言皆不見。坎爲三歲，坤冥在上，離象不見，故『三歲不覿，凶』。」○干寶曰：「在豐之家，居乾之位，乾爲屋宇，故曰『豐其屋』。此蓋記紂之侈造爲璿室玉臺也。『蔀其家』者，以記紂多傾宮〔四〕之女也。社稷既亡，宮室虚曠，故曰『闚其户，閴其無人』。閴，無人貌也。三者，天地人之數也。凡國於天地，有興亡焉。故王者之亡其家也，必天示其祥，地出其妖，人反其常。非斯三者，亦弗之亡也，故曰『三歲不覿，凶』。然則璿室之成，三年而後亡國矣。」　案：上應於三，三互離，巽爲户，離爲目，目而近户，闚之象也。既屋豐家蔀，若闚其〔五〕户，閴寂無人。震木，數三，故三歲致凶於災。

〔一〕「壞」，原作「懷」，今據盧本、周本及曹校改。
〔二〕「際」，毛本、盧本、四庫本、周本作「降」。
〔三〕「閴」，盧本、周本作「闃」。下注同，不再出校。
〔四〕「宮」，毛本、盧本、四庫本、周本作「國」。
〔五〕「其」，原作「地」，今據周本及曹校改。

象曰：「『豐其屋』，天降[一]祥也。

孟喜曰：「天降下惡祥也。」

『闚其户，闃其无人』，自藏也。」

虞翻曰：「謂三隱伏坎中，故『自藏』者也。」

序卦曰：「窮大者必失其居，故受之以旅。」

崔憬[二]曰：「諺云『作者不居』，況窮大甚而能久處乎？故必獲罪去邦，羈旅於外矣。」

䷷ 離宮五月一世 艮下離上 旅：小亨，旅貞吉。

虞翻曰：「賁初之四，否三之五，非乾坤往來也，與噬嗑之豐同義。小謂柔，得貴位而順剛，麗乎大明，故『旅小亨，旅貞吉』。再言旅者，謂四凶惡，進退無恒，無所容處，故再言旅，惡而惢[三]之。」

彖曰：「旅小亨。

[一]「降」，盧本、周本作「際」。

[二]「崔憬」，原作「虞翻」，今據盧本、四庫本、周本及曹校改。

[三]「惢」，諸本作「愍」，異體字。

姚信曰：「此本否卦。三五交易，去其本體，故曰客旅。」○荀爽曰：「謂陰升居五，與陽通者也。」

柔得中乎外而順乎剛，止而麗乎明，是以『小亨，旅貞吉』也。

蜀才曰：「否三升五，柔得中於外，上順於剛。九五降三，降不失正，止而麗乎明，所以『小亨，旅貞吉』也。」

旅之時義大矣哉。」

虞翻曰：「以離日麗天，『縣象著明，莫大日月』，故『義大』也。」○王弼曰：「旅者，物失其所居之時也。物失所居，則咸願有附，豈非智者有爲之時？故曰『旅之時義大矣哉』。」

象曰：「山上有火，旅，

侯果曰：「火在山上，勢非長久，旅之象也。」

君子以明慎用刑而不留獄。」

虞翻曰：「君子謂三，離爲明，艮爲慎，兑爲刑，坎爲獄。賁初之四，獄象不見，故『以明慎用刑而不留獄』。與豐『折獄』同義者也。」

初六：旅瑣瑣，斯其所取災。

陸績曰：「瑣瑣，小也。艮爲小石，故曰『旅瑣瑣』也。履非其正，應離之始，離爲火，艮爲山，以應火災，焚自取也，故曰『斯其所取災』也。」

象曰：「『旅瑣瑣』，志窮災也。」

虞翻曰：「瑣瑣，最蔽之貌也。失位遠應，之正介坎，坎爲災眚，艮手爲取，謂三動應坎，坎爲志，坤稱窮〔一〕，故曰『志窮災也』。」

六二：旅即次，懷其資，得僮僕貞。

九家易曰：「即，就；次，舍；資，財也。以陰居二，即就其舍，故『旅即次』；承陽有實，故『懷其資』〔二〕，故曰『旅即次，懷其資』也。初者卑賤，二得履之，故『得僮僕』。處和得位，正〔三〕居是，故曰『得僮僕貞』矣。」

象曰：「『得僮僕貞』，終无尤也。」

虞翻曰：「艮爲僮僕，得正承三，故『得僮僕貞』而『終无尤也』。」案：六二履正體艮，艮爲閽寺，「僮僕貞」之象也。

九三：旅焚其次，喪其僮僕，貞厲。

〔一〕「窮」，原作「災」，今據盧本、四庫本、周本改。

〔二〕「即就其舍，故『旅即次』，承陽有實，故『懷其資』」，原作「即就其舍，承陽有實，故『懷其資』，故曰『旅即次，懷其資』也」，今據盧本、四庫本、周本改。

〔三〕「正」上，原有「故」字，今據盧本、四庫本、周本删。

虞翻曰：「離爲火，艮爲僮僕，三動艮壞，故『焚其次』。坤爲喪，三動艮滅入坤，故『喪其僮僕』。動而失正，故『貞厲』矣。」

象曰：「『旅焚其次』，亦以傷矣。

虞翻曰：「三動體剥，故傷也。」

以旅與下，其義喪也。」

虞翻曰：「三變成坤，坤爲下、爲喪，故『其義喪也』。」

九四：旅于處，得其資斧，我心不快。

虞翻曰：「巽爲處，四焚棄惡人，失位遠應，故『旅于處』，言无所從也。離爲資斧，故『得其資斧』。三動，四坎爲心，其位未正〔一〕，故『我心不快』也。」

象曰：「『旅於處』，未得位也。『得其資斧』，心未快也。」

王弼曰：「斧，所以斫除荆棘，以安其舍者也。雖處上體之下，不先於物，然而不得其位，不獲平坦之地者也。客于〔二〕所處不得其次，而得其資斧之地，故其『心不快』。」　案：九四失位而居艮上，艮

〔一〕「正」，原作「至」，今據周本改。
〔二〕「于」，原作「子」，諸本同，今據宋本注疏改。

爲山，山非平坦之地也。四體兑巽，巽爲木，兑爲金，木貫于金，即資斧斫除荆棘之象者也。

六五：䂵雉，一矢亡，

虞翻曰：「三變坎爲弓，離爲矢，故『䂵雉』。五變體乾〔一〕，矢動雉飛，雉象不見，故『一矢亡』矣。」

終以譽命。

虞翻曰：「譽謂二，巽爲命，五終變成乾，則二來應己，故『終以譽命』。」

象曰：「『終以譽命』，上逮也。」

虞翻曰：「逮，及也，謂二上及也。」○干寶曰：「離〔二〕爲雉、爲矢，巽爲木、爲進退，艮爲手，兑爲決，有木在手，進退其體，矢決于外，䂵之象也。一陰升乾，故曰『一矢』。履非其位，下又無應，雖復䂵雉，終亦失之，故曰『一矢亡也』。『一矢亡』者，喻有損而小也。此託〔三〕禄父爲王者後，雖小叛擾，終逮安周室，故曰『終以譽命』矣。」

上九：鳥焚其巢，旅人先笑後號咷，

虞翻曰：「離爲鳥、爲火，巽爲木、爲高，四失位變震爲筐，巢之象也。今巢象不見，故『鳥焚其巢』。震

〔一〕「體乾」，原倒，今據周本乙正。「變」，周本作「動」。
〔二〕「離」上，原有「逮」字，今據盧本、四庫本、周本及曹校删。
〔三〕「託」，原作「記」，今據張本、周本改。

爲笑，震在前，故『先笑』。應在巽，巽爲號咷，巽象在後，故『後號咷』。」

喪牛于易，凶。

虞翻曰：「謂三動時坤爲牛，五動成乾，乾爲易，上失三，五動應二，故『喪牛于易』。失位无應，故『凶』也。五動成遯，六二『執之用黄牛之革』，則旅家所喪牛也。」

象曰：「以旅在上，其義焚也。

虞翻曰：「離火焚巢，故『其義焚也』。」

『喪牛于易』〔一〕，終莫之聞也。」

虞翻曰：「坎耳入兑，故『終莫之聞』。」○侯果曰：「離爲鳥、爲火，巽爲木、爲風，鳥居木上，巢之象也。旅而贍資，物之所惡也。喪牛甚易，求之也難。雖有智者，莫之吉也。」

序卦曰：「旅无所容，故受之以巽。巽者，入也。」

崔憬曰：「旅寄在〔二〕外而无所容，則必入矣，故曰『旅无所容，受之以巽』。」

〔一〕「于易」，盧本、周本作「之凶」。

〔二〕「在」，毛本、盧本、周本作「於」。

䷸ 震宮四月六世 巽下巽上 巽：小亨，利有攸往，利見大人。

虞翻曰：「遯二之四，柔得位而順五剛，故『小亨』也。大人謂五，離目爲見，二失位利正〔一〕，往應五，故『利有攸往，利見大人』矣。」

象曰：「重巽以申命，

陸績曰：「巽爲命令。重命令者，欲丁寧也。」

剛巽乎中正而志行，

陸績曰：「二得中，五得正，體兩巽，故曰『剛巽乎中正』也。皆據陰，故『志行』也。」○虞翻曰：「剛中正，謂五也。二失位，動成坎，坎爲志，終變成震，震爲行也。」

柔皆順乎剛，是以『小亨，

陸績曰：「陰爲卦主，故『小亨』。」

利有攸往，利見大人』。」

案：其義已見繇辭。

象曰：「隨風，巽，君子以申命行事。」

〔一〕「正」，原作「在」，今據胡本、盧本、周本改。

虞翻曰：「君子謂遯乾也。巽爲命，重象故『申命』。變至三，坤爲事，震爲行，故『行事』也。」○荀爽曰：「巽爲號令，兩巽相隨，故『申命』也。法教百端，令行爲上，貴其必從，故曰『行事』也。」

初六：進退，利武人之貞。

虞翻曰：「巽爲進退，乾爲武人，初失位，利之正爲乾，故『利武人之貞』矣。」

象曰：「『進退』，志疑也。

荀爽曰：「風性動，進退欲承五，爲二所據，故志以疑也。」

『利武人之貞』，志治也。」

虞翻曰：「動而成乾，乾爲大明，故『志治』。『乾元用九天下治』，是其義也。」

九二：巽在牀下，

宋衷曰：「巽爲木，二陽在上，初陰在下，牀之象也。二无應於上，退而據初，心在於下，故曰『巽在牀下』也。」○荀爽曰：「牀下以喻近也。二者，軍帥；三者，號令，故言『牀下』，以明將之所專，不過軍中事也。」

用史巫紛若，吉，无咎。

荀爽曰：「史以書勳，巫以告廟。紛，變；若，順也。謂二以陽應陽，君所不臣，軍師之象。征伐既畢，書勳告廟，當變而順五則吉，故曰『用史巫紛若，吉，无咎』矣。」

象曰：「『紛若』之吉，得中也。」

荀爽曰：「謂二以處中和，故能變。」

九三：頻巽，吝。

虞翻曰：「頻，頞也。謂二已變，三體坎艮，坎爲憂，艮爲鼻，故『頻巽』。無應在險，故『吝』也。」

象曰：「『頻巽』之吝，志窮也。」

荀爽曰：「乘陽无據，爲陰所乘，號令不行，故『志窮也』。」

六四：悔亡，田獲三品。

虞翻曰：「田謂二也。地中〔一〕稱田，失〔二〕位无應，悔也。欲二之初，己得應之，故『悔亡』。二動得正，處中應五，五多功，故象曰『有功也』。二動艮爲手，故稱獲。謂艮爲狼，坎爲豕，艮〔三〕二之初，離爲雉，故『獲三品』矣。」○翟玄曰：「田獲三品，下三爻也。謂初巽〔四〕爲雞，二兑爲羊，三離爲雉也。」

案：穀梁傳曰：「春獵曰田，夏曰苗，秋曰蒐，冬曰狩。田獲三品：一爲乾豆，二爲賓客，三爲充君之

〔一〕「中」，曹校：疑當爲「上」。

〔二〕「失」上，周本有「初」字

〔三〕「艮」，曹校：衍字。「艮」下，胡本無「二」字。

〔四〕「巽」，原作「兑」，今據毛本、盧本、四庫本、周本及曹校改。

庖。」注云：「上殺中心，乾之爲豆實；次殺中髀骼，以供賓客；下殺中腹，充君之庖廚。尊神敬客之義也。」

象曰：「『田獲三品』，有功也。」

王弼曰：「得位承五，而依尊履正，以斯行命，必能獲强暴，遠不仁者也。獲而有益，莫若三品，故曰『有功也』。」

九五：貞吉，悔亡，无不利，无初有終。

虞翻曰：「得位處中，故『貞吉，悔亡，无不利』也。震巽相薄，雷風无形，當變之震矣。『巽究爲躁卦』，故『无初有終』也。」

先庚三日，後庚三日，吉。

虞翻曰：「震，庚也。謂變初至二成離，至三成震，震主庚，離爲日，震三爻在前，故『先庚三日』，謂益時也。動四至五成離，終上成震，震三爻在後，故『後庚三日』也。巽初失正，終變成震，得位，故『无初有終』，吉。『震究爲蕃鮮白』，謂巽也[一]。『巽究爲躁卦』，躁卦謂震也。與蠱『先甲三日，後甲三日』同義。五動成蠱，乾成於甲，震成於庚，『陰陽天地之始終』，故經舉甲、庚於蠱彖、巽五也。」

[一]「也」，盧本、周本作「白」。

象曰：「九五之吉，位正中也。」

虞翻曰：「居中得正，故吉矣。」

上九：巽在牀下，

虞翻曰：「牀下謂〔一〕初也。窮上反下成震，故『巽在牀下』。象曰：『上窮也。』明當變窮上而復初也。」○九家易曰：「上爲宗廟，禮，封賞出軍，皆先告廟，然後受行。三軍之命，將之所專，故曰『巽在牀下』也。」

喪其資〔二〕斧，貞凶〔三〕。

虞翻曰：「變至三時，離毁入坤，坤爲喪〔四〕，離爲斧，故『喪其齊斧』。三變失位，故『貞凶』。」○荀爽曰：「軍罷師旋，亦告於廟，還斧於君，故『喪資斧』。正如其故，不執臣節，則凶，故曰『喪其資斧，貞凶』。」

象曰：「巽在牀下，上窮也。

〔一〕「謂」，原作「爲」，今據胡本、盧本、周本及曹校改。

〔二〕「資」，盧本、周本作「齊」。下注及象辭同，不再出校。

〔三〕「凶」，原作「吉」，今據胡本、盧本、四庫本、周本及曹校改。

〔四〕「喪」下，盧本、周本有「巽爲齊」。

虞翻曰：「陽窮上反下，故曰『上窮也』。」

『喪其資斧』，正乎凶也。

虞翻曰：「上應於三，三動失正，故曰『正乎凶也』。」

序卦曰：「入而後說之，故受之以兑。兑者，說也。」

崔憬曰：「巽以申命行事，入于刑者也。入刑而後說之，所謂『人忘其勞死』也。」

䷹ 艮宮六月十世 兑下兑上 兑：亨，利貞。

虞翻曰：「大壯五之三也。剛中而柔外，二〔一〕失正，動應五承三，故『亨，利貞』也。」

彖曰：「兑，說也。

虞翻曰：「兑口，故『說也』。」

剛中而柔外，說以利貞，

虞翻曰：「剛中謂二五，柔外謂三上也。二、三、四利之正，故『說以利貞』也。」

〔一〕「二」，原作「而」，今據盧本、四庫本、周本及曹校改。

是以順乎天而應乎人。

虞翻曰：「大壯乾爲天，謂五也，人謂三矣。二變順五承三，故『順乎天應乎人』。坤爲順也。」

説以先民，民忘其勞；

虞翻曰：「謂二、四已變成屯，坎〔一〕爲勞，震喜兑説，坤爲民，坎爲心，民心喜説，有順比象，故『忘其勞』也。」

説以犯難，民忘其死。

虞翻曰：「體屯，故難也。三至上，體大過死，變成屯，『民説無疆』，故『民忘其死』，坎心爲忘。或以坤爲死也。」

説之大，民勸矣哉。

虞翻曰：「體比順象，故勞而不怨。震爲喜笑，故人勸也。」

象曰：「麗澤，兑，君子以朋友講習。」

虞翻曰：「君子，大壯乾也。陽息見兑，『學以聚之，問以辯之』。兑二陽同類爲朋〔二〕，伏艮爲友，坎爲

〔一〕「坎」，原作「故」，今據盧本、周本及曹校改。

〔二〕「朋」下，原有「友」字，今據盧本、四庫本、周本删。

習，震爲講，兑兩口對，故『朋友講習』也。」

初九：和兑，吉。

虞翻曰：「得位，四變應己，故『和兑，吉』矣。」

象曰：「『和兑』之吉，行未疑也。」

虞翻曰：「四變應初，震爲行，坎爲疑，故『行未疑』。」

九二：孚兑，吉，悔亡。

虞翻曰：「孚謂五也。四已變，五在坎中，稱孚。二動得位，應之，故『孚兑，吉，悔亡』矣。」

象曰：「『孚兑』之吉，信志也。」

虞翻曰：「二變應五，謂四已變，坎爲志，故『信志也』。」

六三：來兑，凶。

虞翻曰：「從大壯來，失位，故『來兑，凶』矣。」

象曰：「『來兑』之凶，位不當也。」

案：以陰居陽，故「位不當」。諂〔一〕邪求悦，所以必凶。

〔一〕「諂」，原作「謟」，今據周本改。

九四：商兑，未寧，介疾有喜。

虞翻曰：「巽爲近利市三倍，故稱『商兑』。變之，坎水性流，震爲行，謂二已變，體比象，故『未寧』，與比『不寧方來』同義也。坎爲疾，故『介疾』。得位承五，故『有喜』。」

象曰：「九四之喜，有慶也。」

虞翻曰：「陽爲慶，謂五也。」

九五：孚于剥，有厲。

虞翻曰：「孚謂五也。二四變，體剥象，故『孚於剥』。在坎未光，『有厲』也。」

象曰：「『孚於剥』，位正當也。」

案：以陽居尊位，應二比四，孚剥有厲，「位正當也」。

上六：引兑。

虞翻曰：「无應乘陽，動而之巽爲繩，艮爲手，應在三，三未之正，故『引兑』也。」

象曰：「上六『引兑』，未光也。」

虞翻曰：「二四已變而體屯，上三未爲離，故『未光也』。」

周易集解卷第十二

渙　節　中孚　小過　既濟　未濟

序卦曰：「説而後散之，故受之以渙。渙者，離也。」

崔憬曰：「人説，忘其勞死，而後可散之〔一〕征役，離之以家邦，故曰『説而後散之，故受之〔二〕渙。渙者，離也』。」

䷺ 離宮五世三月　坎下巽上　渙：亨。

虞翻曰：「否四之二，成坎巽〔三〕，天地交，故『亨』也。」

〔一〕「之」下，盧本、周本有「以」字。

〔二〕「之」下，周本有「以」字。

〔三〕「巽」，原作「震」，今據盧本、周本改。

王假有廟，

虞翻曰：「乾爲王。假，至也。否體觀艮爲宗廟，乾四之坤二，故『王假有廟，王乃在中也』。」

利涉大川，利貞。

虞翻曰：「坎爲大川，涣舟檝象，故『涉大川，乘木有功』。二失正，變應五，故『利貞』〔一〕也。」

彖曰：「『涣亨』，剛來而不窮，柔得位乎外而上同。

盧氏曰：「此本否卦。乾之九四，來居坤中，剛來成坎，水流而不窮也。坤之六二，上升乾四，柔得位乎外，上承貴王，與上同也。」

『王假有廟』，王〔二〕乃在中也。

荀爽曰：「謂陽來居二，在坤之中，爲立廟。假，大也。言受命之王，居五大位，上體之中，上享天帝，下立宗廟也。」

『利涉大川』，乘木有功也。」

虞翻曰：「巽爲木，坎爲水，故『乘木有功也』。」

〔一〕「貞」上，毛本、四庫本、張本有「居」字。

〔二〕「王」，原脱，今據胡本、盧本、四庫本、周本及曹校補。

象曰：「風行水上，渙，先王以享於帝立廟。」

荀爽〔一〕曰：「謂受命之王，收集散民，上享天帝，下立宗廟也。陰上至四承五，爲享帝。陽下至二，爲立廟也。離日上爲宗廟，而謂天帝，宗廟之神所配食者，王者所奉，故繼於上。至於宗廟，其實在地。地者陰中之陽，有似廟中之神。」○虞翻曰：「否乾爲先王。享，祭也。震爲帝、爲祭，艮爲廟，四之二，殺坤大牲，故『以享帝立廟』。謂成既濟，有噬嗑食象故也。」

初六：用拯馬壯，吉。

虞翻曰：「坎爲馬，初失〔二〕正，動體大壯，得位，故『拯馬壯，吉』，悔亡之矣〔三〕。」

象曰：「初六之吉，順也。」

虞翻曰：「承二，故順也。」

九二：渙奔其机，悔亡。

虞翻曰：「震爲奔，坎爲棘、爲矯輮，震爲足，輮棘〔四〕有足，艮肱據之，憑机之象也。渙宗廟中，故設

〔一〕「荀爽」，原作「虞翻」，今據盧本、周本及曹校改。
〔二〕「失」下，原有「位」字，疑爲校語誤入正文，今據盧本、四庫本、周本刪。
〔三〕「悔亡之矣」，曹校：四字衍。
〔四〕「棘」，原作「來」，今據盧本、周本及曹校改。

机。二失位，變得正，故『涣奔其机，悔亡』也。」

象曰：「『涣奔其机』，得願也。」

虞翻曰：「動而得位，故『得願也』。」

六三：涣其躬，无悔。

荀爽曰：「體中曰躬。謂涣三，使承上，爲志在外，故『无悔』。」

象曰：「『涣其躬』，志在〔一〕外也。」

王弼曰：「涣之爲義，内險而外安者也。散躬志外，不固所守，與剛合志，故得无咎。」

六四：涣其羣，元吉。

虞翻曰：「謂二已變成坤，坤三爻稱羣，得位順五，故『元吉』也。」

涣有丘，匪夷所思。

虞翻曰：「位半艮山，故稱丘。匪，非也。夷謂震，四應在初，三變坎爲思，故『匪夷所思』也。」○盧氏曰：「自二居四，離其羣侶，『涣其羣』也。得位承尊，故『元吉』也。互體有艮，艮爲山丘。涣羣雖則光大，有丘則非平易，故有匪夷之思也。」

〔一〕「其」「在」，原倒，今據毛本、盧本、四庫本、周本及曹校乙。

象曰：「『渙其羣，元吉』，光大也。」

虞翻曰：「謂三已變成離，故四『光大也』。」

九五：渙汗其大號。

九家易曰：「謂五建二爲諸侯，使下君國，故宣布號令，百姓被澤。若汗之出身，不還反也。此本否卦，體乾爲首，來下處二，成坎水，汗之象也。陽稱大，故曰『渙汗其大號』也。」

渙，王居无咎。

荀爽曰：「布其德教，王居其所，故『无咎』矣。」

象曰：「『王居无咎』，正位也。」

虞翻曰：「五爲王，艮爲居，正位居五，四陰順命，故『王居无咎，正位也』。」

上九：渙其血去逖出，无咎。

虞翻曰：「應在三，坎爲血，爲逖；逖，憂也；二變爲觀，坎象不見，故『其血去逖出，无咎』。」

象曰：「『渙其血』，遠害也。」

虞翻曰：「乾爲遠，坤爲害，體遯上，故『遠害也』。」

序卦曰：「物不可以終離，故受之以節。」

崔憬曰：「離散之道，不可終行，當宜節止之，故言『物不可以終離，受之以節』。」

䷻（兑下坎上　坎宫一世十一月）節：亨，

虞翻曰：「泰三之五，天地交也。五『當位以節，中正以通』，故『節亨』也。」

苦節，不可貞。

虞翻曰：「謂上也。應在三，三變成離『火，炎上作苦』，位在火上，故『苦節』。雖得位乘陽，故『不可貞』也。」

彖曰：「節亨，剛柔分而剛得中，

盧氏曰：「此本泰卦。分乾九〔一〕三升坤五，分坤六五下處乾三，是『剛柔分而剛得中』也。」

『苦節，不可貞』，其道窮也。

虞翻曰：「位極于上，乘陽故『窮』也。」

説以行險，

虞翻曰：「兑説坎險，震爲行，故『説以行險』也。」

〔一〕「九」，原作「上」，今據諸本及曹校改。

當位以節，中正以通，

虞翻曰：「中正謂五。坎爲通也。」

天地節而四時成。

虞翻曰：「泰乾天坤地，震春兑秋坎冬，三動離爲夏，故『天地節而四時成』也。」

節以制度，不傷財，不害民。

虞翻曰：「艮手稱制，坤數十爲度，坤又爲害、爲民、爲財。二動體剥，剥爲傷；三出復位，成既濟定，坤剥不見，故『節以制度，不傷財，不害民』。」

象曰：「澤上有水，節，

侯果曰：「澤上有水，以堤防爲節。」

君子以制數度，議德行。」

虞翻曰：「君子，泰乾也。艮止爲制，坤爲度，震爲議、爲行，乾爲德，故『以制數度，議德行』。乾三之五，爲『制數度』。坤五之乾，爲『議德行』也。」

初九：不出户庭，无咎。

虞翻曰：「泰坤爲户，艮爲庭，震爲出，初得位應四，故『不出户庭，无咎』矣。」

象曰：「『不出户庭』，知通塞也。」

虞翻曰：「坎爲通，二變坤土壅初爲塞。」○崔憬曰：「爲節之始，有應於四，四爲坎險，不通之象。以節崇塞，雖不通，可謂『知通塞』矣。户庭，室庭也。愼密守節，故『不出』焉而『无咎』也。」　案：初九應四，四互坎艮，艮爲門闕，四居艮中，是爲内户，户庭之象也。

九二：不出門庭，凶。

虞翻曰：「變而之坤，艮爲門庭，二失位不變，出門應五，則凶，故言『不出門庭，凶』矣。」

象曰：「『不出門庭，凶』，失時極矣。」

虞翻曰：「極，中也。未變之正，故〔一〕『失時極』也。」

六三：「不節若，則嗟〔二〕若，无咎。」

虞翻曰：「三，節家君子也。失位，故『節若』。嗟，哀號聲。震爲音聲、爲出，三動得正而體離坎，涕流出目，故『則嗟若』。得位乘二，故『无咎』也。」

象曰：「『不節』之嗟，又誰咎也。」

王弼曰：「若，辭也。以陰處陽，以柔乘剛，違節之道，以至哀嗟，自己所致〔三〕，无所怨咎，故曰『又誰

〔一〕「故」，毛本、盧本、周本無此字。
〔二〕「嗟」，盧本、周本作「差」，下象辭及注同。
〔三〕「致」，盧本、周本作「至」。

咎』矣。」

六四：安節，亨。

虞翻曰：「二已變，艮止坤安，得正承五，有應於初，故『安節，亨』。」

象曰：「『安節』之亨，承上道也。」

九家易曰：「言四得正奉五，上通於君，故曰『承上道也』。」

九五：甘節，吉，往有尚。

虞翻曰：「得正居中，坎爲美，故『甘節，吉』。往謂二，二失正，變往應五，故『往有尚』也。」

象曰：「甘節之吉，居位中也。」

虞翻曰：「艮爲居，五爲中，故『居位中也』。」

上六：苦節，貞凶，悔亡。

虞翻曰：「二三變，有〔一〕兩離火，炎上作苦，故『苦節』。乘陽，故『貞凶』。得位，故『悔亡』。」○干寶曰：「象稱『苦節不可貞』，在此爻也。稟險伏之教，懷貪狼〔二〕之志，以苦節之性而遇甘節之主，必受

〔一〕「有」，原作「在」，今據周本改。

〔二〕「狼」，胡本、毛本、周本作「狠」。

其誅，華士少正卯之爻也，故曰『貞凶』。苦節既凶，甘節志得，故曰『悔亡』。」

象曰：「『苦節，貞凶』，其道窮也。」

荀爽曰：「乘陽于上，无應於下，故『其道窮也』。」

序卦曰：「節而信之，故受之以中孚。」

崔憬曰：「『節以制度，不傷財，不害民』，則人信之，故言『節而信之，故受之以中孚』也。」

䷼ 艮宮八月遊魂 兌下巽上 中孚：

虞翻曰：「訟四之初也。坎孚象在中，謂二也，故稱『中孚』。此當從四陽二陰之例，遯陰未及三，而大壯陽已至四，故從訟來。二在訟時，體離〔一〕爲鶴，在坎陰中，故〔二〕有『鳴鶴在陰』之義也。」

豚魚吉，

案：坎爲豕〔三〕。訟四降初折坎稱豚，初陰升四體巽爲魚。中，二；孚，信也。謂二變應五，化坤成

〔一〕「離」，原脱，今據盧本、四庫本、周本及曹校補。

〔二〕「故」，盧本、周本無此字。

〔三〕「豕」上，原有「孚」字，今據盧本、四庫本、周本及曹校删。

邦，故「信及豚魚，吉」矣。虞氏以三至上體遯，便以豚魚爲遯魚，雖生曲象之異見，乃失化邦之中信也。

利涉大川，

虞翻曰：「坎爲大川，謂二已化邦，三利出涉坎，得正體渙，渙舟檝象，故『利涉大川，乘木舟虛也』。」

利貞。

虞翻曰：「謂二利之正而應五也。『中孚以利貞，乃應於天也』。」

彖曰：「中孚，柔在內而剛得中，說而巽，孚，

王肅曰：「三、四在內，二、五得中，兑說而巽順，故孚也。」

乃化邦也。

虞翻曰：「二化應五成坤，坤爲邦，故『化邦』也。」

『豚魚吉』，信及豚魚也。

荀爽〔一〕曰：「豚魚，謂四、三也。艮〔二〕爲山陸，豚所處；三爲兑澤，魚所在。豚者卑賤，魚者幽隱，中

〔一〕「荀爽」，原作「虞翻」，今據盧本、周本改。

〔二〕「艮」，周本作「四」，當是。

信之道，皆及之矣。」

『利涉大川』，乘木舟虚也。

王肅曰：「中孚之象，外實内虚，有似可乘虚木之舟也。」

中孚以利貞，乃應乎天也。

虞翻曰：「訟乾爲天，二動應乾，故『乃應乎天也』。」

崔憬曰：「流風令於上，布澤惠於下，中孚之象也。」

象曰：「澤上有風，中孚，

君子以議獄緩死。」

虞翻曰：「君子謂乾也。訟坎爲獄，震爲議、爲緩，坤爲死，乾四之初，則二出坎獄，兑説震喜，坎獄不見，故『議獄緩死』也。」

初九：虞吉，有它，不燕。

荀爽曰：「虞，安〔一〕也。初應於四，宜自安虞，无意於四，則吉，故曰『虞吉』也。四者承五，有它意，於四則不安，故曰『有它，不燕』也。」

〔一〕「虞安」，原作「震宴」，今據盧本、周本及曹校改。

象曰：「初九虞吉，志未變也。」

荀爽曰：「初位潛藏，未得變而應四也。」

九二：鳴鶴在陰，其子和之，我有好爵，吾與爾靡之。

虞翻曰：「靡，共也。震爲鳴，訟離爲鶴，坎爲陰夜，鶴知夜半，故『鳴鶴在陰』。二動成坤，體益。五艮爲子，震巽同聲者相應，故『其子和之』。坤爲身，故稱『我』。吾謂五也。離爲爵，爵，位也。坤爲邦國，五在艮，閽寺闕庭〔一〕之象，故稱『好爵』。五利二變之正應，以〔二〕故『吾與爾靡之』矣。」

象曰：「『其子和之』，中心願也。」

虞翻曰：「坎爲心，動得正應五，故『中心願也』。」

六三：得敵，或鼓或罷，或泣或歌。

荀爽曰：「三、四俱陰，故稱『得』〔三〕也。四得位有位，故鼓而歌。三失位无實，故罷而泣之〔四〕也。」

象曰：「『或鼓或罷』，位不當也。」

〔一〕「闕庭」，盧本、周本、毛本倒。

〔二〕「以」，胡本、張本作「坎」，如是，當從上讀。纂疏以爲作「已」，亦從上讀。

〔三〕「得」，周本作「敵」。

〔四〕曹校：「之」字衍。

王弼曰：「三、四俱陰，金木異性，敵之謂也。以陰居陽，自彊而進，進而礙〔一〕敵，故『或鼓』也。四履正位，非三〔二〕所剋，故『或罷』也。不勝而退，懼見侵凌，故『或泣』也。四履謙巽，不報敵讎〔三〕，故『或歌』也。歌泣無恒，『位不當也』。」

六四：月幾望，馬匹亡，无咎。

虞翻曰：「訟坎爲月，離爲日，兑西震東，月在兑二，離在〔四〕震三，日月象對，故『月幾望』。乾、坎兩馬匹，初四易位，震爲奔走，體遯山中，乾坎不見，故『馬匹亡』。初四易位，故『无咎』矣。」

象曰：「『馬匹亡』，絶類上也。」

虞翻曰：「訟初之四，體與上絶，故『絶類上也』。」

九五：有孚攣如，无咎。

虞翻曰：「孚，信也。謂二在坎爲孚，巽繩艮手，故『攣二』。使化爲邦，得正應己，故『无咎』也。」

象曰：「『有孚攣如』，位正當也。」

〔一〕「礙」，盧本、周本作「閡」。

〔二〕「三」，盧本、周本作「己」。「三」下，毛本、盧本、四庫本、周本有「敵」字。

〔三〕「敵讎」，諸本作「讎敵」。

〔四〕「在」，原作「爲」，今據諸本改。

案：以陽居五，有信攣二，使變己〔一〕，是「位正當也」。

上九：翰音登於天，貞凶。

虞翻曰：「巽爲雞，應在震，震爲音。翰，高也。巽爲高，乾爲天，故『翰音登於天』。失位，故『貞凶』。禮，薦牲雞稱『翰音』也。」

象曰：「『翰音登于天』，何可長也。」

侯果曰：「窮上失位，信不由中，以此申命，有聲无實，中實内喪，虚華外揚，是『翰音登天』也。巽爲雞，雞曰翰音，虚音登天，何可久也。」

序卦曰：「有其信者必行之，故受之以小過。」

韓康伯曰：「守其信者，則失貞而不諒之道，而以信爲過也，故曰『小過』。」

䷽ 兑宮二月遊魂 艮下震上 小過：亨利貞。

虞翻曰：「晉上之三，當從四陰二陽臨觀之例，臨陽未至三而觀四已消也；又有飛鳥之象，故知從晉來。

〔一〕曹校：「變」下當脱「應」字。

『杵臼之利，蓋取諸此』。柔得中而應乾剛，故『亨』。五失正，故『利貞』。『過以利貞，與時行也』。」

可小事，

虞翻曰：「小謂五，晉坤爲事，柔得中，故『可小事』也。」

不可大事。

虞翻曰：「大事〔一〕，四。剛失位而不中，故『不可大事』也。」

飛鳥遺之音，不宜上，宜下，大吉。

虞翻曰：「離爲飛鳥，震爲音，艮爲止。晉上之三，離去震在，鳥飛而音止，故『飛鳥遺之音』。上陰乘陽，故『不宜上』。下陰順陽，故『宜下，大吉』。俗說或以卦象二陽在內，四陰在外，有似飛鳥之象，妄矣。」

彖曰：「小過，小者過而亨也。過以利貞，與時行也。

荀爽曰：「陰稱小。謂四應初，過二而去；三應上，過五而去；五處中，見過不見應，故曰『小者過而亨也』。」

柔得中，是以『小事吉』也。

〔一〕「事」，周本作「謂」。

虞翻曰：「謂五也。陰稱小，故『小事吉』也。」

剛失位而不中，是以『不可大事』也。

虞翻曰：「謂四〔一〕也。陽稱大，故『不可大事』也。」

有飛鳥之象焉，『飛鳥遺之音，

宋衷曰：「二陽在内，上下各陰，有似飛鳥舒翮之象，故曰『飛鳥』。震爲聲音，飛而且鳴，鳥去而音止，故曰『遺之音』也。」

不宜上，宜下，大吉』，上逆而下順也。

王肅曰：「四、五失位，故曰『上逆』。二、三得正，故曰『下順』也。」

侯果曰：「山大而雷小，山上有雷，小過於大，故曰『小過』。」

象曰：「山上有雷，小過，

君子以行過乎恭，

虞翻曰：「君子謂三也。上貴三賤，晉上之三，震爲行，故『行過乎恭』。謂三致恭以順〔二〕存其位。與

〔一〕「四」，原作「五」，今據毛本、盧本、四庫本、周本及曹校改。

〔二〕「順」，盧本、周本無此字。

謙三同義。」

喪過乎哀，

虞翻曰：「晉坤爲喪，離爲目，艮爲鼻，坎爲涕洟，震爲出，涕洟出鼻目；體大過遭死，『喪過乎哀』也。」

用過乎儉。

虞翻曰：「坤爲財用、爲吝嗇，艮爲止，兑爲小，小用止，『密雲不雨』，故『用過乎儉』也。」

初六：飛鳥以凶。

虞翻曰：「應四，離爲飛鳥，上之三，則四折入大過死，故『飛鳥以凶』。」

象曰：「『飛鳥以凶』，不可如何也。」

虞翻曰：「四死大過，故『不可如何也』。」

六二：過其祖，遇其妣，

虞翻曰：「祖，祖母，謂初也〔一〕。母死稱妣，謂三。坤爲喪、爲母，折入大過死，故稱『祖妣』也〔二〕。二過初，故『過其祖』。五變三體姤遇，故『遇妣』也。」

〔一〕「祖，祖母，謂初也」，諸本作「祖謂祖母，初也」。

〔二〕「妣也」，原倒，今據周本乙。

不及其君，遇其臣，无咎。

虞翻曰：「五動爲君，晉坤〔一〕爲臣；二之五隔三，艮爲止，故『不及其君』，止。如承三得正，體姤遇象，故『遇其臣，无咎』也。」

象曰：「『不及其君』，臣不可過〔二〕也。」

虞翻曰：「體大過下，止舍巽下，故『不可過』。與隨三同義。」

九三：弗過防之，從或戕之，凶。

虞翻曰：「防，防四也。失位，從或而欲折之初。戕，殺也。離爲戈兵，三從離上入坤折四，死大過中，故『從或戕之，凶』也。」

象曰：「『從或戕之』，凶如何也。」

虞翻曰：「三來戕四，故『凶如何也』。」

九四：无咎，弗過遇之，

九家易曰：「以陽居陰，『行過乎恭』，今雖失位，進則遇五，故『无咎』也。四體震動，位既不正，當動上

〔一〕「坤」，原作「坎」，今據盧本、周本及曹校改。

〔二〕「過」，原作「遇」，今據胡本、盧本、四庫本、周本及曹校改。

居五，不復過五，故曰『弗過遇之』矣。」

往厲必戒，勿用永貞。

荀爽曰：「四往危五，戒備於三，故曰『往厲必戒』也。勿長居四，當動上五，故『勿用永貞』。」

象曰：「『弗過遇之』，位不當也。『往厲必戒』，終不可長也。」

虞翻曰：「體否上傾，故『終不可長』矣。」

六五：密雲不雨，自我西郊。

虞翻曰：「密，小也。晉坎在天爲雲，墜地成雨。上來之三，折坎入兑，小爲密，坤爲自我，兑爲西，五動乾爲郊，故『密雲不雨，自我西郊』也。」

公弋取彼在穴。

虞翻曰：「公謂三也。弋〔一〕，矰繳聅也。坎爲弓彈，離爲鳥。矢，弋无〔二〕矢也，巽繩連鳥，弋人〔三〕鳥之象。艮爲手，二爲穴，手入穴中，故『公弋取彼在穴』也。」

象曰：「『密雲不雨』，已上也。」

〔一〕「弋」，原脱，今據諸本及曹校補。
〔二〕「无」，纂疏以爲當作「弓」。
〔三〕「人」下，纂疏以爲當脱「取」字。

虞翻曰：「謂三坎水，已之上六，故『已上也』。」

上六：弗遇，過之，飛鳥離之，凶，是謂災眚。

虞翻曰：「謂四已變之坤，上得之三，故『弗遇，過之』。離爲飛鳥，公弋得之，鳥下入艮手而死，故『飛鳥離之，凶』。晉坎爲災眚，故『是謂災眚』矣。」

象曰：「『弗遇過之』，已亢之。」

虞翻曰：「飛下稱亢。晉上之三，故『已亢也』。」

序卦曰：「有過物者必濟，故受之以既濟。」

韓康伯曰：「行過乎恭，禮過乎儉，可以矯世厲俗，有所濟也。」

䷾ 坎宫正月三世　離下坎上　既濟：亨小，利貞。

虞翻曰：「泰五之二。小謂二也，柔得中，故『亨小』。六爻得位，『各正性命，保合大和』，故『利貞』矣。」

初吉，

虞翻曰：「初，始也，謂泰乾。『乾知大始』，故稱『初』。坤五之乾二，得正處中，故『初吉，柔得中也』。」

終亂。

虞翻曰：「泰坤稱亂。二上之五，終止於泰，則反成否，『子弒其父，臣弒其君』，天下無邦，終窮成坤，故『亂，其道窮』。」

彖曰：「既濟亨，小者亨也。

荀爽曰：「天地既交，陽升陰降，故『小者亨也』。」

利貞，剛柔正而位當也。

侯果曰：「此本泰卦。六五降二，九二升五，是『剛柔正當位』也。」

『初吉』，柔得中也。

虞翻曰：「中謂二。」

終止則亂，其道窮也。」

虞翻曰：「反否終坤，故『其道窮也』。」○侯果曰：「剛得正，柔得中，故『初吉』也。正有終極，濟有息止，止則窮亂，故曰『終止則亂，其道窮也』。一曰：殷亡周興之卦也。成湯應天，『初吉』也。商辛毒痡，終止也。由止，故物亂而窮也。物不可窮，窮則復始，周受其未濟而興焉。乾鑿度曰：『既濟未濟者，所以明戒慎，全王道也。』」

象曰：「水在火上，既濟，君子以思患而豫防之。」

荀爽曰：「六爻既正，必當復亂，故君子象之，思患而豫防之，治不忘亂也。」

初九：曳其輪，濡其尾，无咎。象曰：「『曳其輪』，義无咎也。」

宋衷曰：「離者兩陽一陰，陰方陽圓，輿輪之象也。其一在坎中，以火入水，必敗，故曰『曳其輪』也。初在後稱『尾』，尾濡曳〔一〕，咎也。得正有應，於義可以危而无咎矣。」

六二：婦喪其茀〔二〕，勿逐，七日得。

虞翻曰：「離爲婦，泰坤爲喪。茀髮，謂鬒〔三〕髮也，一名婦人之首飾。坎爲玄雲，故稱茀〔四〕。詩曰：『鬒髮如雲。』乾爲首，坎爲美，五取乾二之坤爲坎，坎爲盜，故『婦喪其茀』〔五〕。泰震爲七〔六〕，故『勿逐，七日得』，與睽『喪馬勿逐』同義。髴〔七〕，或作『茀』。俗説以髴爲婦人蔽膝之茀，非也。」

象曰：「『七日得』，以中道也。」

〔一〕「曳」上，周本有「輪」字。

〔二〕「茀」，盧本、張本、周本作「髴」。下注同，不再出校。

〔三〕「鬒」，原作「鬢」，今據毛本、盧本、四庫本、周本及曹校改。

〔四〕「茀」，原作「髮」，今據盧本、周本改。

〔五〕「茀」，原作「髮」，今據盧本、四庫本、周本改。下兩「茀」字同，不再出校。

〔六〕「爲七」，原脱，今據盧本、四庫本、周本及曹校補。

〔七〕「髴」，原作「髮」，今據盧本、四庫本、周本及曹校改。下「髴」同，不再出校。

王肅曰：「體柔應五，履順承剛，婦人之義也。茀，首飾。坎爲盜，離爲婦，『喪其茀』，鄰於盜也。勿逐自得，履中道也。二五相應，故『七日得』也。」

九三：高宗伐鬼方，三年克之，小人〔一〕勿用。

虞翻曰：「高宗，殷王武丁。鬼方，國名。乾爲高宗，坤爲鬼方；乾二〔二〕之坤五，故『高宗伐鬼方』。坤爲年，位在三，故『三年』。坤爲小人，二上克五，故『三年克之，小人勿用』，象曰『憊也』。」〇干寶曰：「高宗，殷中興之君。鬼，北方國也。高宗嘗伐鬼方，三年而後克之。離爲戈兵，故稱『伐』。坎當北方，故稱『鬼』。在既濟之家，而述先代之功，以明周因于殷，有所弗革也。」

象曰：「『三年克之』，憊也。」

侯果曰：「伐鬼方者，興衰除闇之征也。上六闇極，九三征之，三舉方及，故曰『三年克之』。興役動衆，聖猶疲憊，則非小人能爲，故曰『小人勿用』。」〇虞翻曰：「坎爲勞，故『憊也』。」

六四：繻有衣袽，終日戒。

虞翻曰：「乾爲衣，故稱『繻』。袽，敗衣也。乾二之五，衣象裂壞，故『繻有衣袽』。離爲日，坎爲盜，在

〔一〕「小人」，原脱，今據胡本、盧本、四庫本、周本及曹校補。

〔二〕「二」，原作「三」，今據毛本、盧本、四庫本、周本改。

兩坎間，故『終日戒』。謂『伐鬼方，三年乃克』。旅人勤勞，衣服皆敗，鬼方之民，猶或寇竊，故『終日戒』也。」

象曰：「『終日戒』，有所疑也。」

盧氏曰：「繻者，布帛端末之識也。袽者，殘幣帛，可拂拭器物也。繻有爲衣袽之道也。四處明闇之際，貴賤无恒，猶或爲衣，或爲袽也。履多懼之地，上承帝主，故終日戒慎，有所疑懼也。」

九五：東鄰殺牛，不如西鄰之禴祭，實受其福。

虞翻曰：「泰震爲東，兑爲西，坤爲牛，震動五殺坤，故『東鄰殺牛』。在坎多眚，爲陰所乘，故『不如西鄰之禴祭』。禴，夏祭也。離爲夏。兑動二體離明，得正承五順三，故『實受其福，吉大來也』。」

象曰：「『東鄰殺牛，不如西鄰』之時也。

崔憬曰：「居中當位，于既濟之時，則當是周受命日也。五坎爲月，月出西方，西鄰之謂也。二應在離，離爲日，日出東方，東鄰之謂也。離又爲牛，坎水克離火，『東鄰殺牛』之象。禴，殷春祭之名。」案：尚書克殷之歲：「厥四月哉生明，王來自商，至於豐。丁未，祀于周廟。」四月，殷之三月，春也，則明「西鄰之禴祭」，得其時而受祉[一]福也。

[一]「祉」，原作「祉」，今據諸本及曹校改。

『實受其福』，吉大來也。」

盧氏曰：「明鬼享德不享味也，故德厚者，『吉大來也』。」

上六：濡其首，厲。

虞翻曰：「乾爲首，五〔一〕從二上，在坎中，故『濡其首，厲』。位極乘〔二〕陽，故『何可久』。」

象曰：「『濡其首，厲』，何可久也。」

荀爽曰：「居上濡五，處高居盛，必當復危，故『何可久也』。」

序卦曰：「物不可窮也，故受之以未濟終焉。」

崔憬曰：「夫易之爲道，『窮則變，變則通』，而以未濟終者，亦『物不可窮也』。」

䷿ 離宮七月三世 坎下離上 未濟：亨，

虞翻曰：「否二之五也。柔得中，天地交，故『亨』。濟，成也。六爻皆錯，故稱未濟也。」

〔一〕「五」，原作「王」，今據毛本、盧本、四庫本、周本及曹校改。

〔二〕「乘」，原作「承」，今據胡本、盧本、周本及曹校改。

小狐汔濟，

虞翻曰：「否艮爲小狐。汔，幾也。濟，濟渡。狐濟幾度[一]而『濡其尾，未出中也』。」

濡其尾，无攸利。

虞翻曰：「艮爲尾。狐，獸之長尾者也。尾謂二，在坎水中，故『濡其尾』。失位，故『无攸利，不續終也』。」○干寶曰：「坎爲狐。說文曰：『汔，涸也。』」案：剛柔失正，故未濟也。五居中應剛，故「亨」也。小狐力弱，汔乃可濟。水既未涸，而乃濟之，故尾濡而无所利也。

彖曰：「『未濟亨』，柔得中也。

荀爽曰：「柔上居五，與陽合同，故『亨』也。」

『小狐汔濟』，未出中也。

虞翻曰：「謂二未變，在坎中也。」○干寶曰：「狐，野獸之妖者，以喻禄父。中謂二也。困而猶處中故也。此以託[二]紂雖亡國，禄父猶得封矣。」

『濡其尾，无攸利』，不續終也。

〔一〕「度」，盧本、周本作「渡」。

〔二〕「託」，原作「記」，今據周本改。

虞翻曰：「否陰消陽，至剥終坤，『終止則亂，其道窮也』。乾五之二，坤殺不行，故『不終續也』。」〇干寶曰：「言禄父不能敬奉天命，以續既終之禮，謂叛而被誅也。」

雖不當位，剛柔應也。

荀爽曰：「雖剛柔相應而不以正，由未能濟也。」〇干寶曰：「六爻皆相應，故微子更得爲客也。」

象曰：「火在水上，未濟，

侯果曰：「火性炎上，水性潤下，雖復同體，功不相成，所以未濟也。故君子慎辨物宜，居之以道，令其功用相得，則物咸濟矣。」

君子以慎辯物居方。」

虞翻曰：「君子，否乾也。艮爲慎[一]。辯，辯别也。物謂乾，陽物也；坤，陰也；艮爲居，坤爲方，乾别五以居坤二，故『以慎辯物居方』也。」

初六：濡其尾，吝。

虞翻曰：「應在四，故『濡其尾』。失位，故『吝』。」

象曰：「『濡其尾』，亦不知極也。」

〔一〕「慎」上，原有「辯」字，此乃下句誤脱在此，今據盧本、四庫本、周本删。

案：四在五後，故稱「尾」。極，中也。謂四居坎中，以濡其尾，是「不知極也」。

九二：曳其輪，貞吉。

姚信曰：「坎爲曳、爲輪，兩陰夾陽，輪之象也。二應於五而隔於四，止則據初，故『曳其輪』。處中而行，故曰『貞吉』。」○干寶曰：「坎爲輪，離爲牛，牛曳輪，上以承五命，猶東蕃之諸侯共攻三監，以康周道，故曰『貞吉』也。」

象曰：「九二『貞吉』，中以行正也。」

虞翻曰：「謂初已正，二動成震，故『行正』。」

六三：未濟，征凶，利涉大川。

荀爽曰：「未濟者，未成也。女在外，男在内，婚姻未成。征上從四，則凶。利下從坎，故『利涉大川』矣。」

象曰：「『未濟，征凶』，位不當也。」

干寶曰：「『吉凶者，言乎其失得也』。禄父反叛，管蔡與亂，兵連三年，誅及骨肉，故曰『未濟，征凶』。平剋四國，以濟大難，故曰『利涉大川』。坎也以六居三，不當其位，猶周公以臣而君，故流言作矣。」

九四：貞吉，悔亡。

虞翻曰：「動正得位，故吉而悔亡矣。」

震用伐鬼方，三年有賞於大國。

虞翻曰：「變之震，體師，坤爲鬼方，故『震用伐鬼方』。坤爲年、爲大邦，陽稱賞，四在坤中，體既濟，離三，故『三年有賞於大國』。」

象曰：「『貞吉，悔亡』，志行也。」

案：坎爲志，震爲行，四坎變震，故「志行也」。

六五：貞吉，无悔。

虞翻曰：「之正則吉，故『貞吉，无悔』。」

君子之光，有孚，吉。

虞翻曰：「動之乾，離爲光，故『君子之光』也。孚謂二，二〔一〕變應己，得有之，故『有孚吉』。坎稱孚也。」○干寶曰：「以六居五，周公攝政之象也，故曰『貞吉，无悔』。制禮作樂，復子明辟，天下乃明其道，乃信其誠，故『君子之光，有孚，吉』矣。」

象曰：「『君子之光』，其暉吉也。」

虞翻曰：「動之正，乾爲大明，故『其暉吉也』。」

〔一〕「二」，原作「三」，今據毛本、盧本、四庫本、周本改。

上九：有孚于飲酒，无咎。濡其首，有孚，失是。

虞翻曰：「坎爲孚，謂四也。上之三介四，故『有孚』。飲酒流頤中，故『有孚于飲酒』。終變之正，故『无咎』。乾爲首，五動首在酒中，失位，故『濡其首』矣。孚，信；是，正也。六位失正〔一〕，故『有孚，失是』。謂若殷紂沉湎于酒，以失天下也。」

象曰：「『飲酒濡首』，亦不知節也。」

虞翻曰：「節，止也。艮爲節，『飲酒濡首』，故『不知節』矣。」

〔一〕「正」，原作「政」，今據盧本、周本改。

周易集解卷第十三

繫辭上傳

天尊地卑，乾坤定矣。

虞翻曰：「天貴故尊，地賤故卑，定謂成列。」○荀爽曰：「謂否卦也。否，七月，萬物已成，乾坤各得其位，定矣。」

卑高已陳，貴賤位矣。

虞翻曰：「乾高貴五，坤卑賤二，『列貴賤者，存乎位』也。」○荀爽曰：「謂泰卦也〔一〕。」○侯果曰：「天地卑高，義既陳矣；萬物貴賤，位宜差矣。」

動静有常，剛柔斷矣。

〔一〕荀爽此注，原脱，今據盧本、四庫本、周本及曹校補。

虞翻曰：「斷，分也。乾剛常動，坤柔常静，『分陰分陽，迭用柔剛』。」

方以類聚，

九家易曰：「謂姤卦，陽爻聚於午〔一〕也。方，道也。謂陽道施生，萬物各聚其所也。」

物以羣分，

九家易曰：「謂復卦陰爻羣於子也。陰主成物，故曰物也。至於萬物一成，分散天下也，以周人用，故曰『物以羣分』也。」

吉凶生矣。

虞翻曰：「物三稱羣，坤方道静，故『以類聚』。乾物動行，故『以羣分』。乾生故吉，坤殺故凶，則『吉凶生矣』。」

在天成象，在地成形，變化見矣。

虞翻曰：「謂日月在天成八卦，震象出庚，兑象見丁，乾象盈甲，巽象伏辛，艮象消丙，坤象喪乙，坎象流戊，離象就己，故『在天成象』也。在地成形，謂震〔二〕竹巽木，坎水離火，艮山兑澤，乾金坤土，在天

〔一〕「午」，原作「子」，今據盧本、四庫本、周本及曹校改。

〔二〕「震」下，原有「爲」字，今據盧本、周本及曹校删。

爲變，在地爲化，『剛柔相推，而生變化』矣。」

是故剛柔相摩，八卦相盪。

虞翻曰：「旋轉稱摩，薄也。乾以二五摩坤，成震、坎、艮；坤以二五摩乾，成巽、離、兑，故『剛柔相摩』，則『八卦相盪』者也。」

鼓之以雷霆，潤之以風雨。

虞翻曰：「鼓，動。潤，澤〔一〕也。雷，震；霆〔二〕，艮；風，巽；雨，兑也。」

日月運行，一寒一暑。

虞翻曰：「日離、月坎、寒乾、暑坤也。運行往來，『日月相推而明生焉，寒暑相推而歲成焉』，故『一寒一暑』也。」

乾道成男，坤道成女。

荀爽曰：「男謂乾，初適坤爲震，二適坤爲坎，三適坤爲艮，以成三男也。女謂坤，初適乾爲巽，二適乾爲離，三適乾爲兑，以成三女也。」

〔一〕「澤」，原作「坎」，今據盧本、四庫本、周本及曹校改。

〔二〕「霆」，原脱，今據盧本、四庫本、周本及曹校補。

乾知大始，

九家易曰：「始謂乾禀元氣，萬物資始也。」

坤作[一]成物。

荀爽曰：「物謂坤任育體，萬物資生。」

乾以易知，坤以簡能。

虞翻曰：「陽見稱易，陰藏爲簡，簡，閱也。乾息昭物，天下文明，故『以易知』。坤閱藏物，故『以簡能』矣。」

易則易知，簡則易從。

虞翻曰：「乾[二]懸象著明，故『易知』。坤陰陽動闢，故『易從』。『不習，无不利，地道光也。』」

易知則有親，易從則有功。

虞翻曰：「陽道成乾爲父，震、坎、艮爲子，『本乎天者親上』，故『易知則有親』。以陽從陰，至『五多功』，故『易從則有功矣』。」○蜀才曰：「以其易知，故物親而附之。以其易從，故物法而有功也。」

[一]「作」，盧本、周本作「化」。此下，盧本、張本有小字注云：今本「化」爲「作」。

[二]「乾」，原脱，今據毛本、盧本、四庫本、周本補。

有親則可久，有功則可大。

荀爽曰：「陰陽相親，雜而不厭，故『可久』也。萬物生息，種類繁滋，故『可大』也。」

可久則賢人之德，可大則賢人之業。

姚信曰：「賢人，乾坤也。言乾以日新爲德，坤以富有爲業也。」

易簡而天下之理得矣。

虞翻曰：「易爲乾息，簡爲坤消，乾坤變通，窮理以盡性，故『天下之理得矣』。」

天下之理得，而成〔一〕位乎其中矣。

荀爽曰：「陽位成于五，陰位成於二〔二〕，五爲上中，二爲下中，故曰〔三〕『成位乎其中』也。」

聖人設卦，

案：聖人謂伏羲也，始作八卦，重爲六十四卦矣。

〔一〕「成」上，盧本、周本補「易」字，盧本、張本並小字注云：今本脱「易」字。

〔二〕「陰位成於二」，盧本、周本移置於「五爲上中」下。

〔三〕「曰」，盧本、周本作「易」。

觀象繫辭焉，

案：文王觀六十四卦三百八十四爻之象，系屬其辭。

而明吉凶。

荀爽曰：「因得明吉，因失明凶也。」

剛柔相推，而生變化。

虞翻曰：「剛推柔生變，柔推剛生化也。」

是故吉凶者，失得之象也。

虞翻曰：「吉則象得，凶則象失也。」

悔吝者，憂虞之象也。

荀爽曰：「憂虞小疵，故『悔吝』也。」○虞翻曰：「悔則象憂，吝則象虞也。」○干寶曰：「悔亡則虞，有小吝則憂。憂虞未至於失得，悔吝不入於吉凶，事有小大，故辭有急緩〔一〕，各象其意也。」

變化者，進退之象也。

荀爽曰：「春夏爲變，秋冬爲化。息卦爲進，消卦爲退也。」

〔一〕「急緩」，周本倒。

剛柔者，晝夜之象也。

荀爽曰：「剛謂〔一〕乾，柔謂坤，乾爲晝，坤爲夜，晝以喻君，夜以喻臣也。」

六爻之動，

陸績曰：「天有陰陽二氣，地有剛柔二性，人有仁義二行。六爻之動法乎此也。」

三極之道也。

陸績曰：「此三才極至之道也。初、四，下極；二、五，中極；三、上，上極也。」

是故君子所居而安者，易之象也。

虞翻曰：「君子謂文王。象謂乾二〔二〕之坤，成坎月離日，日月爲象。『君子黄中通理，正位居體』，故『居而安者，易之象也』。舊讀『象』誤作『厚』，或作『序』，非也。」

所變而玩者，爻之辭也。

虞翻曰：「『爻者，言乎變者也』，謂乾五之坤，坤五動，則觀其變。舊作『樂』，字之誤。」

是故君子居則觀其象而玩其辭，

〔一〕「謂」，胡本、盧本、周本作「爲」。下「謂」字同，不再出校。

〔二〕「二」下，原有「五」字，今據毛本、盧本、周本刪。曹校以爲據注下文「二」字當衍。

虞翻曰：「玩，弄也。謂乾五動成大有，以離之目觀天之象，兑口玩習所繫之辭，故『玩其辭』。」

動則觀其變而玩其占，

虞翻曰：「謂觀爻動也。『以動者尚其變』，『占事知來』，故『玩其占』。」

是以「自天祐之，吉无不利」。

虞翻曰：「謂乾五變之坤成大有，有天地日月之象。文王則庖犧，亦『與天地合德，日月合明』。『天道助順，人道助信，履信思順』，故『自天祐之，吉无不利』也。」

彖者，言乎象者也。

虞翻曰：「在天成象，八卦以象告。彖説三才，故『言乎象』也。」

爻者，言乎變者也。

虞翻曰：「爻有六畫，所變而玩者，爻之辭也。謂九六變化，故『言乎變者也』。」

吉凶者，言乎其失得也。

虞翻曰：「得正言吉，失位言凶也。」

悔吝者，言乎其小疵也。

崔憬曰：「繫辭著悔吝之言，則異凶咎。有其小病，比於凶咎，若疾病之與小疵。」

无咎者，善補過也。

虞翻曰：「失位爲咎，悔變而之正，故『善補過』。孔子曰『退思補過』者也。」

是故列貴賤者存乎位，

侯果曰：「二、五爲功譽位，三、四爲凶懼位。凡爻得位則貴，失位則賤，故曰『列貴賤者存乎位』矣。」

齊小大者存乎卦，

王肅曰：「齊，猶正也。陽卦大，陰卦小，卦列則小大分，故曰『齊小大者存乎卦』也。」

辯吉凶者存乎辭，

韓康伯曰：「辭，爻辭也，即『爻者言乎變』也。言象所以明小大，言變所以明吉凶，故大小之義存乎卦，吉凶之狀存〔一〕乎爻。至於悔吝、无咎，其例一也。吉凶、悔吝、小疵、无咎，皆生乎變。事有小大，故下歷言五者之差也。」

憂悔吝者存乎介，

虞翻曰：「介，纖也。『介如石』焉，斷可識也，故『存乎介』。謂識小疵。」

震无咎者存乎悔。

〔一〕「存」，盧本、周本作「見」。

虞翻曰：「震，動也。『有不善未嘗不知之，知之未嘗復行。』『无咎者，善補過』，故『存乎悔』也。」

是故卦有小大，辭有險易。辭也者，各指其所之。

虞翻曰：「陽易指天，陰險指地。『聖人之情見乎辭』，故『指所之』。」

易與天地準，故能彌綸天地〔一〕之道。

虞翻曰：「準，同也。彌，大。綸，絡。謂易在天下，包絡萬物，以言乎天地之間則備矣，故『與天地準』也」。

仰以觀於天文，俯則〔二〕察於地理，

荀爽曰：「謂陰升之陽，則成天之文也。陽降之陰，則成地之理也。」

是故知幽明之故。

荀爽曰：「幽謂天上地下不可得覩者也，謂否卦變成未濟也。明謂天地之間萬物陳列著於耳目者，謂泰卦變成既濟也。」

〔一〕「天地」，盧本、周本作「天下」，盧本、張本並小字注云：今本「天下」爲「天地」。

〔二〕「則」，盧本、周本及曹校作「以」。

原始反〔一〕終，故知死生之説。

九家易曰：「陰陽交合，物之始也；陰陽分離，物之終也。合則生，離則死，故『原始反終，故知死生之説』矣。交合〔二〕，泰時，春也；分離，否時，秋也。」

精氣爲物，遊魂爲變。

虞翻曰：「魂陽物，謂乾神也。變謂坤鬼。乾純粹精，故生爲物。乾流坤體，變成萬物，故『遊魂爲變』也。」

是故知鬼神之情狀，與天地相似，故不違。

虞翻曰：「乾神似天，坤鬼似地，『聖人與天地合德，鬼神合吉凶』，故『不違』。」〇鄭玄曰：「精氣，謂七八也。遊魂，謂九六也〔三〕。七八，木火之數也。九六，金水之數。木火用事而物生，故曰『精氣爲物』。金水用事而物變，故曰『遊魂爲變』。精氣謂之神，遊魂謂之鬼。木火生物，金水終物，二物變化，其情與天地相似，故无所差違之也。」

〔一〕「反」，盧本、周本作「及」，盧本、張本並小字注云：今本「及」作「反」。

〔二〕「合」，原無，今據胡本、周本及曹校補。

〔三〕「九六」，原倒，今據盧本、四庫本、周本及曹校乙。

知周乎萬物，

荀爽曰："二篇之册萬有一千五百二十，當萬物之數，故曰『知周乎萬物』也。"

而道濟天下，故不過。

九家易曰："言乾坤道濟成天下而不過也。"○王凱沖曰："智周道濟，洪纖不遺，亦不過差也。"

旁行而不流，

九家易曰："旁行周合，六十四卦，月主五卦，爻主一日，歲既周而復始也。"○侯果曰："應變旁行，周被萬物而不流淫也。"

樂天知命，故不憂。

荀爽曰："坤建於亥，乾立於巳，陰陽孤絶，其法宜憂。坤下有伏乾，爲『樂天』。乾下有伏巽，爲『知命』。陰陽合居，故『不憂』。"

安土敦乎仁，故能愛。

荀爽曰："安土謂否卦，乾坤相據，故『安土』。敦仁謂泰卦，天氣下降，以生萬物，故『敦仁』。生息萬物，故謂之『愛』也。"

範圍天地之化而不過，

九家易曰："範者，法也。圍者，周也。言乾坤消息，法周天地，而不過於十二辰也。辰，日月所會之宿，謂諏訾、降婁、大梁、實沈、鶉首、鶉火、鶉尾、壽星、大火、析木、星紀、玄枵之屬是也。」

曲成萬物而不遺，

荀爽曰：「謂二篇之册，『曲成萬物』，无遺失也。」○侯果曰：「言陰陽二氣，委曲成物，不遺微細也。」

通乎晝夜之道而知，

荀爽曰：「晝者謂乾，夜者坤也。通於乾坤之道，无所不知矣。」

故神无方而易无體。

干寶曰：「否泰盈虚者，神也。變而周流者，易也。言神之鼓萬物无常方，易之應變化无定體也。」

一陰一陽之謂道。

韓康伯曰：「道者何？無之稱也。無不通也，無不由也，況之曰道。寂然無體，不可爲象，必有之用極，而无之功顯，故至乎『神無方而易無體』，而道可見矣。故窮〔一〕以盡神，因神以明道。陰陽雖殊，無一以待之。在陰爲无陰，陰以之生；在陽爲无陽，陽以之成，故曰『一陰一陽』也。」

繼之者善也，成之者性也。

〔一〕「窮」下，周本有「變」字。

虞翻曰：「繼，統也。謂乾能統天生物，坤合乾性，養化成之，故『繼之者善，成之者性』也。」

仁者見之謂之仁，知者見之謂之知。

侯果曰：「仁者見道，謂道有仁。知者見道，謂道有知也。」

百姓日用而不知，

侯果曰：「用道以濟，然不知其力。」

故君子之道鮮矣。

韓康伯曰：「君子體道以爲用，仁知則滯於所見，百姓日用而不知。體斯道者，不亦鮮矣乎？故『常无欲以觀妙』，可以語至而言極矣。」

顯諸仁，藏諸用，

王凱沖曰：「萬物皆成，仁功著也。不見所爲，『藏諸用』也。」

鼓萬物而不與聖人同憂，

侯果曰：「聖人成務，不能無心，故有憂。神道鼓物，寂然無情，故無憂也。」

盛德大業至矣哉！

荀爽曰：「盛德者天，大業者地也。」

富有之謂大業，日新之謂盛德，

王凱沖曰：「物無不備，故曰『富有』。變化不息，故曰『日新』。」

生生之謂易，

荀爽曰：「陰陽相易，轉相生也。」

成象之謂乾，

案：「道生一，一生二，二生三」，三才既備，以成乾象也。

爻〔一〕法之謂坤，

案：爻猶效也。效乾三天之法而兩地，成坤之象卦〔二〕也。

極數知來之謂占，

孔穎達曰：「謂窮極蓍策之數，逆知將來之事，占其吉凶也。」

通變之謂事，

虞翻曰：「事謂變通趨時，以盡利天下之民，謂之事業也。」

陰陽不測之謂神。

〔一〕「爻」，原作「效」，今據盧本、周本及下注改。
〔二〕「象卦」，周本倒。

韓康伯曰：「神也者，變化之極，妙萬物而爲言，不可以形詰者也，故『陰陽不測』。嘗試論之曰：原夫兩儀之運，萬物之動，豈有使之然哉？莫不獨化於太虚，欻爾而自造矣。造之非我，理自玄應；化之無主，數自冥運。故不知所以然，而況之神矣。是以明兩儀以太極爲始，言變化而稱〔一〕乎神也。夫唯天之所爲者，窮理體化，坐忘遺照，至虚而善應，則以道爲稱；不思玄覽，則以神爲名。蓋資道而同乎道，由神而冥於神者也。」

夫易，廣矣，大矣。

虞翻曰：「乾象動直，故『大』。坤形動闢，故『廣』也。」

以言乎遠則不禦，

虞翻曰：「禦，止也。遠謂乾，天高不禦也。」

以言乎邇則静而正，

虞翻曰：「邇〔二〕謂坤。『坤至〔三〕静而德方』，故正也。」

〔一〕「稱」下，周本、周易正義有「極」字。

〔二〕「邇」，原作「地」，今據周本及曹校改。

〔三〕「至」，原作「正」，今據盧本、四庫本、周本及曹校改。

以言乎天地之間則備矣。

虞翻曰：「謂易廣大悉備，有天、地、人道焉，故稱備也。」

夫乾，其静也專，其動也直，是以大生焉。

宋衷曰：「乾静不用事，則清静專一，含養萬物矣。動而用事，則直道而行，導出萬物矣。一專一直，動静有時，而物無夭瘁，『是以大生』也。」

夫坤，其静也翕，其動也闢，是以廣生焉。

宋衷曰：「翕猶閉也。坤静不用事，閉藏微伏，應育萬物矣。動而用事，則開闢羣蟄，敬導沈滯矣。一翕一闢，動静不失時，而物无災害，『是以廣生』。」

廣大配天地，

荀爽曰：「陰廣陽大，配天地。」

變通配四時，

虞翻曰：「變通趨時，謂十二月消息也。泰、大壯、夬配春，乾、姤、遯配夏，否、觀、剥配秋，坤、復、臨配冬，謂十二月消息相變通，而周於四時也。」

陰陽之義配日月，

荀爽曰：「謂乾舍於離，配日而居；坤舍於坎，配月而居之義是也。」

易簡之善配至德。

荀爽曰：「乾德至健，坤德至順，乾坤簡易[一]相配於天地，故『易簡之善配至德』。」

子曰：「易，其至矣乎！

崔憬曰：「夫言『子曰』，皆是語之别端，此更美易之至極也。」

夫易，聖人之所以崇德而廣業也。

虞翻曰：「崇德效乾，廣業法坤也。」

知崇禮[二]卑，崇效天，卑法地。

虞翻曰：「知謂乾，效天崇；禮謂坤，法地卑也。」

天地設位，而易行乎其中矣。

虞翻曰：「位謂六畫之位，乾坤各三爻，故『天地設位』。易出乾入坤，上下无常，周流六虚，故『易行乎其中』也。」

〔一〕「簡易」，胡本倒。曹校：當爲「易簡」。

〔二〕「禮」，盧本、周本作「體」。下注同，不再出校。盧本小字注云：今本「體」作「禮」。

門，其易之門邪？」

成性存存，道義之門。」

虞翻曰：「『知終終之，可與存義也』。乾爲道門，坤爲義門，成性謂『成之者性』也。陽在道門，陰在義門，其易之門邪？」

聖人有以見天下之賾，而擬諸其形容，

虞翻曰：「乾稱聖人，謂庖犧也。賾謂初。自上議下稱擬。形容，謂陰在地成形者也。」

象其物宜，是故謂之象。

虞翻曰：「物宜謂陽，遠取諸物，在天成象，故『象其物宜』，象謂三才。八卦在天也，庖犧重爲六畫也。」

聖人有以見天下之動，

虞翻曰：「重言聖人，謂文王也。動，謂六爻矣。」

而觀其會通，

荀爽曰：「謂三百八十四爻，陰陽動移，各有所會，各有所通。」○張璠曰：「會者，陰陽合會，若蒙九二也。通者，乾坤交通，既濟是也。」

以行其典禮，繫辭焉以斷其吉凶，

孔穎達曰：「既觀其會通而行其典禮，以定一爻之通變，而有三百八十四。於此爻下繫屬文辭，以斷其吉凶。若會通典禮，得則爲吉也。若會通典禮，失則爲凶矣。」

是故謂之爻。

孔穎達曰：「謂此會通之事而爲爻也。爻者，效也，效諸物之變通，故上章云『爻者，言乎變也』。」

言天下之至賾而不可惡也，

虞翻曰：「至賾无情。陰陽會通，品物流宕，以乾簡坤，易之至也〔一〕。『元，善之長』，故『不可惡也』。」

言天下之至動而不可亂也。

虞翻曰：「以陽動陰，萬物以生，故『不可亂』。六二之動『直以方』。動，舊誤作『賾』也。」

擬之而後言，議之而後動，

虞翻曰：「以陽擬坤而成震，震爲言議，爲後動，故『擬之而後言，議之而後動』。『安其身而後動』，謂當時也矣。」

擬議以成其變化。

〔一〕「以乾簡坤，易之至也」，張本、四庫本作「以乾易坤，簡之至也」，宋本、周本作「以乾開坤，易之至也」，周易虞氏義八字作一句讀，認爲「乾簡坤易」當作「乾易坤簡」。

虞翻曰：「議天成變，擬地成化，天施地生，其益无方也。」

「鳴鶴在陰，其子和之，我有好爵，吾與爾縻〔一〕之。」

孔穎達曰：「上略明擬議而動，故引『鶴鳴在陰』，取同類相應以證之。此中孚九二爻辭也。」

子曰：「君子居其室，出其言善，

虞翻曰：「君子謂初也。二變，五來應之。艮爲居，初在艮内，故『居其室』。震爲出言，訟乾爲善，故『出言善』。此亦成益卦也。」

則千里之外應之，況其邇者乎？

虞翻曰：「謂二變，則五來應之，體益卦。坤數十，震爲百里，十之〔二〕，千里也；外謂巽〔三〕，震巽同聲，同聲者相應，故『千里之外應之』。邇謂坤，坤爲順，二變順初，故『況其邇者乎』。此『信及豚魚』者也。」

居其室，出其言不善，

虞翻曰：「謂初陽動，入陰成坤，坤爲不善也。」

則千里之外違之，況其邇者乎？

〔一〕「縻」，胡本、盧本、周本作「靡」。
〔二〕「之」，原作「里」，今據諸本改。
〔三〕「巽」，原脱，今據周本補。

虞翻曰：「謂初變體剥，弑父弑君，二陽肥遯，則坤違之，而承於五，故『千里之外違之，況其邇者乎』。」

言出乎身，加乎民；

虞翻曰：「震爲出、爲言，坤爲身、爲民也。」

行發乎邇，見乎遠。

虞翻曰：「震爲行，坤爲邇，乾爲遠，兑爲見。謂二發應五，則『千里之外』，故行發邇見遠也。」

言行，君子之樞機。樞機之發，榮辱之主也。

荀爽曰：「艮爲門，故曰樞；震爲動，故曰機也。」○翟玄曰：「樞主開閉，機主發動，開閉有明暗，發動有中否，主於榮辱也。」

言行，君子之所以動天地也，可不慎乎？」

虞翻曰：「二已變成益，巽四以風動天，震初以雷動地。中孚，十一月，雷動地中。艮爲慎，故『可不慎乎』。」

同人：「先號咷而後笑。」

侯果曰：「同人九五爻辭也。言九五與六二初未好合，故『先號咷』，而後得同心，故『笑』也。引者喻擬議於事，未有不應也。」

子曰：「君子之道，或出或處，或默或語。

虞翻曰：「乾爲道，故稱君子也。同人反師，震爲出、爲語，坤爲默，巽爲處，故『或出或處，或默或語』也。」

二人同心，其利斷金。

虞翻曰：「二人謂夫婦。師震爲夫，巽爲婦，坎爲心，巽爲同。六二震巽俱體師坎，故『二人同心』。巽爲利，乾爲金，以離斷金，故『其利斷金』。謂夫出婦處，婦默夫語，故『同心』也。」

同心之言，其臭如蘭。

虞翻曰：「臭，氣也。蘭，香草。震爲言，巽爲蘭，離日燥之，故『其臭如蘭』也。」案：六二〔一〕互巽，巽爲臭也。斷金之言，良藥苦口，故香若蘭矣。

初六：「藉用白茅，无咎。」

孔穎達曰：「欲求外物來應，必須擬議謹慎，則物來應之。故引大過初六『藉用白茅，无咎』之事以證謹慎之理也。」○虞翻曰：「其初難知，陰又失正，故獨舉初六。」〔二〕

子曰：「苟錯諸地而可矣〔三〕，

虞翻曰：「苟，或；錯，置也。頤坤爲地，故『苟錯諸地』。」

〔一〕「二」，原作「三」，今據周本及曹校改。

〔二〕此注原脱在下句注「故苟錯諸地」下，今據盧本、周本乙。

〔三〕盧本、周本合此句與下句傳文爲一句，僅保留此句注。

藉之用茅，何咎之有？慎之至也。

虞翻曰：「頤爲坤爲震，故『錯諸地』。今藉以茅，故『无咎』也。」

夫茅之爲物薄，

虞翻曰：「陰道柔賤，故『薄』也。」

而用可重也。

虞翻曰：「香絜可貴，故『可重也』。」

慎斯術也以往，其無所失矣。」

侯果曰：「言初六柔而在下，苟能恭慎誠絜，雖置羞於地，神亦享矣。此章明但能重慎卑退，則悔吝无從而生。術，道者也。」

「勞謙，君子有終吉。」

孔穎達曰：「欲求外物之應，非唯謹慎，又須謙以下人，故引謙卦九三爻辭以證之矣。」

子曰：「勞而不伐，有功而不德，厚之至也。

虞翻曰：「坎爲勞，五多功，乾爲德，德言至〔一〕。以上之貴下居三賤，故『勞而不伐，有功而不德』。艮

〔一〕曹校：三字衍。

爲厚，坤爲至，故『厚之至也』。」

語以其功下人者也。

虞翻曰：「震爲語，五多功，下居三，故『以其功下人者也』。」

德言盛，禮言恭。

虞翻曰：「謙旁通履，乾爲盛德，坤爲禮，『天道虧盈而益謙』，三從上來，同之盛德，故恭。震爲言，故『德言盛，禮言恭』。」

謙也者，致恭以存其位者也。

虞翻曰：「坎爲勞，故能恭。三得位，故『以存其位者也』。」

「亢龍有悔。」

孔穎達曰：「上既以謙得保安，此明無謙則有悔，故引乾之上九『亢龍有悔』證驕亢不謙之義也。」

子曰：「貴而无位，

虞翻曰：「天尊故貴，以陽居陰，故『无位』。」

高而无民，

虞翻曰：「在上故高，无陰，故『无民』也。」

賢人在下位，

虞翻曰：「乾稱賢人。下位謂初也。遯世无悶，故『賢人在下位』而不憂也。」

而无輔，是以動而有悔也。」

虞翻曰：「謂上無民，故『无輔』。乾盈動傾，故『有悔』。文王居三，紂亢極上，故以爲誡也。」

「不出户庭，无咎。」

孔穎達曰：「又明擬議之道，非但謙而不驕，又當謹〔一〕慎周密，故引節初周密之事以明之也。」

子曰：「亂之所生也，則言語以爲階。

虞翻曰：「節本泰卦，坤爲亂，震爲生、爲言語，坤稱階，故『亂之所生，則言語爲之階』也。」

君不密則失臣，臣不密則失身，

虞翻曰：「泰乾爲君，坤爲臣、爲閉，故稱『密』。乾三之坤五，君臣毁賊，故『君不密則失臣』。坤五之乾三，坤體毁壞，故『臣不密則失身』。坤爲身也。」

幾事不密則害成，

虞翻曰：「幾，初也。謂二已變成坤，坤爲事，故『幾事不密』。初利居貞，不密，初動則體剥，『子弑其父，臣弑其君』，故『害成』。」

〔一〕「謹」，原脱，今據胡本、盧本、四庫本、周本及曹校補。

是以君子慎密而不出也。」

虞翻曰：「君子謂初，二動，坤爲密，故『君子慎密』。體屯，『盤桓，利居貞』，故『不出也』。」

子曰：「作〔一〕易者其知盗乎？

虞翻曰：「爲易者，謂文王。否上之二成困，三暴慢，以陰乘陽，二變，入宫爲萃，五之二，奪之成解，坎爲盗，故『爲易者其知盗乎』。」

易曰：『負且乘，致寇至。』

孔穎達曰：「此又明擬議之道，當量身而行，不可以小處大，以賤貪貴，故引解六三爻辭以明之矣。」

負也者，小人之事也。

虞翻曰：「陰稱小人，坤爲事，以賤倍貴，違禮悖義，故『小人之事也』。」

乘也者，君子之器也。

虞翻曰：「君子謂五〔二〕。器，坤也，坤爲大車，故『乘，君子之器也』。」

小人而乘君子之器，盗思奪之矣。

〔一〕「作」，盧本、周本作「爲」。
〔二〕「五」，原作「三」，今據諸本及曹校改。

虞翻曰：「小人謂三。既違禮倍五，復乘〔一〕其車。五來之二成坎，坎爲盜，思奪之矣。『爲易者知盜乎』，此之謂也。」

上慢下暴，盜思伐之矣。

虞翻曰：「三倍五，上慢乾君而乘其器；下暴於二，二藏於坤，五來寇二〔二〕，以離戈兵，故稱『伐之』。坎爲暴也。」

慢藏誨盜，冶〔三〕容誨淫。

虞翻曰：「坎心爲誨，坤爲藏，兑爲見，藏不〔四〕見，故『慢藏』。三動成乾爲冶，坎水爲淫；二〔五〕變藏坤，則五來奪之，故『慢藏誨盜，冶容誨淫』。」

易曰『負且乘，致寇至』，盜之招也。

虞翻曰：「五來奪三，以離兵伐之，故變寇言戎，以成三〔六〕惡。二藏坤時，艮手招盜，故『盜之招』。」

〔一〕「乘」，原作「承」，今據盧本、四庫本、周本及曹校改。
〔二〕「二」，曹校：當爲「三」。
〔三〕「冶」，盧本、周本作「野」。下注同，不再出校。盧本小字注云：今本「野」作「冶」。
〔四〕「不」，周本作「而」。
〔五〕「二」，原作「三」，今據盧本、周本改。
〔六〕「三」，原作「二」，今據盧本、張本改。

周易集解卷第十四

大衍之數五十，其用四十有九。

干寶曰：「衍，合也。」○崔憬曰：「案説卦云：『昔者聖人之作易也，幽贊於神明而生蓍，三天兩地而倚數。』既言蓍、數，則是説大衍之數也。明倚數之法當三天兩地。三天者，謂從三始，順數而至五、七、九，不取於一也。兩地者，謂從二起，逆數而至十、八、六，不取於四也。此因天地致上〔一〕，以配八卦，而取其數也。艮爲少陽，其數三；坎爲中陽，其數五；震爲長陽，其數七；乾爲老陽，其數九；兑爲少陰，其數二；離爲中陰，其數十；巽爲長陰，其數八；坤爲老陰，其數六。八卦之數，總有五十，故云『大衍之數五十』也。不取天數一、地數四者，此數八卦之外，大衍所不管也。『其用四十有九』者，法長陽七七之數也。六十四卦既法長陰八八之數，故四十九蓍則法長陽七〔二〕七之數焉。蓍圓而神，象天；卦方而智，象地：陰陽之别也。捨一不用者，以象太極虚而不用也。且天地各得其數，以守其

〔一〕「致」，周本作「數」。按：「致上」，丁易東大衍索隱作「數止」。
〔二〕「七」，原作「十」，今據諸本及上文改。

位，故太一亦爲一數，而守其位也。王輔嗣云：『演天地之數，所賴者五十，其用四十有九，其一不用也。不用而用以之通，非數而數以之成，即易之太極也。四十有九，數之極者。』但言所賴五十，不釋其所從來，則是億度而言，非有實據。其一不用，將爲法象太極，理縱可通，以爲非數而成，義則未允。何則不可以有對无？五稱五十也。孔疏釋『賴五十』，以爲：萬物之策凡有萬一千五百二十，其用此策，大推演天地之數，唯用五十策也。又釋『其用四十九』，則有其一不用，以爲策中其所揲蓍者，唯四十有九。其一不用，以其虛无，非所用也，故不數矣。又引顧歡同王弼所説，而顧歡云：『立此五十數以數神，神雖非數而著，故虛其一數，以明不可言之義也。』」案：崔氏探玄病諸先達，及乎自料，未免小疵。既將八卦陰陽以配五十之數，餘其天一地四无所稟承，而云八卦之外，在衍之所不管者，斯乃談何容易哉！且聖人之言，連環可解，約文申義，須窮指歸。即此章云「天數五，地數五，五位相得而各有合。天數二十有五，地數三十，凡天地之數五十有五。此所以成變化而行鬼神」，是結大衍之前義也。既云「五位相得而各有合」，即將五合之數配屬五行也，故云「大衍之數五十」也。「其用四十有九」者，更減一以并五，備設六爻之位，蓍卦兩兼，終極天地五十五之數也。自然窮理盡性，神妙无方，藏往知來，以前民用，斯之謂矣。

分而爲二以象兩，

崔憬曰：「四十九數合而未分，是象太極也。今分而爲二，以象兩儀矣。」

挂一以象三，

孔穎達曰：「就兩儀之中，分挂其一於最小指間，而配兩儀，以象三才。」

揲之以四以象四時，

崔憬曰：「分揲其蓍，皆以四爲數。一策一時，故四策以象四時也。」

歸奇於扐以象閏，

虞翻曰：「奇所挂一策，扐所揲之餘，不一則二，不三則四也。取奇以歸扐，扐并合挂左手之小指爲一扐，則『以閏月定四時成歲』，故『歸奇於扐以象閏』者也。」

五歲再閏，故再扐而後挂〔一〕。

虞翻曰：「謂已一扐，復分挂，如初揲之歸奇于初，扐并挂左手次小指間爲再扐，則再閏也。又分扐揲之如初，而挂左手第三指間，成一變，則布挂之一爻。謂已二扐，又加一爲三，并重合前二扐爲五歲，故『五歲再閏，再扐而後挂』〔二〕，此『參伍以變』。據此爲三扐，不言三閏者，閏歲餘十日，五歲閏六十日盡矣，後扐閏餘分，不得言三扐二閏，故從言『再扐而後挂』者也。」

〔一〕「挂」，原作「卦」，今據胡本、毛本、盧本、周本改。

〔二〕「挂」，原作「卦」，今據諸本改。

天數五，地數五，

虞翻曰：「天數五，謂一、三、五、七、九。地數五，謂二、四、六、八、十也。」

五位相得而各有合。

虞翻曰：「五位謂五行之位。甲乾、乙坤相得合木，謂『天地定位』也。丙艮、丁兑相得合火，『山澤通氣也』。戊坎、己離相得合土，水火相逮也。庚震、辛巽相得合金，『雷風相薄』也。天壬、地癸相得合水，言『陰陽相薄』而『戰於乾』。故『五位相得而各有合』。或以一六合水，二七合火〔一〕，三八合木，四九合金，五十合土也。」

天數二十有五，

虞翻曰：「一、三、五、七、九，故二十五也。」

地數三十，

虞翻曰：「二、四、六、八、十，故三十也。」

凡天地之數五十有五。

虞翻曰：「天二十五，地三十，故『五十有五』。天地數見於此，故大衍之數略其奇五而言五十也。」

〔一〕「火三八合」四字，原脱，今據盧本、周本及曹校補。

此所以成變化而行乎鬼神也。

荀爽曰：「在天爲變，在地爲化；在地爲鬼，在天爲神。」○姚信曰：「此天地之數五十有五，分爲爻者，故能成就乾坤之變化，能知鬼神之所爲也。」○侯果曰：「夫通變化，行鬼神，莫近於數，故老聃謂子曰：『汝何求道？』對曰：『吾求諸數。』明數之玅，通於鬼神矣。」

乾之策〔一〕二百一十有六，

荀爽曰：「陽爻之策三十有六，乾六爻皆陽，三六一百八十，六六三十六，合二百一十有六也。陽爻九，合四時，四九三十六，是其義也。」

坤之策一〔二〕百四十有四，

荀爽曰：「陰爻之策二十有四，坤六爻皆陰，二六一百二十，四六二十四，合一百四十有四也。陰爻六，合二十四氣，四六二百四十也。」

凡三百有六十當期之日。

陸績曰：「日月十二交會，積三百五十四日有奇爲一會。今云『三百六十當期』，則入十三月六日也。」

〔一〕「策」，盧本、周本作「册」，毛本作「筞」，古通。下同，不再出校。張本小字注云：今本「册」作「策」。

〔二〕「一」，諸本無此字。

十二〔一〕月爲一期，故云『當期之日』也。」

二篇之策萬有一千五百二十，當萬物之數也。

侯果曰：「二篇謂上、下〔二〕經也。共六十四卦，合三百八十四爻，陰陽各半，則陽爻一百九十二，每爻三十六策，合六千九百一十二策。陰爻亦一百九十二，每爻二十四策，合四千六百八策。則二篇之策合萬一千五百二十，『當萬物之數也』。」

是故四營而成易，

荀爽曰：「營〔三〕者，謂七、八、九、六也。」○陸績曰：「分而爲二以象兩，一營也；挂一以象三，二營也；揲之以四，以象四時，三營也；歸奇於扐以象閏，四營也。謂四度營爲，方成易之一爻者也。」

十有八變而成卦。

荀爽曰：「二揲策挂左手一指間，三指間滿，而成一爻。又〔四〕六爻，三六十八，故『十有八變而成卦』也。」

〔一〕「二」，原作「三」，今據胡本、盧本、四庫本、周本及曹校改。
〔二〕「下」，原脱，今據諸本及曹校補。
〔三〕曹校：「營」上疑脱「四」字。
〔四〕「又」，周本作「卦」。

八卦而小成，

侯果曰：「謂三畫成天地、雷風、日月、山澤之象。此八卦未盡萬物情理，故曰『小成』也。」

引而伸之，觸類而長之，

虞翻曰：「引謂庖犧引信三才，兼而兩之以六畫。觸，動也。謂六畫以成六十四卦也，故『引而信之，觸類而長之』。『其取類也大』，則『發揮剛柔而生爻』也。」

天下之能事畢矣。

虞翻曰：「謂『乾以簡能』，『能說諸心，能研諸侯之慮』，故『能事畢』。」

顯道神德行，

虞翻曰：「『顯道神德行』，乾二〔一〕五之坤，成離日坎月，日月在天，運行照物，故『顯道神德行』。『默而成之，不言而信，存于德行』者也。」

是故可與酬酢，可與祐神矣。

九家易曰：「陽往爲酬，陰來爲酢，陰陽相配，謂之祐神也。孔子言『大衍』以下，至於『能事畢矣』，此

〔一〕「二」，原作「九」，今據毛本、盧本、四庫本、周本及曹校改。

足以顯明易道。又神易德行，可與經義相斟酌也。故喻以賓主酬酢之禮，所以助前聖發見其〔一〕神秘矣。禮，飲酒，主人酌賓爲獻，賓酌主人爲酢，主人飲之又酌賓爲酬也。先舉爲酢，答報爲酬。酬取其報，以象陽唱陰和，變化相配，是『助天地明其鬼神』者也。」

子曰：「知變化之道者，其知神之所爲乎？」

虞翻曰：「在〔二〕陽稱變，乾五〔三〕之坤；在陰稱化，坤二〔四〕之乾。『陰陽不測之謂神』，『知變化之道者』，故『知神之所爲』。諸儒皆上『子曰』爲章首，而荀、馬又從之，甚非者矣。」

易有聖人之道四焉：

崔憬曰：「聖人德合天地，智周萬物，故能用此易道，大略有四：謂尚辭、尚變、尚象、尚占也。」

以言者尚其辭，

虞翻曰：「『聖人之情見於辭』，繫辭焉以盡言〔五〕也。」

〔一〕「其」，盧本、周本作「於」。
〔二〕「在」，原脱，今據諸本及曹校補。
〔三〕「五」，盧本、周本作「二」。
〔四〕「二」，盧本、周本作「五」。
〔五〕「言」，原作「辭」，今據盧本、周本改。

以動者尚其變，

陸績曰：「變謂爻之變化，當『議之而後動』矣。」

以制器者尚其象，

荀爽曰：「『結繩爲網罟，蓋取諸離』，此類是也。」

以卜筮者尚其占。

虞翻曰：「乾蓍稱筮，動離爲龜，龜稱卜，動則玩其占，故『尚其占』者也。」

是故君子將有爲也，將有行也，問焉而以言。

虞翻曰：「有爲謂建侯，有行謂行師也。乾二五之坤成震，有師象。震爲行、爲言問，故『有爲』、『有行』。凡應九筮之法，則筮之。謂問於蓍龜，以言其吉凶，爻象動内，吉凶見外，蓍德圓神，卦德方智，故史擬神智，以斷吉凶也。」

其受命也如響〔一〕，

虞翻曰：「言神不疾而速，不行而至，不言善應。乾二五之坤成震巽，巽爲命，震爲響，故『受命』。同聲相應，故『如響』也。」

〔一〕「響」，盧本、周本作「嚮」。下注同，不再出校。

无有遠近幽深，遂知來物。

虞翻曰：「遠謂天，近謂地，幽謂陰，深謂陽〔一〕，來物謂乾神〔二〕。神以知來，感而遂通，謂『幽贊神明而生蓍』也。」

非天下之至精，其孰能與於此？

虞翻曰：「至精，謂『乾純粹精』也。」

參伍以變，錯綜其數。

虞翻曰：「逆上稱錯。綜，理也。謂五歲再閏，再扐而後挂，以成一爻之變，而倚六畫之數，卦從下升，故『錯綜其數』，則『三天兩地而倚數』者也。」

通其變，遂成天下之文；

虞翻曰：「變而通之，觀變陰陽始立卦；乾坤相親，故『成天地之文』。『物相雜，故曰文』。」

極其數，遂定天下之象。

虞翻曰：「數，六畫之數。六爻之動，三極之道，故定天下吉凶之象也。」

〔一〕「幽謂陰，深謂陽」，原作「深謂陰，陰謂幽」，今據周本及曹校改。盧本、四庫本作「陰謂幽，深謂陽」。

〔二〕「神」，原作「坤」，今據盧本、周本及曹校改。

非天下之至變，其孰能與於此？

虞翻曰：「謂三五以變，故能成六爻之義。『六爻之義，易以貢也』。」

易无思也，无爲也，

虞翻曰：「『天下何思何慮？同歸而殊塗，一致而百慮』，故無所爲，謂『其静也專』。」

寂然不動，

虞翻曰：「謂隱藏，坤初幾息矣。專故不動者也。」

感而遂通天下之故。

虞翻曰：「感，動也。以陽變陰，『通天下之故』，謂『發揮剛柔而生爻』者也。」

非天下之至神，其孰能與於此？

虞翻曰：「至神，謂易隱初入微，『知幾，其神乎』？」○韓康伯曰：「非忘象者，則无以制象；非遺數者，則无以極數。至精者，无籌策而不可亂；至變者，體一而无不周；至神者，寂然而无不應。斯蓋功用之母，象數所由立。故曰『非至精、至變、至神，則不能與於此也』。」

夫易，聖人之所以極深而研幾也。

荀爽曰：「謂伏羲畫卦，窮極易幽深；文王繫辭，研盡易幾微者也。」

唯深也，故能通天下之志；

虞翻曰：「深謂『幽贊神明』，『无有遠近幽深，遂知來物』，故『通天下之志』，謂蓍也。」

唯幾也，故能成天下之務；

虞翻曰：「務，事也。謂易研幾開物，故『成天下之務』。謂卦者也。」

唯神也，故不疾而速，不行而至。

虞翻曰：「神謂易也。謂日月斗在天，日行一度，月行十三度，從天西轉，故『不疾而速』。星寂然不動，隨天右周，『感而遂通』，故『不行而至』者也。」

子曰：「易有聖人之道四焉者，此之謂也。」

侯果曰：「言易唯深、唯神，蘊此四道，因聖人以章，故曰『聖人之道』矣。」

天一，

「水甲。

地二，

火乙。

天三，

木丙。

地四，金丁。

天五，土戊。

地六，水己。

天七，火庚。

地八，木辛。

天九，金壬。

地十，土癸。

此則『大衍之數五十有五』，蓍龜所從生，聖人『以通神明之德，以類萬物之情』。」此上，虞翻義也。

子曰：「夫易，何爲而作也？

虞翻曰：「問易何爲取天地之數也。」

夫易，開物成務，

陸績曰：「『開物』謂庖犧引伸八卦，重以爲六十四，觸長爻策，至於萬一千五百二十，『以當萬物之數』，故曰『開物』。聖人觀象而制網罟耒耜之屬，『以成天下之務』，故曰『成務』也。」

冒天下之道，如斯而已者也。」

虞翻曰：「以陽闢坤，謂之『開物』。以陰翕乾，謂之『成務』〔一〕。冒，觸也。『觸類而長之』如此也。」

是故聖人以通天下之志，

九家易曰：「凡言『是故』者，承上之辭也。謂『以動者尚其變』，變而通之，『以通天下之志』也。」

以定天下之業，

九家易曰：「謂『以制器者尚其象』也。凡事業之未立，以易道決之，故言『以定天下之業』。」

以斷天下之疑。

〔一〕「務」，原作「物」，今據宋本、胡本、盧本、四庫本、周本及曹校改。

九家易曰：「謂『卜筮者尚其占』也。『占事知來』，故『定〔一〕天下之疑』。」

是故蓍之德圓而神，卦之德方以知，

崔憬曰：「蓍之數七七四十九，象陽，圓其爲用也，變通不定，因之以知來物，是『蓍之德圓而神』也。卦之數八八六十四，象陰，方其爲用也，爻位有分，因之以藏往知事，是『卦之德方以知』也。」

六爻之義易以貢。

韓康伯曰：「貢，告也。六爻變易，以告吉凶也。」

聖人以此洗〔二〕心，

韓康伯曰：「洗濯萬物之心者也。」

退藏於密，

陸績曰：「受蓍龜之報應，決而藏〔三〕之於心也。」

吉凶與民同患。

〔一〕「定」，周本及曹校作「斷」。

〔二〕「洗」，盧本、周本作「先」。下同，不再出校。盧本、張本並小字注云：「先」，韓康伯讀爲「洗」。

〔三〕「藏」上，周本有「退」字。

虞翻曰：「聖人謂庖犧，以蓍神知來，故以『洗心』。陽動入巽，巽爲退伏，坤爲閉户，故藏密，謂『齊於巽以神明其德』。陽吉陰凶，坤爲民，故『吉凶與民同患』，謂『作易者有憂患』也。」

神以知來，知以藏往，

虞翻曰：「乾神知來，坤知藏往。來謂洗心〔一〕，往謂藏密也。」

其孰能與此哉！

虞翻曰：「誰乎能爲此哉？謂古之聰明睿知之君也。」

古之聰明睿知、神武而不殺者夫！

虞翻曰：「謂大人也。庖犧在乾五，動而之坤，『與天地合聰明』。在坎則聰，在離則明，神武謂乾，睿知謂坤，『乾坤坎離，反〔二〕復不衰』，故『而不殺者夫』。」

是以明於天之道，而察於民之故，

虞翻曰：「乾五之坤，以離日照天，故『明天之道』；以坎月照坤，故『察民之故』。坤爲民。」

是興神物，以前民用。

〔一〕「洗心」，原作「出見」，今據盧本、周本及曹校改。
〔二〕「反」，原脱，今據盧本、四庫本、周本及曹校補。

陸績曰：「神物，蓍也。聖人興蓍，以別吉凶，先民而用之，民皆從焉，故曰『以前民用』也。」

聖人以此齊戒，

韓康伯曰：「洗心曰齊〔一〕，防患曰戒。」

以神明其德夫。

陸績曰：「聖人以蓍能逆知吉凶，除害就利，清潔其身，故曰『以此齊戒』也。吉而後行，舉不違失，其德富盛，見稱神明，故曰『神明其德』也。」

是故闔户謂之坤，

虞翻曰：「闔，閉翕也。謂從巽之坤，坤柔象夜，故以閉户者也。」

闢户謂之乾，

虞翻曰：「闢，開也。謂從震之乾，乾剛象晝，故以開户也。」

一闔一闢謂之變，

虞翻曰：「陽變闔〔二〕陰，陰變闢陽，『剛柔相推而生變化』也。」

〔一〕「齊」，胡本、毛本、盧本、周本作「齋」。下同，不再出校。

〔二〕「闔」，原作「闢」，今據諸本及曹校改。

往來不窮謂之通。

荀爽曰：「謂一冬一夏，陰陽相變易也。十二消息，陰陽往來無窮已，故『通』也。」

見乃謂之象，形乃謂之器，

荀爽曰：「謂日月星辰，光見在天，而成象也。萬物生長，在地成形，可以爲器用者也。」

制而用之謂之法，

荀爽曰：「謂觀象於天，觀形於地，制而用之，可以爲法。」

利用出入，民咸用之，謂之神。

陸績曰：「聖人制器，以周民用，用之不遺，故曰『利用出入』也。民皆用之，而不知所由來，故『謂之神』也。」

是故易有太極，是生兩儀，

干寶曰：「發初言『是故』，總衆篇之義也。」○虞翻曰：「太極，太一也。分爲天地，故『生兩儀』也。」

兩儀生四象，

虞翻曰：「四象，四時也。兩儀，謂乾坤也。乾二五之坤，成坎離震兑〔一〕，震春兑秋，坎冬離夏，故『兩

〔一〕「兑」，原脱，今據毛本、盧本、四庫本、周本及曹校補。

儀生四象』。歸妹卦備，故彖獨稱『天地之大義』也。」

四象生八卦，

虞翻曰：「乾二五之坤，則生震、坎、艮；坤二五之乾，則生巽、離、兑，故『四象生八卦』。乾坤生春，艮兑生夏，震巽生秋，坎離生冬者也。」

八卦定吉凶，

虞翻曰：「陽生則吉，陰生則凶。謂『方以類聚，物以羣分』，『吉凶生矣』。已言於上，故不言『生』而獨言『定吉凶』也。」

吉凶生大業。

荀爽曰：「一消一息，萬物豐殖，『富有之謂大業』。」

是故法象莫大乎天地，

翟玄曰：「見象立法，莫過天地也。」

變通莫大乎四時，

荀爽曰：「四時相變，終而復始也。」

縣象著明莫大乎日月，

虞翻曰：「謂日月縣天，成八卦象。三日暮，震象出庚；八日，兑象見丁；十五日，乾象盈甲；十七日旦，巽象退辛；二十三日，艮〔一〕象消丙；三十日，坤象滅乙。晦夕朔旦，坎象流戊；日中則離，離象就己。戊己土位，象見於中。『日月〔二〕相推而明生焉』，故『懸象著明莫大乎日月』者也。」

崇高莫大乎富貴，

虞翻曰：「謂乾正位於五，五貴坤富，以乾通坤，故高大富貴〔三〕也。」

備物致用，立成器以爲天下利，莫大乎聖人，

虞翻曰：「神農、黄帝、堯、舜也。民多否閉，取乾之坤，謂之『備物』。以坤之乾，謂之『致用』。乾爲物，坤爲器用，否四之初〔四〕，耕稼之利；否五之初，市井之利；否四之二〔五〕，舟楫之利；否上之初，牛馬之利。謂十二〔六〕『蓋取』『以利天下』。『通其變，使民不倦，神而化之，使民宜之，聖人作而萬物覩』，故『莫大聖人』者也。」

〔一〕「艮」，原脱，今據諸本補。
〔二〕「月」，原作「中」，今據盧本、四庫本、周本及曹校改。
〔三〕「高大富貴」，周本作「崇高莫大乎富貴」。
〔四〕「乾爲物，坤爲器用，否四之初」，原作「乾物，坤爲器用，否也初正」，今據毛本、盧本、四庫本、周本及曹校改。
〔五〕「否四之二」，原作「否二之四」，今據諸本改。
〔六〕「二」，原作「三」，今據盧本、周本及曹校改。

探賾索隱，鉤深致遠，以定天下之吉凶，成天下之亹亹〔一〕者，莫善〔二〕乎蓍龜。

虞翻曰：「探，取；賾，初也。初隱未見，故『探賾索隱』，則『幽贊神明而生蓍』。初深，故曰『鉤深』。致遠謂乾。乾爲蓍，乾五之坤大有，離爲龜，乾生知吉，坤殺知凶，故『定天下之吉凶，莫善於蓍龜』也。」○侯果曰：「亹，勉也。夫幽隱深遠之情，吉凶未兆之事物，皆勉勉然願知之，然不能也。及蓍成卦、龜成兆也，雖神道之幽密，未然之吉凶，坐可觀也。是蓍龜成天下勉勉之聖〔三〕也。」

是故天生神物，聖人則之；

孔穎達曰：「謂成蓍龜，聖人法則之，以爲卜筮者也。」

天地變化，聖人效之；

陸績曰：「天有晝夜四時變化之道，聖人設三百八十四爻以效之矣。」

天垂象，見吉凶，聖人象之；

荀爽曰：「謂『在璇璣玉衡以齊七政』也。」○宋衷曰：「天垂陰陽之象，以見吉凶。謂日月薄蝕，五星亂行，聖人象之。亦著九六，爻位得失，示人所以有吉凶之占也。」

〔一〕「亹亹」，盧本、周本作「娓娓」。下同，不再出校。盧本、張本並注云：「娓娓」，今作「亹亹」。

〔二〕「善」，原作「大」，今據盧本、周本改。下注同，不再出校。

〔三〕「聖」，曹校：疑當爲「善」。

河出圖，洛出書，聖人則之。

鄭玄曰：「春秋緯云：『河以通乾，出天苞。洛以流坤，吐地符。河龍圖發，洛龜書成〔一〕。』河圖有九篇，洛書有六篇也。」○孔安國曰：「河圖則八卦也，洛書則九疇也。」○侯果曰：「聖人法河圖、洛書，制曆象以示天下也。」

易有四象，所以示也；

侯果曰：「四象，謂上〔二〕神物也、變化也、垂象也、圖書也。四者治人之洪範。易有此象，所以示人也。」

繫辭焉，所以告也；

虞翻曰：「謂繫象、象之辭，八卦以象告也。」

定之以〔三〕吉凶，所以斷也。

繫辭焉以斷其吉凶，八卦定吉凶，以斷天下之疑也。」

〔一〕「成」，盧本作「感」。
〔二〕「上」下，原有「下」字，今據宋本、盧本、周本及曹校删。
〔三〕「以」，原脱，今據諸本及曹校補。

易曰：「自天祐之，吉無不利。」

侯果曰：「此引大有上九辭以證之義也。大有上九『履信思順』，『自〔一〕天祐之』，言人能依四象所示，繫辭所告，又能思順，則天及人皆共祐之，『吉无不利』者也。」

子曰：「祐者，助也。

虞翻曰：「大有〔二〕兑爲口。口助稱祐。」

天之所助者，順也。

虞翻曰：「大有五以陰順上，故爲天所助者順也。」

人所助者，信也。

虞翻曰：「信謂二也。乾爲人、爲信，『庸言之信』也。」

『履信思順』，有以尚賢也。

虞翻曰：「大有五應二而順上，故『履信思順』。比坤爲順，坎爲思，乾爲賢人，坤伏乾下，故『有以尚賢』者也。」

〔一〕「自」，原脱，今據毛本、盧本、四庫本、周本及曹校補。

〔二〕「大有」，原作「有火」，今據諸本改。

是以『自天祐之，吉无不利也』。」

崔憬曰：「言上九履五『厥孚履』，人事以信也。比五而不應三，思天道之順也。崇四『匪彭』，明辯於五，又『以尚賢』也。『以自天祐之，吉无不利』，重引易文，以證成其義。」

子曰：「書不盡言，言不盡意。」

虞翻曰：「謂書易之動，九六之變不足以盡易之所言，言之則不足以盡庖犧之意也。」

然則聖人之意，其不可見乎？

侯果曰：「設疑而問也。欲明立象可以盡聖人言意也。」

子曰：「聖人立象以盡意，

崔憬曰：「言伏羲仰觀俯察，而立八卦之象，以盡其意。」

設卦以盡情僞，

崔憬曰：「設卦謂『因而重之爲六十四』，卦之情僞盡在其中矣。」

繫辭焉以盡其言，

崔憬曰：「文王作卦爻之辭，以繫伏羲立卦之象。象既盡意，故辭亦盡言也。」

變而通之以盡利，

陸績曰：「變三百八十四爻，使相交通，以盡天下之利。」

鼓之舞之以盡神。

虞翻曰：「神，易也。陽息震爲鼓，陰消巽爲舞，故『鼓之舞之以盡神』。」〇荀爽曰：「鼓者動也，舞者行也，謂三百八十四爻，動行相反，其卦所以盡易之神也。」

乾坤，其易之緼邪？

虞翻曰：「緼，藏也。易麗乾藏坤，故爲『易之緼』也。」

乾坤成列，而易立乎其中矣。

侯果曰：「緼，淵隩也。六子因之而生，故云『立乎其中矣』。」

乾坤毁，則无以見易。

荀爽曰：「毁乾坤之體，則无以見陰陽之交易也。」

易不可見，則乾坤或幾乎息矣。

侯果曰：「乾坤者，動用之物也。物既動用，則不能毁息矣。夫動極復静，静極復動，雖天地至此，不違變化也。」

是故形而上者謂之道，形而下者謂之器；

崔憬曰：「此結上文，兼明易之形器，變通之事業也。凡天地萬物皆有形質，就形質之中有體有用，體者即形質也，用者即形質上之妙用也。言有妙理之用，以扶其體，則是道也。其體比用，若器之於物，則是體爲形之下，謂之爲器也。假令天地圓蓋方軫，爲體爲器，以萬物資始、資生爲用、爲道；動物以形軀爲體、爲器，以靈識爲用、爲道；植物以枝幹爲器、爲體，以生性爲道、爲用。」

化而裁〔一〕之謂之變，

翟玄曰：「化變剛柔而財之，故『謂之變』也。」

推而行之謂之通；

翟玄曰：「推行陰陽，故謂之通也。」

舉而錯之天下之民，謂之事業。

陸績曰：「變通盡利，觀象制器，舉而措之於天下，民咸用之，以爲事業。」○九家易曰：「謂聖人畫卦，爲萬民事業之象，故天下之民尊之，得爲事業矣。」

是故夫象，聖人有以見天下之賾，

崔憬曰：「此重明『易之緼』，更引易象及辭以釋之。言伏羲見天下深賾，即『易之緼』者也。」

而擬諸其形容，象其物宜，是故謂之象。

陸績曰：「此明説立象盡意、設卦盡情僞之意也。」

〔一〕「裁」，盧本、周本作「財」。下同，不再出校。

聖人有以見天下之動，而觀其會通，以行其典禮，

侯果曰：「典禮有時而用，有時而去，故曰『觀其會通』也。」

繫辭焉以斷其吉凶，是故謂之爻。

崔憬曰：「言文王見天下之動，所以繫象而爲其辭，謂之爲爻。」

極天下之賾者存乎卦；

陸績曰：「言卦象極盡天下之深情也。」

鼓天下之動者存乎辭；

宋衷曰：「欲知天下之動者，在於六爻之辭也。」

化而裁之存乎變，推而行之存乎通；

崔憬曰：「言易道陳陰陽變化之事，而裁成之，存乎其變；推理達本而行之，在乎其通。」

神而明之，存乎其人；

荀爽曰：「苟非其人，道不虛行也。」〇崔憬曰：「言易神无不通，明无不照，能達此理者，『存乎其人』，謂文王，述易之聖人。」

默而成之〔一〕，不言而信，存乎德行。

九家易曰：「『默而成之』，謂陰陽相處也。『不言而信』，謂陰陽相應也。德者有實，行者相應也。」○崔憬曰：「言伏羲成六十四卦，不有言述，而以卦〔二〕象明之，而人信之，在乎合天地之德，聖人之行也。」

〔一〕「之」，盧本、周本並無。盧本、張本並小字注云：今本作「默而成之」。

〔二〕「述而以卦」四字，原漫漶不清，今據諸本補。

周易集解卷第十五

繫辭下傳

八卦成列，象在其中矣。

虞翻曰：「象謂三才，成八卦之象。乾坤列東，艮兑列南，震巽列西，坎離在中，故『八卦成列』，則『象在其中』。『天垂象，見吉凶，聖人象之』是也。」

因而重之，爻在其中矣。

虞翻曰：「謂參重三才爲六爻，發揮剛柔，則『爻在其中』。六畫稱爻。『六爻之動，三極之道也』。」

剛柔相推，變在其中矣。

虞翻曰：「謂十二消息。九六相變，『剛柔相推而生變化』，故『變在其中矣』。」

繫辭焉而命之，動在其中矣。

虞翻曰：「謂繫彖、象九六之辭，故『動在其中』。『鼓天下之動者，存乎辭』者也。」

吉凶悔吝者，生乎動者也。

虞翻曰：「動謂爻也。『爻者，效天下之動者也』。爻象動内，吉凶見外，『吉凶生而悔吝著』，故『生乎動』也。」

剛柔者，立本者也。

虞翻曰：「乾剛坤柔，爲六子父母，乾天稱父，坤地稱母。本天親上，本地親下，故『立本者也』。」

變通者，趣時者也。

虞翻曰：「變通配四時，故『趣時者也』。」

吉凶者，貞勝者也。

虞翻曰：「貞，正也。勝，滅也。陽生則吉、陰消則凶者也。」

天地之道，貞觀者也。

陸績曰：「言天地正，可以觀瞻爲道也。」

日月之道，貞明者也。

荀爽曰：「離爲日，日中之時，正當離位，然後明也。月者，坎也，坎正位衝離，衝謂〔一〕十五日，月當日

〔一〕「謂」，毛本、盧本、四庫本、周本作「爲」。

「言衡，正值坎位，亦大圓明，故曰『日月之道，貞明者也』。言日月正當其位，乃大明也。」○陸績曰：「言日月正，以明照爲道矣。」

天下之動，貞夫一者也。

虞翻曰：「一謂乾元。萬物之動，各資天一陽氣以生，故『天下之動，貞夫一者也』。」

夫乾，確然示人易矣。

虞翻曰：「陽在初弗用，確然無爲，潛龍時也。『不易世，不成名』，故『示人易』者也。」

夫坤，隤然示人簡矣。

虞翻曰：「隤，安。簡，閱也。『坤以簡能』，閱内萬物，故『示人簡』。」

爻也者，效此者也。

虞翻曰：「效法之謂坤，謂效三材以爲六畫。」

象也者，像此者也。

虞翻曰：「成象之謂乾，謂聖人則天之象，分爲三材也。」

爻象動乎内，吉凶見乎外，

虞翻曰：「内，初；外，上也。陽象動内，則吉見外；陰爻動内，則凶見外也。」

功業見乎變，

荀爽曰：「陰陽相變，功業乃成者也。」

聖人之情見乎辭。

崔憬曰：「言文王作卦爻之辭，所以明聖人之情陳于易象。」

天地之大德曰生，

孔穎達曰：「自此以下，欲明聖人同天地之德，廣生萬物之意也。言天地之盛德常生萬物，而不有生，是其大德也。」

聖人之大寶曰位。

崔憬曰：「言聖人行易之道，當須法天地之大德，寶萬乘之天位。謂以道濟天下爲寶，而不有位〔一〕，是其大寶也。」

何以守位曰仁〔二〕，

宋衷曰：「守位，當得士大夫、公、侯，有其仁賢，兼濟天下。」

何以聚人曰財。

〔一〕「位」，原脱，今據毛本、盧本、四庫本、周本補。

〔二〕「仁」，宋翔鳳過庭録認爲當作「人」。

陸績曰：「人非財不聚，故『聖人觀象制器，備物盡利』，以業萬民而聚之也。蓋取聚人之本矣。」

理財正辭，禁民爲非，曰義。

荀爽曰：「尊卑貴賤，衣食有差，謂之『理財』。名實相應，萬事得正，謂〔一〕之『正辭』。咸得其宜，故謂之『義』也。」○崔憬曰：「夫財貨，人所貪愛，不以義理之，則必有敗也。言辭，人之樞要，不以義正之，則必有辱也。百姓有非，不以義禁之，則必不改也。此三者皆資於義，以此行之，得其宜也。故知仁義與財，聖人寶位之所要也。」

古者庖犧氏之王天下也，

虞翻曰：「庖犧，太昊氏，以木德王天下。位乎乾五，五動見離，離生于〔二〕木，故知火化炮啖犧牲，號庖犧氏也。」

仰則觀象於天，

荀爽曰：「震、巽爲雷、風，離坎爲日月也。」

〔一〕「謂」，毛本、盧本、四庫本、周本皆作「爲」。
〔二〕「于」，原脱，今據盧本、周本及曹校補。

俯則觀法於地，

九家易曰：「艮、兑爲山、澤也。地有水火五行，八卦之形者也。」

觀鳥獸之文，

荀爽曰：「乾爲馬、坤爲牛、震爲龍、巽爲雞之屬是也。」○陸績曰：「謂朱鳥、白虎、蒼龍、玄武四方二十八宿，經緯之文。」

與地之宜，

九家易曰：「謂四方四維八卦之位，山澤高卑五土之宜也。」

近取諸身，

荀爽曰：「乾爲首，坤爲腹，震爲足，巽爲股也。」

遠取諸物，

荀爽曰：「乾爲金玉、坤爲布釜之類是也。」

於是始作八卦，

虞翻曰：「謂庖犧觀鳥獸之文，則天，八卦效之。『易有太極，是生兩儀，兩儀生四象，四象生八卦』，八卦乃四象所生，非庖犧之所造也。故曰『象〔一〕者，象此者也』。則大人造爻象以象天，卦可知也。而讀易者咸以爲庖犧之時，天未有八卦，恐失之矣。『天垂象，示吉凶，聖人象之』，則天已有八卦之象。」

以通神明之德，

荀爽曰：「乾坤爲天地，離坎爲日月，震巽爲雷風，艮兑爲山澤，此皆『神明之德』也。」

以類萬物之情。

九家易曰：「六十四卦，凡有萬一千五百二十策，策類一物，故曰『類萬物之情』。以此知〔二〕庖犧重爲六十四卦，明矣。」

作結繩而爲網罟〔三〕，以佃以漁，蓋取諸離。

虞翻曰：「離爲目，巽爲繩。目之重者唯罟，故『結繩爲罟』。坤二五之乾〔四〕成離，巽爲魚〔五〕，坤二〔六〕

〔一〕「象」，毛本、四庫本作「像」。
〔二〕「知」，毛本、盧本、周本無此字。
〔三〕「網」，盧本、周本無此字。張本小字注云：今本「爲罟」作「爲網罟」。
〔四〕「坤」、「乾」，原互易，今據毛本、盧本、四庫本、周本乙。
〔五〕「魚」，原作「四」，今據盧本、周本改。毛本、四庫本作「田」。
〔六〕「二」，毛本、四庫本作「亦」。

稱田，以罟〔一〕取獸曰畋，故『取諸離』也。」

庖犧氏没，神農氏作，

虞翻曰：「没，終；作，起也。神農以火德繼庖犧王。火生土，故知土，則利民播種〔二〕，號神農氏也。」

斵木爲耜，揉木爲耒，耒耨之利，以教天下，蓋取諸益。

虞翻曰：「否四之初也。巽爲木、爲入，艮爲手，乾爲金，手持金以入木，故『斵木爲耜』。耜止所踰，因名曰耜。艮爲小木，手以撓〔三〕之，故『揉木爲耒耨』。耨〔四〕，薅器也。巽爲號令，乾爲天，故『以教天下』。坤爲田，巽爲股，進退，震足動耜，艮手持耒，進退田中，耕之象也。『益萬物者，莫若雷風』，故法風雷〔五〕而作耒耜。」

日中爲市，致天下之民，聚天下之貨，交易而退，各得其所，蓋取諸噬嗑。

〔一〕「罟」，原作「魚」，今據毛本、盧本、四庫本、周本改。

〔二〕「種」，原作「農」，今據毛本、盧本、四庫本、周本改。

〔三〕「撓」，盧本、周本作「橈」。

〔四〕「耨」，諸本作「耜」。

〔五〕「風雷」，原倒，今據毛本、盧本、四庫本、周本及曹校乙。

翟玄〔一〕曰：「否五之初也。離象正上，故稱『日中』也。艮爲徑路，震爲足，又爲大塗〔二〕，否乾爲天，坤爲民〔三〕，故『致天下之民』象也。坎水艮山，羣珍所出，『聚天下貨』之象也。震升坎降，『交易而退，各得其所』，噬嗑食也。市井交易，飲食之道，故取諸此也。」

神農氏没，黄帝、堯、舜氏作，通其變，使民不倦；

虞翻曰：「『變而通之以盡利』，謂作舟檝、服牛、乘馬之類，故『使民不倦』也。」

神而化之，使民宜之。

虞翻曰：「神謂乾，乾動之坤，化成萬物，以利天下。坤爲民也，『象其物宜』，故『使民宜之』也。」

易窮則變，變則通，通則久，是以「自天祐之，吉无不利」也。

陸績曰：「陰窮則變爲陽，陽窮則變爲陰，天之道也。庖犧作網罟，教民取禽獸，以充民食。民衆獸少，其道窮，則神農教播殖以變之。此窮變之大要也。『窮則變，變乃通』，與天終始，故可久；民得其用，故无所不利也。」

黄帝、堯、舜垂衣裳而天下治，蓋取諸乾坤。

〔一〕「翟玄」，盧本、四庫本、周本及曹校作「虞翻」。

〔二〕「艮爲徑路，震爲足，又爲大塗」，盧本、周本作「震爲足，艮爲徑路，震又爲大塗」，當是。

〔三〕「坤爲民」，原脱，今據盧本、四庫本、周本及曹校補。

九家易曰：「黄帝以上，羽皮革木，以禦寒暑。至乎黄帝，始制衣裳，垂示天下。衣取象乾，居上覆物。裳取象坤，在下含物也。」○虞翻曰：「乾爲治，在上爲衣，坤下爲裳。乾坤，萬物之緼，故以象衣裳。乾爲明君，坤爲順臣，『百官以治，萬民以察』，故『天下治』。蓋取諸此也。」

刳木爲舟，剡[一]木爲檝，舟檝之利，以濟不通，致遠以利天下，蓋取諸渙。

九家易曰：「木在水上，流行若風，舟檝之象也。此本否卦九四之二。刳，除也。巽爲長、爲木，艮爲手，乾爲金，艮手持金，故『刳木爲舟，剡木爲檝』也。乾爲遠天，故『濟不通，致遠以利天下』矣。法渙而作舟檝，蓋取斯義也。」

服牛乘馬，引重致遠，以利天下，蓋取諸隨。

虞翻曰：「否上之初也。否乾爲馬、爲遠，坤爲牛、爲重，坤初之上爲『引重』，乾上之初爲『致遠』，艮爲背，巽爲股，在馬上，故『乘馬』。巽爲繩，繩束縛物在牛背上，故『服牛』。出否之隨，『引重致遠，以利天下』，故『取諸隨』。」

重門擊柝，以待暴客，

干寶曰：「卒暴之客，爲奸寇也。」

〔一〕「剡」，盧本、周本作「掞」。下同，不再出校。

蓋取諸豫。

九家易曰：「下有艮象，從外示之，震復爲艮，兩艮對合，重門之象也。柝者，兩木相擊以行夜也。艮爲手，爲小木，爲〔一〕上持；震爲足，又爲木，爲行；坤爲夜，即手持柝木，夜行擊門之象也〔二〕。坎爲盜，暴水暴長無常，故『以待暴客』。既有不虞之備，故『蓋取諸豫』矣。」

斷木爲杵，掘〔三〕地爲臼，臼杵之利，萬民以濟，蓋取諸小過。

虞翻曰：「晉上之三〔四〕也，艮爲小木，上來之三，斷艮，故『斷木爲杵』。坤爲地，艮手持木，以掘坤三，故『掘地爲臼』。艮止於下，臼之象也；震動而上，杵之象也。震出巽入，艮手持杵，出入臼中，舂之象也。故『取諸小過』。本無乾象，故不言『以利天下』也。」

弦木爲弧，剡木爲矢，弧矢之利，以威天下，蓋取諸睽。

虞翻曰：「无妄五之二也。巽爲繩、爲木，坎爲弧，離爲矢，故『弦木爲弧』。乾爲金〔五〕，艮爲小木，五

〔一〕「爲」上，盧本、周本有「又」字。
〔二〕「即手持柝木，夜行擊門之象也」，盧本、張本作「即手持二木，夜行擊柝之象也」。曹校：當爲「擊柝之象」。
〔三〕「掘」，盧本、周本作「闕」。下注同，不再出校。
〔四〕「三」，原作「二」，今據毛本、盧本、四庫本、周本改。
〔五〕「乾爲金」，原脱，今據盧本、周本及曹校補。

之二，以金剡艮，故『剡木爲矢』。乾爲威，五之二，故『以威天下』。弓發矢應而坎雨〔一〕集，故『取諸睽』也。」

上古穴居而野處，後世聖人易之以宫室，上棟下宇，以待風雨，蓋取諸大壯。

虞翻曰：「无妄兩象易也。无妄乾在上，故稱『上古』。艮爲穴居，乾爲野，巽爲處，无妄乾人在〔二〕路，故『穴居野處』。震爲後世，乾爲聖人，『後世聖人』，謂黄帝也。艮爲宫室，變成大壯，乾人入宫，故『易以宫室』。艮爲待，巽爲風，兑爲雨，乾爲高，巽爲長木，反在上爲棟，動〔三〕起，故〔四〕『上棟』。宇〔五〕，謂屋邊也。兑澤動下爲『下宇』。无妄之大壯，巽風不見，兑雨隔震，與乾絶體，故『上棟下宇，以待風雨，蓋取諸大壯』者也。」

古之葬者，厚衣之以薪，葬之中野，不封不樹，喪期无數，後世聖人易之以棺椁，蓋取諸大過。

〔一〕「雨」，原作「兩」，今據毛本、盧本、四庫本、周本改。
〔二〕「在」，原脱，今據盧本、四庫本、周本補。
〔三〕「動」上，盧本、周本有「震陽」二字。
〔四〕「故」，盧本、周本作「爲」。
〔五〕「宇」上，原有「下」字，今據盧本、周本及曹校删。

虞翻曰：「中孚，上下象易〔一〕也。本无乾象，故不言『上古』。大過乾在中，故但言『古』者。巽爲薪，艮爲厚，乾爲衣、爲野，乾象在中，故『厚衣之以薪，葬之中野』。穿土稱封，封，古『窆』字也。聚土爲樹，中孚无坤坎象，故『不封不樹』。坤爲喪期，謂從斬縗至緦麻日月之期數。无坎離日月坤象，故『喪期无數』。巽爲木，爲入處；兑爲口；乾爲人；木而有口，乾人入處，棺斂之象。中孚艮爲山丘，巽木在裹，棺藏山陵，椁之象也，故『取諸大過』。」

上古結繩而治，後世聖人易之以書契，百官以治，萬民以察，蓋取諸夬。

九家易曰：「古者无文字，其有約誓之事，事〔二〕大大其繩，事小小其繩，結之多少，隨物衆寡，各執以相考，亦足以相治也。夬本坤世，下有伏坤，書之象也。上又見乾，契之象也。以乾照坤，察之象也。夬者，決也。取百官以書治職，萬民以契明其事。契，刻也。大壯進而成夬，金決竹木，爲書契象，故法夬而作書契矣。」○虞翻曰：「履，上下象易也。乾象在上，故復言『上古』。巽爲繩，離爲網罟，乾爲治，故『結繩以治』。『後世聖人』，謂黄帝、堯、舜也。夬旁通剥，剥坤爲書，兑爲契，故『易之以書契』。乾爲百，剥艮爲官，坤爲衆臣，爲萬民，爲迷暗，乾爲治，夬反剥，以乾照坤，故『百官以治，萬民以察，故取諸夬』。大壯、大過、夬，此三蓋取直兩象，上下相易，故俱言『易之』。大壯本无妄，夬本履卦，乾象

〔一〕「象易」，盧本、周本倒。
〔二〕「事」，原脱，今據諸本及曹校補。

俱在上，故言『上古』。中孚本无乾象，大過乾不在上，故但言『古者』。大過亦言『後世聖人易之』，明上古時也。」

是故易者，象也。

干寶曰：「言『是故』，又因總〔一〕上義也。」○虞翻曰：「易謂日月在天成八卦象，『懸象著明，莫大日月』是也。」

象也者，像也。

崔憬曰：「上明取象以制器之義，故以此重釋於象。言易者，象於萬物。象者，形像之象也。」

彖者，材也。

虞翻曰：「彖説三才，則三分天象，以爲三才，謂天地人道也。」

爻也者，效天下之動者也。

虞翻曰：「動，發也。謂兩三材爲六畫，則『發揮剛柔而生爻』也。」

是故吉凶生而悔吝著也。

〔一〕「因總」，毛本、盧本、四庫本、周本作「總結」。

虞翻曰：「爻象動内，則吉凶見外；『吉凶悔吝者，生乎動者也』，故曰『著』。」

陽卦多陰，陰卦多陽，其故何也？

崔憬曰：「此明卦象陰陽與德行也。陽卦多陰，謂震、坎、艮，一陽而二陰。陰卦多陽，謂巽、離、兑，一陰而二陽也。」

陽卦奇，陰卦耦，其德行何也？

虞翻曰：「陽卦一陽，故奇。陰卦二陽，故耦。謂德行何可者也。」

陽一君而二民，君子之道也。陰二君而一民，小人之道也。

韓康伯曰：「陽，君道也。陰，臣道也。君以无爲統衆，无爲則一也。臣以有事代終，有事則二也。故陽爻畫一〔一〕，以明君道必一。陰爻畫兩，以明臣體必二。斯陰陽之數，君臣〔二〕之辯也。以一爲君，君之德也。二居君位，非其道也。故陽卦曰君子之道也，陰卦曰小人之道也。」

〔一〕「一」，原作「奇」，今據諸本改。

〔二〕「臣」，原作「子」，今據盧本、四庫本、周本及曹校改。

易曰：「憧憧往來，朋從爾思。」

翟玄曰：「此咸之九四辭也。咸之爲卦，三君三民。四獨遠陰，思慮之爻也。」〇韓康伯曰：「天下之動，必歸於一。思以求朋未能，寂寂以感物，不思而至也。」

子曰：「天下何思何慮？天下同歸而殊塗，一致而百慮。

韓康伯曰：「夫少則得，多則惑。塗雖殊，其歸則同；慮雖百，其致不二。苟識其要，不在博求。一以貫之，不〔一〕慮而盡矣。」

天下何思何慮？

虞翻曰：「『易無思也』，既濟定，六位得正，故『何思何慮』。」

日往則月來，

虞翻曰：「謂咸初往之四，與五成離，故『日〔二〕往』；與二成坎，故『月來』。之外日往，在内月來，此就爻之正者也。」

月往則日來，

〔一〕「不」，原作「百」，今據宋本、胡本、盧本、孫氏集解及周易正義改。

〔二〕「日」，原作「曰」，今據諸本改。

虞翻曰：「初變之四，與上成坎，故『月往』；四變之初，與三〔一〕成離，故『日來』者也。」

日月相推而明生焉。

虞翻曰：「既濟體兩離坎象，故『明生焉』。」

寒往則暑來，

虞翻曰：「乾爲寒，坤爲暑，謂陰息陽消，從姤至否，故『寒往暑來』也。」

暑往則寒來，

虞翻曰：「陰詘陽信，從復至泰，故『暑往寒來』也。」

寒暑相推而歲成焉。

崔憬曰：「言日月寒暑往來雖多而明生、歲成，相推則一，何思何慮於其間哉！」

往者屈〔二〕也，

荀爽曰：「陰氣往，則萬物屈者也。」

來者信也，

〔一〕「三」，盧本作「二」。

〔二〕「屈」，盧本、周本作「詘」。

荀爽曰：「陽氣來，則萬物信者也。」

屈信相感，則利生焉。

虞翻曰：「感，咸象，故『相感』。天地感而萬物化生，聖人感人心而天下和平，故『利生』。利〔一〕生謂陽出震，陰伏藏。」

尺蠖之屈，以求信也。

荀爽曰：「以喻陰陽氣屈以求信也。」

龍蛇之蟄，以存身也。

虞翻曰：「蟄〔二〕，潛藏也，龍潛而蛇藏。陰息初，巽爲蛇；陽息初，震爲龍；十月坤成，十一月復生；姤巽在下，龍蛇俱蟄；初坤爲身，故『龍蛇之蟄，以存身』。」○侯果曰：「不屈則不信，不蟄則無存，則屈蟄相感而後利生矣。以況無思，得一則萬物歸思矣。莊子曰：『古之畜天下者，其治一也。』記曰：『通于一，萬事畢。無心得，鬼神服。』此之謂矣。蠖，屈行蟲，郭璞云『蝍蝛也』。」

精義入神，以致用也。

〔一〕兩「利」下，原有「害」字，今據盧本、四庫本、周本及曹校刪。

〔二〕「蟄」，原脱，今據盧本、周本補。

姚信曰：「陽稱精，陰爲義，入在初也，陰陽〔一〕在初，深不可測，故謂之『神』。變爲姤復，故曰『致用也』。」〇韓康伯曰：「『精義』，物理之微者也。神，『寂然不動，感而遂通』者也。理入寂一，則精義斯得，乃用无〔二〕極也。」〇干寶曰：「能精義理之微，以得未然之事，是以涉於神道而逆福禍〔三〕也。」

利用安身，以崇德也。

九家易曰：「利用，陰道用也，謂姤時也。陰升上，究則乾伏坤中，屈以求信，陽當復升，安身嘿處也。時既潛藏，故『利用〔四〕安身，以崇其德』。崇德，『體卑而德高』。」〇韓康伯曰：「利用之道，皆『安其身而後動』也。精義由於入神以致其用，利用由於安以崇其德。理必由乎其宗，事各本乎其根。歸根則寧，天下之理得也。若役其思慮，以求動用；忘〔五〕其安身，以殉功美〔六〕，則爲〔七〕彌多理愈失，名彌美而累愈彰矣。」

〔一〕「陽」，原脱，今據諸本及曹校補。
〔二〕「无」，原作「元」，今據諸本改。
〔三〕「福禍」，諸本倒。
〔四〕「用」原脱，今據盧本、四庫本、周本補。
〔五〕「忘」，原作「安」，今據諸本（含宋本）及曹校改。
〔六〕「美」，原作「義」，今據盧本、四庫本、周本及曹校改。
〔七〕「爲」，毛本、盧本、四庫本、周本作「僞」，古字通。

過此以往，未之或知也。

荀爽曰：「出乾之外，無有知之。」

窮神知化，德之盛也。」

虞翻曰：「以坤變乾，謂之『窮神』。以乾通坤，謂之『知化』。乾爲盛德，故『德之盛』。」○侯果曰：「夫『精義入神』，『利〔一〕用崇德』，亦一致之道極矣。過斯以往，則未之能知也。若窮於神理，通於變化，則『德之盛』者能矣。」

易曰：「困于石，據于蒺蔾，入于其宫，不見其妻，凶。」

孔穎達曰：「上章先言『利用安身，可以崇德』。若身自危辱，何崇之有？此章引困之六三，履非其位，欲上于〔二〕四，四自應初，不納於己，是困於九四之石也。三又乘二，二是剛物〔三〕，非己所乘，是據〔四〕於九二之蒺蔾也。又有『入于其宫，不見其妻，凶』之象也。」

子曰：「非所困而困焉，名必辱。

〔一〕「利」，原作「則」，今據諸本及曹校改。

〔二〕「于」，周易正義作「干」，是。

〔三〕「物」，周易正義作「陽」。

〔四〕「九四之石也。三又乘二，二是剛物，非己所乘，是據」，原脱，今據盧本、周本補。

虞翻曰：「困本咸，咸三入宮，以陽之陰，則二制坤，故以次〔一〕咸。爲四所困，四失位〔二〕惡人，故『非所困而困〔三〕焉』。陽稱名，陰爲辱，以陽之陰下，故『名必辱』也。」

非所據而據焉，身必危。

虞翻曰：「謂據二，二失位，故『非所據而據焉』。二變時，坤爲身，二折坤體，故『身必危』。」

既辱且危，死期〔四〕將至，妻其可得見邪？」

陸績曰：「六三從困辱之家，變之大過，爲棺椁，死喪之象，故曰『死期將至，妻不可得見』。」

易曰：「公用䠶隼于高墉之上，獲之无不利。」

孔穎達曰：「前章先須『安身，可以崇德』，故此明『藏器於身，待時而動』，是有利也，故引解之上六以證之矣。」

子曰：「隼者，禽也。

虞翻曰：「離爲隼，故稱『禽』。言其行野，容如禽獸焉。」

〔一〕「次」，胡本、毛本、四庫本作「決」。
〔二〕「位」，原作「信」，今據諸本（含宋本）及曹校改。
〔三〕「而困」，原脱，今據盧本、四庫本、周本及曹校補。
〔四〕「期」，盧本、周本作「其」。下注同，不再出校。

弓矢者，器也。

虞翻曰：「離爲矢，坎爲弓，坤爲器。」

䠶之者，人也。

虞翻曰：「人，賢人也，謂乾三伏陽出而成乾，故曰『䠶之者，人』。人則公，三應上，故上令三出而䠶隼也。」

君子藏器於身，待時而動，何不利之有？

虞翻曰：「三伏陽爲君子。二變時，坤爲身、爲藏器，爲藏弓矢以待䠶隼。艮爲待、爲時，三待五來之二，弓張矢發，動出成乾，貫隼，入大過死，兩坎象壞〔一〕，故『何不利之有』。象曰『以解悖』，三陰，小人，乘君子器，故上觀三出，䠶去隼也。」

動而不括，是以出而有獲。語成器而動者也。

虞翻曰：「括，作也。震爲語，乾五之坤二成坎弓離矢，動以貫隼，故『語成器而後動者也』。」

子曰：「小人不恥不仁，不畏不義，

虞翻曰：「謂否也。以坤滅乾，爲『不仁』、『不義』。坤爲恥、爲義，乾爲仁、爲畏者也。」

〔一〕「壞」，原作「懷」，今據毛本、盧本、四庫本、周本及曹校改。

不見利不勸，不威不懲。

虞翻曰：「否乾爲威、爲利，巽爲近利，謂否五之初，成噬嗑市，離日見乾爲見利；震〔一〕爲動，故『不見利不動』。五之初，以乾威坤，故『不威不懲』。震爲懲也。」

小懲而大誡，此小人之福也。

虞翻曰：「艮爲小，乾爲大，五下威初，坤殺不行，震懼虩虩，故『小懲大誡』。坤爲小人，乾爲福，以陽下陰，『民説无疆』，故『小人福也』。」

易曰：『屨校滅趾，无咎。』此之謂也。」

九家易曰：「噬嗑六五，本先在初，處非其位，小人者也。故歷説小人所以爲罪，終以致害，雖欲爲惡，能止不行，則无咎。」○侯果曰：「噬嗑初九爻辭也。校者，以木夾足止行也。此明小人因小刑而大誡乃福也。」

「善不積，不足以成名。

虞翻曰：「乾爲積善，陽稱名。」

惡不積，不足以滅身。

〔一〕「震」，原作「坎」，今據盧本、四庫本、周本改。

虞翻曰：「坤爲積惡，爲身，以乾滅坤，故『滅身』者也。」

小人以小善爲无益而弗爲也，

虞翻曰：「小善謂復初。」

以小惡爲无傷而弗去也，

虞翻曰：「小惡謂姤初。」

故惡積而不可掩，

虞翻曰：「謂陰息姤至遯，『子弑其父』，故『惡積而不可掩』。」

罪大而不可解。」

虞翻曰：「陰息遯成否，『以臣弑君』，故『罪大而不可解』也。」

易曰：「何校滅耳，凶。」

九家易曰：「噬嗑上九爻辭也。陰自初升五，所在失正，積惡而罪大，故爲上所滅。善不積，斥五陰爻也。聰不明者，聞善不聽，聞戒不改，故『凶』也。」

子曰：「危者，安其位者也。

崔憬曰：「言有危之慮，則能『安其位』，不失也。」

亡者，保其存者也。

崔憬曰：「言有亡之慮，則能『保其長存』者也。」

亂者，有其治者也。

崔憬曰：「言有防亂之慮，則能『有其治』者也。」

是故君子安而不忘危，

虞翻曰：「君子，大人，謂否五也。否坤爲安，危謂上也。」○翟玄曰：「在安慮危。」

存而不忘亡，

荀爽曰：「謂除戎器，戒不虞也。」○翟玄曰：「在存而慮亡。」

治而不忘亂。

荀爽曰：「謂思患而逆防之。」○翟玄曰：「在治而慮亂。」

是以身安而國家可保也。」

虞翻曰：「坤爲身。謂否反成泰，君位定於內，而臣忠於外，故『身安而邦家可保也』。」

易曰：「其亡！其亡！

荀爽曰：「存不忘亡也。」

繫于包桑。」

荀爽曰：「桑者，上玄下黃，乾坤相包以正，故『不可忘也』。」○陸績曰：「自此以上，皆謂否陰滅陽之卦。五在否家，雖得中正，常自懼以危亡之事者也。」

子曰：「德薄而位尊，

虞翻曰：「鼎四也，則離九四，凶惡小人，故『德薄』。四在乾位，故『位尊』。」

知小〔一〕而謀大，

虞翻曰：「兑爲小知，乾爲大謀，四在乾體，故『謀大』矣。」

力少而任重，

虞翻曰：「五至初體大過，本末弱，故『力少』也。乾爲仁，故『任重』。『以爲己任，不亦重乎？』」

鮮〔二〕不及矣。」

虞翻曰：「鮮，少也。及〔三〕，及于刑矣。」

易曰：『鼎折足，覆公餗，其形渥，凶。』言不勝其任也。」

孔穎達曰：「言不能安身，智小謀大而遇禍也，故引鼎九四以證之矣。」

〔一〕「小」，盧本、周本作「少」。下注同，不再出校。盧本、張本並小字注云：今本「少」作「小」。
〔二〕「鮮」，盧本、周本作「尟」。
〔三〕「及」，原脱，今據盧本、周本補。

子曰：「知幾，其神乎？

虞翻曰：「幾謂陽也。陽在復初稱幾。此謂豫四也。惡鼎四折足，故以此次。言豫四『知幾』而反復初。」

君子上交不諂，下交不瀆，

虞翻曰：「豫二〔一〕謂四也，四失位諂瀆。上謂交五，五貴，震爲笑言，笑言且諂也，故『上交不諂』；下謂交三，坎爲瀆，故『下交不瀆』。欲其復初，得正元吉，故『其知幾乎』。」

其知幾乎？

侯果曰：「上謂王侯，下謂凡庶。君子上交不至諂媚，下交不至瀆慢，悔吝無從而生，豈非知微者乎？」

幾者動之微，吉之先見者也。

虞翻曰：「陽〔二〕見初成震，故『動之微』。復初『元吉』，吉〔三〕之先見者也。」○韓康伯曰：「幾者，去無入有，理而未形者，不可以名尋，不可以形覩也。『唯神也，不疾而速，感而遂通』，故能玄照鑒於未形

〔一〕「二」，原作「上」，今據盧本、周本及曹校改。
〔二〕「陽」下，原有「吉」，今據毛本、盧本、四庫本、周本删。
〔三〕「吉」，原脱，今據毛本、盧本、四庫本、周本補。

也。『合抱之木，起於毫末』；吉凶之彰，始乎微兆，故言『吉之先見』。」

君子見幾而作，不俟終日。易曰：『介于石，不終日，貞吉。』介如石焉，寧用終日？斷可識矣。

孔穎達曰：「前章云『精義入神』，此明知幾入神之事，故引豫〔一〕之六二以證之。」○崔憬曰：「此爻得位居中，於豫之時，能順以動而防於豫，如石之耿介，守志不移，雖暫豫樂，以其見微而『不終日』，則能『貞吉』，斷可知矣。」

君子知微知彰，知柔知剛，

姚信曰：「此謂豫卦〔二〕也。二下交初，故曰『知微』。上交於三，故曰『知彰』。體坤處和，故曰『知柔』。與四同功，故曰『知剛』。」

萬夫之望。」

荀爽曰：「聖人作而萬物覩。」○干寶曰：「言君子苟達于此，則『萬夫之望』矣。周公聞齊魯之政，知後世彊弱之勢；辛有見被髪而祭，則知爲戎狄之居。凡若此類，可謂『知幾』也，皆稱『君子』。君子則

〔一〕「豫」，原作「易」，今據毛本、盧本、四庫本、周本改。

〔二〕「卦」，周本作「二」。

以得幾，不必聖者也。」

子曰：「顔氏之子，其殆庶幾乎？

虞翻曰：「幾者，神妙也。顔子知微，故『殆庶幾』。孔子曰：『回也，其庶幾乎？』」

有不善未嘗不知，

虞翻曰：「『復以自知。』老子曰：『自知者明。』」

知之未嘗復行也。

虞翻曰：「謂顔回『不遷怒，不貳過』，『克己復禮，天下歸仁』。」

易曰：『不遠復，无祇悔，元吉〔一〕。』」

侯果曰：「復初九爻辭。殆，近也。庶，冀也。此明知微之難。則知微者唯聖人耳。顔子亞聖，但冀近於知微而未得也。在微則昧，理彰而悟，失在未形，故有不善，知則速改，故无大過。」

〔一〕此句及注，原誤置於十六卷卷首，今據盧本、周本移於此。

周易集解卷第十六

天地絪緼，萬物化醇。

虞翻曰：「謂泰上也。先説否，否反成泰，故不説。泰，『天地交，萬物通』，故『化醇』。」○孔穎達曰：「以前章『利用安身，以崇德也』，安身之道，在於得一。若己能得一，則可以安身。故此章明得一之事也。絪緼，氣附著之義。言天地無心，自然得一。唯二氣絪緼，共相和會，感應變化，而有精醇之生，萬物自化〔一〕。若天地有心爲一，則不能使『萬物〔二〕化醇』者也。」

男女構精，萬物化生。

虞翻曰：「謂泰初之上成損，艮爲男，兑爲女，故『男女構精』，乾爲精。損反成益，萬物出震，故『萬物化生』也。」○干寶曰：「男女猶陰陽也，故『萬物化生』。不言陰陽而言男女者，以指釋損卦六三之辭主於人事也。」

〔一〕「自化」，原脱，今據諸本及曹校補。

〔二〕「萬物」下，原衍「一」字，今據毛本、盧本、四庫本、周本及曹校删。

易曰：「三人行，則損一人；一人行，則得其友。」言致一也。

侯果曰：「損六三爻辭也。象云『一人行，三則疑』，是衆不如寡，三不及一。此明物情相感，當上法絪緼化醇致一之道，則无患累者也。」

子曰：「君子安其身而後動，

虞翻曰：「謂反損成益。君子，益初也。坤爲安身，震爲後動。」○崔憬曰：「君子將動有所爲，必自揣安危之理，在於己身，然後動也。」

易其心而後語，

虞翻曰：「乾爲易，益初體復心，震爲後語。」○崔憬曰：「君子恕己及物，若於事，心難不可出語，必和易其心而後言。」

定其交而後求。

虞翻曰：「震專爲定，爲後，交謂剛柔始交，艮爲求也。」○崔憬曰：「先定其交，知其才行，若好施與吝，然後可以事求之。」

君子脩此三者，故全也。

虞翻曰：「謂否上之初，『損上益下，其道大光』，『自上下下，民説无疆』，故『全也』。」

危以動，則民不與也。

虞翻曰：「謂否上九『高而無位』，故危。坤民否閉，故弗與也。」

懼以語，則民不應也。

虞翻曰：「否上窮災，故懼。不〔一〕下之初成益，故『民不應』。坤爲民，震爲應也。」

无交而求，則民不與也。

虞翻曰：「上來之初，故『交』。坤民否閉，故『不與』。震爲交。」

莫之與，則傷之者至矣。

虞翻曰：「上不之初，否消滅乾，則體剥傷；『臣弑君，子弑父』，故『傷之至矣』。」

易曰：『莫益之，或擊之，立心勿恒，凶。』」

侯果曰：「益上九爻辭也。此明先安身易心，則羣善自應。若危動懼語，則物所不與，故『凶』也。」

子曰：「乾坤，其易之門邪？」

荀爽曰：「陰陽相易，出於乾坤，故曰門。」

乾，陽物也；坤，陰物也。

〔一〕「不」，原作「來」，今據盧本、周本及曹校改。

荀爽曰：「陽物，天。陰物，地也。」

陰陽合德而剛柔有體，

虞翻曰：「合德謂『天地雜』，『保大和』，『日月戰』。乾剛以體天，坤〔一〕柔以體地也。」

以體天地之撰，

九家易曰：「撰，數也。萬物形體皆受天地之數也。謂：九，天數；六，地數也。剛柔得以爲體矣。」

以通神明之德。

九家易曰：「隱藏謂之神，著見謂之明。陰陽交通，乃謂之德。」

其稱名也雜而不越。

九家易曰：「陰陽雜也。名謂卦名。陰陽雖錯而卦象各有次序，不相逾越。」

於稽其類，其衰世之意邪？

虞翻曰：「稽，考也。三稱盛德，上稱末世，乾終上九，動則入坤，坤弒其君父，故爲亂世。陽出復震，入坤出坤，故『衰世之意邪』。」〇侯果曰：「於，嗟也。稽，考也。易象考其事類，但以吉凶得失爲主，則非淳古之時也，故云『衰世之意』耳。言『邪』，示疑不欲切指也。」

〔一〕「坤」，原脱，今據毛本、盧本、四庫本、周本及曹校補。

夫易彰往而察來，而微顯闡幽，開而當名，

虞翻曰：「『神以知來，智以藏往』。微者顯之，謂從復成乾，是『察來』也。闡者幽之，謂從姤之坤，是『彰往』也。陽息出初，故『開而當名』。」

辯物正言，斷辭則備矣。

干寶曰：「辯物〔一〕，辯物類也。正言，言正義也。斷辭，斷吉凶也。如此則備於經矣。」

其稱名也小，

虞翻曰：「謂乾坤與六子俱名八卦而小成，故小。『復，小而辯於物』者矣。」

其取類也大。

虞翻曰：「謂乾陽也，爲天、爲父，『觸類而長之』，故『大』也。」

其旨遠，其辭文，

虞翻曰：「遠謂乾，文謂坤也。」

其言曲而中，其事肆而隱，

〔一〕「辯物」，原脱，今據周本及曹校補。

虞翻曰：「曲，屈〔一〕；肆，直也。陽曲初，震爲言，故『其言曲而中』。坤爲事，隱未見，故『肆而隱』也。」

因貳以濟民行，以明失得之報。

虞翻曰：「二謂乾與坤也。坤爲民，乾爲行，行得則乾報以吉，行失則坤報以凶也。」

易之興也，其於中古乎？

虞翻曰：「興易者，謂庖犧也。文王書經，系庖犧於乾五，乾爲古，五在乾中，故興於中古。繫以黄帝、堯、舜爲後世聖人，庖犧爲中古，則庖犧以前爲上古。」

作易者，其有憂患乎？

虞翻曰：「謂憂患〔二〕百姓未知興利遠害，不行禮義，茹毛飲血，衣食不足，庖犧則天，八卦通爲六十四，以德化之，『吉凶與民同患』，故『有憂患』。」

是故履，德之基也。

〔一〕「曲屈」，原倒，今據諸本（含宋本）乙。

〔二〕「憂患」，原倒，今據毛本、盧本、四庫本、周本及曹校乙。

虞翻曰：「乾爲德，履與謙旁通，坤柔履剛，故『德之基』，坤爲基。」○侯果曰：「履，禮。蹈禮不倦，『德之基也』。自下九卦，是復道之最，故特言矣。」

謙，德之柄也。

虞翻曰：「坤爲柄，柄，本也。凡言德，皆陽爻也。」○干寶曰：「柄所以持物、謙所以持禮者也。」

復，德之本也。

虞翻曰：「復〔一〕初，乾之元，故『德之本也』。」

恒，德之固也。

虞翻曰：「『立不易方』，守德之堅固。」

損，德之脩也。

荀爽曰：「懲忿窒欲，所以脩德。」

益，德之裕也。

荀爽曰：「見善則遷，有過則改，德之優裕也。」

困，德之辯也。

〔一〕「復」，原作「德」，今據毛本、盧本、四庫本、周本及曹校改。

鄭玄曰：「辯，別也。遭困之時，『君子固窮，小人窮則濫』，德於是別也。」

井，德之地也。

姚信曰：「井養而不窮，德居地也。」

巽，德之制也。

虞翻曰：「巽風爲號令，所以制下，故曰『德之制也』。」○孔穎達曰：「此上九卦，各以德爲用也。」

履和而至，

虞翻曰：「謙與履通，謙坤柔和，故『履和而至』。『禮之用，和爲貴』者也。」

謙尊而光，

荀爽曰：「『自上下下，其道大光』也。」

復小而辯於物，

虞翻曰：「陽始見，故『小』。乾陽物，坤陰物，以乾居坤，故稱別物。」

恒雜而不厭，

荀爽曰：「夫婦雖錯居，不厭之道也。」

損先難而後易，

虞翻曰：「損初之上失正，故『先難』。終反成益，得位於初，故『後易』，『易其心而後語』。」

益長裕而不設，

虞翻曰：「謂天施地生，其益無方。凡益之道，『與時偕行』，故『不設』也。」

困窮而通，

虞翻曰：「陽窮否上，變之坤二成坎，坎爲通，故『困窮而通』也。」

井居其所而遷，

韓康伯曰：「『改邑不改井』，井所居不移而能遷其施也。」

巽稱而隱。

崔憬曰：「言巽申命行事，是稱揚也。陰助德化，是微隱也。自此已下〔一〕，明九卦德之體者也。」

履以和行，

虞翻曰：「『禮之用，和爲貴』，謙震爲行，故『以和行』也。」

謙以制禮，

虞翻曰：「陰稱禮，謙三以一陽制五陰，萬民服，故『以制禮』也。」

復以自知，

〔一〕「下」，原作「上」，今據毛本、盧本、四庫本、周本改。

虞翻曰：「『有不善，未嘗不知』，故『自知』也。」

恒以一德，

虞翻曰：「『恒，德之固』，『立不易方』，『從一而終』，故『一德』者也。」

損以遠害，

虞翻曰：「坤爲害，泰以初止坤上，故『遠害』。乾爲遠。」

益以興利，

荀爽曰：「天施地生，其益無方，故『興利』也。」

困以寡怨，

虞翻曰：「坤爲怨，否〔一〕弑父與君，乾來上折坤二，故『寡怨』。坎水性通，故不怨也。」

井以辯義，

虞翻曰：「坤爲義，以乾別坤，故『辯義』也。」

巽以行權。

〔一〕「否」，原作「不」，今據盧本、周本及曹校改。

九家易曰：「巽象號令，又爲近利，人君政教，進退釋〔一〕利而爲權也。春秋傳曰：『權者，反於經，然後有善者也。』此所以説九卦者，聖人履憂濟民之所急行也。故先陳其德，中言其性，後叙其用，以詳之也。西伯勞謙，殷紂驕暴，臣子之禮有常，故創易道以輔濟君父者也。然其意義廣遠幽微，孔子指撮，解此九卦之德，合三復之道，明西伯之於紂不失上下。」

易之爲書也不可遠，

侯果曰：「居則觀象，動則玩占，故『不可遠』也。」

爲道也屢遷，

虞翻曰：「遷，徙也。日月周流，上下无常，故『屢遷』也。」

變動不居，周流六虚；

虞翻曰：「變，易；動，行；六虚，六位也。日月周流，終則復始，故『周流六虚』。謂甲子之旬辰巳〔二〕虚，坎戊爲月，離己爲日，入在中宫，其處空虚，故稱『六虚』。五甲如次者也。」

〔一〕「釋」，周本作「擇」。

〔二〕「巳」，原作「爲」，今據盧本、周本及曹校改。

上下无常，剛柔相易，

虞翻曰：「『剛柔者，晝夜之象也』。在天稱上，入地爲下，故『上下无常』也。」

不可爲典要，唯變所適。

虞翻曰：「典，常；要，道也。『上下无常』，故『不可爲典要』，適乾爲晝，適坤爲夜。」○侯果曰：「謂六爻剛柔相易，遠近恒『唯變所適』，非有典要。」

其出入以度，外内使知懼。

虞翻曰：「出乾爲外，入坤爲内，日行一度，故『出入以度』。出陽知生，入陰懼死，『使知懼』也。」○韓康伯曰：「明出入之度，使物知外内之戒也。出入猶行藏，外内猶隱顯。遯以遠時爲吉，豐以幽隱致凶，漸以高顯爲美，明夷以處昧利貞，此外内之戒也。」

又明於憂患與故。

虞翻曰：「『神以知來』，故明憂患。『智以藏往』，故知事故。『作易者其有憂患乎？』」

无有師保，如臨父母。

虞翻曰：「臨，見也。言陰陽施行，以生萬物，无有師保生成之者。萬物出生，皆如父母。孔子曰：『父母〔一〕之道，天地。』乾爲父，坤爲母。」○干寶曰：「言易道以戒懼爲本，所謂『懼以終始，歸无咎

〔一〕「母」，原作「子」，今據毛本、盧本、四庫本、周本及曹校改。

也』。外謂丈夫之『從王事』，則『夕惕若厲』；内謂婦人之居室，則『无攸遂』也。雖无師保切磋之訓，其心敬戒，常如父母之臨己者也。」

初率〔一〕其辭而揆其方，

虞翻曰：「初，始，下也。率，正也。謂修辭立誠。方謂坤也。以乾通坤，故『初帥其辭而揆其方』。」〇侯果曰：「率，修。方，道也。言修易初首之辭，度〔二〕其終末之道，盡有典常，非虚設。」

既有典常，苟非其人，道不虚行。

虞翻曰：「『其出入以度』，故『有典常』。苟，誠也。其人謂乾，爲賢人。『神而明之，存乎其人，不言而信，謂之德行』，故『不虚行』也。」〇崔憬曰：「言易道深遠，若非其〔三〕聖人，則不能明其道。故知易道不虚而自行，必文王然後〔四〕弘也。」

易之爲書也，

〔一〕「率」，盧本、周本作「帥」。下注同，不再出校。

〔二〕「度」上，毛本、盧本、四庫本、周本有「而」字。

〔三〕「其」，張本、周本無此字。

〔四〕「後」下，毛本有「能」字。

干寶曰：「重發易者，别殊旨也。」

原始要終，以爲質也。

虞翻曰：「質，本也。以乾原始，以坤要終，謂『原始反〔一〕終，以知死生之説』。」○崔憬曰：「質，體也。言易之書，原窮其事之初，若初九『潛龍勿用』，是『原始』也；又要會其事之末，若上九『亢龍有悔』，是『要終』也。易原始潛龍之勿用，要終亢龍之有悔，復相明以爲體也。諸卦亦然，若大畜而後通之類是也。」

六爻相雜，唯其時物也。

虞翻曰：「陰陽錯居稱雜，時陽則陽，時陰則陰，故『唯其時物』。乾，陽物。坤，陰物。」○干寶曰：「一卦六爻，則皆雜有八卦之氣；若初九爲震爻，九二爲坎爻也。或若見辰戌言艮、巳亥言兑也。或若以甲壬名乾、以乙癸名坤也。或若以午位名離、以子位名坎。或若德來爲好物，刑來爲惡物〔二〕。王相爲興，休廢爲衰。」

其初難知，其上易知，本末也。

〔一〕「反」，胡本、盧本、周本作「及」。
〔二〕「或若德來爲好物，刑來爲惡物」，原作「或若德來爲惡物」，今據盧本、周本及曹校補。

侯果曰：「本末，初上也。初則事微，故『難知』。上則事彰，故『易知』。」

初辭擬之，卒成之終。

干寶曰：「初擬議之，故『難知』；卒終成之，故『易知』。本末勢然也。」○侯果曰：「失在初微，猶可擬議而之福。過在卒成，事之終極，非擬議所及，故曰『卒成之終』。假如乾之九三，噬嗑初九，猶可擬議而之善。至上九，則凶災不移，是事之『卒成之終』，極凶不變也。」

若夫雜物撰德，辯是與非，則非其中爻不備。

虞翻曰：「『撰德』，謂乾辯别也，是謂陽，非謂陰也。中，正。乾六爻二、四、上非正；坤六爻初、三、五非正，故『雜物』。『因而重之，爻在其中』，故『非其中』，則爻辭不備。道有變動，故曰爻也。」○崔憬曰：「上既具論初上二爻，次又以明其四爻也。言中四爻雜合所主之事，撰集所陳之德，能辯其是非，備在卦中四爻也。」

噫！亦要存亡吉凶，則居可知矣。

虞翻曰：「謂知存、知亡，要終者也。居乾吉則存，居坤凶則亡，故曰『居可知矣』。」○崔憬曰：「噫，歎聲也。言中四爻，亦能要定卦中存亡吉凶之事，居然可知矣。孔疏扶王弼義，以此中爻爲二、五之爻，居中无偏，能統一卦之義。事必不然矣。何則？上文云『六爻相雜，唯其時物』，言雖錯雜而各獨會於時，獨主於物，豈可以二五之爻而兼其雜物撰德、是非存亡吉凶之事乎？且二、五之撰德與是，要存與吉，則可矣；若主物與非，要亡與凶，則非其所象，故知其不可矣。但上論初上二爻，則此中總言四爻矣。下論二、四、三、五，則是重述其功位者也。」

知者觀其彖辭，則思過半矣。

韓康伯曰：「夫彖舉立象之統，論中爻之義，約以存博，簡以兼衆，雜物撰德，而一以貫之者也。形之所宗者道，衆之所歸者一，其事彌繁，則愈滯乎有〔一〕；其理彌約，則轉近乎道。彖之爲義，存乎一也。一之爲用，同乎道矣。形而上者，可以觀道。過乎〔二〕半之益，不亦宜乎！」

二與四同功

韓康伯曰：「同陰功也。」○崔憬曰：「此重釋中四爻功位所宜也。二主士大夫位，佐于一國；四主三孤、三公、牧伯之位，佐于天子，皆同有助理之功也。」

而異位，

韓康伯曰：「有外内也。」○崔憬曰：「二，士大夫，位卑；四，孤、公、牧伯，位尊，故有異也。」

〔一〕「有」，周易正義作「形」。
〔二〕「乎」，周本無此字。

其善不同，二多譽，四多懼，近也。

韓康伯曰：「二處中和，故『多譽』也。四近於君，故『多懼』也。」

柔之爲道，不利遠者。

崔憬曰：「此言二、四皆陰位。陰之爲道，近比承陽，故『不利遠』矣。」

其要无咎，其用柔中也。

崔憬曰：「言二是陰遠陽，雖則不利，其要或有无咎者。以二柔居中，異於四也。」

三與五同功而異位，

韓康伯曰：「有貴賤也。」○崔憬曰：「三，諸侯之位。五，天子之位。同有理人之功，而君臣之位異者也。」

三多凶，五多功，貴賤之等也。

崔憬曰：「三處下卦之極，居上卦之下〔一〕，爲一國之君，有威權之重，而上臣〔二〕天子，若無含章之美，則必致凶。五既居中不偏，貴乘天位，以道濟物，廣被寰中，故『多功』。」

〔一〕「之下」，原脱，今據毛本、盧本、四庫本、周本及曹校補。

〔二〕「臣」，毛本、盧本、四庫本、周本作「承」。

其柔危，其剛勝邪。

侯果曰：「三五陽位，陰柔處之，則多凶危；剛正居之，則勝其任。言『邪』者，不定之辭也。或有柔居而吉者，得〔一〕其時也；剛居而凶，失〔二〕其應也。」

易之爲書也，廣大悉備。

荀爽曰：「以陰〔三〕易陽謂之廣，以陽易陰謂之大。『易與天地准』，固悉備也。」

有天道焉，有人道焉，有地道焉。

崔憬曰：「言易之爲書，明三才，廣無不被，大無不包，悉備有萬物之象者也。」

兼三材而兩之，故六。六者，非他也，三材之道也。

崔憬曰：「言重卦六爻，亦兼天地人道，兩爻爲一材，六爻有〔四〕三材，則是『兼三材而兩之，故六』。六者，即三才之道也。」

〔一〕「得」，盧本、周本作「居」。
〔二〕「失」，原作「私」，今據盧本、周本及曹校改。
〔三〕「陰」，原作「陽」，今據諸本及曹校改。
〔四〕「有」，諸本作「爲」。

道有變動，故曰爻。

陸績曰：「天道有晝夜日月之變，地道有剛柔燥濕之變，人道有行止動静、吉凶善惡之變。聖人設爻以效三者之變動，故謂之『爻』者也。」

爻有等，故曰物。

干寶曰：「等，羣也。爻中之義，羣物交集，五星四氣，六親九族，福德刑殺，衆形萬類，皆來發於爻，故總謂之物也。象『頤中有物曰噬嗑』，是其義也。」

物相雜，故曰文。

虞翻曰：「乾陽物，坤陰物，純乾純坤之時，未有文章，陽物入坤，陰物入乾，更相雜〔一〕，成六十四卦，乃有文章，故曰『文』。」

文不當，故吉凶生焉。

干寶曰：「其辭爲文也。動作云爲，必考其事，令與爻義相稱也。事不稱義，雖有吉凶，則非今日之吉凶也。故『元亨利貞』，而穆姜以死；『黄裳元吉』，南蒯以敗，是所謂『文不當』也。故於經則有『君子吉，小人否』，於占則王相之氣，君子以遷官，小人以遇罪也。」

〔一〕「雜」，原作「離」，今據諸本及曹校改。

易之興也，其當殷之末世，周之盛德邪？當文王與紂之事邪？

虞翻曰：「謂文王書易六爻之辭也。末世，乾上。盛德，乾三也。『文王三分天下而有其二，以服事殷，周德其可謂至德矣』，故『周之盛德』。紂窮否上，知存而不知亡，知得而不知喪，終以焚死，故『殷之末世』也。而馬、荀、鄭君從俗，以文王爲中古，失之遠矣。」

是故其辭危。

虞翻曰：「危謂乾三『夕惕若厲』，故『辭危』也。」

危者使平，

陸績曰：「文王在紂世，有危亡之患，故於易辭多趨危亡，本自免濟，建成王業，故易爻辭『危者使平』，以象其事。否卦九五『其亡其亡，繫于包桑』之屬是也。」

易者使傾。

陸績曰：「易，平易也。紂安其位，自謂平易而反〔一〕傾覆，故易爻辭『易者使傾』，以象其事。明夷上六『初登於天，後入於地』之屬是也。」

〔一〕「反」，原作「本」，今據諸本及曹校改。

其道甚大，百物不廢。

虞翻曰：「大謂乾道。乾三爻三十六物，故『百物不廢』〔一〕。略其奇八，與大衍之五十同義。」

懼以終始，其要无咎，此之謂易之道也。

虞翻曰：「乾稱易道，『終日乾乾』，故『无咎』。『危者使平，易者使傾』，『惡盈福謙』，故『易之道』者也。」

夫乾，天下之至健也，德行恒易以知險。

虞翻曰：「險謂坎也。謂乾二、五之坤成坎離，日月麗天，天險不可升，故『知險』者也。」

夫坤，天下之至順也，德行恒簡以知阻。

虞翻曰：「阻，險阻也。謂坤二、五之乾，艮爲山陵，坎爲水，巽高兑下，地險山川丘陵，故『以知阻』〔二〕也。」

能説諸心，

〔一〕「百物不廢」，盧本、周本作「有百物」，胡本作「有百不廢」。
〔二〕「阻」，原作「險」，今據胡本、盧本、周本及曹校改。

虞翻曰：「乾五之坤，坎爲心，兑爲說，故『能說諸心』。謂『說諸心』，物之有心者也〔一〕。」

能研諸侯之慮，

虞翻曰：「坎心爲慮，乾初〔二〕之坤爲震，震爲諸侯，故『能研諸侯之慮』。」

定天下之吉凶，成天下之亹亹者。

虞翻曰：「謂乾二、五之坤，成離日坎月，則八卦象具，八卦定吉凶，故能『定天下之吉凶』。亹亹，進也。離爲龜，乾爲蓍，月生震初，故『成天下之亹亹者』，謂『莫善蓍龜』也。」○荀爽曰：「亹亹者，陰陽之微，可成可敗也。順時者成，逆時者敗也。」

是故變化云爲，吉事有祥。

虞翻曰：「祥，幾祥也，吉之先見者也。陽出，『變化云爲，吉事爲祥』，謂復初乾元者也。」

象事知器，占事知來。

虞翻曰：「象事謂坤，坤爲器，乾五之坤成象，故『象事知器』也。占事謂『乾以知來』。乾五動成離，則『玩其占』，故『知來』。」○侯果曰：「易之『云爲』，『唯變所適』。爲善則吉事必應，觀象則用器可爲，求

〔一〕「謂說」至「者也」十字，盧本、周本無。曹校以爲衍文。

〔二〕「初」，原作「二」，今據諸本及曹校改。

吉則未形可覩者也。」

天地設位，聖人成能。

虞翻曰：「天尊五，地卑二，故『設位』。乾爲聖人。『成能』，謂『能説諸心，能研諸侯之慮』，故『成能』也。」○崔憬曰：「言易擬天地，設乾坤二位，以明重卦之義，所以成聖人伏羲、文王之能事者也。」

人謀鬼謀，百姓與能。

虞翻曰：「乾爲人，坤〔一〕爲鬼，乾二五之坤，坎〔二〕爲謀，乾爲百，坤爲姓，故『人謀鬼謀，百姓與能』。」○朱仰之曰：「人謀，謀及卿士。鬼謀，謀及卜筮也。又謀及庶民，故曰『百姓與能』也。」

八卦以象告，

虞翻曰：「在天成象，乾二五之坤，則八卦象成。兑口震言，故『以象告』也。」

爻象以情言，

崔憬曰：「伏羲始畫八卦，因而重之，以備萬物而告於人也。爻謂爻下辭，彖謂卦下辭，皆是聖人之情見乎繫辭，而假爻象以言，故曰『爻象以情言』。」

〔一〕「坤」，原作「坎」，今據毛本、盧本、四庫本、周本及曹校改。

〔二〕「坤」「坎」，原倒，今據毛本、盧本、四庫本、周本及曹校乙。

剛柔雜居，而吉凶可見矣。

虞翻曰：「乾二之坤成坎，坤五之乾成離，故『剛柔雜居』。艮爲居，離有巽兑，坎有震艮，八卦體備，故『吉凶可見』也。」○崔憬曰：「言文王以六爻剛柔相推而物雜居，得理則吉，失理則凶，故『吉凶可見』也。」

變動以利言，

虞翻曰：「乾變之坤成震，震爲言，故『變動以利言』也。」

吉凶以情遷，

虞翻曰：「乾吉坤凶，『六爻發揮，旁通情也』，故『以情遷』。」

是以愛惡相攻而吉凶生，

虞翻曰：「攻，摩也。乾爲愛，坤爲惡，謂剛柔相摩，以愛攻惡生吉，以惡攻愛生凶，故『吉凶生』也。」

遠近相取而悔吝生，

虞翻曰：「遠陽謂乾，近陰謂坤，陽取陰生悔，陰取陽生吝。悔吝言小疵。」○崔憬曰：「遠謂應與不應，近謂比與不比。或取遠應而捨近比，或取近比而捨遠應，由此遠近相取，所以生悔吝於繫辭矣。」

情僞相感而利害生。

虞翻曰：「情，陽。僞，陰也。情感僞生利，僞感情生害。乾爲利，坤爲害。」

凡易之情，近而不相得則凶。

韓康伯曰：「近，況比爻也。易之情，剛柔相摩、變動相逼〔一〕者也。近而不相得，必有乖違之患也。或有相違而无患者，得其應也；相須而偕凶〔二〕，乖于時也。隨〔三〕事以考之，義可見矣。」

或害之，悔且吝。

虞翻曰：「坤爲害，以陰居陽，以陽居陰，爲『悔且吝』也。」

將叛者其辭慚，

荀爽曰：「謂屯六三『往吝』之屬也。」○虞翻曰：「坎人之辭也。『近而不相得』，故『叛』。坎爲隱伏，將叛，坎爲心，故『慚』也。」○侯果曰：「凡心不相得，將懷叛逆者，辭必慚恧。」

中心疑者其辭枝，

荀爽曰：「『或從王事，无成』之屬也。」○虞翻曰：「離人之辭也。火性枝分，故枝疑也。」○侯果曰：「中心疑貳〔四〕，則失得无從，故枝分不一也。」

〔一〕「逼」，正義作「適」。

〔二〕「相須而偕凶」，周易注及正義作「相順而皆凶」。

〔三〕「隨」，周易注及正義作「存」。

〔四〕「貳」，原作「二」，今據盧本、周本改。

吉人之辭寡，躁人之辭多〔一〕，

虞翻曰：「艮人之辭也。」○〔二〕荀爽曰：「謂睽上九之屬也。」○虞翻曰：「震人之辭也。震爲決躁，『恐懼虩虩』〔三〕，『笑言啞啞』，故多辭。」○侯果曰：「躁人煩急，故『辭多』。」

誣善之人其辭游，

荀爽曰：「游，豫〔四〕之屬也。」○虞翻曰：「兑人之辭也。兑爲口舌，誣乾，乾爲善人也。」○崔憬曰：「妄稱有善，故自叙其美，而辭必浮游不實。」

失其守者其辭屈。

荀爽曰：「謂泰上六『城復於隍』之屬也。」○侯果曰：「失守則沮，辱而不申，故『其辭屈』也。爻有此象，故占辭亦從矣。」○虞翻曰：「巽人之辭也。巽詰詘，陽在初守巽，初陽入伏陰下，故『其辭詘』。此六子也，離上坎下，震起艮止，兑見巽伏。上經終坎離，則下經終既濟未濟；上系終乾坤，則下系終六子，此易之大義者也。」

〔一〕此二句，盧本、周本、四庫本皆分注。
〔二〕此注及「○」原脱，今據盧本、周本、四庫本及曹校補。
〔三〕「虩虩」，毛本、盧本、四庫本、周本及曹校作「虩虩」。
〔四〕「豫」，原作「逸」，係避唐諱改，今據盧本、四庫本、周本回改。

周易集解卷第十七

説卦

昔者聖人之作易也，

孔穎達曰：「據今而稱上代，謂之『昔者』。聰明睿智謂之『聖人』，即伏羲也。案：下繫云：『古者庖犧氏之王天下，始作八卦。』今言『作易』，明是伏羲，非謂文王也。」

幽贊於神明而生蓍，

荀爽曰：「幽，隱也。贊，見也。神者在天，明者在地。神以夜光，明以晝照。蓍者，策也。謂陽爻之策三十有六，陰爻之策二十有四，二篇之策萬有一千五百二十。上配列宿，下副物數。『生蓍』者，謂蓍從爻中生也。」○干寶曰：「幽昧，人所未見也。贊，求也。言伏羲用明於昧冥之中，以求萬物之性，爾乃得自然之神物，能通天下之精，而管御百靈者，始爲天下生用蓍之法者也。」

參天兩地而倚數，

虞翻曰：「倚，立；參，三也。謂分天象爲三才，以地兩之，立六畫之數，故『倚數』也。」○崔憬曰：「參，三也。謂於天數五、地數五，中以八卦配天地之數。起天三配艮，而立三數；天五配坎，而立五數；天七配震，而立七數；天九配乾，而立九數。此從三順配陽四卦也。地從二起，以地兩配兑，而立二數；以地十配離，而立十數；以地八配巽，而立八數；以地六配坤，而立六數。此從兩逆配陰四卦也。其天一、地四之數，无卦可配，故虚而不用。此聖人取八卦配天地之數，總五十而爲大衍。」　案：此説不盡，已釋在「大衍」章中，詳之明矣。

觀變於陰陽而立卦，

虞翻曰：「謂『立天之道曰陰與陽』。乾坤剛柔，立本者。卦謂六爻，陽變成震、坎、艮，陰變成巽、離、兑，故『立卦』。六爻三變，三六十八，則『十有〔一〕八變而成卦，八卦而小成』是也。系曰：『陽一君二民，陰二君一民，不道乾坤者也。』」

發揮於剛柔而生爻，

虞翻曰：「謂『立地之道曰柔與剛』。發，動。揮，變。變剛生柔爻，變柔生剛爻，以三爲六也。『因而重之，爻在其中』，故『生爻』。」

〔一〕「十有」，原倒，今據曹校乙。

和順於道德而理於義，

虞翻曰：「謂『立人之道曰仁與義』。和順〔一〕謂坤，道德謂乾，以乾通坤，謂之理義也。」

窮理盡性以至於命。

虞翻曰：「以乾推坤，謂之『窮理』；以坤變乾，謂之『盡性』。性盡理窮，故『至於命』，巽爲命也。」

昔者聖人之作易也，

虞翻曰：「重言『昔者』，明謂庖犧也。」

將以順性命之理，

虞翻曰：「謂『乾道變化，各正性命』，以陽順性，以陰順命。」

是以立天之道曰陰與陽，立地之道曰柔與剛，立人之道曰仁與義。

崔憬曰：「此明一卦立爻有三才二體之義。故先明天道既立陰陽，地道又立剛柔，人道亦立仁義以明之也。何則？在天雖剛，亦有柔德；在地雖柔，亦有剛德。故書曰：『沈潛剛克，高明柔克。』人稟天地，豈可不兼仁義乎？所以易道兼之矣。」

兼三才而兩之，故易六畫而成卦。

〔一〕「順」，原脱，今據諸本及曹校補。

虞翻曰：「謂參天兩地，乾坤各三爻而成六畫之數也。」

分陰分陽，迭用柔剛，

虞翻曰：「迭，遞也。分陰爲柔，以象夜；分陽爲剛，以象晝。『剛柔者，晝夜之象。』晝夜更用，故『遞用柔剛』〔一〕矣。」

故易六位而成章〔二〕。

虞翻曰〔三〕：「章謂文理。乾三畫成天文，坤三畫成地理。」

天地定位，

「謂乾坤。五貴二〔四〕賤，故『定位』也。」

山澤通氣，

「謂艮兑。同氣相求，故『通氣』。」

〔一〕「柔剛」，原倒，今據盧本、周本及曹校乙。
〔二〕「位」，盧本、周本作「畫」，張本小字注云：今本「畫」作「位」。
〔三〕「虞翻曰」，原無，今據盧本、周本及曹校補。
〔四〕「二」，原作「三」，今據盧本、周本及曹校改。

雷風相薄，

「謂震巽。同聲相應，故『相薄』。」

水火不相射，

「謂坎離。䏏，厭也。水火相通，坎戊離己，月三十日一會於壬，故『不相射』也。」

八卦相錯。

「錯，摩。則『剛柔相摩，八卦相盪』也。」

數往者順，

「謂坤消從午〔一〕至亥，上下故『順』也。」

知來者逆，

「謂乾息從子至巳，下上〔二〕故『逆』也。」

是故易逆數也。

「易謂乾，故『逆數』。」

〔一〕「午」，原作「五」，今據盧本、周本及曹校改。

〔二〕「下上」，原倒，今據盧本、周本及曹校乙。

此上虞義。

雷以動之，

荀爽曰：「謂建卯之月，震卦用事，天地和合，萬物萌動也。」

風以散之，

「謂建巳之月，萬物上達，布散田野。」

雨以潤之，

「謂建子之月，含育萌芽也。」

日以烜之，

「謂〔一〕建午之月，太陽欲長者也。」

艮以止之，

「謂建丑之月，消息畢止也。」

兑以說之，

「謂建酉之月，萬物成熟也。」

〔一〕注首原有「休遠反」三字，盧本、四庫本作小字注，在傳文下，周本無。

乾以君之，

「謂建亥之月，乾坤合居，君臣位得也。」

此上荀義。

坤以藏之。

九家易曰：「謂建申之月，坤在乾下，包藏萬物也。乾坤交索，既生六子，各任其才，往生物也。又雷與風雨，變化不常，而日月相推，迭有來往。是以四卦以義言之，天地山澤，恒在者也，故直説名矣。」○孔穎達曰：「此又重明八物，八卦之功用也。上四舉象、下四舉卦者，王肅以爲互相備也。則明雷風與震巽同用，乾坤與天地同功也。」

帝出乎震，

崔憬曰：「帝者，天之王氣也。至春分則震王，而萬物出生。」

齊乎巽，

「立夏則巽王，而萬物絜齊。」

相見乎離，

「夏至則離王，而萬物皆相見也。」

致役乎坤，

「立秋則坤王，而萬物致養也。」

說言乎兑，

「秋分則兑王，而萬物所說。」

戰乎乾，

「立冬則乾王，而陰陽相薄。」

勞乎坎，

「冬至則坎王，而萬物之所歸也。」

成言乎艮。

「立春則艮王，而萬物之所成終成始也。以其周王天下，故謂之帝。」

此崔新義也。

萬物出乎震，震，東方也。

虞翻曰：「出，生也。震初不見東，故不稱東方卦也。」

齊乎巽，巽，東南〔一〕也。齊也者，言萬物之絜齊也。

〔一〕「南」，原作「方」，今據胡本、盧本、周本、四庫本及曹校改。

「巽陽隱初，又不見東南，亦不稱東南卦，與震同義。巽陽藏室，故『絜齊』。」

離也者，明也，萬物皆相見，南方之卦也。

「離爲日、爲火，故『明』。日出照物，以日〔一〕相見，離象三爻皆正，日中，正南方之卦也。」

聖人南面而聽天下，嚮明而治，蓋取諸此也。

「離，南方，故『南面』。乾爲治，乾五之坤，坎爲耳，離爲明，故『以聽天下，向明而治』也。」

坤也者，地也，萬物皆致養焉，故曰「致役乎坤」。

「坤陰无陽，故道廣布，不主一方，含弘光大，養成萬物。」

兑，正秋也，萬物之所説也，故曰「説言乎兑」。

「兑三失位不正，故言『正秋』。兑象不見西，故不言西方之卦，與坤同義。兑爲雨澤，故説萬物。震爲言，震二動成兑，言從口出，故『説言』也。」

戰乎乾，乾，西北之卦也，言陰陽相薄也。

「乾剛正五，月十五日，晨象西北，故『西北之卦』。薄，入〔二〕也。坤十月卦，乾消剝入坤，故『陰陽相

〔一〕「日」，曹校：疑當爲「目」。

〔二〕「入」，原作「反」，今據盧本、周本、四庫本及曹校改。

薄』也。」

坎者，水也，正北方之卦也，勞卦也，萬物之所歸也，故曰「勞乎坎」。

「歸，藏也。坎二失位不正，故言『正北方之卦』，與兑『正秋』同義。坎月夜中，故『正北方』。」此上虞義。○崔憬曰：「以坎是正北方之卦，立冬已後，萬物歸藏於坎。又陽氣伏於子，潛藏地〔一〕中，未能浸長，勞局衆陰之中也。」

艮，東北之卦也，萬物之所成終而所成始也，故曰「成言乎艮」。

虞翻曰：「艮三得正〔二〕，故復稱卦。萬物成始乾甲，成終坤癸。艮東北，是甲癸之間，故『萬物之所成終而成始』者也。」

神也者，妙萬物而爲言者也。

韓康伯曰：「於此言神者，明八卦運動，變化推移，莫有使之然者。神則无物，妙萬物而爲言也。明則雷疾風行，火炎水潤，莫不自然相與而爲變化，故能萬能既成。」

動萬物者莫疾乎雷，

〔一〕「地」，原作「也」，今據盧本、四庫本、周本及曹校改。張本作「在」。
〔二〕「艮三得正」，原作「三名艮得正」，今據毛本、盧本、四庫本、周本及曹校改。

崔憬曰：「謂春分之時，雷動則草木滋生，蟄蟲發起。所動萬物，莫急於此也。」

橈萬物者莫疾乎風，

「言風能鼓橈萬物，春則發散草木枝葉，秋則摧殘草木枝條，莫急於風者也。」

燥萬物者莫熯乎火，

「言火能乾燥萬物，不至潤濕。于陽物之中，莫過乎火。熯，亦燥也。」

説萬物者莫説乎澤，

「言光説萬物，莫過以澤而成説之也。」

潤萬物者莫潤乎水，

「言滋潤萬物，莫過以水而潤之。」

終萬物、始萬物者莫盛乎艮，

「言大寒、立春之際，艮之方位，萬物以之始而爲今歲首，以之終而爲去歲末。此則叶夏正之義，莫盛於艮也。此言六卦之神用，而不言乾坤者，以乾坤而發〔一〕天地无爲而无不爲，能成雷風等有爲之神妙也。艮不言山，獨舉卦名者，以動橈燥潤功是雷風水火。至於終始萬物，於山義則不然，故言卦，而

〔一〕「發」，原作「法」，今據毛本、盧本、四庫本、周本改。

餘皆稱物，各取便而論也。」

此崔新義也。

故水火相逮，

孔穎達曰：「上章言『水火不相入』，此言『水火相逮』者，既不相入，又不相及，則无成物之功。明性雖不相入，而氣相逮及。」

雷風不相悖，

孔穎達曰：「上言『雷風相薄』，此言『不相悖』者，二象俱動，若相薄而相悖逆，則相傷害，亦无成物之功。明雖相薄而不相逆者也。」

山澤通氣，

崔憬曰：「言山澤雖相縣遠而氣交通。」

然後能變化，既成萬物也。

虞翻曰：「謂乾變而坤化。『乾道變化，各正性命』，成既濟定，故『既成萬物』矣。」

乾，健也。

虞翻曰：「精剛自勝，動行不休，故『健』也。」

坤，順也。

「純柔承天時行，故『順』。」

震，動也。

「陽出動行。」

巽，入也。

「乾初入陰。」

坎，陷也。

「陽陷陰中。」

離，麗也。

「日麗乾剛。」

艮，止也。

「陽位在上，故『止』。」

兑，説也。

「震爲大笑。陽息震成兑，震言出口，故『説』。」

此上虞義也。

乾爲馬，

孔穎達曰：「乾象『天行健』，故『爲馬』。」

坤爲牛，

「坤象地任重而順，故『爲牛』。」

震爲龍，

「震象龍動，故『爲龍』。」

此上孔正義。

巽爲雞，

九家易曰：「應八風也。風應節而變，變不失時。雞時至而鳴，與風相應也。二九十八，主風精爲雞，故雞十八日剖而成雛。二九順陽曆，故雞知時而鳴也。」

坎爲豕，

九家易曰：「汚辱卑下也。六九五十四，主時精爲豕，故〔一〕豕懷胎四月而生，宣時理節，是其義也。」

離爲雉，

〔一〕「故」，原作「坎」，今據周本改。

孔穎達曰：「離爲文明，雉有文章，故『離爲雉』。」

艮爲狗，

九家易曰：「艮止，主守禦也。艮數三，七九六十三，三主斗，斗爲犬，故犬懷胎三月而生。斗運行十三時日出，故犬十三日而開目。斗屈，故犬卧屈也。斗運行四帀，犬亦夜繞室也。火之精畏水，不敢飲，但舌舐水耳。犬鬭，以水灌之，則解也。犬近奎星，故犬淫當路，不避人者也。」

兑爲羊。

孔穎達曰：「兑爲説。羊者，順從之畜，故『爲羊』。」

乾爲首，

「乾尊而在上，故『爲首』。」

坤爲腹，

「坤能包藏含容，故『爲腹』也。」

震爲足，

「震動用，故『爲足』。」

巽爲股，

「巽爲順，股順隨於足，故『巽爲股』。」

坎爲耳，

「坎北方，主聽，故『爲耳』。」

離爲目，

「離南方，主視，故『爲目』。」

艮爲手，

「艮爲止，手亦止，持於物使不動，故『艮爲手』。」

兑爲口。

「兑爲説，口所以説言，故『兑爲口』。」

此上孔正義。

乾，天也，故稱乎父。坤，地也，故稱乎母。

崔憬曰：「欲明六子，故先説乾稱天父，坤稱地母。」

震一索而得男，故謂之長男。巽一索而得女，故謂之長女。坎再索而得男，故謂之中男。離再索而得女，故謂之中女。艮三索而得男，故謂之少男。兑三索而得女，故謂之少女。

孔穎達曰：「索，求也。以乾坤爲父母而求其子也〔一〕。得父氣者爲男，得母氣者爲女。坤初求得乾氣爲震，故曰『長男』；坤二得乾氣爲坎，故曰『中男』；坤三得乾氣爲艮，故曰『少男』。乾初得坤氣爲巽，故曰『長女』；乾二得坤氣爲離，故曰『中女』；乾三得坤氣爲兑，故曰『少女』。此言所以生六子者也。」

乾爲天，

宋衷曰：「乾動作不解，天亦轉運。」

爲圜，

宋衷曰：「動作轉遠，非圜不能，故『爲圜』。」

爲君，

虞翻曰：「貴而嚴也。」

爲父，

虞翻曰：「成三男，其取〔二〕類大，故『爲父』也。」

〔一〕「乾」上，原有「求」字，今據周本及曹校删。

〔二〕「其取」，原倒，今據盧本、周本乙。

爲玉，爲金，

崔憬曰：「天體清明而剛，故『爲玉，爲金』。」

爲寒，爲冰，

孔穎達曰：「取其西北冰寒之地。」○崔憬曰：「乾主立冬已後、冬至已前，故『爲寒，爲冰』也。」

爲大赤，

虞翻曰：「太陽爲赤，月望出入時也。」○崔憬曰：「乾，四月，純陽之卦，故取盛陽，色爲大赤。」

爲良馬，

虞翻曰：「乾善，故良也。」

爲老馬，

九家易曰：「言氣衰也。息至巳，必當復消，故『爲老馬』也。」

爲瘠馬，

崔憬曰：「骨爲陽，肉爲陰。乾純陽爻，骨多，故『爲瘠馬』也。」

爲駮馬，

宋衷曰：「天有五行之色，故『爲駮馬』也。」

爲木果。

宋衷曰：「羣星著天，似果實著木，故『爲木果』。」

坤爲地，

虞翻曰：「柔道静。」

爲母，

虞翻曰：「成三女，能致養，故『爲母』。」

爲布，

崔憬曰：「徧布萬物於致養，故坤『爲布』。」

爲釜，

孔穎達曰：「取其化生成熟，故『爲釜』也。」

爲吝嗇，

孔穎達曰：「取地生物而不轉移，故『爲吝嗇』也。」

爲均，

崔憬曰：「取地生萬物，不擇善惡，故『爲均』也。」

爲子母牛，

九家易曰：「土能生育，牛亦含養，故『爲子母牛』也。」

爲大輿，

孔穎達曰：「取其能載，故『爲大輿』也。」

爲文，

九家易曰：「萬物相雜，故『爲文』也。」

爲衆，

虞翻曰：「物三稱羣，陰爲民，三陰相隨，故『爲衆』也。」

爲柄，

崔憬曰：「萬物依之爲本，故『爲柄』。」

其於地也爲黑。

崔憬曰：「坤，十月卦，極陰之色，故『其於色也爲黑』矣。」

震爲雷，

虞翻曰：「太陽火，得水有聲，故『爲雷』也。」

爲駹〔一〕，

〔一〕「駹」，原作「駀」，今據毛本、盧本、四庫本、周本及曹校改。下注同，不再出校。

「駹，蒼色；震，東方，故『爲駹』。舊讀作『龍』。上已『爲龍』，非也。」

爲玄黄，

「天玄地黄。震，天地之雜物，故『爲玄黄』。」

爲專，

「陽在初隱，静未出觸，坤故『專』，則『乾静也專』。延叔堅説：以專爲旉，大布，非也。」

此上虞義者也。

爲大塗，

崔憬曰：「萬物所出在春，故『爲大塗』，取其通生性也。」

爲長子，

虞翻曰：「乾一索，故『爲長子』。」

爲決躁，

崔憬曰：「取其剛在下動，故『爲決躁』也。」

爲蒼筤竹，

九家易曰：「蒼筤，青也。震陽在下，根長堅剛，陰爻在中，使外蒼筤也。」

爲萑葦。

九家易曰：「萑葦，蒹葭也。根莖叢生，蔓衍相連，有似雷行也。」

其於馬也爲善鳴，

虞翻曰：「爲雷，故『善鳴』也。」

爲馵足，爲作足，

「馬白後左足爲馵。震爲左、爲足、爲有〔一〕，初陽白，故『爲作〔二〕足』。」

爲旳〔三〕顙。

「旳，白；顙，額也。震體頭在〔四〕口上白，故『旳顙』。詩云『有馬白顛』是也。」

此上虞義也。

其於稼也爲反生，

宋衷曰：「陰在上，陽在下，故『爲反生』。謂枲豆之類，戴甲而生。」

其究爲健，爲蕃鮮。

〔一〕「有」，盧本、四庫本作「作」。

〔二〕「作」，原脱，今據諸本及曹校補。

〔三〕「旳」，原作「的」，今據盧本、周本及曹校改。下「旳顙」同，不再出校。

〔四〕「在」，原作「左」，今據諸本（含宋本）改。

虞翻曰：「震巽相薄，變而至三，則下象究，與四成乾，故『其究爲健，爲蕃鮮』。巽究爲躁卦，躁卦則震，震〔一〕雷巽風無形，故卦特變耳。」

巽爲木，

宋衷曰：「陽動陰静，二陽動於上，一陰安静於下，有似於木也。」

爲風，

陸績曰：「風，土氣也。巽，坤之所生，故『爲風』。亦取静於本而動於末也。」

爲長女，

荀爽曰：「柔在初。」

爲繩直，

翟玄曰：「上二陽共正一陰，使不得邪僻，如繩之直。」○孔穎達曰：「取其號令齊物如繩直也。」

爲工，

荀爽曰：「以繩木，故『爲工』。」○虞翻曰：「『爲近利市三倍』，故『爲工』。子夏曰：『工居肆。』」

爲白，

〔一〕「震」，原不重，今據盧本、周本補。

虞翻曰：「乾陽在上，故『白』。」○孔穎達曰：「取其風吹去塵，故絜白也。」

爲長，

崔憬曰：「取風行之遠，故『爲長』。」

爲高，

虞翻曰：「乾陽在上長，故『高』。」○孔穎達曰：「取木生而高上。」

爲進退，

虞翻曰：「陽初退，故『進退』。」○荀爽曰：「風行无常，故『進退』。」

爲不果，

荀爽曰：「風行或東或西，故『不果』。」

爲臭，

虞翻曰：「臭，氣也。風至知氣，巽二入艮鼻，故『爲臭』。繫曰：『其臭如蘭。』」

其於人也爲宣髮，

虞翻曰：「爲白，故『宣髮』。馬君以宣爲寡髮，非也。」

爲廣顙，

「變至三〔一〕，坤爲廣，四動成乾爲顙，在頭口上，故『爲廣顙』。與震『的顙』同義。震一陽，故『的顙』。巽變乾二陽，故『廣顙』。」

爲多白眼，

「爲白，離目上向，則白眼見，故『多白眼』。」

爲近利市三倍。

「變至三成坤，坤爲近；四動乾，乾爲利〔二〕；至五成噬嗑，故稱市；乾三爻爲三倍，故『爲近利市三倍』。動上〔三〕成震，故『其究爲躁卦』。八卦諸爻〔四〕，唯震巽變耳。」

其究爲躁卦。

「變至五成噬嗑爲市，動上成震，故『其究爲躁卦』。明震内體爲專，外體爲躁。」

此上虞義。

坎爲水，

〔一〕「三」，原作「二」，今據諸本（含宋本）及曹校改。
〔二〕「利」，張本作「得」。
〔三〕「上」，原作「土」，今據盧本、四庫本、周本及曹校改。
〔四〕「爻」，原作「爲」，今據盧本、周本及曹校改。

宋衷曰：「坎陽在中，内光明，有似于水。」

爲溝瀆，

虞翻曰：「以陽闢坤〔一〕，水性流通，故『爲溝瀆』也。」

爲隱伏，

虞翻曰：「陽藏坤中，故『爲隱伏』也。」

爲矯輮〔二〕，

宋衷曰：「曲者更直爲矯，直者更曲爲輮。水流有曲直，故『爲矯輮』。」

爲弓輪，

虞翻曰：「可矯輮，故『爲弓輪』。坎爲月，月在於庚爲弓，在甲象輪，故『弓輪』也。」

其於人也爲加憂，

「兩陰失心爲多眚，故『加憂』。」

爲心病，

〔一〕「坤」，原作「坎」，今據盧本、四庫本、周本及曹校改。

〔二〕「輮」，盧本、周本作「揉」，古通。下同，不再出校。

「爲勞而加憂，故『心病』。亦以坎〔一〕爲心，坎二〔二〕折坤，『爲心病』。」

此上虞義也。

爲耳痛，

孔穎達曰：「坎，勞卦也。又主聽，聽勞則耳痛。」

爲血卦，爲赤，

孔穎達曰：「人之有血，猶地之水。赤，血色也。」案：十一月，一陽爻生，在坎陽氣初生於黃泉，其色赤也。

其於馬也爲美脊，

宋衷曰：「陽在中央，馬脊之象也。」

爲亟心，

崔憬曰：「取其內陽剛動，故『爲亟心』也。」

爲下首，

〔一〕「坎」，原作「坤」，今據盧本、周本、四庫本及曹校改。

〔二〕「二」，原作「三」，今據盧本、周本、四庫本及曹校改。

荀爽曰：「水之流，首卑下也。」

爲薄蹄，

九家易曰：「薄蹄者在下，水又趨下，趨下則流散，流散則薄，故『爲薄蹄』也。」

爲曳，

宋衷曰：「水摩地而行，故『曳』。」

其於輿也爲多眚，

虞翻曰：「眚，敗也。坤爲大車，坎折坤體，故爲車『多眚』也。」

爲通，

「水流瀆，故『通』也。」

爲月，

「坤爲夜，以坎陽光坤，故『爲月』也。」

爲盜，

「水行潛竊，故『爲盜』也。」

其於木也爲堅多心。

「陽剛在中，故『堅多心』，棘棗屬也。」

此上虞義也。○孔穎達曰：「乾、震、坎皆以馬喻，乾至健，震至動，坎至行，故皆可以馬爲喻。坤則順，艮則止，巽亦順，離『文明而柔順』，兑柔説，皆無健，故不以馬爲喻也。唯坤卦『利牝馬』，取其行不取其健，故曰『牝』也。坎亦取其行不取其健，皆外柔，故『爲下首、薄蹄、曳』也。」

離爲火，

崔憬曰：「取卦陽在外，象火之外照也。」

爲日，

荀爽曰：「陽外光也。」

爲電，

鄭玄曰：「取火明也，久明似日，暫明似電也。」

爲中女，

荀爽曰：「柔在中也。」

爲甲冑，

虞翻曰：「外剛故爲甲。乾爲首，巽繩貫甲而在首上，故爲冑。冑，兜鍪也。」

爲戈兵，

「乾爲金，離火斷乾，燥而鍊之，故『爲戈兵』也。」

其於人也爲大腹。

「象日常滿，如姙身婦，故『爲大腹』，乾爲大也。」

爲乾卦，

「火日熯燥物，故『爲乾卦』也。」

爲鱉，爲蟹，爲蠃，爲蚌，爲龜，

「此五者，皆取外剛内柔也。」

其於木也爲科上槁〔一〕。

「巽木在離中，體大過死。巽蟲食心，則折也。蠹蟲食口木，故『上槁』。或以離火燒巽，故『折上〔二〕槁』。」

此上虞義。○宋衷曰：「陰在内，則空中。木中空，則上科槁也。」

艮爲山，

宋衷曰：「二陰在下，一陽在上。陰爲土，陽爲木，土積於下，木生其上，山之象也。」

〔一〕「科上槁」，盧本、周本作「折上槀」，並小字注云：今本「折」作「科」。

〔二〕「折上」，原作「於折」，今據盧本、四庫本、周本及曹校改。

爲徑路，
虞翻曰：「艮爲山中徑路。震陽在初，則『爲大塗』。艮陽小，故『爲徑路』也。」
爲小石，
陸績曰：「艮剛卦之小，故『爲小石』者也。」
爲門闕，
虞翻曰：「乾〔一〕爲門，艮陽在門外，故『爲門闕』。兩小山，闕之象也。」
爲果蓏，
宋衷曰：「木實謂之果，草實謂之蓏。桃李瓜瓞之屬，皆出山谷也。」
爲閽寺，
宋衷曰：「閽人主門，寺人主巷。艮爲止，此職皆掌禁止者也。」
爲指，
虞翻曰：「艮手多節，故『爲指』。」
爲拘，

〔一〕「乾」，原作「艮」，今據盧本、周本改。

虞翻曰：「指屈伸制物，故『爲拘』。拘，舊作『狗』，上已爲『狗』，字之誤。」

爲鼠，

虞翻曰：「似狗而小，在坎穴中，故『爲〔一〕鼠』，晉九四是〔二〕也。」

爲黔喙之屬，

馬融曰：「黔喙，肉食之獸，謂豺狼之屬。黔，黑也。陽玄在前也。」

其於木也爲多節〔三〕。

虞翻曰：「陽剛在外，故『多節』，松柏之屬。」

兌爲澤，

虞翻曰：「坎水半見，故『爲澤』。」〇宋衷曰：「陰在上，令下濕，故『爲澤』也。」

爲少女，

虞翻曰：「坤三索，位在末，故『少』也。」

〔一〕「爲」，原脱，今據盧本、周本及曹校補。

〔二〕「是」，原脱，今據諸本（含宋本）及曹校補。

〔三〕「多」上，原有「堅」字，今據盧本、周本删。盧本、張本並小字注云：今本爲「堅多節」。

爲巫，

「乾爲神，兑爲通，與神通氣，女故『爲巫』。」

爲口舌，

「兑爲〔一〕震聲，故『爲口舌』。」

爲毁折，

「二折震足，故『爲毁折』。」

爲附決，

「乾體末〔二〕圜，故『附決』也。」

其於地也爲剛鹵，

「乾二陽在下，故剛。澤水潤下，故鹹。」

此上虞義。○朱仰之曰：「取金之剛不生也。剛鹵之地不生物，故『爲剛鹵』者也。」

爲妾，

〔一〕「爲」，原作「得」，今據盧本、周本改。

〔二〕「末」，原作「未」，今據盧本、周本、四庫本改。

「三〔一〕，少女位賤，故『爲妾』。」

爲羔。

「羔、女使，皆取位賤，故『爲羔』。舊讀以『震駹爲龍，艮拘爲狗，兑羔爲羊』，皆已見上。此爲再出，非孔子意也。震已爲長男，又言長子，謂以當繼世守宗廟主祭祀，故詳舉之。三女皆言長中少，明女子各當外成，故别見之。此其大例者也。」

此上虞義。

周易序卦

有天地，然後萬〔二〕物生焉。

干寶曰：「物有先天地而生者矣，今正取始於天地，天地之先，聖人弗之論也。故其所法象，必自天地而還。老子曰：『有物混成，先天地生，吾不知其名，彊字之曰道。』上繫曰：『法象莫大乎天地。』莊子曰：『六合之外，聖人存而不論。』春秋穀梁傳曰：『不求知所不可知者，智也。』而今後世浮華之學彊，

〔一〕「三」上，盧本、周本及曹校補「虞翻曰」三字。

〔二〕「萬」上，原有「有」字，今據宋本、胡本、盧本、周本、四庫本及曹校删。

支離道義之門，求入虛誕之域，以傷政害民，豈非讒説殄行，大舜之所疾者乎？」

盈天地之間者唯萬物，故受之以屯。屯者，盈也。

荀爽曰：「謂陽動在下，造生萬物於冥昧之中也。」

屯者，萬物之始生也。

韓康伯曰：「屯，剛柔始交，故爲『萬物之始生也』。」○崔憬曰：「此仲尼序文王次卦之意。不序乾坤之次者，以『一生二，二生三，三生萬物』，則天地次第可知，而萬物之先後宜序也。『萬物之始生』者，言『剛柔始交』，故萬物資始於乾而資生於坤也。」

物生必蒙，故受之以蒙。蒙者〔一〕，物之穉。

崔憬曰：「萬物始生之後，漸以長穉，故言『物生必蒙』。」○鄭玄曰：「蒙，幼小之貌，齊人謂萌爲蒙也。」

物穉不可不養也，故受之以需。需者，飲食之道也。

荀爽曰：「坎在乾上，中有離象〔二〕，水火交和，故爲『飲食之道』。」○鄭玄曰：「言孩穉不養則不長也。」

飲食必有訟，故受之以訟。

〔一〕「者」下，原有「蒙也」二字，今據盧本、周本删。
〔二〕「象」，原作「蒙」，今據毛本、盧本、四庫本、周本改。

韓康伯曰：「夫有生則有資，有資則争興也。」○鄭玄曰：「訟猶争也。言飲食之會恒多争也。」

訟必有衆起，故受之以師。師者，衆也。

九家易曰：「坤爲衆物，坎爲衆水，上下皆衆，故曰『師』也。凡制軍，萬有二千五百人爲軍，天子六軍，大國三軍，次國二軍，小國一軍。軍有將，皆命卿也。二千五百人爲師，師帥皆中大夫。五百人爲旅，旅帥皆下大夫也。」○崔憬曰：「因争必起〔一〕相攻，故『受之以師』也。」

衆必有所比，故受之以比。

韓康伯曰：「衆起而不比，則争无息。必相親比而後得寧也。」

比者，比也。比必有所畜，故受之以小畜。

韓康伯曰：「比非大通之道，則各有所畜以相濟也。由比而畜，故曰『小畜』，而不能大也。」

物畜然後有禮，故受之以履。

韓康伯曰：「履者，禮也〔二〕。禮所以適時用也。故既畜則須用，有用須禮也。」

〔一〕「起」下，張本有「衆」字。

〔二〕「履者，禮也」，宋本、胡本、盧本、周本作「履，禮也」，均在上「受之以履」下。盧本、張本並小字注云：今本「履者，禮也」四字作注。

履〔一〕然後安，故受之以泰。泰者，通也。

荀爽曰：「謂乾來下降，以陽通陰也。」○姚信曰：「『安上治民，莫過於禮』，有禮然後泰，『泰然後安』也。」

物不可以終通，故受之以否。

崔憬曰：「物極則反，故不終通〔二〕而否矣，所謂『城復於隍』。」

物不可以終否，故受之以同人。

韓康伯曰：「否則思通，人人同志，故可出門同人，不謀而合。」

與人同者物必歸焉，故受之以大有。

崔憬曰：「以欲從人，人必歸己，所以成大有。」

有大有〔三〕不可以盈，故受之以謙。

崔憬曰：「富貴而自遺其咎，故『有大者不可盈』，當須謙退，天之道也。」

〔一〕「履」下，原有「而泰」二字，今據盧本、周本刪。盧本小字注云：今本「履而泰」，衍「而泰」二字。張本小字注云：今本「履」作「泰」。

〔二〕「通」上，原有「泰」字，今據周本刪。

〔三〕「有大有」，原作「有大者」，今據盧本、周本改。盧本、張本並小字注云：今本作「有大者」。

有大而能謙必豫，故受之以豫。

鄭玄曰：「言國〔一〕既大而有謙德，則於政事恬豫。『雷出地，奮豫』，豫，行出而喜樂之意。」

豫必有隨，故受之以隨。

韓康伯曰：「順以動者，衆之所隨也。」

以喜隨人者必有事，故受之以蠱。蠱者，事也。

九家易曰：「子行父事，備物致用，而天下治也。備物致用，立成器以爲天下利，莫大于聖人。子脩聖道，行父之事，以臨天下，无爲而治。」

有事然後可大，故受之以臨。臨者，大也。

荀爽曰：「陽稱大，謂二陽動升，故曰『大也』。」○宋衷曰：「事立功成，可推而大也。」

物大然後可觀，故受之以觀。

虞翻曰：「臨反成觀，二陽在上，故『可觀』也。」○崔憬曰：「言德業大者，可以觀政於人也。」

可觀而後有所合，故受之以噬嗑。嗑者，合也。

〔一〕「國」，原作「同」，今據胡本、纂疏改。

虞翻曰：「頤中有物食，故曰『合[一]也』。」○韓康伯曰：「可觀，則異方合會也。」

物不可以苟合而已，故受之以賁。賁者，飾也。

虞翻曰：「分剛上文柔，故『飾』。」○韓康伯曰：「物相合，則須飾以脩外也。」

致飾而後亨則盡矣，故受之以剥。剥者，剥也[二]。

荀爽曰：「極飾反素，文章敗，故爲『剥』也。」

物不可以終盡，剥窮上反下，

虞翻曰：「陽四月，窮上，消姤至坤者也。」

故受之以復。

崔憬曰：「夫易窮則有變，物極則反于初，故剥之爲道，不可終盡，而使之於復也。」

復則不妄矣，故受之以无妄。

崔憬曰：「物復其本，則爲誠實，故言『復則无妄』也。」

〔一〕「曰合」，原作「口含」，今據胡本、盧本、周本改。毛本、四庫本作「口合」。

〔二〕此句下，張本小字注云：今本「而」作「然」。

有无妄，物〔一〕然後可畜，故受之大畜。

荀爽曰：「物不妄者，畜之大也。畜積不敗，故『大畜』也。」

物畜然後可養，故受之以頤。頤者，養也。

虞翻曰：「天地養萬物，聖人養賢以及萬民。」○崔憬曰：「大畜剛健，輝光日新，則可觀其所養，故言『物畜然後可養』也。」

不養則不可動，故受之以大過。

虞翻曰：「人頤不動則死，故『受之以大過』。大過否卦，棺椁之象也。」

物不可以終過，故受之以坎。坎者，陷也。

韓康伯曰：「過而不已，則陷没也。」

陷必有所麗，故受之以離。離者，麗也。

韓康伯曰：「物極則變，極陷則反所麗。」

有天地，

虞翻曰：「謂天地否也。」

〔一〕「物」，原脱，今據盧本、周本補。盧本、張本並小字注云：今本「有无妄」下脱「物」字。

然後有萬物；

「謂否反成泰，天地絪緼，萬物化醇，故『有萬物』也。」

有萬物，然後有男女；

「謂泰已有否，否三之〔一〕上，反正成咸，艮爲男，兑爲女，故『有男女』。」

有男女，然後有夫婦；

「咸反成恒，震爲夫，巽爲婦，故『有夫婦』也。」

有夫婦，然後有父子；

「謂咸上復乾成遯，乾〔二〕爲父，艮爲子，故『有父子』。」

有父子，然後有君臣；

「謂遯三復坤成否，乾爲君，坤爲臣，故『有君臣』也。」

有君臣，然後有上下；

「否乾君尊上，坤臣卑下，天尊地卑，故『有上下』也。」

〔一〕「之」，原脱，今據盧本、周本補。

〔二〕「乾」，原脱，今據諸本及曹校補。

有上下，然後禮義有所錯。

「錯，置也。謂天、君、父、夫，象尊錯上。地、婦、臣、子，禮卑錯下。坤地道、妻道、臣道，故『禮義有所錯』者也。」

此上虞義。○干寶曰：「錯，施也。此詳言人道，三綱六紀有自來也。人有男女陰陽之性，則自然有夫婦配合之道。有夫婦配合之道，則自然有剛柔尊卑之義。陰陽化生，血體相傳，則自然有父子之親。以父立君，以子資臣，則必有君臣之位。有君臣之位，故有上下之序。有上下之序，則必禮以定其體，義以制其宜。明先王制作，蓋取之於情者也。上經始於乾、坤，有生之本也。下經始於咸、恒，人道之首也。易之興也，當殷之末世，有妲己之禍；當周之盛德，有三母之功。以言天不地不生，夫不婦不成，相須之至，王教之端。故詩以關雎爲國風之始，而易於咸、恒備論禮義所由生也。」

夫婦之道，不可以不久也，故受之以恒。恒者，久也。

鄭玄曰：「言夫婦當有終身之義。夫婦之道，謂咸、恒也。」

物不可以久居其所〔一〕，故受之以遯。遯者，退也。

〔一〕「久居其所」，盧本、周本作「終久於其所」。盧本、張本並小字注云：今本作「久居其所」。

韓康伯曰：「夫婦之道，以恒爲貴。而物之所居，不可以恒〔一〕，宜與時升降，有時而遯者也。」

物不可以終遯，故受之以大壯。

韓康伯曰：「遯，『君子〔二〕以遠小人』，遯而後通，何可終邪？陽盛陰消，君子道勝也。」

物不可以終壯，故受之以晉。晉者，進也。

崔憬曰：「不可終壯於陽盛，自取觸藩；宜柔進而上行，受茲錫馬。」

進必有所傷，故受之以明夷。夷者，傷也。

九家易曰：「日在坤下，其明傷也。言晉極當降，復入於地，故曰『明夷』也。」

傷於外者必反〔三〕於家，故受之以家人。

虞翻曰：「晉時在外，家人在内，故反家人。」○韓康伯曰：「傷於外，必反諸内矣。」

家道窮必乖，故受之以睽。睽者，乖也。

韓康伯曰：「室家至親，過在失節，故家人之義，唯嚴與敬。『樂勝則流，禮勝則離』，家人尚嚴，其弊必

〔一〕「恒」上，周本有「終」字。

〔二〕「子」，原作「也」，今據周本及曹校改。

〔三〕「反」，原作「及」，今據諸本改。

乖者也。」

乖必有難，故受之以蹇。蹇者，難也。

崔憬曰：「『二女同居，其志乖而難生』，故曰『乖必有難』也。」

物不可以終難，故受之以解。解者，緩也。

崔憬曰：「蹇終則『來碩，吉，利見大人』，故言『不可終難，故受之以解』者也。」

緩必有所失，故受之以損。

崔憬曰：「『宥罪緩死』，失之則僥倖，有損于政刑，故言『緩必有所失，受之以損』。」

損而不已必益，故受之以益。

崔憬曰：「損終則『弗損益之』，故言『損而不已必益』。」

益而不已必決，故受之以夬。夬者，決也。

韓康伯曰：「益而不已則盈，故必『決也』。」

決必有遇，故受之以姤。姤者，遇也。

韓康伯曰：「以正決邪，必有喜〔一〕遇。」

〔一〕「喜」，盧本、張本作「嘉」。

物相遇而後聚，故受之以萃。萃者，聚也。

崔憬曰：「天地相遇，品物咸章，故言『物相遇而後聚』也。」

聚而上者謂之升，故受之以升。

崔憬曰：「『用大牲而致孝享』，故順天命而升爲王矣。故言『聚而上者謂之升』。」

升而不已〔一〕必困，故受之以困。

崔憬曰：「冥升在上，以消不富，則窮，故言『升而不已必困』也。」

困乎上者必反下，故受之以井。

崔憬曰：「困極〔二〕於劓刖，則反下以求安，故言『困乎上必反下』。」

井道不可不革，故受之以革。

韓康伯曰：「井久則濁穢，宜革易其故。」

革物者莫若鼎，故受之以鼎。

韓康伯曰：「革去故，鼎取新。既以去故，則宜制器立法，以治新也。鼎所以和齊生物、成新之器也，

〔一〕「不已」，毛本、盧本、周本作「上者」。
〔二〕「極」，毛本、盧本作「及」。

故取象焉。」

主器者莫若長子，故受之以震。震者，動也。

崔憬曰：「鼎所烹飪，享於上帝。主此器者，莫若冢嫡，以爲其祭主也，故言『主器者莫若長子』。」

物不可以終動，止之，故受之以艮。艮者，止也。

崔憬曰：「震極則『征凶，婚媾有言』，當須止之，故言『物不可以終動』，故『止之』也。」

物不可以終止，故受之以漸。漸者，進也。

虞翻曰：「否三進之四，巽爲進也。」

進必有所歸，故受之以歸妹。

虞翻曰：「震嫁兑，兑爲妹。嫁，歸也。」

得其所歸者必大，故受之以豐。豐者，大也。

崔憬曰：「歸妹者，姪、娣、媵，國三人，九女，爲大援，故言『得其所歸者必大』也。」

窮大者必失其居，故受之以旅。

崔憬曰：「諺云：『作者不居，況窮大甚而能處乎？』故必獲罪去邦，羈旅於外也。」

旅而无所容，故受之以巽。巽者，入也。

韓康伯曰：「旅而無所容，以巽則得所入也。」

入而後説之，故受之以兑。兑者，説也。

虞翻曰：「兑爲講習，故『學而時習之，不亦説乎』。」

説而後散之，故受之以涣。涣者，離也。

虞翻曰：「風以散物，故『離也』。」

物不可以終離，故受之以節。

韓康伯曰：「夫事有其節，則物之所同守而不散越也。」

節而信之，故受之以中孚。

韓康伯曰：「孚，信也。既已有節，宜信以守之矣。」

有其信者必行之，故受之以小過。

韓康伯曰：「守其信者，則失貞而不諒之道，而以信爲過也，故曰『小過』。」

有過物者必濟，故受之以既濟。

韓康伯曰：「『行過乎恭，禮過乎儉』，可以矯世勵俗，有所濟也。」

物不可窮也，故受之以未濟，終焉。

韓康伯曰：「有爲而能濟者，以己窮物。物窮則乖，功極則亂，其可濟乎？故『受之以未濟』。」

周易雜卦

韓康伯曰：「雜卦者，雜糅衆卦，錯綜其義，或以同相類，或以異相明矣。」

乾剛坤柔，

虞翻曰：「乾陽〔一〕金堅，故『剛』。坤陰和順，故『柔』也。」

比樂師憂。

虞翻曰：「比五得位，『建萬國』，故『樂』。師三失位，『輿尸』，故『憂』。」

臨觀之意，或與或求。

荀爽曰：「臨者『教思无窮』，故爲『與』。觀者『觀民設教』，故爲『求』也。」

屯見而不失其居，蒙雜而著。

虞翻曰：「陽〔二〕出初震，故『見』。『盤桓，利居貞』，故『不失其居』。蒙二陽在陰位，故『雜』。初雜爲交，故『著』。」

〔一〕「陽」，原作「剛」，今據曹校改。

〔二〕「陽」，原作「陰」，今據周本及曹校改。

震，起也。艮，止也。

「震陽動行，故『起』。艮陽終止，故『止』。」

損益，衰盛之始也。

「損，泰初益上，衰之始。益〔一〕，否上益初，盛之始。」

大畜，時也。无妄，災也。

「大畜五之復二成臨，時捨坤二，故『時』也。无妄上之遯初，『子弑父』，故『災』者也。」

萃聚而升不來也，

「坤衆在内，故『聚』。升五不來之二，故『不來』。之内曰來也。」

謙輕而豫怡〔二〕也。

「謙位三〔三〕賤，故『輕』。豫『薦樂祖考』，故『怡』。怡，或言『怠』也。」

噬嗑，食也。賁，无色也。

〔一〕「益」，原作「損」，今據盧本、周本及曹校改。

〔二〕「怡」，原作「怠」，今據盧本、周本及下注文改。

〔三〕「位三」，周本倒。

「頤中有物，故『食』。賁離日在下〔一〕，五動巽白，故『无色』也。」

兑見而巽伏也。

「兑陽息二，故『見』，則『見龍在田』。巽乾初入陰，故『伏』也。」

隨，无故也。蠱，則飾也。

「否上之初，『君子弗用』，故『无故也』。蠱泰初上飾坤，故『則飾也』。」

剥，爛也。復，反也。

「剥生於遘，陽得陰孰，故爛。復，剛反初。」

晉，晝也。明夷，誅也。

「誅，傷也。『離日在上』，故『晝也』。『明入地中』，故『誅也』也。」

此上並虞義。〇干寶曰：「日上中，君道明也。明君在上，罪惡必刑〔二〕也。」

井通而困相遇也。

虞翻曰：「泰初之五爲坎，故『通』也。困三遇四，故『相遇也』。」

〔一〕「下」，原作「上」，今據盧本、周本及曹校改。

〔二〕「刑」，周本作「罰」。

咸，速也。恒，久也。

「相感者，不行而至，故『速也』。日月久照，四時久成，故『久也』。」

涣，離也。節，止也。

「涣散，故『離』。節制數度，故『止』。」

解，緩也。蹇，難也。

「『雷動出物』，故『緩』。蹇『險〔一〕在前』，故『難』。」

睽，外也。家人，内也。

「離女在上，故『外也』。家人『女正位乎内』，故『内』者也。」

否泰，反其類也。

「否反成泰，泰反成否，故『反其類』。終日乾乾，反復〔二〕之道。」

大壯則止，遯則退也。

〔一〕「險」，原作「陰」，今據毛本、盧本、周本及曹校改。
〔二〕「復」，原作「覆」，今據盧本、周本改。

「大壯止陽，陽故止。遯陰消〔一〕陽，陽故退。巽爲退者也。」

大有，衆也。同人，親也。

「五陽並應，故『衆也』。夫婦同心，故『親也』。」

革，去故也。鼎，取新也。

「革更，故『去』。鼎烹飪，故『取新也』。」

小過，過也。中孚，信也。

「五以陰過陽，故『過』。『信及豚魚』，故『信也』。」

豐，多故也。親寡，旅也。

「豐大，故『多』。旅无容，故『親寡』。六十四象，皆先言卦及道其指。至旅體離四，焚棄之行，又在旅家，故獨先言『親寡』，而後言『旅』。」

此上虞義。

離上而坎下也。

韓康伯曰：「火炎上，水潤下也。」

〔一〕「消」，原作「息」，今據盧本、周本及曹校改。

小畜，寡也。履，不處也。

虞翻曰：「乾四之坤初成震，一陽在下，故『寡也』。乾三之坤上成剥，剥窮上失位，故『不處』。」

需，不進也。訟，不親也。

「險在前，故『不進』。天水違行，故『不親也』。」

大過，顛也。

「顛，殞也。頂載澤中，故『顛也』。」

姤，遇也，柔遇剛也。

「坤遇乾也。」

漸，女歸，待男行也。

「兑爲女，艮爲男，反成歸妹，巽成兑，故『女歸』。待艮成震乃行，故『待男行也』。」

頤，養正也。

「謂養三五。五之正爲功，三出坎爲聖，故曰『頤養正』，與『蒙以養正，聖功』同義也。」

既濟，定也。

「濟成六爻，得位定也。」

歸妹，女之終也。

「歸妹，人之終始。女終於嫁，從一而終，故『女〔一〕之終也』。」

未濟，男之窮也。

「否艮爲男位。否五之二，六爻失正而來下陰。未濟主月晦，乾道消滅，故『男之窮也』。」

夬，決也，剛決柔也。君子道長，小人道憂〔二〕也。

「以乾決坤，故『剛決柔』也。乾爲君子，坤爲小人，乾息，故『君子道長』；坤體消滅，故『小人道憂』。諭武王伐紂。自大過至此八卦，不復兩卦對說。大過死象，兩體姤決〔三〕，故次以姤而終於夬。言君子之決小人，故『君子道長，小人道憂』。」

此上虞義。

○干寶曰：「凡易既分爲六十四卦，以爲上下經，天人之事，各有始終。夫子又爲序卦，以明其相承受之義。然則文王、周公所遭遇之運，武王、成王所先後之政，倉精受命短長之期，備於此矣。而夫子又重爲雜卦，以易其次第。雜卦之末，又改其例，不以兩卦反覆相酬者，以示來聖後王，明道非常道、事非常事也。『化而裁之者存乎變』，是以終之以決。言能決斷其中，唯陽德之主也。故曰『易窮則變，

〔一〕「女」，原脱，今據諸本及曹校補。

〔二〕「憂」，盧本、周本作「消」。下注同，不再出校。盧本、張本並小字注云：今本「消」作「憂」。

〔三〕「決」，周本作「夬」。下同，不再出校。

通則久』。總而觀之，伏羲、黄帝皆繫世象賢，欲使天下世有常君也。而堯舜禪代，非黄農之化，朱均頑也。湯武逆取，非唐虞之跡，桀紂之不君也。伊尹廢立，非從順之節，使太甲思愆也。周公攝政，非湯武之典，成王幼年也。凡此皆聖賢所遭遇異時者也。夏政尚忠，忠之弊野，故殷自野以教敬。敬之弊鬼，故周自鬼以教文。文弊薄，故春秋閱〔一〕諸三代而損益之。『顔回問爲邦，子曰：行夏之時，乘殷之輅，服周之冕。』弟子問政者數矣，而夫子不與言三代損益，以非其任也，回則備言，王者之佐，伊尹之人也，故夫子及之焉。是以聖人之於天下也，同不是，異不非。百世以俟聖人而不惑，一以貫之矣。」

〔一〕「閱」，原作「闕」，今據諸本改。

周易集解略例

晉王弼撰　唐邢璹

明彖[一]

夫彖者，何也？

將釋其義，故假設問端，故曰「何」。

統論一卦之體，明其所由之主者也。

統論一卦功用之體。明，辯也。辯[二]卦體功用所由之主，立主之義，義在一爻。明，辯也。

夫衆不能治衆，治衆者至寡者也。

萬物是衆，一是寡，衆不能治衆，治衆者至少以治之也。

[一] 略例部分，此題原有，後同。

[二]「也辯」二字，原脱，今據相臺本、涵芬樓影宋本補。

夫動不能制動，制天下之動者，貞夫一者也。

天下之動，動則不能自制，制其動者，貞〔一〕之一者也。老子曰：「王侯得一，以爲天下貞。」然則一爲君體。君體〔二〕合道，動是衆，衆由一制也。制衆歸一，故静爲躁君，安爲動主。

故衆之所以得咸存者，主必致一也。

致猶歸也。衆皆得〔三〕存其存者，有必歸於一也。故無心於存，皆得其存也〔四〕。

動之所以得咸運者，原必無二也。

動所以運運不已者，謂无二動。故无心於動，而動不息也。

物无妄然，必由其理。

物，衆也。妄，虚妄也。天下之衆，衆〔五〕皆「无妄」，无妄之理，必由君主統之也。

統之有宗，會之有元，

〔一〕「貞」下，原有「正」字，今據相臺本、涵芬樓影宋本删。

〔二〕「君體」，原脱，今據相臺本、涵芬樓影宋本補。

〔三〕「皆得」，相臺本、涵芬樓影宋本倒。

〔四〕「故無心於存，皆得其存也」，原闕，今據相臺本、涵芬樓影宋本補。

〔五〕「衆」，原不重，今據相臺本、涵芬樓影宋本補。

統領之以宗主，會合之以元首。

故繁而不亂，衆而不惑。

統之有宗主，雖繁而不亂；會之以元首，雖衆而不惑。

故六爻相錯，可舉一以明也。

錯，雜也。六爻或陰或陽，錯雜交亂，舉貞一之主，以明其用。

剛柔相乘〔一〕，可立主以定也。

六爻有剛有柔，或乘或據，有逆有順，「可立主以定」之。

是故雜物撰德，

撰，數也。雜，聚也。聚其物體，數其德行。

辯是與非，

辯，明也。得位而承之，是也。失位而據之，非也。

則非其中爻，莫之備矣。

〔一〕「乘」，原作「承」，今據相臺本、涵芬樓影宋本改。

然則非是中之一爻，莫之能備。訟彖曰「訟：有孚，窒惕，中吉，剛來而得中也」、困彖云「貞〔一〕大人吉，以剛中也」之例是也。

故自統而尋之，物雖衆，則知可以執一御也。

統而推尋，萬物雖殊，一之以神道；百姓雖衆，御之以君主也。

由本以觀之，義雖博，則知可以一名舉也。

博，廣也。本，謂君也、道也。義雖廣，舉之在一也。

故處璇璣以觀大運，則天地之動未足怪也。據會要以觀方來，則六合輻湊未足多也。

天地雖大，覩之以璇璣；六合雖廣，據之以要會。天地大運，不足怪其大；六合輻湊，不足稱其多。

故舉卦之名，義有主矣。「觀其彖辭，則思過半矣！」

彖總卦義，義主中爻。簡易者，道也、君也。道能化物，君能御民。智者觀之，思過其半矣。

夫古今雖殊，軍國異容，中之爲用，故未可遠也。

古今革變，軍國殊別，中正之用，終無踈遠。

品制萬變，宗主存焉。彖之所尚，斯爲盛矣！

〔一〕「貞」，原作「見」，今據宋本、相臺本、涵芬樓影宋本、毛本及困彖改。

品變積萬，存之在一。

夫少者多之所貴也，寡者衆之所宗也。

自此以下，明至少者爲〔一〕多之所主，豈直指其中爻而已。

一卦五陽而一陰，則一陰爲之主矣。

同人、履、小畜、大有之例是也。

五陰而一陽，則一陽爲之主矣。

師、比、謙、豫、復、剥之例是也。

夫陰之所求者陽也，陽之所求者陰也。

王弼曰：「夫陰陽之物，以所求者貴也。」

陽苟一焉，五陰何得不同而歸之？ 陰苟隻焉，五陽何得不同而從之？ 故陰爻雖賤而爲一卦之主者，處其至少之地也。

王弼曰：「陽貴而陰賤。」以至少處至多之地，爻雖賤，衆亦從之，小畜彖云「柔得位，而上下應之」是也。

〔一〕「爲」，原脱，今據毛本、相臺本、涵芬樓影宋本補。

或有遺爻而舉二體者，卦體不由乎爻也。

遺，棄也。棄此中之一爻而舉二體，以明其義，卦體之義不在一爻，豐、歸妹之類是也。

繁而不憂亂，變而不憂惑，約以存博，簡以濟衆，其唯彖乎？

簡易者，道也、君也。萬物是衆，道能生物，君能養人。物雖繁，不憂錯亂；爻雖變，不憂迷惑。

亂而不能惑，變而不能渝，非天下之至賾，其孰能與於此？

萬物雖雜，不能惑其君；六爻雖變，不能渝其主。非天下之至賾，其孰能與於此？言不能也。

故觀彖以斯，義可見矣。

觀彖以斯，其義可見。

明爻〔一〕通變

夫爻者，何也？

將釋其義，假設問辭。

〔一〕「爻」，原作「文」，今據宋本、毛本、相臺本、涵芬樓影宋本改。

言乎變者也。

爻者，效也。物剛效剛，物柔效柔，遇物而變，動有所之，故云「言乎變者也」。

變者何也？情僞之所爲也。

變之所生，生於情僞。情僞所適，巧詐多端，故云「情僞之所爲也」。

夫情僞之動，非數之所求也。

情僞之動〔一〕，數莫能求。

故合散屈伸，與體相乖。

物之爲體，或性同行乖，情貌相違，同歸殊途，一致百慮。故萃卦六二：「引吉，無咎。」萃之爲體，貴相從就。六二志在静退，不欲相就。人之多僻，己獨處〔二〕正，其體雖合，志則不同，故曰「合散」。乾之初九「潛龍勿用」，初九身雖潛屈，情無憂悶，其志則申，故曰「屈申」。

形躁好静，質柔愛剛，體與情反，質與願違。

至如風虎雲龍，嘯吟相感，物之體性，形願相從。此則情體乖違，質願相反。故歸妹九四「歸妹愆期，

〔一〕「情僞之動」，毛本、相臺本、涵芬樓影宋本作「情欲僞動」。
〔二〕「處」，相臺本、涵芬樓影宋本作「取」。

遲歸有時」，四體是震，是形躁也；愆期待時，是好静也。履卦六三「『武人爲于大君』，志剛也」，兑體是陰，是質柔也；志懷剛武，爲于大君，是愛剛也。

巧歷不能定其筭數，聖明不能爲之典要，

萬物之情，動變多端，雖復「巧歷」「聖明」，不能定筭數、制典法、立要會也。

法制所不能齊，度量所不能均也。

雖復「法制」、「度量」，不能均齊詐僞長短也。

爲之乎豈在乎〔一〕大哉！

情有巧僞，變動相乖，不在於大，而聖明巧歷尚不測〔二〕知，「豈在乎大哉」！

陵三軍者，或懼於朝廷之儀。暴威武者，或困於酒色之娱。

「陵三軍」、「暴威武」，視死如歸，若獻酬、揖讓，汗〔三〕成霡霂，此皆體質剛猛，懼在微小。故大畜初九「有厲，利已」，九二「輿説輻」，雖復剛健，怯於柔弱也。

〔一〕「乎」，毛本、相臺本、涵芬樓影宋本作「夬」。
〔二〕「不測」，相臺本、涵芬樓影宋本倒。
〔三〕「汗」，原作「反」，今據相臺本、涵芬樓影宋本改。

近不必比，遠不必乖。

近爻不必親比，遠爻不必乖離。屯六二、初九爻雖相近，守貞不從；九五雖遠，「十年乃字」，此例是也。

同聲相應，高下不必均也。同氣相求，體質不必齊也。

初、四，二、五，三、上，「同聲相應」，不必限高下也；「同氣相求」，不必齊形質也。

召雲者龍，命呂者律。

雲，水氣也。龍，水〔一〕畜也。召水气者水畜，此明有識感無識。命陰呂者陽律，此明無識感有識。

故二女相違，而剛柔合體。

二女俱是陰類而相違，剛柔雖異而合體，此明異類相應。

隆墀永歎，遠壑必盈。

隆，高也。墀，水中墀也。永，長也。處高墀而長歎，遠壑之中，盈響而應。九五尊高，喻於隆墀；六二卑下，同於遠壑，唱和相應也。

投戈散地，則六親不能相保。

投，置也。散，逃也。置兵戈於逃散之地，雖是至親，不能相保守也。遯卦九四「好遯，君子吉」，處身

〔一〕「水」，原作「小」，今據毛本、相臺本、涵芬樓影宋本改。

於外，雖在於〔一〕內，處外則超然遠遯，初六至親，不能相保守也。

同舟而濟，則胡越何患乎異心？

同在一舟，而俱濟彼岸；胡越雖殊，其心皆同。若漸卦三四異體和好，物莫能間。順而相保，似若同在一舟；上下殊體，猶若胡越，「利用禦寇」，「何患乎異心」？

故苟識其情，不憂乖遠。苟明其趣，不煩彊武。

苟識同志之情，何憂胡越也。苟明外〔二〕散之趣，不勞用其威武也。

「能說諸心，能研諸慮」，

諸物之心，憂其凶患，爻變示之，則物心皆說；諸侯之慮，在於育〔三〕物，爻變告之，其慮益精。

睽而知其類，異而知其通，

睽彖曰：「萬物睽而其事類也，男女睽而其志通也。」

其唯明爻者乎？

〔一〕「在於」，毛本作「雖在」。

〔二〕「明外」，相臺本、涵芬樓影宋本作「知逃」。

〔三〕「育」，原作「有」，今據相臺本、影宋本改。

知取舍，察安危，辯吉凶，知變化，「其唯明爻者乎」？

故有善邇而遠至，命宮而商應。

善，修治也。邇，近也。近修治言語，千里遠應，若中孚之九二「鳴鶴在陰，其子和之」，鳴于此，和於彼，聲同則應，有若宮商也。

脩下而高者降，與彼而取此者服矣。

處下脩正，高必命之。否之初六「拔茅，貞吉」，九四「有命，疇離祉」也。與，謂上也。取，謂下也。君上福禄，不獨有之，下人服者，感君之德。大有六五「厥孚交如，威如，吉」之例是也。

是故情僞相感，遠近相追，

正應相感是實情，蹇之二、五之例；不正相感是僞情，頤之三、上之例；有應，雖遠相追，睽之三、上之例；無應，近則相取，賁之二、三之例是也。

愛惡相攻，屈伸相推，

同人三、四，有愛有惡，迭相攻伐。否、泰二卦，一屈一伸，更相推謝。

見情者獲，直往則違。

獲，得也。見彼之情，往必得志，屯之六四「求婚媾，往吉，無不利」之例。不揆則往，彼必相違〔一〕，六三「即鹿無虞，惟入于林中，君子幾不如舍，往吝」之例是也。

故擬議以成其變化，語成器而後有格。

格，作「括」，括，結也。動則擬議，極於變化，語成器而後無結閡之患也。

不知其所以爲主，鼓舞而天下從，見乎其情者也。

鼓舞，猶變化也。易道變化，應人如響，退藏於密，不知爲主也。其爲變化，萬物莫不從之而變，是顯見其情。繫辭曰：「聖人之情見乎辭。」又曰：「鼓之舞之，以盡神。」

是故範圍天地之化而不過，曲成萬物而不遺，

範，法也。圍，周圍也。模範周圍天地變化之道而無〔二〕過差，委曲成就萬物而不有遺失。

通乎晝夜之道而无體，一陰一陽而无窮。

〔一〕「違」下，原有「之」字，今據相臺本、涵芬樓影宋本删。

〔二〕「無」，相臺本、影宋本作「不」。

陽通晝，陰通夜。晝夜，猶變化也。極神妙之道，而无體可明。一者，道也。道者，虛〔一〕也。在陰之時，不以生長而爲功；在陽之時，不以生長而爲力，是以生長無窮。若以生長爲功，各盡於有物之功極，豈得無窮乎？

非天下之至變，其孰能與於此哉！

非六爻至極通變，以應萬物，則不能與於此也。

是故卦以存時，爻以示變。

卦以存時，爻以應變。

明卦適變通爻

夫卦者，時也；爻者，適時之變者也。

卦者，統一時之大義；爻者，適時中之通變。

夫時有否泰，故用〔二〕行藏。

〔一〕「虛」下，影宋本、相臺本有「無」字。
〔二〕「用」下，相臺本、影宋本有「有」字。

泰時則行，否時則藏。

卦有小大，故辭有險易。

陰長則小，陽生則大。否卦辭險，泰卦辭易。

一時之制，可反而用也。一時之吉，可反而凶也。

一時有大畜〔一〕之制，反有天衢〔二〕之用。一時有豐亨之用，反有羈旅之凶也。

故卦以反對，而爻亦皆變。

諸卦之體，兩相反正，其爻隨卦而變。泰之初九「拔茅彙，征吉〔三〕」，否初六「拔茅彙，貞」，卦既隨時，爻變示準也〔四〕。

是故用無常道，事无軌度，動靜屈伸，唯變所適。

卦既推移，故「道用无常」；爻逐時變，故「事无軌度」；動出靜入，屈往伸來，「唯變所適」也。

故名其卦，則吉凶從其類；存其時，則動靜應其用。

〔一〕「大畜」下，毛本有「比泰」二字，當補。

〔二〕「天衢」下，毛本有「後夫、城隍」四字，當補。

〔三〕「吉」，原脱，今據相臺本、涵芬樓影宋本補。

〔四〕「示」，相臺本作「亦」。此句，毛本、涵芬樓影宋本作「爻亦變準也」。

名其謙、比，則吉從其類；名其蹇、剥，則凶從其類。震時則動應其用，艮時則静應其用。

尋名以觀其吉凶，舉時以觀其動静，

尋謙、比、蹇、剥，則觀知吉凶也。舉艮、震，則觀知動静也。

則一體之變，由斯見矣。夫應者，同志之象也；位者，爻所處之象也；

得應則志同相和。陰位，小人所處；陽位，君子所處。

承乘者，逆順之象也；遠近者，險易之象也；

陰承陽則順，陽承陰則逆，故小過六五乘剛，逆也；六二承陽，順也。遠難則易，近難則險。需卦九三近坎，險也；初九遠險，易矣。

内外者，出處之象也；初上者，始終之象也。

内卦是處，外卦爲出。初爲始，上爲終也。

是故雖遠而可以動者，得其應也；雖險而可以處者，得其時也。

上下雖遠而動者，有其應，革六二去五雖遠，陰陽相應，往者無咎也。雖險可以處者，得其時也。需上六居險之上，不憂出穴之凶〔一〕，得其時也。

〔一〕「之凶」，原脱，今據相臺本、涵芬樓影宋本、毛本補。

弱而不懼於敵者，得所據也。憂而不懼於亂者，得所附也。

師之六五爲師之主，體是陰柔，禽來犯田，執言往討，處得尊位，所以不懼也。遯九五「嘉遯，貞吉」，處遯之時，小人浸長，君子道消，逃遯於外，附著尊位，率正小人，不敢爲亂也。

柔而不憂於斷者，得所御也。雖後而敢爲之先者，應其始也。

體雖柔弱，不憂斷制。艮由柔御于陽，終得剛勝，則噬嗑六五「噬乾肉，得黄金」之例。初爻處下，有應於四者，即是體後而敢爲之先，則泰初九「拔茅茹，以其彙，征吉」之例是也。

物競而獨安於静者，要其終也。

物甚争競，己獨安静，會其終也。大有上九「自天祐之，吉，無不利」，餘並乘剛，競其豐富，己獨安静，不處於位，由居上極，「要其終也」。

故觀變動者存乎應，察安危者存乎位，

爻有變動在〔一〕乎應，有應〔二〕而動，動則不失，若謙之九三「勞謙君子，有終，吉」之例。爻之安危在乎位，得位則安，若節之六四「安節，亨」之例。失位則危，若晉之九四「晉如鼫鼠，貞厲」之類是也。

〔一〕「在」，毛本作「存」。

〔二〕「有應」，原脱，今據相臺本、涵芬樓影宋本補。毛本有「應」無「有」。

辯逆順者存乎承乘，

陰乘于陽，逆也，師之六二〔一〕「師或輿尸，凶」。陰承于陽，順也，噬嗑六三「小吝，無咎」，承於九四，雖失其正，「小吝，無咎」也。

明出處者存乎外内。

遯，君子處外；臨，君子處内。

遠近終始，各存其會，

適得其時則吉，失其要會則凶。

辟險尚遠，趣時貴近。

遯之上九「肥遯，无不利」，此「尚遠」也。觀之六四「觀國之光，利用賓于王」，此「貴近」也。

比、復好先，乾、壯惡首。

比初六「有孚，无咎」，上六「比之无首，凶」；復初九「不遠復，无祇悔，元吉」，上六「迷復，凶」；乾之上九「亢龍有悔」，大壯上六「羝羊觸藩，不能退，不能遂，无攸利」之例是也。

明夷務闇，豐尚光大。

〔一〕「二」，原作「三」，今據相臺本、涵芬樓影宋本改。

明夷彖云「利艱貞，晦其明也」，豐繇云「勿憂，宜日中」是也。

吉凶有時，不可犯也。

時有吉凶，不可越分輕犯也。

動静有適，不可過也。

動静適時，不可過越而動。

犯時之忌，罪不在大；失其所適，過不在深。

若夬之九三「壯于頄，有凶」，得位有應，時方陽長，同決小人，三獨應之，「犯時之忌」，凶其宜也。大過九四「棟隆，吉，有它吝」，大過之時，陽處陰位爲美，九四陽處陰位，能隆其棟，良由應初，則有它吝，此所適違時也。

動天下，滅君主，而不可危也。

事之大者，震動宇宙，弑滅君主，違於臣道，不可傾危，若離之九四「突如，其來如，焚如，死如，棄如」之例是也。

侮妻子，用顔色，而不可易也。

事之小者，侮慢妻子，用顔色。若家人尚嚴，不可慢易。家人九三：「家人嗃嗃，悔厲，吉。婦子嘻嘻，終吝。」

故當其列貴賤之時，其位不可犯也；

位有貴賤，爻有尊卑，職分既定，不可觸犯。

遇其憂悔吝之時，其介不可慢也。

吉凶之始彰也，存乎微兆。悔吝纖介雖細，不可慢易而不慎也。

觀爻思變，變斯盡矣。

明象

夫象者，出意者也。言者，明象者也。

立象所以表出其意。作其言者，顯明其象。若乾能變化，龍是變物，欲明乾象，假龍以明乾。欲明龍者，假言以象龍，龍則象意者也。

盡意莫若象，盡象莫若言。

象以表意，言以盡象。

言生於象，故可尋言以觀象。

若言能生龍，尋言可以觀龍。

象生於意，故可尋象以觀意。

乾能明意，尋乾以觀其意也。

意以象盡，象以言著。

意之盡也，象以盡之；象之著也，言以著之。

故言者所以明象，得象而忘言。象者所以存意，得意而忘象。

既得龍象，其言可忘；既得乾意，其龍可捨。

猶蹄者所以在兔，得兔而忘蹄；

蹄以喻言，兔以喻象，存蹄得兔，得兔忘蹄。

筌者所以在魚，得魚而忘筌也。

求魚在筌，得魚棄筌。

然則，言者象之蹄也，象者意之筌也，

蹄以喻言，筌以比象。

是故存言者，非得象者也；存象者，非得意者也。

未得象者存言，言則非象；未得意者存象，象則非意。

象生於意而存象焉，則所存者乃非其象也。

所存者在意也。

言生於象而存言焉，則所存者乃非其言也。

所存者在象也。

然則，忘象者乃得意者也，忘言者乃得象者也。

忘象得意，忘言得象。

得意在忘象，得象在忘言。

棄執而後得之。

故立象以盡意，而象可忘也；重畫以盡情，而畫可忘也。

盡意可遺象，盡情可遺畫。若盡和同之意，忘其天火之象，得同志之心，拔茅之畫盡可棄也。

是故觸類可爲其象，合義可爲其徵。

徵，驗也。觸逢事類則爲象，魚、龍、牛、馬、鹿、狐、鼠之類，大人、君子，義同爲驗也。

義苟在健，何必馬乎？類苟在順，何必牛乎？

大壯九三有乾，亦云「羝羊」。坤卦無乾，彖亦云「牝馬」。

爻苟合順，何必坤乃爲牛？義苟應健，何必乾乃爲馬？

遯無坤，六二亦稱牛。明夷无乾，六二亦稱馬。

而或者定馬於乾，

唯執乾爲馬，其象未弘也。

案文責卦，有馬无乾，則僞説滋漫，難可紀矣。互體不足，遂及卦變，變又不足，推致五行。

廣推金、木、水、火、土爲象也。

一失其原，巧愈彌甚。

一失聖人之原旨，廣爲譬喻，失之甚也。

縱復或值，而義無所取。蓋存象忘意之由也。

失魚兔，則空守筌蹄也；遺健順，則空説龍馬也。

忘象以求其意，義斯見矣。

辯位

案：象无初上得位、失位之文，

陰陽居之，不云得失。

又繫辭但論三五、二四同功異位，亦不及初上，何乎？

問〔一〕其義也。

唯乾上九文言云「貴而无位」，

陽居之也。

需上六云「雖不當位」，

陰居之也。

若以上爲陰位邪，則需上六不得云「不當位」也。若以上爲陽位邪，則乾上九不得云「貴而无位」也。陰陽處之，皆云非位，而初亦不説當位、失位也。

不論當位、失位、凶吉之由。

然則，初上者，是事之終始，无陰陽定位也。

初爲始，上爲終。施之于人爲終始，非禄位之地也。

故乾初謂之潛，過五謂之无位，未有處其位而云潛、上有位而云无者也。歷觀衆卦，

〔一〕「問」，原作「同」，今據相臺本、涵芬樓影宋本改。

盡亦如之。初上無陰陽定位，亦以明矣。夫位者，列貴賤之地，待才用之宅也。

宅，居也。二、四陰賤，小人居之；三、五陽貴，君子居之。

爻[一]者，守位分之任、應貴賤之序者也。

各守其位，應之以序。

位有尊卑，爻有陰陽，尊者陽之所處，卑者陰之所履也，故以尊爲陽位，卑爲陰位。去初上而論位分，則三五各在一卦之上，亦何得不謂之陽位？二四各在一卦之下，亦何得不謂之陰位？初上者，體之終始，事之先後也。故位无常分，事无常所，非可以陰陽定也。尊卑有常序，終始无常主。

四爻有尊卑之序，終始无陰陽之恒主也。

故繫辭但論四爻功位之通例，而不及初上之定位也。然事不可无終始，卦不可无六爻，初上雖无陰陽本位，是終始之地也。統而論之，爻之所處則謂之位；卦以六爻爲成，則不得不謂之「六位時成」也。

[一]「爻」，原作「又」，今據宋本、相臺本、涵芬樓影宋本改。

略例下

凡體具四德者，則轉以勝者爲先，故曰「元亨利貞」也。

元爲生物之始[一]，春也。亨爲會聚于物，夏也。利爲和諧品物，秋也。貞能幹濟於物，冬也。乾用此四德，以成君子、大人之法也。

其有先貞而後亨者，亨由於貞也。

離卦云：「利貞，亨。」

凡陰陽者，相求之物也。近而不相得者，志各有所存也。

既濟六二與初、三相近而不相得，是「志各有所存也」[二]。

故凡陰陽二爻率相比而无應，則近而不相得；

〔一〕「元爲生物之始」，原作「元生上初之始」，宋本作「无生上物之始」，今據相臺本、涵芬樓影宋本改。

〔二〕此注，相臺本、涵芬樓影宋本作「比之六三，處二四之間，四自外比，二爲五貞，所與比者，皆非己親，是有所存者也」。

比之六三，无應於上，二四皆非己親，是「无應則近而不相得」之例〔一〕。

有應，則雖遠而相得。

同人六二志在乎五，是「有應，則雖遠而相得」之例〔二〕。

然時有險易，卦有小大，

否險泰易，遯小臨大。

同救以相親，同辟以相疏，

睽之初九、九四陰陽非應，俱是「睽孤」，同處體下，交孚相救，而得悔亡，是同救相親。困之初六有應於四，潛身幽谷；九四有應于初，「來徐徐」，志意懷疑，同避金車，兩相疏遠也。

故或有違斯例者也。然存時以考之，義可得也。

或有情僞生，違此例者。存其時，考其驗，莫不得之。

凡象者，統論一卦之體者也。象者，各辯一爻之義者也。

〔一〕此注，相臺本、涵芬樓影宋本作「隨之六三『係丈夫』，九四『隨有獲』，是无應而相得之例也」。

〔二〕此注，相臺本、涵芬樓影宋本作「既濟六二有應於五，與初三相近，情不相得之例」。

彖統論卦體，象各明一爻之義也。

故履卦六三〔一〕爲兑之主，以應於乾，成卦之體，在斯一爻。故彖叙其應，雖危而亨也。

彖云「柔履剛，説而應乎乾」，是以「履虎尾，不咥人，亨」也。

象則各言六爻之義，明其吉凶之行，去六三成卦之體，而指説一爻之德，故危，不獲亨而「見咥」也。

六三「履虎尾，咥人，凶」，象言「不咥」，象言「見咥」，明爻、彖其義各異也。

訟之九二，亦同斯義。

訟彖云「『有孚，窒惕，中吉』，剛來而得中」，注云「其在二乎？以剛而來，正夫羣小，斷不失中，應斯任矣」，九二「不克訟，歸而逋，其邑人三百户，无眚」。

凡彖者，通論一卦之體者也。一卦之體，必由一爻爲主，則指明一爻之美，以統一卦之義，大有之類是也。卦體不由乎一爻，則全以二體之義明之，豐卦之類是也。

〔一〕「三」，原作「二」，今據宋本、相臺本、涵芬樓影宋本改。

凡言无咎者，本皆有咎者也，防得其道，故得无咎也。

乾之九三「君子終日乾乾，无咎」，若防失其道，則有過咎也。

吉无咎者，本亦有咎，由〔一〕吉故得免也。

師「貞，丈人吉，無咎」，注云：「興役動衆，无功罪也，故吉乃免咎。」

无咎吉者，先免於咎，而後吉從之也。

比初六「有孚，比之，无咎，終來，有它吉」之例也。

或亦處得其時，吉不待功，不犯於咎，則獲吉也。

需之九二「需于沙，小有言，終吉」，注云：「近不逼難，遠不後時，履健居中，以待其會，雖小有言，以吉終也。」

或有罪自己招，无所怨咎，亦曰无咎。故節六三曰「不節若，則嗟若，无咎」，象曰「不節之嗟，又誰咎也」，此之謂矣。

〔一〕「由」，毛本作「因」。

卦略凡十一卦〔一〕。

䷂屯：此一卦，皆陰爻求陽也。屯難之世，弱者不能自濟，必依于彊，民思其主之時也。故陰爻皆先求陽，不召自往。馬雖「班如」，而猶不廢，不得其主，無所馮也。初體陽爻，處首居下，應民所求，合其所望，故「大得民」也。

江海處下，百川歸之；君能下物，萬人歸之。

䷃蒙：此一卦，陰爻亦先求陽。夫陰昧而陽明，陰困童蒙，陽能發之。凡不識者求問識者，識者不求所闇〔二〕。闇者求明，明者不諮於闇。故「童蒙求我，匪我求童蒙」也。故六三先唱，則犯於爲女。四遠于陽，則「困蒙，吝」。初比于陽，則「發蒙」也。

䷉履：雜卦曰：「履，不處也。」又曰：「履者，禮也。」謙以制禮，陽處陰位，謙也。故此一卦，皆以陽處陰爲美也。

〔一〕此注，原脱，今據毛本、相臺本、涵芬樓影宋本補。
〔二〕「闇」，相臺本、涵芬樓影宋本作「告」。

九五「夬履，貞厲」，履道惡盈，而五處尊位，三居陽位，則「見咥」也。

䷒臨：此剛長之卦也。剛勝則柔危矣，柔有其德，乃得免咎。故此一卦，陰爻雖美，莫過无咎也。

䷓觀之爲義，以所見爲美者也。故以近尊爲尚，遠之爲吝。

遠爲童觀，近爲觀國。

䷛大過者，棟橈之世也。本末皆弱，棟已橈矣，而守其常，則是危而弗扶，凶之道也。以陽居陰，拯弱之義也，故陽爻皆以居陰位爲美。濟衰救危，唯在同好，則所贍褊矣。故九四有應，則「有它吝」；九二无應，則「无不利」也。

大過之時，陽處陰位，心无係應爲吉，陽得位有應則凶也。

䷠遯：小人浸長。難在於内，亨在於外，與臨卦相對者也。臨，剛長則柔危；遯，柔長故剛遯也。

遯以「遠時」爲吉，「不係」爲美。上則「肥遯」，初則「有厲」。

䷡大壯：未有違謙越禮，能全其壯者也，故陽爻皆以處陰位爲美。用壯處謙，壯乃全也；用壯處壯，則「觸藩」矣〔一〕。

䷣明夷：爲闇之主，在於上六。初最遠之，故曰「君子于行」。五最近之，而難不能溺，故謂之「箕子之貞」，明不可息也。三處明極而征至闇，故曰「南狩獲其大首」也。

遠難藏明，明夷之義。

䷥睽者，睽而通也。於兩卦之極觀之，義最見矣。極睽而合，極異而通，故先見怪焉，洽乃疑亡也。

火動而上，澤動而下，睽義見矣。

䷶豐：此一卦，明以動之卦也。尚於光顯，宣揚發暢者也。故爻皆以居陽位，又不應陰爲美。其統在於惡闇而已矣。小闇謂之沛，大闇謂之蔀。闇甚則明盡，未盡則明昧，明盡則斗星見，明微故見昧。無明則无與乎世，見昧則不可以大事。折其右肱，雖左肱在，豈足用乎？日中之盛，而見昧而已，豈足任乎？

豐之爲義，貴在光大，惡於闇昧也。

〔一〕此下三卦，原無，今據毛本、相臺本、涵芬樓影宋本補。

計用章後序

易之爲書，無所不通，大焉天地之變，細之鱗介之動，數冥象索，惟神之測。聖師殁，七十弟子喪，後出之師，各顓其習，故同異派焉。晉、魏之際，傳者尤衆，獨王氏爲異，摘去拘滯，特論人事，蓋得聖人所以爲易之意。是以歷代貴之，列諸學官，學者誦焉，諸儒章句遂廢不著，非好古博雅，人間鮮有傳者。

慶曆壬午，相府策賢良六題，一出此書。素未嘗見，賢良多下者。是冬，予放謫北歸，復官漢東，至淮安，太守平陽公館焉。公先德學士，蜀之儒宗，名爲博古。因間以請，遂出先學士所藏李氏易本，俾予與其子彦孚習焉。其書會數十家章句，取其合者著之，其解卦異者，家世變正，時來旁通，互採頗爲煩悉。若何、范之爲春秋者，其所取荀慈明、虞仲翔爲多，而斥王氏，李氏之志也。彦孚既授卒業，且欲伸都官丈與先學士之意，因緘别本，屬所親眉陽孫景初募工刊刻，以廣傳布。

噫！此書意例雖異，其精者連環錯綜，皆有理證，似非一人之學所能舉。意仲尼之後，師師相承，以及翻、爽，豈易之道，天地人鬼神萬化巨細无不貫。後之學者不能兼明，直順所聞言之邪？古之能事，亡逸者多矣，後或有惜之者。況此書聖賢之遺旨所存乎？它日有沉深志古，得之怡然以自廣，斯亦平陽氏之世德也矣。

慶曆甲申七月甲子臨邛計用章序。

附録一　序跋

周易集解宋本鮮于侁序 出自陸心源皕宋樓藏書志卷一經部，清光緒萬卷樓藏本

李鼎祚以易學顯名于唐，方其進平胡論，預察胡人叛亡日時，無毫釐差，象數精深蓋如此。而所注周易全經，世罕傳焉。鼎祚，資人也。爲其州，因斥學糧之餘，鏤板藏之學官，俾後之士，因以知前賢通經學古，其用力蓋非苟而已。學録鄉貢進士謝誨、學正新鄭縣尉侯天麟校讎，教授眉山史似董其事。乾道二年四月甲午，郡守唐安鮮于侁書。

周易集解宋本鮮于申之序 出自陸心源皕宋樓藏書志卷一經部，清光緒萬卷樓藏本

乾道元二，先君子假守資中，公退惟讀書不暫輟，蓋亦晚而好易。謂李鼎祚資人

也，取其集解，命刊之學官。病其舛脱，則假善本於東漕巽巖先生，然亦猶是也，姑傳疑焉，惟不敢臆以是正之。茲四十有七年矣，板復荒老，且字小，不便於覽者，不肖嗣申之誤茲（此處原闕五字）指，敬大字刻之漕司，尚廣其傳，庶幾此學不遂泯云。嘉定壬申三月甲子，申之謹書。

胡震亨李氏易解附鄭康成注序 出自秘册匯函本

初，漢氏施、孟、梁丘、京四氏易列學官，費氏易惟行民間。自馬融爲傳授鄭玄，注易者相承皆用費氏易，而獨玄與魏王弼最顯。玄主象數，弼尚名理。弼撰略例云：「互體不足，遂及卦變。變又不足，推致五行。一失其原，巧愈彌甚。」殆譏玄也。晉人譏弼，復謂其「六爻變化，羣象所效，日時歲月，五氣相推，多所不關，將泥大道」。蓋互有所短云。於後南北諸儒，好尚各異。江左則宗王學，河洛則用鄭義。隋世王注盛行，唐復勑撰正義，而鄭氏始絀。舊注九卷，至宋遂亡佚失傳焉。唐惟李鼎祚宗鄭，彙諸家爲集解，鄭注蓋多所採用。宋王應麟復聯綴其散在釋文、易、詩、三禮、春秋義疏、後漢書、文選注者，合集解所載爲一卷，名曰鄭康成易注。蓋易道統備天象人事，王鄭兩不可偏廢，而鄭氏之學，鼎祚撮其最，應麟搜其逸，則兩書又當並觀者也。

余故刻集解，而並取應麟所輯除已見集解者爲附録，而序其説如此。集解舊無刻本，此本得之海虞趙清常氏，清常得之錫山孫蘭公氏，蘭公復得之南都焦弱侯先生。轉相傳寫，差誤不少。行求焦氏原本校之，會迫計偕未暇也。癸卯七月望日，海鹽胡震亨識。

沈士龍易解題辭出自秘册匯函本

李氏易解搜輯先漢以至隋唐凡三十五家，政猶珪璧珠銑，陸離備前，應接不暇，誠易部一寶藏也。第其意在絀王尊鄭，至以「野文」目王。余因取王鄭易注讀之，則鄭注所及者僅三十二卦，如謙卦「唯艮之堅固、坤之厚順，乃能終之」，豫卦「震爲諸侯，坤爲衆，故利建侯行師」，「象云以者，取其喜佚動摇，猶人至樂則手足鼓舞」，隨卦

「内動以德，外悦以言，則天下慕而隨之」，「初九震爲大塗，又爲日門，當春分陰陽之所交也」，臨卦「人之情盛則奢淫，奢淫將亡，故戒以凶也」，觀卦「艮爲鬼門，宫闕，天子宗廟之象」，賁卦「離爲日，天文也。艮爲石，地文也」，剥六二「屈則相近，申則相遠，故謂之辨」，頤卦「自二至五有二坤，坤載養物」，恒卦「長女承長男，夫婦同心而成家，久長之道也」，遯卦「艮爲門闕，互體有巽，巽爲進退，君子出門，行有進退，逃去之象」，困卦「坎爲月，互體離爲日，兑爲暗昧，掩日月之明」，鼎卦「澤鐘金而含水，爨以木火」，凡此數條，誠象數解經之最佳快者，特其解乾九二、三、五爻以三才立説，何如王「出潛離隱，因時而惕；不躍不行，大人之亨路」乎？泰象「寬仁長養，收斂蓋藏」，否九五「紂囚文王，四臣獻珍」，何如王「上下大通，物失其節，故財成」云云，心存將危，乃得固乎？晉象「日出於上，其功乃著」，萃卦「上下相應，有事而和通」，升卦「木生地中，日長而上」，井卦「井以汲人，水無空竭」，何如王「以順著明，自顯之道」，「聚乃通」，「巽順可以升」，「井以不變爲德」乎？至以臨之「八月有凶」爲殷家著興衰之戒，咸卦「三十之男有此三德，以下二十之女」、夬「揚于王庭」訓揚爲越之類，尤劇拘恠懼，未易凌壓輔嗣也。且譚易者無逾宋儒，顧于鄭解特取先甲後甲之説，而他不少及，往往多與王合旨。蘇長公目無前人，乃注易有全用王注者，則王、鄭優劣判然可覩矣。繡水沈士龍題。

李氏周易集解跋 朱彝尊曝書亭集卷第四十二

唐著作郎資州李鼎祚集子夏以來易説三十二家，又引張氏倫、朱氏仰之、蔡氏景君三家注及乾鑿度合三十六家，題曰周易集解。自序稱一十卷，斯爲完書。晁氏志惜其失七卷，蓋誤信新唐書藝文志目録也，以其書宗康成，排輔嗣。然繹其序，有云「王氏略例得失相參，仍附經末」，是未嘗全排輔嗣，論者未之察爾。由唐以前，易義多軼不傳，藉此猶存百一，宜西亭宗正獲之，亟以開雕。近則流播者多，海鹽胡氏、常熟毛氏皆有刊本矣。唐史論經學，易有蔡廣成，詩有施士丐，禮有袁彝、仲子陵、韋彤、裴茝，春秋有啖助、趙匡、陸淳，論語有强蒙，獨未及鼎祚。唯宋史禮志追贈贊皇子，而元四明袁桷集謂資州有鼎祚讀書臺，今未審故迹尚存焉否也。

盧見曾雅雨堂本題詞

兩漢傳易者數十家，唯費氏爲古文易。今所傳之易，乃費易也。費長翁以彖、象、繫辭、文言解説上下經，頗得聖人遺意。唐有章句四卷，惜已亡佚。其後荀慈明祖述費學，亦以十篇之義詮釋經文，故當時兖豫言易者皆傳荀氏學。九家亦以荀爲主。虞仲翔注易，其説六爻升降之義，皆荀法也。二家之業爲兩漢最，故唐資州李氏撰易傳集解，其三十餘家，荀虞獨多。先是王輔嗣易專尚黄老，謂卦中所取之象皆假象也。韓康伯因之，易之大義始乖。六朝王氏之易與鄭氏並行，自孔穎達奉詔爲五經正義，易用王氏，而兩漢之學亡矣。今幸李氏易傳尚存，前明朱、胡、毛三家皆有刊本，被既迷失，又多訛字。余學易數十年，於唐、宋、元、明四代之易無不博綜玄覽，而求其得聖人之遺意者，惟漢學爲長。以其去古未遠，家法猶存故也。爲校正謬誤，刊以行世，並附宋王伯厚所採鄭氏易於後，以存古義。荀虞逸象最多，故李氏序云：「刊輔嗣之野文，補康成之逸象。」晁公武謂李氏刊王存鄭，此誤解序義也，爲辨而正之。

翁方綱周易李氏集解校本序出自清李彦章校刻翁方綱復初齋文集卷一

予於治易，頗不勸人專言漢學，而獨以李氏集解爲足寶。李氏所集三十餘家，自孟喜以下，大抵多漢學也。予篋中細字校本有謀重鋟梓者，乞一言序之。校本者，東吴惠棟所校也。惠氏又自爲書，題曰易漢學，又自爲書，曰易述。易述之書，其藁未竟。今之嗜學者，或欲爲惠氏補完之。予曰：「盍愼諸！」愼其補惠書乎？愼其演漢學耳。漢諸家具有師授，奚爲而必愼之，愼其支演也。由漢學以補惠氏書，其必多出於支演者，勢也。然則曷爲獨寶李氏集解？

李氏集解之於漢學也，存什一於千百，以資後學之詳擇焉，則經學之寶也。若以供後人之演説，則經學之蠹而已矣。是在善學者能擇之，故李氏之書其爲益匪細也。然則校本其有裨歟？曰亦在善學者擇焉耳矣。庀材者，竹頭木屑皆實用也；治羞者，芝栭蔆椇皆嘗腴也，而況漢學之具有師授者哉？然而惠氏有踵增之華，李氏則有質素而無絢飾也。惠氏啓嗜異之漸，李氏則有並存而無偏阿也。豈惟讀者有不能善擇之防，即校者已先有不能闕疑之懼矣。吾正以徒寶而秘藏與弗慎而輕輟言者等其戒焉。乃不闕不慎之爲弊，又在徒寶而不開篋者下矣。慎之哉！

劉毓崧周易集解跋上篇 出自劉氏通義堂文集卷一

李氏周易集解自序未言成書年月，郡齋讀書志云「鼎祚集解皆避唐諱」，今以集解全書核之，其中以「代」字易「世」字，以「人」字易「民」字，自序云「故繫辭云致天下之人通其變，使人不倦；神其化，使人宜之」，「後代聖人易之以宫室」，「後代易之書契」，「萬人以察」。今按繫辭「代」作「世」，除「聖人」外，「人」皆作「民」。自序又引「説以先之」，「之」字當是「人」字之誤。兑彖傳原文亦作「民」。避太宗之諱也。以「理」字代「治」字，自序云「百官以理」。坤文言傳鼎祚注云「理國修身」。今按繫辭原文「理」作「治」，理國即治國也。避高宗之諱也。以「通」字代「亨」字，履六二象傳鼎祚注云「是以履虎尾，不咥人，通」。今按彖辭原文「通」作「亨」。此外經文作「亨」，集解引舊注以「通」字代「亨」字者難以枚舉。避肅宗之諱也。「豫」字缺筆作「豫」，豫卦、小畜卦、晉卦、序卦傳改「豫」爲「豫」者不一而足。避代宗之諱也。德宗諱「适」，兼諱「括」字。處州原名括州，避德宗嫌名而改。而集解「括」字不避不缺筆。坤六四爻辭云「括囊，无咎无譽」，集解引虞翻曰：「括，結也。」繫辭傳云「動而不括」，集解引虞翻曰：「括，作也。」井象辭集解引曰：「括囊則同。」則作於德宗之前可知。以是推之，其書成於代宗之朝，更無疑義。觀於序云「臣少慕玄風」，其序末又云「臣李鼎祚序」，蓋此書曾經表獻，其序即作於代宗之時，故篇内引用繫辭自「蓋取諸離」至「蓋取諸夬」而不言「蓋取諸豫」者，以「豫」字乃時君御名，自序係進呈之文，非經傳可比，即缺筆亦嫌於指斥故耳。繫辭尚有「蓋取諸乾坤」、「蓋取諸小過」、「蓋取諸大過」，自序不引之者，十三卦皆制器尚象之義，若備引十二卦而獨遺豫卦，恐閲者疑爲脱漏，故止引八卦而遺其五卦，所以泯避諱之迹也。若夫太祖諱虎，而集解有「虎」字。乾文言傳云「風從虎」，集解引荀爽曰「虎喻國君」，虞翻曰「坤爲虎」。世祖諱丙，而集解有「丙」字。蠱象辭云「後甲三日」，集解引子夏傳曰「乙丙丁也」。高祖諱淵，而集解有「淵」字。乾九四爻辭云「或躍在淵」，集解引崔憬曰「疑而處淵」，干寶曰「淵謂初九」。中宗諱顯，而集解有「顯」字。自序云「斯乃顯諸仁而藏諸用」。玄宗諱隆基，而集解有「隆」字、「基」字。大過九四爻辭云「棟隆吉」，集解引虞翻曰「隆，上也」，繫辭傳云「是故履，德之基也」，集解引虞翻曰「坤柔履剛，故德之基。坤爲基」。此則出自後人追改，非李氏之原文也。世、民、治、亨等字亦有不避者，皆後人所改。

是書以北宋慶曆本爲最古。計用章序作於慶曆甲申七月。明朱睦㮮所重刊者，即據此本也。宋翼祖諱敬，宣祖諱殷，故「敬」字、「殷」字皆缺末筆。訟上九象辭云「亦不足敬也」，集解本「敬」作「敬」，臨象辭集解引鄭玄曰「殷之正月也」，「殷」作「殷」。他條仿此者甚多。其有不缺筆者，皆後人翻刻時所補也。而於唐人所諱「豫」字，仍爲缺筆，不獨加禮於故國舊君，有昔賢忠厚之遺風。日知録云：「孟蜀所刻石經，於唐高祖、太宗諱皆缺書。石晉相里金神道碑「民」、「珉」二字皆缺末筆。至宋益遠矣。而乾德三年卜禋伏羲女媧廟碑「民」「珉」二字、咸平六年孫沖絳守居園池記碑「民」「珉」二字皆缺末筆。其於舊君之禮何其厚與？後漢應劭作風俗通，有諱舊君之議。自古相傳，忠厚之道如此。即成書之時代，亦藉此得以考見，其爲功也大矣。

至於此書之卷數，諸家目録各有不同。新唐書藝文志載李鼎祚集注周易十七卷，集注即集解之異文。如其所言，則此書原有十七卷也。北宋以後，通行之本皆係十卷，或謂其逸去七篇，或謂其「首尾俱全，初無亡失」。郡齋讀書志云：「唐録稱鼎祚書十七卷，今所有止十卷，蓋亦失其七，惜哉！」經義考引李燾曰：「鼎祚自序止云十卷，無亡失也。」朱睦㮮序云：「據鼎祚自序云十卷，而首尾俱全，初無亡失，不知唐史何所據而云十七卷也。崇文總目及邯鄲圖書志亦稱七篇逸，蓋承唐史之誤耳。」中興書目既言十卷，又言十七篇，尤令閲者無所適從。今按自序云：「至如卦爻彖象，理涉重玄，經注文言，書之不盡，別撰索隱，錯綜根萌，音義兩存，詳之明矣。」據此，則李氏之釋周易，更有索隱一書，詳列音義異同，兼以發揮爻象錯綜之理。雖其書久逸，卷數未見明文，然以諸家目録參互考之，竊疑集解止有十卷，而索隱别有七卷，諸書稱十七卷者，係總計集解、索隱而言，故自序又云「其王氏略例得失相參，采葑采菲，無以下體，仍附經末，式廣未聞，凡成一十八卷」，蓋除略例一卷爲王弼所編，與李氏無關，其餘十七卷則自集解十卷以外，索隱當有七卷，是索隱與集解本相輔而行。此十七卷之目録所由來也。特以紀載簡略，止標集解而遺索隱，於是索隱遂沈晦而不彰。加以刊刻流傳止有集解而無索隱，於是索隱遂湮没而莫考。此所以但知有十卷之本，不知有十七卷之本，甚至有改自序中之卷數，以遷就調停。而昔人舊目相沿，轉疑爲無據，其誤甚矣。雅雨堂所刻集解强析十卷爲十七卷，欲以復其舊觀，所謂「楚則失之，齊亦未爲得也」。要之，索隱原附于集解，而集解未及致詳者，實恃索隱以爲補苴。自序所謂「錯綜根萌」，當必有裨於微言大義。惜乎集解存而索隱逸，無以覘李氏易學之全。惟索隱之名僅見於集解自序，而讀者亦鮮知考究，豈非習焉不察之故歟？

劉毓崧周易集解跋下篇 出自劉氏通義堂文集卷一

新、舊唐書皆無李鼎祚傳，據集解標題，知其爲資州人，而蜀中志乘亦罕見其名氏。朱睦㮮集解序云：「及閲唐列傳與蜀志，俱不見其人，豈遺之耶？抑別有所載耶？因附論著於此，以俟博雅者考焉。」

今以自序及元和志、寰宇記、輿地紀勝，參之通志、能改齋漫録等書，其事迹官階尚可考見大略。蓋鼎祚係資州盤石縣人。輿地紀勝資州人物門李鼎祚注云：「盤石人。」盤石即資州治所，舊唐書地理志云資州盤石，漢資中縣，今州治。州東有四明山，鼎祚兄弟讀書於山上，後人名其地爲讀書臺。輿地紀勝資州景物、古迹兩門並載讀書臺，注云：「在州東二十里，鼎祚兄弟讀書於其上，俗呼四明山。」經義考云：按資州有李鼎祚讀書臺，見袁桷清容居士集。明皇幸蜀時，鼎祚進平胡論，後召守左拾遺。見輿地紀勝昌州官吏門李鼎祚注。肅宗乾元元年，奏以山川闊遠，請割瀘、普、渝、合、資、榮等六州界，置昌州。見元和郡縣志昌州。二年春，從其議，興建。新唐書地理志云：「昌州下都督府，乾元二年，析資、瀘、普、合四州之地置。」唐會要云：「乾元二年正月，分資、普地置。」輿地紀勝昌州州沿革門云：「象之謹按：寰宇記昌州四至八到，亘資、合、瀘、普、渝、榮六州。恐是割六州地置。」凡經營相度，皆躬與其勞。鼎祚未嘗官昌州，而輿地紀勝昌州官吏門列鼎祚之名，蓋當時以鼎祚家在盤石，與昌州相近，而所析六州地界，資州亦在其中，故即命原議之人往參其事也。

是時仍官左拾遺。據元和志及寰宇記。嘗充内供奉。據通志藝文略。今按：唐六典卷八云：「左補闕二人，又置内供奉，無員數，才識相當，不待闕而授，其資望亦與正官同，禄俸等並全給。左拾遺二人，亦置内供奉，無員數。」通典卷二十一云：「是時仍官左拾遺。」通典卷二十一云：「自開元以來，左右補闕各二人，内供奉者各一人，左右拾遺亦然。」

曾輯梁元帝及陳樂産、唐吕才之書，以推演六壬五行，成連珠明鏡式經十卷，又名連珠集。通志藝文略五行類式經門載連珠明鏡式經十卷，注云：「唐拾遺内供奉李鼎祚撰。」能改齋漫録卷五云：「嘗考唐左拾遺李鼎祚所修梁元帝及陳樂産、唐吕才六壬書，名連珠集。」上之於朝。其事亦在乾元間。新唐書藝文志五行類載李鼎祚連珠明鏡式經十卷，注云：「開耀中上之。」今按：開耀係高宗年號，止有二年。肅宗崩於寶應元年，代宗即以是年登極。自開耀二年至寶應元年，相距已七十年。其上集解既在寶應元年以後，則其上式經豈得在開耀二年以前？竊謂鼎祚撰式經時，官左拾遺，有通志及能改齋漫録可證。其官左拾遺在乾元中，有元和志及寰宇記可證。拾遺置於武后垂拱元年，高宗開耀年閒尚無此官，新書「開耀」二字當是「乾元」之譌。蓋始則誤乾元爲開元，繼復誤開元爲開耀耳。代宗登極後，獻周易集解，其時爲秘書省著作郎。據集解自序末結銜。朱睦㮮序云：「鼎祚仕唐爲秘閣學士。」今按：秘閣即秘書省，學士即著作郎。蓋秘書本有内閣之名，著作必用文學之士，故朱氏稱以秘閣學士，非唐時有此官名也。仕至殿中侍御史，見輿地紀勝資州人物門。以唐時官品階秩考之，左拾遺係從八品上階，秘書省著作郎係從五品上階，殿中侍御史係從七品上階。據通典及舊唐書職官志所分載之品秩如此。唐六典及新唐書百官志所述亦同。惟殿中侍御史上階作下階，係傳寫之誤。由左拾遺而爲著作郎，固屬超遷。由著作郎而爲殿中侍御史，亦非左降。蓋官職之要劇閒散，隨時轉移。著作郎在武德時秉修史之筆，貞觀後史事改歸史館，著作所司者止於碑誌祭文祝文。通典卷二十一云：「大唐武德初，因隋舊制，史官屬秘書省著作局。至貞觀三年閏十二月，移史館於門下省北宰相監修。自是著作局始罷史職。」卷二十六云：「初，著作郎掌修國史及製碑頌之屬，徒有撰史之名，而實無其任，其任盡在史館矣。」唐六典卷十云：「著作郎掌修撰碑誌祝文祭文。」舊唐書職官志「誌」作「志」，餘同。是其始雖非閒曹，而其後竟成散秩也。殿中侍御史彈舉違失，號爲副端。見通典卷二十四。未升秩之前，舊唐書職官志云：「殿中侍御史，武德至乾封令並正八品上。垂拱年改。」已稱接武夔龍，簉羽鵷鷺。唐會要卷六十云：「龍朔三年五月，雍州司户參軍韋絢除殿中侍御史，或以爲非遷。中書侍郎上官儀聞而笑曰：『殿中侍御史赤墀下供奉，接武夔龍，簉羽鵷鷺，奈何以雍州判佐相比。』」今按：龍朔係高宗年號，在垂拱之前。其時殿中侍御史係正八品上階，據通典及舊唐書職官志，京兆府諸曹參軍係正七品下階，京兆府即雍州司户參軍，即在諸曹參軍之内，其秩較諸殿中侍御史實高三階，故或人有非遷之疑耳。是其始本爲劇職，而其後更屬要津也。故高祖受禪之初，即謂秘書清而不要，御史清而復要。舊唐書良吏上李素立傳云：「武德初，爲監察御史，素立尋丁憂，高祖令所司奪情，授以七品清要官。所司擬雍州司户參軍。高祖曰：『此官要而不清。』又擬秘書郎。高祖曰：『此官清而不要。』遂擢授侍御史。」唐會要卷六十叙此事，司户作司録，事在武德四年。今以舊唐書職官志考之，監察御史本從八品上階，垂拱令改爲正八品上階；京兆府司録參軍係正七品上階，秘書郎係從六品上階，武德令尚爲正七品下階；侍御史本從七品上階，垂拱令改爲從六品下階；殿中侍御階，垂拱令改爲從七品上階。據唐六典卷十三，殿中侍御史，隋煬帝三年省，武德五年置。素立之奪情起復，在武德四年，其時尚無殿中侍御史。然而侍御史與殿中侍御史同屬於御史臺，皆清而復要之官，亦猶秘書郎與著作郎同屬於秘書省，皆清而不要之官也。自是以後，輕重益分。故員外郎係從六品上階，侍御史係從六品下階，補闕係從七品上階，其秩視著作郎較卑。著作佐郎係從六品上階，其秩比侍御史較尊。據唐六典及舊唐書職官志。然當日由著作郎改補闕，則以爲遷。舊唐書李渤傳云：「以著作郎徵之，歲餘，遷右補闕。」韋温傳云：「換著作郎，父憂免喪。久之，爲右補闕。」由著作佐郎改侍御史，亦以爲遷。舊唐書忠義上王義方傳云：「擢爲著作佐郎，遷侍御史。」由員外郎改著作郎，則不以爲遷。舊唐書舒元輿傳云：「尋轉刑部員外郎，宰執謂其躁競，改授著作郎，分司東都。」由侍御史改著作郎，亦不以爲遷。舊唐書宇文籍傳云：「入爲侍御史，轉著作郎，遷刑部員外郎。」實因輕重繫乎職任，不繫乎階資也。況乎唐時官著作郎者，本有兼侍御史之例。舊唐書忠義下甄濟傳云：「魏少游奏授著作郎兼侍御史。」殿中侍御史與侍御史遷轉之班次相同。通典卷二十四云：「殿中侍御史，咸亨以前遷轉及職事與侍御相亞。自開元初以來，權歸侍御史，而遷轉猶同。」意者鼎祚亦以著作郎而兼殿中侍御史歟？

是故綜核其生平出處，方未仕之日即獻策以討安禄山，後此召拜拾遺，當必因其所言有驗。觀於請建昌州之奏，若早慮及寇賊憑陵，故其州曾爲兵火所焚，而節度使崔甯又奏請復置以鎮壓夷獠。元和郡縣志云：「尋爲狂賊張朝等所焚，州遂罷廢。大曆十年，本道使崔甯又奏復置，以鎮壓夷獠。」輿地紀勝云：「元和志不載張朝、楊琳作亂及昌州廢罷年月。寰宇記云：『乾元二年，狂賊張朝、楊琳作亂，爲兵火所廢。』新唐書志云：『大曆六年，州縣並廢，以其地各還故屬。』與寰宇記所載昌州廢罷年月不同。象之謹按：李鼎祚奏乞置昌州在乾元元年，唐會要載建置昌州年月在乾元二年，既新置於二年，不應於當年遂廢，使二年爲賊所焚，亦不應至六年始廢也。如昌州以乾元元年李鼎祚奏請，二年建置，大曆六年爲賊焚蕩而廢，至大曆十年而復置，其年月初不相亂也。則昌州之廢當在大曆六年。」蓋其形勢控扼險固，元和郡縣志云：「其城南憑赤水北，倚長嵓，極爲險固。」兵法所謂地有所必争也。則鼎祚之優於經濟而好進謨猷，即此可以概見。其改官御史，建白必大有可觀，惜乎奏議之不傳耳！迨身殁以後，資州人士爲立四賢堂，繪其像以祀之，輿地紀勝資州景物下四賢堂注云：「在郡治繪王褒、范崇凱、李鼎祚、董鈞像。」尤足徵其德望素隆，爲鄉邦推重。在唐代儒林之内不愧爲第一流人，非獨集解之書有功於易學已也。乃國史既不爲立傳，方志亦不詳述其人，凡此紀載之疎，安可以曲爲解免也哉？

陸心源影宋本周易集解跋 出自陸氏儀顧堂題跋卷一

易傳二十卷，下題李氏集解，影寫宋刊本，每葉十六行，行十八字，前有鼎祚自序，後有慶曆甲申計用章序。以胡震亨刊本校之，卷一「用九，見羣龍無首，吉也」，胡本作「用九，天德不可爲首也」。「德合无疆」下脱「蜀才」二字。「曰」下脱「天有无疆」

四字。「陰疑于陽必戰」下脱「孟喜曰」云云十六字。卷二小畜注「三不能陵」上脱「王弼曰」云云三十四字。卷四「剥牀以膚」注「在下而安人者牀也」下脱「在上而處牀者」六字。卷五「遯亨」下脱「虞翻曰」云云五十三字。大壯九二「貞吉」注「虞翻口變」下脱十二字。明夷「文王以之」虞翻注「拘羑里」上脱「迷亂荒淫」二十七字。損彖「元吉無咎，可貞」下脱「荀爽曰」云云十四字。卷六萃初六「象其志亂也」下脱「虞翻曰」云云十字。卷七渙象盧氏注「艮爲丘山」下脱「渙羣」云云十九字。卷九繫辭「神農氏作」注「虞翻曰」下脱「没作終起也」云云十四字。「是故易者象也」注「易謂日月」上脱「虞翻曰」三字。「一致而百慮」下脱「盡也」二字。「精義入神以致用也」注干寶曰「能精義理之微，以得」下脱「未然之事，是以涉于神道而造禍福也」十五字，而誤接「窮神知化」侯果注解「義入神」云云四十字。「德之盛也」下注虞翻注「故德之盛」後脱「侯果曰」云云四十五字。「繫于苞桑」荀爽注「故而不可忘也」下脱「陸績曰」云云十二字，而誤以陸績注「陽之卦」云云接爽注「不可忘也」下。此外，句之脱落，字之譌謬，更難枚舉。凡「干寶」之「干」，宋本皆作「于」，津逮、學津兩本與胡本同，雅雨堂本與宋本多合，惟計用章序亦缺。

張海鵬照曠閣本跋

唐李秘書周易集解十七卷，見唐書藝文志。漢之説易者，惟費長翁以彖、象、繫辭、文言十篇解説上下經，故解經獨正。其後，馬鄭荀虞諸人宗其説而爲傳注，費學始顯。唐孔穎達爲正義專用王氏説，而各家古注遂散佚。資州李氏以王鄭相沿，鄭多參天象，王專釋人事，二家之説皆偏滯，於是集子夏以來説易者三十餘家，而采虞仲翔、荀慈明之説爲多，名爲集解。其解卦異者，家世變正，時來旁通，無義不備，漢人解畫卦之宗旨，賴以猶存，誠可寶也。

余初就汲古本校梓，繼得蘭陵孫觀察本，又心葵吴君處假雅雨堂盧氏本，互爲參訂。盧得宋慶曆閒平陽氏刻本，校正極爲精審。凡毛本譌舛脱佚，悉從盧本改正。「易曰不遠復，无祇悔，元吉」，與十五卷「顔氏之子」爲一節，毛本誤分刻十六卷之首，今從盧本，仍刻入十五卷。又漢藝文志惟費氏易與古文同，是編本費氏古文易校經文字，有與今本不同者，亦從盧本校正，而以今文附注云。乙丑夏六月，張海鵬識。

陳鱣宋本周易集解跋出自清涉聞梓舊本經籍跋文

周易集解十卷，影宋寫本。首題「易傳卷第幾」，下題「李氏集解」。今所行十七卷本作「周易集解」，下云「唐資州李鼎祚輯」，非其舊也。前列易傳序，偁「祕書省著作郎臣李鼎祚序」，次載晁公武書，又次李燾書，又次鮮于侃書，又次侃子申之書，末附易傳略例，後載計用章序。每葉十六行，行十八字。自乾、坤二卦以外，卦爻下俱列某宫某月二世等字，作三行。凡遇貞、恒等字俱缺筆。以今汲古閣刻本校之，經文如文言傳「可與言幾也」，今無「言」字。噬嗑象傳「先王以明罰勑法」，今作「敕法」。大壯象傳「不詳也」，今作「不祥」。晉六五「失得勿恤」，今作「矢得」，象傳同。夬九四「其行次且」，今作「趦趄」，象傳及姤九三同。萃象傳「五假有廟」，今作「王假」。豐彖傳「月盈則食」，今作「則蝕」。象傳「天際祥也」，今作「天降」。繫辭傳「其孰能與此哉」，今「與」下衍「於」字。「易之以棺椁」，今作「棺槨」。「一致而百慮盡也」，今無「盡也」二字。皆以宋本爲長。至于集解開卷第一條「故曰乾元亨利貞矣」，今脱「乾」字。

第二條「故曰勿用矣」，今脱「矣」字。其餘甚多。凡引于寶曰，今通作干寶，余别有攷。

鼎祚自序本云：「凡成一十卷。」中興書目亦作十卷。新唐書藝文志作十七卷。晁公武云：「唐録稱鼎祚書十七卷，今所有止十卷，而始末皆全，無所亡失，豈後人併之邪？」李燾亦云：「據鼎祚自序，止云十卷，又首尾俱全，初無亡失，不知唐史何所據而云十七卷也。」崇文總目及邯鄲圖書遂稱七篇逸，蓋承唐史之誤。按明嘉靖三十六年朱睦㮮刻此書尚作十卷。崇禎閒毛晉汲古閣所刻乃作十七卷，又改序中一十卷爲一十八卷，以合附録略例一卷之數，而略例仍未之附。尤可笑者，第十五卷止于「知之未嘗復行也」，而第十六卷始于「易曰不遠復」，以經文之一節歧置二卷，抑何冒昧至此。蓋李氏自序中本有「别譔索隱」之語，宋志五行類有李鼎祚易髓三卷、目一卷、瓶子記三卷，當即其所别譔者；或附于集解後，合之正十七卷。故唐志綜其所譔述而言，晁、李諸家俱未深究原委耳。

集解自北宋慶曆四年臨邛計用章屬所親眉陽孫景初募工刊刻。南宋乾道二年，資中郡守鮮于侃刻之學官。嘉定五年，侃子申之以版復荒老，且字小不便于覽者，乃將大字刻之漕司。此即從嘉定本影寫者，用明時户口册籍紙，上有「嘉靖伍年」等字，既薄且堅，反面印格，摹寫工整絕倫，纖毫無誤。前有「毛褎字華伯號質庵」印，褎即毛晉之長子，知爲汲古閣藏書，裝潢極精，以墨箋爲而背藏經紙作籤，殆所謂「宣綾包角藏經箋」也。凡十册，每册黏籤，猶是舊題。攷毛疑〔一〕斧季汲古閣祕書目，以此居首。注云：「宋版影鈔，定價銀五兩，以呈潘稼堂。」又不知幾易主後，爲潢川吴氏所有。嘉慶十一年十月，吴閶陶氏五柳居書肆持以相視，索直十兩。余正擬購得，黄君蕘圃已先知之，急遣人來，攜首册而去。未幾，蕘圃卧病，然猶持書不釋。余欲其速愈也，因讓之，乃竟如其直買之。病果起，遂以香相製櫝而藏。是冬除夕祭書，此其首列。次年，余借校未畢，將赴試禮部，聞蕘圃不赴，請以二十金易書于余，而彼有難色。且恐余身歷宦途，它日歸取或難，竟促歸。蕘圃爲跋于後。及余罷舉，言旋復借校竣，直至殘臘方還。愛書之念猶然耿耿。越二年，余將自吴返里，蕘圃適有所需，乃以三十金購之，較汲古原價已加五倍。然斧季固云「精鈔之書，每本有費四兩

〔一〕「疑」，疑「扆」之誤。

之外者」，今不敢多開，所謂「裁衣不值緞子價」也，則此三十金似不爲過。余故終感良友之能遂厥初心，獲此至寶，誓欲重爲摹刻，以廣流傳，而力少未能，姑俟異日。獨怪毛氏既有是書，而所刊之本絶不相照，豈付梓時猶未獲此書邪？又有盧氏雅雨堂刻本爲惠定宇臆改百六十餘處，與宋本校對，時多乖違。且如豫卦，集解「豫」皆作「逸」，乃避代宗諱，以故晁公武云「集解皆避唐諱」，今雅雨堂本盡改「逸」字作「豫」，是亦弗思之甚，更不可爲典要矣。

譚宗浚重刻周易集解序出自希古堂集甲集卷一

仁和葉誠齋大令宰雲陽，有循聲，重刻李鼎祚周易集解，以嘉惠多士，而問序於余。

余嘗謂經之難治者莫如易，蓋其爲書也廣大悉備，凡名物、象數之理無所不包。漢儒説易具有家法，不容臆造。自王輔嗣易注盛行，唐以後列於學官，而漢易幾廢。然好學之士或心訾之。觀鼎祚此序，云「刊輔嗣之野文，補康成之逸象」，其於王注亦深致不滿矣。

近儒談漢易者莫如惠定宇、張皋聞兩先生，然惠氏重輯鄭康成易注、張氏易義别録，咸多采摭是書，佚説遺文賴以不墜，誠唐宋以來可貴之古籍也。

竊謂王注善談名理，標舉玄遠，誠與漢易不同。至其訓詁，則有不能易漢儒舊説者。今姑就此書及釋文校之。王注解「匪其彭」與子夏傳合，解「婦喪其茀」與馬融注合，解「王假有廟」與鄭康成注合，解「拔茅茹以其彙」與荀爽注合，凡此之類，不下數十條，其隱用漢儒意義而變易其詞者，尤不一而足。豈得指爲排擊漢儒，自標新學哉？且虞翻易注尚明言馬鄭之失，而王注無之，其未嘗輕詆前人，尤可概見。吾聞之易學在蜀，意後世達儒必將有能通鄭王兩家之畸而得所折衷者。因序是書之刻而并及之。

李富孫易解校異自序出自李氏校經廎文稿卷十七

余少習易，見宋儒所著，皆惑於陳、邵圖學，未免支離穿鑿。惟唐資州李氏集解冣爲精奥，漢魏諸儒之説賴以僅存。其自序云：「棄輔嗣之野文，補康成之逸象。」綜貫天人，兼賅象義，斥王扶鄭，意甚深遠。羲文周孔之淵微不可藉爲探索與？宋乾道嘉定間，曾兩經鏤版。明嘉靖中，宗正朱氏睦㮮重校梓以廣其傳。後海鹽胡氏震亨復有彫本，坿王氏所輯鄭氏易注。毛氏晉又刻於津逮祕書，婁經傳寫，繆譌不少。近雅雨堂槧本爲元和惠氏棟所校，雖撲塵埽葉，非爲無補，弟往往據見於別本者改易經文。然資州之爲是書，博采衆家，異同並列，未嘗嫥主一説。況諸家師承各異，詎可以私肊突改舊傳之本？儀徵阮宮保師謂其所改並自著易述多有似是而非者，蓋古書當仍其舊，一加竄改，便失其真。且其所據，鄭、虞本並從釋文，然亦有不盡從鄭虞，體例復參錯不一。如「王三錫命」，鄭本「錫」作「賜」。「羸其角」，鄭、虞本「羸」作「纍」。若斯之類，異文尚多。古字叚借，沿習已久。資州惟采取虞説，則經文有從虞本。若襍采它家，則仍同正義本，豈可專輒盡改？

余以是書爲漢學之宗匯，既蒐輯賸義三卷，漢儒之説罔有遺漏。茲復合諸本互爲參校，並取唐宋易義所引讎勘，頗有增消。不同之處，朱氏、毛氏皆據宋刻。影宋鈔亦多譌。胡氏本尤舛脱不可讀。閒有勝於諸本者，著之爲校異二卷，庶幾是書之傳於後者，得以諟正，而烏焉亥豕不至相淆溷焉爾。

李富孫周易集解跋 出自李氏校經廎文稿卷十七

李氏自序謂：「集虞翻、荀爽三十餘家，先儒有所未詳，然後輒加添削。又別撰索隱，錯綜根萌，音義兩存，末坿王氏略例，凡成一十八卷。」唐蓺文志偁十七卷，鼂公武讀書志作十卷，云：「唐録十七卷，今止十卷，而始末皆全，豈後人併之邪？」陳直齋書録解題亦作十卷。朱睦㮮氏云：「不知唐史何所據而云十七卷。崇文總目及邯鄲圖書志並稱七篇逸，蓋唐志之偁十七卷，當合索隱而言。後坿略例一卷，則索隱爲七卷。索隱今不傳，故邯鄲圖志云七篇逸也。」睦㮮又言「自序十卷」，非是。朱氏彝尊跋亦偁自序十卷，爲完書，謂鼂氏誤信唐志。今自序猶存，未嘗言十卷。惟中興書目作集解十卷，又云凡十七篇，亦是承唐志之説。

是書初刻於宋乾道二年，唐安鮮于侃有跋。嘉定壬申，其子申之復刻之漕司，並假東漕李巽巖本，其舛脱亦猶是也。則其書之傳寫久多繆譌。朱睦㮮氏本據云「得李中麓氏宋季刻本」，大抵即嘉定所刻，分十七卷，後坿略例，以合十八卷之數。毛氏汲古閣本卷同，何義門學士跋汲古本云：「斧季言是書胡氏初開彫者，訛脱不可讀。其尊人得宋本遂重開之，獨爲一書之冠。後祗役武英，見有宋槧本中有是書，爲毛氏舊物，不知何人進入天府。亦爲嘉定大字本。今所傳影宋本凡十卷，胡震亨本卷同。胡氏倆得之海虞趙氏，爲南都焦氏弱侯本，亦謂差誤不少。焦氏經籍志倆易傳十卷，其本同，則十卷、十七卷在宋時已有兩本。朱、毛所據者爲宋刻，是當泥唐志十七卷，而妄爲肊分。其更繆者，下繫『子曰顔氏之子』節，朱本以『易曰不遠復』三句析爲十六卷之首，元本當不如是。且六十四卦皆反對，今乾坤、需訟、剥復、困井分卷亦非，則此十七卷未可爲據，當以十卷爲得其真，與中興書目、鼂氏讀書志、陳氏書録解題亦無不合也。」

附録二　書目解題

中興書目

集解十卷，唐著作郎李鼎祚集子夏、孟喜、京房、馬融、荀爽、鄭康成、劉表、何晏、王弼、虞翻、陸績、干寶、王肅、王輔嗣、姚信、王廙、張璠、向秀、王凱沖、侯果、蜀才、翟玄、韓康伯、劉瓛、何妥、崔憬、沈驎士、盧氏、崔憬、孔穎達等凡三十餘家，附以九家易、乾鑿度，凡十七篇，其所取荀、虞之説爲多。

中興藝文志：李鼎祚易宗鄭康成，排王弼。

晁公武郡齋讀書志解題

李氏集解十卷。

右唐李鼎祚集解，經皆避唐諱，又取序卦各冠雜卦之首。其序云「刊輔嗣之野文，補康成之逸象」，蓋宗鄭學者也。隋書經籍志所録易類六十九部，今所有五部而已。關朗不載於目，乾鑿度自是緯書，焦贛易林又屬卜筮，子夏書或云張弧僞爲，然則隋志所録，捨王弼書皆未得見也，獨鼎祚所集諸家之説，時可見其大旨。唐録稱鼎祚書十七卷，今所有止十卷，蓋亦失其七，惜哉！

李燾曰：鼎祚自序止云十卷，無亡失也。

陳振孫直齋書録解題卷一

周易集解十卷。案唐書作十七卷。晁公武謂：今止十卷，而始末皆全，無所亡失，或後人併之也。

唐著作郎李鼎祚集子夏、孟喜、京房、九家、乾鑿度、馬融、荀爽、鄭康成、劉表、何晏、王弼、宋衷、虞翻、陸績、王肅、干寶、姚信、王廙、張璠、向秀、王凱沖、侯果、蜀才、翟玄、韓康伯、劉瓛、何妥、崔憬、沈驎士、盧氏、崔覲、孔穎達等諸家。凡隋唐以前易家諸書逸不傳者，賴此猶見其一二，而所取于荀、虞者尤多。九家者，漢淮南王所聘明易者九人，荀爽嘗爲之集解，陸氏釋文所載説卦逸象本于九家易。蜀才，范長生也，顔之推云。案此書集子夏以來易説三十二家外，又引張氏倫、朱氏仰之、蔡氏景君三家注。

俞琰讀易舉要卷四

唐著作郎李鼎祚撰周易集解十卷，集子夏、孟喜、京房、九家、乾鑿度、馬融、荀爽、鄭康成、劉表、何晏、王弼、宋衷、虞翻、陸績、王肅、干寶、姚信、王廙、張璠、向秀、王凱沖、侯果、蜀才、翟玄、韓康伯、劉瓛、何妥、崔璟、沈驎士、盧氏、崔覲、孔穎達等諸家。凡隋唐以前易家諸書逸而不傳，賴此猶見其一二，而所取於荀、虞者尤多。九家者，漢淮南王所聘明易者九人，荀爽嘗爲之集解，陸氏釋文所載説卦逸象本於九家易。蜀才者，范長生也，顔之推云。

馬端臨文獻通考卷一百七十五經籍考二

李鼎祚周易集解十卷。

鼂氏曰：鼎祚，唐人，集解經皆避唐諱。又取序卦各冠逐卦之首，所集有子夏、孟喜、京房、馬融、荀爽、鄭康成、劉表、何晏、宋衷、虞翻、陸績、干寶、王肅、王輔嗣、姚信、王廙、張璠、向秀、王凱同、侯果、蜀才、翟玄、韓伯、劉瓛、何妥、崔璟、沈驎士、盧氏、崔覲、孔穎達三十餘家，又引九家易、乾鑿度義。所謂蜀才者，人多不知，按顔之推云「范長生也」。其序云：「自卜商之後，傳注百家，唯王、鄭相沿，頗行于代。鄭則多參天象，王乃全釋人事，且易之爲道，豈偏滯於天人者哉？而天象難尋，人事易習，折楊黄華，學徒從之。今集諸家，刊輔嗣之野文，輔康成之逸象，以貽同好。」蓋宗鄭學者也。

隋書經籍志所録易類六十九部，公武今所有五部而已。關朗不載於目，乾鑿度自是緯書，焦贛易林又屬卜筮，子夏書或云張弧僞爲，然則隋志所録，捨王弼書皆未得見也，獨鼎祚所集諸家之說，時可見其大旨。唐録稱鼎祚書十七卷，今所有止十卷，而始末皆全，無所亡失，豈後人併之邪？陳氏曰：「隋唐以前易家諸書逸不傳者，賴此書猶見其一二，而所取於荀、虞者尤多。九家者，漢淮南王所聘明易者九人，荀爽嘗爲之集解，陸氏釋文所載說卦逸象本於九家易。」中興藝文志：李鼎祚易宗鄭康成，排王弼。

四庫全書易類提要周易集解

周易集解十七卷，唐李鼎祚撰。

鼎祚，唐書無傳，始末未詳，惟據序末結銜，知其官爲祕書省著作郎。據袁桷清容居士集載資州有鼎祚讀書臺，知爲資州人耳。朱睦㮮序稱爲祕閣學士，不知何據也。其時代亦不可考。舊唐書經籍志稱録開元盛時四部諸書，而不載是編，知爲天寶以後人矣。其書新唐書藝文志作十七卷，晁公武讀書志曰：「今所有止十卷，而始末皆全，無所亡失，豈後人併之耶？」經義考引李燾之言則曰：「鼎祚自序止云十卷，無亡失也。」朱睦㮮序作于嘉靖丁巳，亦云「自序稱十卷」，與燾説同。今所行毛晉汲古閣本乃作一十七卷，序中亦稱王氏畧例附于卷末，凡成一十八卷，與諸家所説截然不同，殊滋疑竇。今考序中稱「至如卦爻彖象，理涉重玄，經注文言，書之不盡，別撰索隱，錯綜根萌，音義兩存，詳之明矣」云云，則集解本十卷，附畧例一卷爲十一卷，尚別有索隱六卷，共成十七卷。唐志所載，蓋併索隱、畧例數之，實非舛誤。至宋而索隱散佚，刊本又削去畧例，僅存集解十卷，故與唐志不符。至毛氏刊本始析十卷爲十七卷，以合唐志之文；又改序中一十卷爲一十八卷，以合附録畧例一卷之數，故又與朱睦㮮序不符。蓋自宋以來，均未究序中「別撰索隱」一語，故疑者誤疑，改者誤改。即辨其本止十卷者，亦不能解唐志稱十七卷之故，致愈説愈訛耳。今詳爲考正，以祛將來之疑。至十卷之本，今既未見，則姑仍以毛本著録。蓋篇帙分合，無關宏旨，固不必一一追改也。其書仍用王弼本，惟以序卦傳散綴六十四卦之首，蓋用毛詩分冠小序之例。所採凡子夏、孟喜、焦贛、京房、馬融、荀爽、鄭玄、劉表、何晏、宋衷、虞翻、陸績、干寶、王肅、王弼、姚信、王廙、張璠、向秀、王凱沖、侯果、蜀才、翟玄、韓康伯、劉瓛、何妥、崔憬、沈驎士、盧氏（案盧氏周易注，隋志已佚其名）、崔憬、伏曼容、孔穎達

（案以上三十二家，朱睦㮮序所考）、姚規、朱仰之、蔡景君（案以上三家，朱彝尊經義考所補考）等三十五家之説。自序謂「刊輔嗣之野文，補康成之逸象」，蓋王學既盛，漢易遂亡，千百年後學者得考見畫卦之本旨者，惟賴此書之存矣。是真可寶之古笈也。

丁丙善本書室藏書志卷一

周易集解十卷，附鄭康成注一卷，明刊本。

前有祕書省著作郎臣李鼎祚自序，稱「刊輔嗣之野文，補康成之逸象」。晁公武讀書志云：「所集有子夏、孟喜至孔穎達三十餘家，又引九家易、乾鑿度義。隋經籍志易六十九部，今捨王弼書皆未得見，獨鼎祚所集諸家時可見其大旨。唐録十七卷，今止十卷而皆全，豈後人併之耶？」按是書初刻爲宋慶曆臨邛計用章，再刻於乾道資中郡守鮮于侃，嘉定五年侃之子申之更刻大字於漕司。毛子晉得影鈔本，轉輾歸陳仲魚，詳經籍跋文。此爲胡震亨別從趙清常傳鈔本刊刻，有計用章後序，而無略例及鮮于侁與申之兩序，又附補鄭康成易注一卷，似較汲古閣、雅雨堂兩刻爲佳矣。

莫友芝周易集解明嘉靖本 出自莫氏宋元舊本書經眼録卷二

明宗室朱睦㮮灌父所刻。有嘉靖丁巳冬刻書序及上海潘恩序。半葉八行，行十八字。注皆低一格大書，甚醒目。朱序謂：「刻自宋季，希有存者，予得之李中麓，復用校梓以傳。鼎祚，資州人，仕唐爲祕閣學士，以經學稱於時。嘗進平胡論，預察胡人叛亡日時，無毫髮爽，象數精深蓋如此。及閱唐傳與蜀志，俱不見其人，豈遺之耶？抑別有所載耶？」朱序。

附録三　其他雜著

馮椅厚齋易學附録一

中興書目，唐著作郎李鼎祚周易集解十卷。按唐志，集注周易十七卷，子夏、孟喜、京房、馬融、荀爽、鄭康成、劉表、何晏、宋衷、虞翻、陸績、干寶、王肅、王弼、姚信、王廙、張璜、向秀、王凱沖、侯果、蜀才、翟玄、韓康伯、劉巘、何妥、崔璟、沈驎士、盧氏、崔覲、孔穎達三十餘家，又引九家易、乾鑿度義。所謂蜀才者，人多不知，按顔之推云范長生也。隋志所録易類六十九部，今所有七部而已。乾鑿度是緯書，焦贛易林又屬卜筮，關子明不載書目，子夏傳、干寶、王肅之書多是僞本，然則隋志所録捨王弼皆未得見也。自餘，獨鼎祚所集者，時可見其大指，今又亡七卷。惜哉！其所取荀、虞之説爲多。崇文總目云：「大抵以卦互體緣爻索變，蓋本易家師承之舊。」其自序云：「自卜商之後，傳注百家，唯王、鄭相沿，頗行於近代。鄭則多參天象，王乃全釋人事。易之道，豈偏滯於天人哉？而天象難尋，人事易習，折楊黄華，學徒多從之。今集諸家，刊輔嗣之野文，補康成之逸象。」蓋宗鄭學者也。

周廣業過夏雜録卷一

唐李鼎祚作周易集解，多避國諱，如以亨爲通，避肅宗諱；以豫爲逸，避代宗諱；小畜傳下載虞翻曰「需上變爲巽，與逸旁通，就四之坤，初爲復」，又曰「逸坤爲自我，兑爲西，乾爲郊」，大象傳下虞翻曰「逸坤爲文，乾爲德」，初九「復自道」下虞翻曰「謂從逸四之初成復卦」，此数條，皆謂小畜旁者於豫也。全謝山卦變圖説不知爲諱，而改逸爲遁，因言旁通一例，以六爻對易言，乃虞氏有云「小畜與遯旁通」，是但以巽艮相易而三陽不動，别是一法，則知游移變化，漢人已闢其端，而今但以咎宋儒，亦不考矣。案仲翔易注九卷，自謂蒙先師之教，依經立注，又獨推荀爽知易，馬融、鄭玄、宋忠皆不及，固非漫無師承者。今其書略見于集解，其旁通並無兩卦相易之法，惠定宇易例引之皆作豫，豈謝山所見本訛逸爲遁歟？但不應據以詆漢儒也。

臧庸惠定宇私改周易集解出自拜經日記卷八

惠定宇氏，經學之巨師也。觀戴東原所爲毛鄭詩考正好逞臆説，以奪舊學，謬誤頗多，益覺惠氏之遵守古義而發明之，其功爲不可及，而好用古字，頓改前人面目，以致疑惑來者，亦非小失。伊所挍刻李鼎祚易集解，其經與開成石刻、孔氏正義往往互異，初以爲有本，後乃疑之，何其與古多合？近在吴門得一明刻板勘對，始知雅雨堂叢書不足據。李易本與今本不殊，其異者皆惠所私改。向爲所欺，至今斯覺，意當世必有同受病者，不敢不爲一告也。兹正書舊本，以惠改附訂焉。

叙曰元氣氤氲　惠作「絪緼」，今本同。案釋文云：「絪緼，本又作氤氲。」與李序正合，獨改从今本，亦非。

作結繩而爲罔罟　惠「罔」作「网」，此經典絶無之體。

蓋取諸離　惠作「离」，通書並同。惠云：「説文『離爲倉庚』，與八卦之离全不相通。」宋本乾鑿度皆作离，廣韻尚分離离，以离爲卦名。」案字書即有离字，究不得盡改經典之文也。

故聖人見天下之賾　惠作「嘖」，通書並同。案釋文云：「賾，京作嘖。」惠據此改。九經古義云：「凡賾字皆當作嘖。」可證。

周易集解卷第一　餘卷放此。惠改題易傳，而下復署云李鼎祚集解，是一書兩名矣。考李氏自序云「集虞翻、荀爽三十餘家」，而並無易傳之稱，此正名之所必當先者。

乾文言「不易乎世，不成乎名」　惠本删兩「乎」字，云：「唐以後本『不易乎世，不成乎名』。」案「不易乎世」，王弼注云「不爲世俗所移易也」，是本有「乎」字。釋文云：「不成名，一本作不成乎名。」則陸本亦祇此句無「乎」字耳。惠據釋文下句之本而並删上句之經，識雖大而心不小也。

知至至之，可與幾也　惠作「可與言幾也」，妄增經字，又無所本。

乾始能以美利利天下　惠「能」作「而」，云：「今本而爲能，古文通。」案屯彖「宜建侯而不寧」，釋文云：「而不寧，鄭讀而曰能。」惠據彼因改此能爲而，然安知鄭注此不讀能爲如字邪？

坤文言「爲其嫌於无陽也」　惠作「爲其兼于陽也」，注「陰陽合居，故曰嫌陽」，亦改作「兼陽」。案釋文云：「嫌，荀、虞、陸、董作兼。」影宋抄本如是。惠據此改。又鄭、王注本皆無「无」字，今本有者係衍文，惠改此條尚合理。而「於」字改作「于」字，則非也。凡經作「于」，傳注皆作「於」。

屯「雷雨之動滿盈」　惠作「形」，云：「今本形訛盈。」案正義引周氏云：「言雷雨二氣初相交動，以生養萬物，故得滿盈。」又周氏、褚氏云：「『萬物盈滿，則亨通也。』」是王弼本作「盈」也。集解載虞翻注云：「震雷坎雨，坤爲盈，謂雷動雨施，品物流形也。」是虞本作「形」也。段氏六書音均表盈聲、开聲同第十一部。

君子以經綸　惠作「論」。案釋文作「經論」，云：「音倫，本亦作綸。」惠據此改。

訟「終朝三褫之」　惠作「拕」。案釋文：「褫，鄭本作拕，徒可反。」惠據此改。詳九經古義。案集解：「侯果曰：『褫，解也。』」此褫字，惠改之未盡，猶存其舊。

比「王用三驅」　惠作「毆」。案釋文引徐云：「鄭作毆。説文以毆爲古文驅。」

邑人不誡，吉　惠改「戒」，無所本。

小畜「車説輻」　惠改「輹」。案釋文：「輻，本亦作輹。」

尚德載　惠本作「得」，云：「今本得作德。」案呂氏音訓云：「德，晁氏曰子夏傳作得。」

象傳「德積載也」　惠亦改得。

履虎尾，不咥人，亨　惠下有「利貞」，云：「今本脱『利貞』二字。」案集解引荀爽曰：「二五无應，故无元。以乾履兑，故有通。六三履二非和正，故云利貞也。」惠以故云「利貞」，因增此二字也。庸以「云」字必「无」字之誤，猶上云「故无元」，而惠氏增經，妄矣。

六三眇能視跛能履　惠「能」作「而」，云：「今本而爲能。」案虞翻注能爲而。集解又引侯果曰：「雖能視，眇目者也。雖能履，跛足者也。故曰眇能視，不足以有明；跛能履，不足以與行。」亦可證。遽改經字，必有所不合者矣。

上九視履考祥　惠改作「詳」。案釋文：「考祥，本亦作詳。」古易音訓晁氏曰：「荀作詳，審也。」然虞翻云：「祥，善也。」改爲詳，反不合。

泰包荒　惠作「巟」。案釋文云：「荒，本亦作巟。」

象曰无往不復　惠作「象曰无平不陂」。案釋文作「象曰无平不陂」，云：「一本作无往不復。」

否不可榮以禄　惠「榮」作「營」。案集解云：「營，或作榮。」又引孔穎達曰：「不可榮華其身。」是即有作營之本，究不得徑改經字榮爲營也。

同人乘其墉　惠作「庸」。案釋文：「其墉，鄭作庸。」

大有大車以載　惠作「大轝」，下同，惟注中盧氏説尚作「車」字，亦改之未盡者。案釋文作「大車」，云：「蜀才作輿。」

匪其彭　惠作「尫」。案虞云：「尫，或爲彭，作旁，聲字之誤。」釋文：「彭，子夏作旁，虞作尫。」

明辯晳也　惠作「折」。案釋文：「晳，虞作折。」

自天祐之　惠作「右」，以爲古祐字，見九經古義。

謙君子以裒多益寡　惠作「捊」。案釋文云：「裒，鄭、荀、董、蜀才作捊。」

豫朋盍簪　惠作「戠」。案釋文云：「簪，虞作戠。」

觀聖人以神道設教而天下服矣　惠删「以」，云：「今本『聖人』下有『以』字。」案虞翻注云「以神明其德教」，則本有「以」。

噬嗑先王以明罰敕法　今釋文、正義皆作「勑」，惠改從之。案毛居正六經正誤云：「勑法，監本誤作敕，舊作勑，紹興府注疏本、建安余氏本皆作勑。又五經文字下文部敕，丑力反。古勑字，今相承皆作勑，唯整字從此敕。」據此，則舊本集解作「敕」，與宋監本及五經文字合。九經古義以敕亦非古字，故反改從今本也。

噬腊肉　惠改「昔」，據説文。

剥六三剥之无咎　惠删「之」。案釋文作「六三剥无咎」，云：「一本作『剥之无咎』，非。」

君子得輿　惠改「德車」。案釋文云：「得輿，京作德輿，董作德車。」然據集解引侯果云：「坤爲輿。君子居此，萬姓賴安，若得乘其車輿也。」則改之不合。又前改車爲轝，此改輿爲車，聖經可若是任意乎？

无妄天命不祐　惠改「右」。案釋文云：「佑，馬作右。」下放此。

大畜輝光日新　惠作「煇」。案釋文作「煇光」，云「音輝」。

君子以多識前言往行　惠依虞改「志」。案釋文云：「多識，劉作志。」

輿説輹　惠改「腹」。案虞翻云：「腹，或作輹。」

童牛之牿　惠改「告」。案釋文云：「牿，九家作告，説文同。」

頤虎視眈眈　惠改「視」爲「眎」，易無此本。

大過有他吝　惠從唐石經及今本作「它」。

坎王公設險以守其國　惠作「邦」。

樽酒簋　惠改「尊」。

納約自牖　惠改「内」。但喜作古字耳，皆無所本也。

祇既平　惠改「禔」。案釋文云：「祇，京作禔，説文同。」

離百穀草木麗乎土　虞翻曰：「坤爲土。」惠俱改作「地」。案釋文云：「乎土，王肅本作地。」

日昃之離　惠改「日昊之离」。案釋文作「日昊」。

突如其來如　惠依説文改作「㐬」，云：「今本㐬訛突。」又見九經古義及所輯鄭易。案經典皆隸書，何嘗盡依説文，而惠必欲改從古體，反失漢以來相傳之舊矣。

咸騰口説也　陸、孔皆作「滕」，惠改作「媵」。釋文云：「虞作『媵』。」正義云：「鄭作媵。」

恒振恒凶　惠作「震」。釋文：「振恒，張作震。」

大壯壯于大輿之輹　惠作「壯于大轝之腹」，从二車，俗字。

不祥也　惠作「詳」。釋文作「不詳」，云：「詳，審也。鄭、王肅作祥。祥，善也。」案唐石經及注疏本皆同釋文作「詳」，正義單本作「祥」，云：「祥者，善也。」宋板及錢孫保影抄並同，古足利亦作「不祥也」，皆與集解舊本合。惠必欲改爲「詳審」字，以爲古文祥，謬極。集解引虞翻曰：「乾善爲祥。」知本不作詳。

晉晉如鼫鼠　惠改「碩」。釋文：「鼫，子夏傳作碩。」

維用伐邑　惠改「惟」。

睽其牛掣　惠改「觢」。案釋文云：「掣，鄭作犎，説文作觢，子夏作契，荀作觭。」並無有作「觢」者，即字書亦無「觢」字。玉篇角部觢又作觢。惠以折與制通，遂僞造「觢」字，説見九經古義。

蹇宜待也　虞翻曰：「艮爲時。」惠據此增「時」字。釋文云：「宜待也，鄭本作『宜待時也』。」

解雷雨作而百果草木皆甲坼　惠改「甲宅」，云：「今本宅作坼，從古文宅而訛。」案釋文作「坼」，馬、陸作「宅」。

解而拇　惠改「母」。釋文云：「拇，荀作母。」

損君子以懲忿窒欲　惠作「徵忿」，據釋文改。

尚合志也　惠「尚」作「上」。

益利用爲依遷國　惠作「邦」。

夬其行趑趄　惠作「次且」。案釋文：「次，本亦作趑；且，本亦作趄。」蓋舊本如是。惠好古字，故改「次且」。

姤勿用娶女　惠作「取」，與唐石經及今本同。案釋文：「用娶，本亦作取。」

蠃豕孚蹢躅　惠作「蹢䠱」。案釋文言「古文作蹢䠱」，惠據此改。

萃亨　虞翻曰：「體觀亨祀，故通。」惠以釋文云「亨，王肅本同，馬、鄭、陸、虞等並無此字」，因删經「亨」字，删注「故通」二字，以求合其説。庸案注云「故通」，是虞有「亨」字矣。又引鄭注云：「有事而和通，故曰萃亨也。」是鄭有「亨」字矣。疑釋文誤倒，蓋本作「馬、鄭、陸、虞等並同，王肅本無此字」，幸有舊本可考，得以正惠氏删改經注之失。

齎咨涕洟　惠從虞作「資」，晁氏謂陸希聲作「資」。

升君子以順德　惠作「慎」。釋文云：「順，本又作慎。」

困剛揜也　釋文云：「揜，虞作弇。」故惠從改。

來徐徐　虞翻曰：「徐徐，舒遲也。」惠以釋文云「子夏傳作荼荼」，因改從古字。

震躋于九陵　惠「于」誤作「於」。

歸妹未當也　惠據虞注作「位未當也」。案正義曰：「未當其時。」知本無「位」字。

旅喪牛于易，終莫之聞也　釋文云：「喪牛之凶，本亦作『喪牛于易』。」惠據此改爲「喪牛之凶」。

節則嗟若　惠作「差」。案離「大耋之嗟」，釋文謂荀作差，惠據彼因欲盡改「嗟」字爲「差」。

既濟婦喪其茀　惠作「髴」。釋文云：「茀，子夏作髴。」古易音訓晁氏曰：「孟、虞作茀。」

繫辭「八卦相盪」　釋文云：「盪，衆家作蕩。」惠因改「蕩」。

而成位乎其中矣　荀爽云：「故曰成位乎其中也。」惠「成位」上增「易」字，云：「今本脱易字。」又改荀注「故曰」作「故易」。釋文：「而成位乎其中，馬、王肅作『而易成位乎其中』。」

居則觀其象而玩其辭　釋文云：「玩，鄭作翫。」惠據此改爲「翫」。

故能彌綸天地之道　惠作「天下」，云：「今本『天下』爲『天地』。」釋文：「天下之道，一本作『天地』。」

故君子之道鮮矣　釋文云：「鮮，鄭作尟。」惠因改作「尟」。

分而爲二以象兩　惠本脱「而」字。

乾之策　惠作「册」，下同。

聖人以此洗心　惠改作「先心」，云：「先，韓康伯讀爲洗。」案集解載韓注云：「洗濯萬物之心。」知李氏之經亦同陸、孔作「洗」矣。

成天下之亹亹者，莫大乎蓍龜　惠「亹亹」作「娓娓」，「大」作「善」。案釋文作「莫善」，云：「本亦作莫大。」

化而裁之存乎變　釋文云：「裁，本又作財。」惠據此改爲財。

繫辭下「刳木爲舟，剡木爲檝」　惠作「挎木爲舟，剡水爲楫」，皆見釋文。

重門擊柝，以待暴客　釋文云：「柝，説文作㯄。暴，鄭作虣。」惠從此改。

掘地爲臼　惠作「闕地爲臼」。

往者屈也　惠改「詘」。

入于其宫　惠「于」誤「於」。

小懲而大誡　惠作「小徵而大戒」。

知小而謀大　虞翻曰：「兑爲小知，乾爲大謀。」案小、大對文。惠改作「知少」，云：「今本少作小，非是。」唐石經亦作「小」。

天地絪緼　惠作「壹壺」。此段氏所斥爲妖魔障礙者，而實自惠氏啓之。

復小而辯於物　作「辯」，與釋文合。惠反同今本作「辨」。

初率其辭　惠作「帥」，然載侯果注仍作「率」。

説卦傳「爲矯輮」　案釋文云：「輮，馬、鄭、陸、王肅本作此，宋衷、王廙作『揉』。」集解載宋衷説，惠因改「輮」爲「揉」也。

其於木也爲科上槁　釋文云：「科，虞作『折』。『槁』，鄭作『槀』。」集解載虞注，故惠改「科」爲「折」，然集解又載宋衷注仍「科」，訓爲空，則與宋又不合矣，故當各仍其舊也。

序卦傳「故受之以履」　惠下增「履者禮也」，云：「今本『履者禮也』四字入注。」

履而泰，然後安　惠删「而泰」二字，以爲衍文。案泰卦載此序同有「而泰」二字。

有大者不可以盈　惠作「有大有」，此皆依古易音訓晁氏引鄭注本改。

有无妄，然後可畜　「有无妄」下，惠依鄭本增「物」字，見古易音訓。

物不可以久居其所　惠依鄭本作「終久於其所」。案遯卦載此序亦作「久居其所」。

雜卦傳「盛衰之始也」　音訓引陸氏曰：「鄭、虞作『衰盛』。」惠依改。

林慶炳辨周易集解出自林氏周易述聞

武進臧氏庸拜經日記云：「惠氏所校刻李鼎祚周易集解，其經與開成石刻、孔氏正義往往互異，初以爲有本，後乃疑之，何其與古多合？近在吴門，得一明刻板勘對，始知雅雨堂叢書不足據。李易本與今本不殊，其異者皆惠氏所私改。」炳按：周易集解經文所與孔本互異，其爲惠氏私改者十有二三，餘皆李氏本然，不盡是惠氏私改。將其異文與集解本注辨之，臧氏所見明板集解與今本不殊，恐是後人解本，未足爲據。如叙云「元氣氤氳」，惠云：「據釋文改作『絪緼』。」「作結繩而爲罔罟」，「罔」字惠據説文改作「网」。「蓋取諸離」，惠據説文、廣韻及宋本乾鑿度改作「离」。此惠氏好用古字之病也。乾文言「不易乎世，不成乎名」，惠據釋文删兩「乎」字；「可與幾也」，惠增一「言」字；「乾始能以美利利天下」，惠據鄭注改「能」作「而」；「履虎尾，不咥人，亨」，惠據荀注增入「利貞觀」；「聖人以神道設教」，惠删「以」字；离「突如」，惠依説文改作「㐬」；大壯「不祥也」，惠依釋文改作「不詳」；及晉「維用伐邑」，惠改作「惟」；旅「喪羊于易，終莫之聞也」，惠據釋文改作「喪羊之凶」；節「則嗟若」，惠改作

「差」；繫辭「故君子之道鮮矣」，惠依鄭氏改作「尟」；「分而爲二以象兩」，惠脱「而」字；「聖人以此洗心」，惠依漢石經改作「先心」。將其本注細玩之，經與注竟不相符。此實惠氏所私改也。如坤文言「爲其嫌於无陽也」，集解作「爲其兼于陽也」，與荀同。引虞、陸、董、九家易注云「陰陽合居，故曰兼陽」，若李氏舊本作「爲其嫌於无陽」，何爲又引九家易注作「兼於陽」耶？屯「雷雨之動滿盈」，集解「盈」作「形」，與虞氏同，引荀爽注云：「雷震雨施，則萬物滿形而生。」又引虞翻注云：「震雷坎雨，坤爲形也。謂三已反正成既濟，坎水流坤，故滿形。謂雷動雨施，品物流形也。」若李氏舊本作「滿盈」，何爲又引荀注、虞注俱作「滿形」耶？屯「君子以經綸」，集解作「經論」，與陸氏釋文同，引荀爽注云：「屯難之代，萬事失正。經者，常也。論者，理也。君子以經論，不失常道也。」又引姚信注云：「經緯也。時在屯難，是天地經論之道。故君子法之，須經論艱難也。」若李氏舊本作「經綸」，何爲又引荀注、姚注俱作「經論」耶？訟「終朝三褫之」，集解作「終朝三拕之」，引虞翻注云：「位終乾上，二變時，坤爲終，离爲日，乾爲甲，日出甲上，故稱朝。應在三，三變時，艮爲手，故『終朝三拕之』，使變應已，則去其鞶帶。體坎乘陽，故象曰不足敬也。」復引侯果注云：「褫，解也。」如其説，李氏先引虞注，後引侯注，可知李氏本從虞作「拕」矣。若疑諸家注亦惠氏私改，惠氏何不將侯氏「褫」字亦解爲「拕」耶？

比「王用三驅」，集解「驅」作「敺」，與鄭氏同，引虞翻注云：「坎五稱王，三敺謂敺下三陰。」李氏舊本作「三驅」，何爲又引虞注作「三敺」？「邑人不誡，吉」，集解「誡」作「戒」，引虞翻注云：「坤爲邑師，震爲人師，時坤虚無，公使師二上居五中，故『不戒，吉也』。」李氏舊本作「不誡」，何爲又引虞注作「不戒」耶？小畜「車説輻」，集解「輻」作「輹」，與陸氏釋文同，引虞注云：「豫坤爲車、爲輹，至三成乾，坤象不見，故『車説輹』。」李氏舊本作「説輻」，何爲又引虞注作「説輹」耶？「尚德載」，集解「德」作「得」，與子夏傳同，引虞翻注云：「坎雲復天，坎爲車積，載在坎上，故上得積載。」李氏舊本作「尚德載」，何爲又引虞注作「尚得載」耶？履「眇能視，跛能履」，集解「能」俱作「而」，引虞翻注云：「离目不正，兑爲小，故眇而視，視上應也。訟坎爲曳，變震時爲足，足曳，故跛而履。」若李氏舊本作「眇能視，跛能履」，何爲又引虞注作「而」耶？「視履考祥」，集解作「考詳」，與陸氏德明、荀氏爽同，引虞翻注云：「應在三，三先視上，故上亦視三，故曰視履考詳矣。考，稽；詳，善也。乾爲積善，故考詳。」若李氏舊本作「考祥」，何爲又引虞注作「考詳」耶？泰「包荒」，集解作「包巟」，與陸氏德明注同，引翟氏注云：「巟，虚也。二五相應，五虚无陽，二上包之。」若李氏舊本作「包荒」，何爲又引翟注作「包巟」耶？「象曰無往不復」，集解作「無平不陂」，與陸氏釋文注同，引宋衷注云：「地平極則險陂，天行極則還復，故曰無平不陂，无往不復也。」宋注兩句俱引，安見李氏舊本定作「无往不復」耶？否「不可榮以禄」，集解「榮」作「營」，引虞翻注云：「坤爲營，乾爲禄，遠遁深山，故不可榮以禄。」又引孔穎達注云：「言君子於此否時，以節儉爲德，辟其危難，不可榮華其身，以居禄位。」按李氏先引虞注，後引孔注。虞注又云：「營，或作榮。」可知李氏舊本作「營」矣，詎有作「榮」之理耶？同人「乘其墉」，集解「墉」作「庸」，與鄭氏同，引虞翻注云：「巽爲庸，四在巽上，故乘其庸。」若李氏舊本作「乘其墉」，何爲又引虞注「巽爲庸」耶？大有「大車以載」，集解「車」作「轝」，引虞翻注云：「比坤爲大轝，乾來積上，故大轝以載。」若李氏舊本作「大車」，何爲又引虞注「坤爲大轝」耶？「匪其彭」，集解「彭」作「尫」，引虞注云：「匪，非也。其位尫。足尫，體行不正。四失位，折震足，故尫。」按釋文云：「彭，虞作尫。」若李氏舊本作「彭」，何爲又引虞注作「尫」？「明辨晢也」，集解「晢」作

「折」，引虞注云：「折之离，故明辯折也。」按釋文云：「晢，虞作折。」若李氏舊本作「晢」，何爲又引虞注作「折」耶？「自天佑之」，集解「佑」作「右」，引虞翻注云：「右，助也。」李氏舊本作「佑」，何爲又引虞注作「右」耶？謙「君子以裒多益寡」，集解「裒」作「捊」，與鄭、荀、董、蜀才同，引虞翻注云：「捊，取也。」又引侯果注云：「裒，聚也。」按李氏先引虞注，後引侯注，可知李氏從虞作「捊」矣。若疑諸家注亦惠氏私改，惠氏何不將侯氏「裒」字亦改作「捊」耶？豫「朋盍簪」，集解「簪」作「戠」，引虞翻注云：「盍，合也。坤爲盍。戠，聚會也。坎爲聚，坤爲衆，衆陰竝應，故朋盍戠。」觀「聖人以明罰敕法」，集解「敕」作「勑」，引侯果注云：「雷所以動物，電所以照物，雷電震照，則萬物不能懷邪，故先王則之，明罰勑法，以示萬物，欲萬方一心也。」按李氏舊本作「敕」，何爲又引侯注作「勑」耶？「噬腊肉」，集解「腊」作「昔」，與説文引同，引虞注云：「三在膚裏，故稱肉。离日熯之，爲昔。坎爲毒，故噬昔肉遇毒。」李氏舊本作「噬腊肉」，何爲又引虞注作「昔」耶？剥六三「剥之无咎」，集解作「剥无咎」，引荀爽注云：「衆皆剥陽，三獨應上，无剥害意，是以无咎。」按陸氏釋文作「六三剥无咎」，云：「一本作『剥之无咎』，非是。荀氏注亦無『之』字。」可知李氏本作「剥无咎」矣。「君子得輿」，集解作「德車」，與董氏同，引虞翻注云：「夬乾爲君子爲德，坤爲車爲民，乾在坤，故以德爲車。」若李氏舊本作「得輿」，何爲又引虞注作「德車」耶？无妄「天命不佑」，集解「佑」作「右」，與馬氏同，引虞翻注云：「右，助也。四已變成坤，天道助順，上動逆乘巽命，故天命不右。」李氏舊本若作「不佑」，何爲又引虞注作「右」？大畜「輝光日新」，集解「輝」作「煇」，與陸氏德明同，引虞翻注云：「互體离坎，离爲日，故『輝光日新』也。」若李氏舊本作「輝光」，何爲又引虞注作「煇光」耶？「君子以多識前言往行」，集解「識」作「志」，與劉氏同，引虞翻注云：「坎爲志。」若李氏舊本作「識」，何爲又引虞注「坎爲志」耶？「輿説輹」，集解「輹」作「腹」，引虞翻注云：「萃坤爲車爲腹，坤消乾成，故車説腹。或作輹也。」若李氏舊本作「輹」，何爲引虞注「坤爲腹」，又云「或作輹」耶？大畜「童牛之牿」，集解「牿」作「告」，與説文及九家同，引虞翻注云：「艮爲童，五已之正，萃坤爲牛，告謂以木楅其角。大畜畜物之家，惡其觸害，艮爲手爲小木，巽爲繩，繩縛小木，横著牛角，故曰童牛之告。」若李氏舊本作「童牛之牿」，何爲又引虞翻作「告」耶？頤「虎視眈眈」，集解「視」作「眎」。按説文云：「視，古文作眎。」李氏作「眎」，蓋從古文也。大過「有他吉」，集解作「它」，與唐石經及今本同。攷諸家易説「有它吉」皆作「它」，無作「他」者，臧氏所見明板集解作「他」，定必有譌，更可知此本不足據。坎「王公設險以守其國」，集解「國」作「邦」，引虞翻注云：「王公，大人，謂乾五。坤爲邦。乾二之坤，成坎險，震爲守，有屯難象，故王公設險以守其邦。離言『王用出征以正邦』是也。」若李氏舊本作「以守其國」，何爲又引虞注「坤爲邦」耶？「樽酒簋」，集解「樽」作「尊」，與鄭注禮器同，引虞翻注云：「震主酒器，故有尊簋。坎爲酒簋黍稷器。三至五有頤口象，震獻在中，故爲簋。坎爲木，震爲足，坎酒在上，尊酒之象。」若李氏舊本作「樽」，何爲又引虞注作「尊」耶？「内約自牖」，集解「納」作「内」，引虞注云：「坎爲内。」按惠氏易漢學云：「納，古作内。」若李氏舊本作「納」，何爲又引虞注「坎爲内」耶？「祇既平」，集解「祇」作「視」，與京氏及説文同，引虞翻注云：「坎爲平。視，安也。艮止坤安，故視既平。」若李氏舊本作「祇」，何爲引虞注作「視」耶？且説文示部云：「視，安福也。祇，敬也。」祇、禔義不相通，豈可改作「祇」而訓爲安耶？離「百穀草木麗乎土」，集解「土」作「地」，與王肅同，引虞翻注云：「坤爲地。」若李氏舊本作「土」，何爲引虞注「坤爲地」耶？繫辭云「坤爲地」，虞氏本於繫辭可知矣。「日昃之離」，集解「昃」作「昗」，與釋文同，引荀爽注云：「初爲日出，二爲日中，三爲日昊，以喻世道衰也。」若李氏舊本作「昃」，何爲引荀注作「昊」耶？ 咸「滕口説也」，集解「滕」作「媵」，與鄭、虞同，引虞翻注云：「媵，送也。不得之三，山澤通氣，故媵口説也。」若李氏舊本作「滕」，何爲又引虞注作「媵」耶？ 虞氏作「媵」，復有釋文可證，李氏詎以虞氏「媵」字轉改作「滕」耶？ 大壯「壯于大輿之輹」，集解「輿」作「轝」，「輹」作「腹」，引虞翻注云：「坤爲大轝爲腹。」若李氏舊本「轝」作「輿」，「腹」作「輹」，何爲又引虞注「坤爲大轝爲腹」耶？ 晉「如鼫鼠」，集解「鼫」作「碩」，與子夏傳同，引九家易云：「碩鼠喻貪，謂四也。」象辭又引翟氏云：「碩鼠晝伏夜行，貪猥無已。」若李氏舊本作「鼫鼠」，何爲又引九家及翟氏俱作「碩鼠」耶？ 睽「其牛掣」，集解「掣」作「觭」，與説文同，臧氏謂集解作「觭」，誤矣，引虞翻注云：「坤爲牛爲類，牛角一低一仰，故稱觭。 离上而坎下，其牛觭也。」若李氏舊本作「掣」，是讀爲牽掣之意，何爲又引虞注「一低一仰」之説耶？ 蹇「宜待也」，集解作「宜待時也」，與鄭氏同，引虞翻注云：「艮爲時，謂四變之正，以待時也。」若李氏舊本無「時」字，何爲引虞注「艮爲時」？ 解「雷雨作而百果草木皆甲拆」，集解作「甲宅」，與馬、陸合，引荀爽注云：「解者，震世也。 仲春之月，草木萌芽，雷以動之，雨以潤之，日以烜之，故甲宅也。」若李氏舊本作「甲坼」，何爲又引荀注作「甲宅」耶？「解而拇」，集解「拇」作「母」，與荀氏合，引虞翻注云：「二動時，艮爲指，四變之坤爲母，故『解而母』。」若李氏舊本作「拇」，何爲又引虞注作「母」耶？ 損「君子以懲忿窒慾」，集解作「徵忿」，與釋文同，引虞翻注云：「損乾之初，成兑説，故徵忿。」若李氏舊本作「懲忿」，何爲又引虞注作「徵忿」耶？「尚合志也」，集解「尚」作「上」，引虞翻注云：「終成既濟，二上合志於五也。」若李氏舊本作「尚」，何爲引虞注又作「上」耶？ 益「利用爲作遷國」，集解「國」作「邦」，引虞翻注云：「坤爲邦。」若李氏舊本作「遷國」，何爲引虞注「坤爲邦」耶？ 夬「其行趦趄」，集解作「次且」，引虞翻注云：「坎爲行爲破，故其行次且。」若李氏舊本作「趦趄」，何爲引虞注又作「次且」耶？「勿用娶女」，集解作「取女」，與唐石經及今本同，釋文作「娶」，注云：「本亦作取。」按臧氏云「明刻集解與今本不殊，『勿用取女』作『娶』，及大過『有它吉』作『他』」，不且與今本異耶？「羸豕孚蹢躅」，集解作「蹢𨂜」，引虞翻注云：「巽爲舞爲進退，操而舞，故羸豕孚蹢𨂜。」又引宋衷注云：「巽爲股，又爲進退，股而進退，則蹢𨂜也。」若虞翻舊本作「蹢躅」，何爲引虞注、宋注作「蹢𨂜」？ 釋文云：「蹢躅，古作蹢𨂜。」可知李氏非從古耶？ 萃「亨，王假有廟」，集解無「亨」字，引虞注云：「觀上之四也。觀乾爲王。假，至也。艮爲廟，體觀享祀。上之四，故假有廟，致孝享矣。」按陸氏釋文云：「萃亨，王肅本同。馬、鄭、虞、陸等並無亨字。」若李氏舊本有「亨」字，何爲獨引虞注？獨引虞注，可知李氏從虞本而無「亨」字矣。臧氏謂虞本有「亨」字，詎陸氏釋文所云不足爲據？「齎咨涕洟」，集解「咨」作「資」，與陸希聲同，引虞翻注云：「齎持，資賻也。貨財喪稱賻。自目曰涕，自鼻稱洟。坤爲財，巽爲進，故齎資也。」若李氏舊本作「齎咨」，何爲引虞注作「齎資」耶？升「君子以順德」，集解「順」作「慎」，與釋文注同，引虞翻注云：「艮爲慎。」若李氏舊本作「順」，何爲引虞注「艮爲慎」耶？困「剛揜也」，集解「揜」作「弇」，與虞翻同，引荀爽注云：「謂二五爲陰所弇也。」若李氏舊本作「揜」，何爲引荀注又作「弇」耶？「來徐徐」，集解作「來荼荼」，與子夏傳及翟氏同，引虞翻注云：「荼荼，舒遲也。」若李氏舊本作「徐徐」，何爲引虞注又作「荼荼」耶？震「躋于九陵」，集解「于」作「於」，或爲鈔寫所譌，詎必惠氏私改之。歸妹「未當也」，集解作「位未當也」，引虞翻注云：「三未變之陽，故位未當。」若李氏舊本無「位」字，何爲引虞注云「故位不當」耶？既濟「喪其茀」，集解作「髴」，與子夏傳同，引虞翻注云：「離爲婦，泰坤爲喪鬗，髮謂鬒髮也，一名婦人之首飾。坎爲密雲，故稱鬗。詩曰：『鬒髮如雲。』乾爲首，坎爲美，五取乾二之坤爲坎，坎爲盜，故婦喪其鬗。鬗或作茀。俗說以鬗爲婦人蔽膝之茀，非也。」若李氏舊本作「茀」，何爲引虞注作「鬗」，而云「鬗或作茀」耶？繫辭「八卦相盪」，集解作「蕩」，引虞翻注云：「旋轉稱摩薄也。乾以二五摩坤成震坎艮，坤以二五摩乾成巽離兑，故剛柔相摩，八卦相蕩也。」若李氏舊本作「盪」，何爲引虞翻作「蕩」耶？釋文云：「盪，衆家作蕩。」更可知虞作「蕩」矣。「而成位乎其中」，集解作「而易成位乎其中」，與馬氏及王肅同，引荀爽注云：「陽本位成於五，五爲上中，陰本位成於二，二爲下中，故易成位乎其中也。」若李氏舊本無「易」字，何爲引荀注云「故易成位乎其中」？「居則觀其象而玩其辭」，集解「玩」作「翫」，與鄭氏同，引虞翻注云：「翫，弄也。」若李氏舊本作「玩」，何爲引虞注又作「翫」？「故能彌綸天地之道」，集解作「天下之道」，與釋文同，引虞翻注云：「彌，大也。綸，絡，謂易在天下，包絡萬物。」若李氏舊本作「天地之道」，何爲引虞注云「易在天下，包絡萬物」耶？乾之策、坤之策、二篇之策，集解皆作「册」，「乾之策」下引荀爽注云：「陽爻之册三十有六。」「坤之策」下又引荀爽注云：「陰爻之册二十有四。」「二篇之册」下引侯果云：「二篇謂上下經也。共六十四卦，合三百八十四爻。陰陽各半，則陽爻一百九十二，每爻三十六册，合六千九百一十二册。陰爻亦一百九十二，每爻二十四册，合四千六百八册。」若李氏舊本作「策」，何爲引荀注、侯注俱作「册」耶？「莫大乎蓍龜」，集解作「莫善」，與釋文同，引虞翻注云：「乾爲蓍，乾五之坤，大有，離爲龜，乾生知吉，坤殺知凶，故『定天下之吉凶，莫善於蓍龜』也。」若李氏舊本作「莫大」，何爲引虞注又作「莫善」？王氏引之經義述聞云：「本亦作『莫大』者，涉上文五『莫大』而誤。自唐石經始定從『大』字，而各本皆從之。宋本周易正義亦作『善』。今本作『大』者，後人依唐石經改之。」「化而裁之存乎變」，集解「裁」作「財」，與釋文注同，引翟氏注云：「化變剛柔而財之，故謂之變也。」若李氏舊本作「裁」，何爲引翟氏又作「財」耶？「刳木爲舟，剡木爲檝」，集解「刳」作「挎」，「剡」作「掞」，「檝」作「楫」，與釋文俱同，引九家易注云：「挎，除也。巽爲長爲木，艮爲手，乾爲金，艮手持金，故『挎木爲舟，掞木爲楫』也。」若李氏舊本作「刳木爲舟，剡木爲楫」，何爲引九家易注作「挎木爲舟，掞木爲楫」耶？「重門擊柝，以待暴客」，集解「柝」作「欜」，與説文同；「暴」作「虣」，與鄭氏同，引干寶注云：「卒虣之客爲姧寇也。」如李氏舊本作「暴」，何爲引干氏注又作「虣」耶？「蓋取諸隨」，隨下引九家易注云：「橐者，兩木相擊以行夜也。」如李氏舊本作「柝」，何爲引九家注又作「橐」耶？「掘地爲臼」，集解作「闕地爲𦥑」，引虞翻注云：「坤爲地，艮手持木以闕地，故闕地爲𦥑。」如李氏舊本「闕」作「掘」，「臼」作「𦥑」，何爲引虞注作「闕地爲𦥑」耶？「往者屈也」，集解「屈」作「詘」，引荀爽注云：「陰氣往，則萬物詘者也。」若李氏舊本作「屈」，何爲引荀注作「詘」耶？「入于其宫」，「于」誤作「於」，或鈔手所誤，豈必惠氏私改耶？復「小而辯於物」，集解「辨」作「辯」，與今本同，按臧氏謂明刻集解與今本不殊，「辨」作「辯」，不且又與今本異耶？「初率其辭」，集解「率」作「帥」，引虞翻注云：「帥，正也。」若李氏舊本作「率」，何爲又引虞注作「帥」耶？説卦「爲矯輮」，集解作「爲矯揉」，引宋衷注云：「曲者更直爲矯，直者更曲爲揉。水流有曲直，故爲矯揉。」按釋文云：「輮，如九反。馬、鄭、王肅、陸本作此，宋衷、王廙作揉。」如李氏舊本作「輮」，何爲又引宋注作「揉」耶？釋文謂宋衷作「揉」，實可爲集解舊本作「揉」之明證矣。「其於木也爲科上槁」，集解「科」作「折」，與虞氏合；「槁」作「稾」，與鄭氏合，引虞翻注云：「巽木在离中，體大過死，巽蟲食心則折也。蠹蟲食口木，故上稾。」如李氏舊本作「科上槁」，則與所引虞注不相符矣。李氏先引虞氏，後引宋注，李氏本作

「折上稾」，可無疑矣。序卦傳「故受之以履」，集解此句下有「履者，禮也」，引韓康伯注云：「禮所以適時用也，故既畜則須用，有用則須禮也。」若李氏舊本無「履者，禮也」，何爲引韓康伯注耶？「有无妄，然後可畜」，集解作「有无妄，物然後可畜」，引荀爽注云：「物不妄者，畜之大也。畜積不敗，故大畜也。」如李氏舊本無「物」字，何爲引荀注云「物不妄者，畜之大」耶？「物不可以久居其所」，集解作「物不可以終久於其所」，與鄭氏合，引韓康伯注云：「夫婦之道以恒爲貴，而物之所居不可以終恒，宜與升降，有時而遯者也。」如李氏舊本無「終」字，何爲獨引韓注耶？雜卦傳「盛衰之始也」，集解作「衰盛之始也」，注云：「損泰初益上，衰之始。益否上益初，盛之始。」如李氏舊本作「盛衰之始」，注中何爲先言衰而後及盛耶？

臧氏因惠氏好用古字，遂疑集解皆惠氏私改，而以明刻板爲據，不知自唐至明，流傳已久，而明刻板豈足以據耶？況周易集解乃漢儒易説之僅存者，莫不共寶其書，如李氏原本果與今本不殊，何其今所流傳竟無此本耶？余細玩其所引之注，而信其非惠氏盡改有斷然者。苟如臧氏改正，則經與注不相符矣。李氏詎有如是其謬歟？故特辨以明之。